教育部人文社会科学重点研究基地复旦大学当代国外马克思主义研究中心重大项目"从批判理论到后批判理论"（14JJD720007）成果

　　教育部人文社会科学研究青年基金项目（19YJC710064）成果

　　本书获中央高校基本科研业务费以及上海外国语大学学术著作出版资助，特此致谢！

批判理论研究丛书

主　　编：王凤才
学术顾问：A.霍耐特、J.比岱、N.弗雷泽

Chayi Baorong
Yu Zeren

差异、包容与责任

艾利斯·扬的正义理论研究

孙秀丽 著

人民出版社

目 录

如何理解批判理论的"政治伦理转向"
（代总序）

王凤才

"法兰克福学派"因法兰克福大学社会研究所而得名，以批判理论闻名于世；但这三者之间并不是完全对应的，而是存在着错综复杂的关系。换言之，社会研究所是法兰克福学派大本营，批判理论是法兰克福学派标志性贡献；但并非社会研究所所有成员都属于法兰克福学派代表人物，并非社会研究所所有理论成果都属于批判理论。例如，在格律贝格时期，既没有法兰克福学派，也没有批判理论；但他奉行的超党派学术立场、跨学科研究方法，为法兰克福学派真正创始人、批判理论真正奠基人霍克海默继承和发展。法兰克福学派并非铁板一块、批判理论并非整齐划一，而是存在着众多差异、矛盾甚至对立。尽管第一代批判理论家内部有着这样或那样的差异，但总体上都属于"老批判理论"，体现着批判理论第一期发展。尽管第二代批判理论家内部有三条不同研究路径，但与"老批判理论"相比，基本上都属于"新批判理论"，体现着批判理论第二期发展。尽管第三代批判理论家有着不同的学术取向，但总体上属于批判理论第三期发展，标志着批判理论最新发展阶段（"后批判理论"）、体现着批判理论最新发展趋向（"批判理论的'政治伦理转向'"）。批判理论的"政治伦理转向"，是笔者长期研究法兰克福学派批判理论及其最新发展而做出的基本判断，已经得到了学界同仁的认同（尤其是得到了霍耐特的认同）。要想理解批判理论的"政治伦理转向"，首先要弄清楚"批判理论三期发展"。批判理论第一期发展(从 20 世纪 30 年代初到 60 年代末,以霍克海默、阿多尔诺、马尔库塞、洛文塔尔、波洛克等人为代表)致力于批判理论构建与工业文明批判;批判理论第二期发展(从 20 世纪 60 年代末到 80 年代中期,以前期哈贝马斯①、A. 施密特、F. v. 弗里德堡等人为代表)致力于批判理论重建与现代性批判;批判理论第三期发展(从 20 世纪 80 年代中期至今,以后期哈贝马斯、霍耐特、维尔默、奥菲等人为代表),完成了批判理论的"政治伦理转向"。概言之,"批判理论三期发展"意味着:从古典理性主义到感性浪漫主义再到理性现实主义;从激进乐观主义到激进悲观主义再到保守乐观主义;从欣赏、信奉到怀疑、批判再到超越、重建马克思主义;从文化主体哲学到语言交往哲学再到政治道德哲学("政治伦理学");从"老批判理论"到"新批判理论"再到"后批判理论"。"后批判理论"标志着批判理论的最新发展阶段,它不再属于传统的西方马克思主义范畴,而是已经进入到与当代实践哲学主流话语对话的语境之中。

一、批判理论第一期发展:从社会哲学到批判理论

关于"社会哲学"(social philosophy/Sozialphilosophie),大致有三条不同的理解路向:②

第一,本体论路向(典型形式是传统的马克思主义哲学)认为,旨在从最抽象层面解决思维与存在关系问题的辩证唯物主义是该哲学的核

① 关于哈贝马斯思想发展,学界有不同分期法,这是由于研究角度不同而导致的。笔者将之分为前期和后期:从 20 世纪 60 年代初到 80 年代中期,称为前期哈贝马斯,致力于批判理论重建和现代性批判;20 世纪 80 年代中期至今,称为后期哈贝马斯,开启了批判理论的"政治伦理转向"。(参见王凤才:《蔑视与反抗——霍耐特承认理论与法兰克福学派批判理论的"政治伦理转向"》,重庆出版社 2008 年版,第 21 页)

② 苏国勋:《当代西方著名哲学家评传》(第十卷:社会哲学),山东人民出版社1996 年版,第 1—4 页。

心,由此而派生的历史唯物主义则是其社会哲学。当代西方许多哲学流派,在一些根本问题上与马克思主义哲学存在着深刻分歧,但在将哲学当作关于实在的认识形式问题上,则是一致的。它们对于社会哲学的理解,基本上也属于本体论路向。

第二,认识论路向(典型代表是分析哲学和科学哲学)认为,社会哲学探讨各种不同的关于理想的社会制度或社会本质的观点;有时也提出一些关于美好生活或理想社会是由什么构成的设想;通常也关心关于各种政治意识形态的价值及其特征的评价,以此作为赞扬(有时仅仅是修辞学上的)某种社会措施或社会计划有价值的理由。这一路向理解的社会哲学类似于政治哲学、道德哲学。

第三,社会理论路向(典型代表是社会科学家而非专业哲学家)认为,应该用"社会理论"概念取代"社会哲学"概念,并强调社会理论不能归属于任何一门特殊学科;相反,它涵盖了所有的社会科学和人文科学。因而,社会哲学问题亦即社会科学和人文科学的一般理论问题,它是对社会现象进行的哲学反思。

在霍克海默看来,社会哲学的最终目标是,对并非仅仅作为个体的,而是作为社会共同体成员的人的命运进行哲学阐释。因此,它主要关心那些只有处于人类社会生活关系中才能理解的现象,即国家、法律、经济、宗教,简言之,社会哲学从根本上关心人类的全部物质文化和精神文化。① 就是说,社会哲学意味着要对人类文明进行反思、对社会现实进行批判、对人类命运进行关注。霍克海默关于社会哲学的这种广义理解,尽管并不为社会研究所成员完全认同,但即使在批判理论后来的发展过程中,也贯穿了其基本精神。

那么,什么是批判理论呢,这需要从"批判"一词谈起。根据杜登德语通用辞典(Duden Deutsches Universal Wörterbuch)的说法,"批判"一词

---

① Max Horkheimer, *Gesammelte Schriften*, Bd3, Hg. von Alfred Schmidt, Frankfurt/M.: Fischer 1988, S. 20.

源于古希腊的 Κριτικη，是指"评判的艺术"（Kunst der Beurteilung），主要被用于政治实践和法律诉讼中；后来被扩展到生活习俗、社会制度、文学艺术、文献编纂等领域。在这里，我们首先讨论"批判"（critique/Kritik）的四种模式。①

第一，文化批判模式（评判的艺术/批评的艺术）。在这里，批判既可以做肯定性理解——评判（包括表扬在内），譬如：文学评论、文学批评意义上的批判，就包括表扬在内；也可以做否定性理解——批评，主要是对某些事物、理论、立场、观点的不认可、否定。从词源学上说，批判与"危机"（crisis/Krise）紧密相关。因而，任何批判都是为了拯救。

第二，内在批判模式（纯粹理性批判/形而上学批判）。我们知道，康德开创了理性批判传统，甚至将批判视为理性的代名词。所谓纯粹理性批判，从肯定意义上理解，是指人们如何有效地认识对象并为这种认识提供某种先验基础；从否定意义上理解，它表明某些理性要求是虚妄的。因而，纯粹理性批判就是纯粹理性的自我认识。黑格尔坚持内在批判模式，将批判等同于否定，但他并未将批判贯彻到底，从而导致了非批判的结果。在《否定辩证法》中，阿多尔诺断定，黑格尔的"肯定辩证法"最终服务于形而上学的目的。

第三，社会现实批判模式（政治经济学批判+意识形态批判）。众所周知，马克思的批判源于黑格尔，即马克思对黑格尔整个哲学体系的批判，包含着对黑格尔辩证方法的某种程度的坚持，以至于在阿多尔诺视阈里，马克思辩证法与黑格尔辩证法并没有根本不同，都是将否定之否定视为肯定的"肯定辩证法"。不过，马克思将政治经济学批判与意识形态批判结合起来，构造了一种社会现实批判模式。这毕竟不同于黑格尔，仅仅

---

① 关于批判的四种模式，是作者近来思考的结果。不过，关于批判的理解，则受到了国内外学者的启发。譬如，德国《批判理论杂志》编辑出版人 G. 施威蓬豪伊塞尔（Gerhard Schweppenhäuser）关于批判与危机关系的考察，以及谢永康教授关于批判与拯救关系的分析。

局限在未能贯彻到底的形而上学内在批判模式。

第四,形而上学批判与社会现实批判相结合模式。法兰克福学派批判理论家,例如,阿多尔诺将对传统哲学同一性逻辑的批判、对社会现实的合理化原则的批判结合起来,将卢卡奇的物化批判与 M. 韦伯的合理化批判结合起来,既坚持形而上学的内在批判,又赋予批判以强烈的现实意义,构造了一种形而上学批判与社会现实批判相结合的模式。

当然,上述关于批判模式的划分,只是为了更好地理解批判的复杂性,以及批判究竟是什么,并不表明这种划分囊括了一切批判,没有任何例外;也不表明这种划分已经无懈可击,完全能够自洽。实际上,为了揭示什么是批判理论,除考察批判的复杂性外,还要考察什么是"理论",这需要从"理论"(theory/Theorie)与"实践"(practice/Praxis)关系谈起。关于理论与实践的关系,我们归结为以下四种理解:

第一,理论与实践"异中有同"。在古希腊,实践一词,从广义上说,一般是指有生命物的行为方式。亚里士多德第一次将实践提升为一个哲学概念。在《尼各马可伦理学》中,他将人的行为分为三类,即"理论"(θεωρὶα)、"生产"(παρὰγουν)、"实践"(πρακτικη)。在他看来,生产的目的在于它产生的结果,本身并不构成目的;与生产不同,实践的目的不在自身之外,而在自身之内,实践本身就是目的。在理论沉思中,人独自面对真理;与理论不同,实践活动总是在人与人之间展开。不过,在本身就是目的这一点上,理论与实践又是相同的。正是在这个意义上,亚里士多德将理论视为最高的实践。简言之,在古希腊,理论是对永恒东西的观察和凝视;而实践的最根本的规定性在于:(1)它本身就是目的;(2)它不是人维持生命的生物活动和生产活动,不是人与自然之间的活动,而是人与人之间的政治伦理行为。① 当然,也包括以可变东西为对象的行为。

第二,理论主义取向(用理论"吞噬"实践)。在《后形而上学思维:哲

---

① 关于古希腊实践概念的详细分析,参见张汝伦:《作为第一哲学的实践哲学及其实践概念》,《复旦大学学报》2005 年第 5 期。

学文集》(1988)中,哈贝马斯说形而上学的基本特征之一,就是强大的理论概念。阿多尔诺认为,尽管康德区分了理论理性与实践理性,但其理论理性是指纯粹理性,而其实践理性则将去实践化与去对象化结合在一起。"理性的存在者"不是根据质料而是根据形式包含着意志的决定根据,这就是康德的实践"形式主义"。这种理论主义倾向,与主体主义取向联系在一起。

第三,实践主义取向(使理论"屈从于"实践)。在这里,或片面强调实践第一性;或制造实践神话。就前者而言,尽管柯尔施将理论与实践的关系问题视为马克思主义哲学的核心问题,但在具体论述中有突出实践的嫌疑;至于葛兰西的实践一元论则更加明显,尽管他对实践有独特的理解;阿尔都塞强调理论也是一种实践,即理论实践,表面似乎是抬高理论,但实际上暗含着使理论屈从于实践的倾向。就后者而言,美国实用主义,以及教条主义的马克思主义对于实践的片面强调,几乎达到了神话的程度。阿多尔诺的这种说法,对于理解理论与实践的关系有启发意义,但却未必完全正确,需要具体地分析。

第四,理论与实践"有差异的统一"(理论与实践相互独立又不绝对分离,而是有差异的统一)。例如,阿多尔诺既反对实践第一性,强调理论批判的重要性;又将理论批判视为一种实践形式,目前甚至是唯一合理的形式——作为一种批判行为,它只能以理论的方式介入实践,否则就像大学生运动那样,变成一种"行动主义"(Aktionismus)、"实践主义"(Praktizismus)、"伪—行动"(pseudo-Aktivität)。①

考察理论与实践的关系,主要是为了揭示"批判理论"(critical theory/kritische Theorie)的内涵。所谓批判理论,从广义讲,是指人们对(包括理性在内的)文明历史、社会现实进行批判性反思而形成的思想观点、理论学说,既包括古希腊传统的评判的艺术/批评的艺术在内的文化批判

---

① 详见哈贝马斯:《后形而上学思维》以及谢永康:《形而上学的批判与拯救》关于理论与实践关系的分析。

模式;又包括康德传统的纯粹理性批判/形而上学批判的内在批判模式,更包括马克思传统的政治经济学批判+意识形态批判的社会现实批判模式。从狭义讲,特指法兰克福学派以"辩证哲学与政治经济学批判为基础的"社会哲学理论,即形而上学批判与社会现实批判相结合模式。这里的"批判理论",指的是法兰克福学派批判理论。

概括地说,批判理论第一期发展主要体现在以下三个方面:

第一,确立了社会哲学研究方向,确定了批判理论基本纲领。C. 格律贝格①领导的法兰克福大学社会研究所致力于社会主义史与工人运动史研究,对批判理论构建并没有什么实质性贡献;当然,他为社会研究所规定的超党派学术立场、跨学科研究方法,成为社会研究所的一笔宝贵精神财富,并为法兰克福学派批判理论的真正奠基人霍克海默以及所有批判理论家所继承。然而,早在《社会哲学的现状与社会研究所的任务》(1931)②就职演说中,霍克海默就力图改变 C. 格律贝格"重史轻论"的学术路向,并将社会哲学确立为社会研究所的研究方向。他认为,社会哲学既不是一种阐释具体社会生活意义的价值哲学,又不是各种实证社会科学成果的综合,而是关于个体与社会关系、文化的意义、共同体形成的基础、社会生活的整体结构的思想。"社会哲学的最终目标是,对并非仅仅是作为个体的,而是作为共同体成员的人的命运进行哲学阐释。因此,社会哲学主要关心那些只有处于人类社会生活关系中才能理解的现象,即国家、法律、经济、宗教,简言之,社会哲学从根本上关心人类的全部物质文化和精神文化。"③在《社会研究杂志》创刊号(1932)《前言》中,霍克海默又强调社会哲学研究要与具体科学研究、一般哲学研究、纯粹经验描

---

① C. 格律贝格(Carl Grünberg,1861—1940),又译格律恩堡,奥地利马克思主义之父,维也纳大学政治学教授,法兰克福社会研究所第一任所长(1924—1929)。

② [德]霍克海默:《社会哲学的现状与社会研究所的任务》,王凤才译,载《马克思主义与现实》2011 年第 5 期。

③ Max Horkheimer, *Gesammelte Schriften*, Bd3, Hg. von Alfred Schmidt, Frankfurt/M.: Fischer 1988, S. 20.

述、当代形而上学主流精神、世界观和政治考虑区分开来,但要与社会学研究叠合在一起,通过对历史、现实和未来进行跨学科研究,揭示整个社会、个人心理与文化变化之间的关系,从而在总体上把握整个人类文明。

事实上,霍克海默不仅为社会研究所确立了社会哲学研究方向,而且还与马尔库塞一起确定了批判理论基本纲领。在《传统理论与批判理论》(霍克海默,1937)、《哲学与批判理论》(霍克海默、马尔库塞,1937)中,他们认为,"批判理论"(kritische Theorie)并非在唯心主义的纯粹理性批判意义上使用的,而是在政治经济学的辩证批判意义上使用的。这意味着,法兰克福学派批判理论不是康德意义上的纯粹理性批判理论,而是青年马克思意义上的政治经济学批判理论,因而又称为"批判的社会理论"、"批判的马克思主义"。

例如,在《传统理论与批判理论》中,霍克海默从各个方面阐述了批判理论与传统理论之间的对立:(1)从理论基础看,传统理论是以笛卡尔的《方法谈》(即《正确运用自己的理性来追求真理的方法》,1637)奠立的科学方法论为基础的,它只研究命题之间以及命题与事实之间的相互关系,从而把理论视为外在于社会历史的;而批判理论则是以马克思的政治经济学批判为基础的,它关注包括人在内的社会整体,并对之进行具体的、历史的分析。(2)从理论性质看,传统理论是超然物外的知识论,是缺乏批判维度和超越维度的顺从主义;而批判理论则是批判社会的激进思想,是具有批判维度和超越维度的批判主义。(3)从理论目标看,传统理论仅仅是在认同、顺从、肯定社会现实中追求知识的增长;而批判理论则在批判、反叛、否定社会现实中追求社会的公正合理,以求得人的解放和人的幸福。①

第二,系统阐发了否定辩证法,试图为早期批判理论奠定规范基础。早期批判理论到底有没有规范基础? 如果有,它是什么? 如果没有,又意

---

① Vgl. Max Horkheimer, *Traditionelle und Kritische Theorie*, Frankfurt/M. : Suhrkamp2005, S. 205-259.

味着什么？这个问题历来是有争议的，不过有一点倒是很明确：尽管早期社会研究所核心成员①的观点有所不同，但却有一个共同点，那就是他们都赞同否定辩证法。从这个角度看，是否可以将否定辩证法视为早期批判理论的规范基础？为了回答这个问题，首先需要弄清"否定辩证法"是什么？

众所周知，传统辩证法（不论柏拉图、黑格尔，还是马克思）都认为矛盾双方存在着对立统一关系，认为否定是包含着肯定因素的辩证的否定，否定之否定就是肯定。但在阿多尔诺看来，矛盾就意味着非同一；否定辩证法是一以贯之的非同一性意识。因而，"否定辩证法"（Negative Dialektik）摒斥"否定之否定"这个传统辩证法图式，它应该摆脱同一性的还原主义传统，用非同一性原则代替同一性。"改变概念性的方向，使之转向非同一物，这是否定辩证法的关键"②。他认为，任何概念都不能与自身对象完全同一，因为概念本身已经包含了非概念的东西，即否定自身的非同一的东西。因而，否定辩证法必须努力"通过概念而摆脱概念"③，从根本上清除对概念的崇拜。这样，否定辩证法真正感兴趣的东西，就是黑格尔与传统相一致宣布他们不感兴趣的东西，即非概念的东西、个别的东西、特殊的东西。阿多尔诺从这种否定辩证法出发，对一切体系哲学、二元论哲学、本体论哲学在内的传统同一性哲学，尤其是对黑格尔的辩证法和海德格尔的"基础本体论"（Fundamentalontologie）进行了内在批判；并严厉批判了基础主义和形式主义、相对主义和绝对主义、主体主义和客观主义。当然，"对本体论的批判，并不想走向另一种本体论，即使非本体

① 从与批判理论关系角度看，我将霍克海默、阿多尔诺、马尔库塞、洛文塔尔、波洛克等人视为早期社会研究所核心成员，而将 W. 本雅明、弗洛姆、诺伊曼、基希海默等人视为早期社会研究所外围人员。

② Theodor Wiesengrund Adorno, *Negative Dialektik*, Frankfurt/M.：Suhrkamp1975, S. 24.

③ Theodor Wiesengrund Adorno, *Negative Dialektik*, Frankfurt/M.：Suhrkamp1975, S. 27.

论的本体论"①。因而,否定辩证法既非方法又非实在,而是一种"反体系"②。

那么,这样一种否定辩证法能否成为早期批判理论的规范基础呢?笔者认为,否定辩证法作为法兰克福学派的共同思想,最早肇始于《哲学的现实性》(1931)一文③,经过《理性与革命》(马尔库塞,1941)、《启蒙辩证法》(霍克海默、阿多尔诺,1947),最终完成于《否定辩证法》(阿多尔诺,1966)。因而,否定辩证法是阿多尔诺对批判理论的最大贡献。事实上,自从《理性之蚀》(霍克海默,1946;即德文版《工具理性批判》,1967)、《启蒙辩证法》以来,早期批判理论家就将"理性"局限于"工具理性",并对工具理性进行了严厉批判,这就放弃了将理性作为批判理论的规范基础的可能。不过,《否定辩证法》使之极端化而已。就是说,否定辩证法以非同一性为理论基础,以反概念、反体系、反传统为基本特征,以"被规定的否定"(bestimmte Negation)为核心,最终陷入了"瓦解的逻辑"④。从这个意义上说,否定辩证法不仅不是、反而解构了早期批判理论的规范基础,并由此成为后现代主义的理论渊源之一。⑤ 这样说来,哈贝马斯、霍耐特、S. 本哈比(Seyla Benhabib)等人的看法就是有根据的。他们认为,

---

① Theodor Wiesengrund Adorno, *Negative Dialektik*, Frankfurt/M. : Suhrkamp1975, S. 140.

② Theodor Wiesengrund Adorno, *Negative Dialektik*, Frankfurt/M. : Suhrkamp1975, S. 10.

③ 该文是阿多尔诺于 1931 年在法兰克福大学的就职演说。在该文中,他不仅力图避免普遍性概念,还极力清除自我满足的精神总体性观念,并提出了否定性、辩证的否定等概念,强调哲学应该严格排斥所有传统意义上的本体论问题,认为哲学问题集中在具体的内在于历史的复杂性中。由此可以断定,该文应该被视为"否定辩证法"的萌芽。王凤才译文载《国外社会科学》2013 年第 1 期。

④ Theodor Wiesengrund Adorno, *Negative Dialektik*, Frankfurt/M. : Suhrkamp1975, S. 148.

⑤ 参见王凤才:《阿多尔诺:后现代主义的思想先驱》,载《山东大学学报》(哲社版)2002 年第 5 期。

早期批判理论的缺陷之一,就是规范基础缺乏理论论证,或者说根本缺乏规范基础。于是,批判理论的规范基础问题,就成为阿多尔诺之后批判理论家急于解决的问题,哈贝马斯是如此,维尔默也不例外。

第三,全方位批判现代工业文明,使批判理论系统化并加以运用。

(1)启蒙理性批判。《启蒙辩证法》的核心问题就是试图阐释:为什么在科学技术进步、工业文明发展似乎可以给人们带来幸福的时候,在理性之光普照世界大地的时候,"人们没有进入真正的人性完善状态,而是深深地陷入了野蛮状态"①?在这里,霍克海默、阿多尔诺以人与自然关系为主线,以神话与启蒙关系为核心,对启蒙理性进行了深刻的批判。他们不仅揭示了"神话已经是启蒙,启蒙倒退为神话"的过程;而且阐明了启蒙精神的实现过程,就是进步与倒退相交织、文明与野蛮相伴生的过程。因此霍克海默、阿多尔诺断定,启蒙精神最终走向了自我毁灭。

那么,启蒙理性批判究竟是一种什么性质的批判?哈贝马斯说,《启蒙辩证法》"没有充分注意到文化现代性的本质特征……根本没有告诉我们如何才能摆脱目的理性的神话暴力"②。所以,启蒙理性批判是一种带有悲观主义色彩的文化批判。但霍耐特指出,在《启蒙辩证法》中,霍克海默、阿多尔诺从自然史而非社会史出发重构欧洲文明过程。③ 因而,启蒙理性批判并不是一种纯粹的文化批判,而是一种自然支配模型批判,一种开放的社会批判,其中贯穿着病理学诊断。维尔默认为,《启蒙辩证法》的不寻常之处,在于它试图把两个互不相容的传统,即启蒙理性批判

---

① Max Horkheimer/Theodor Wiesengrund Adorno, *Dialektik der Aufklärung*, Frankfurt/M. ：Fischer1988,S. 1.

② ［德］哈贝马斯:《现代性的哲学话语》,曹卫东译,译林出版社 2004 年版,第131 页。

③ Axel Honneth, *Kritik der Macht. Reflexionsstufen einer kritischen Gesellschaftstheorie*, Frankfurt/M. ：Suhrkamp1989,S. 49.

传统与资本主义批判传统融合在一起。①

在笔者看来,所谓启蒙理性,就是一种以征服、支配自然为出发点,以科学知识万能、技术理性至上为特征,以人类中心主义为核心,以历史进步为目标的文明乐观主义。简言之,启蒙理性的核心价值就是技术理性主义、个体中心主义、文明进步主义。因而,对启蒙理性批判需要从三个方面加以分析:其一,这个批判直接针对启蒙理性,但实际指向工业文明,甚至整个人类文明史。不过,需要纠正一个流传甚广的误读,即法兰克福学派否定科学技术、否定理性,甚至否定文明本身。事实上,他们只是想矫正科学技术滥用、工具理性膨胀带来的工业文明弊端。当然,在这个过程中,确实存在着情绪化和片面化倾向。其二,需要纠正一个较为普遍的看法,即法兰克福学派只是致力于文化和意识形态批判,不太注重经济分析。事实上,尽管早期批判理论确实是以文化和意识形态批判为核心,但并没有忽视、反而比较重视经济学分析。按照霍耐特的理解,在早期批判理论的历史哲学框架中,经济学解释模型、社会心理学解释模型、文化理论解释模型是相互补充的。② 其三,这个批判核心在于对技术理性主义、人类中心主义、文明进步主义的批判。尽管它是带有浓厚浪漫主义色彩的悲观主义文化批判,但这种批判性反思是发人深省的,实际上是对工具理性霸权、价值理性被贬抑的强烈抗议。这种批判立场,上承卢梭等人的浪漫主义、尼采等人的非理性主义、卢卡奇等人的早期西方马克思主义,下续福柯等人的后现代主义。因而可以说,无论在西方马克思主义发展史上,还是在现当代西方哲学史上,它都占有十分重要的地位。

(2)文化工业批判。早期批判理论家对大众文化/文化工业的态度有所不同,但否定性批判倾向占据支配地位,这在阿多尔诺那里表现得尤

---

① Albrecht Wellmer, *Zur Dialektik von Moderne und Postmoderne . Vernunftkritik nach Adorno*, Frankfurt/M. : Suhrkamp1985, S. 10.

② Axel Honneth, *Die zerrissene Welt des Sozialen. Sozialphilosophische Aufsätze*, Frankfurt/M. : Suhrkamp1999, S. 32-36.

为突出。在《启蒙辩证法》第二部分,即《文化工业:作为大众欺骗的启蒙》中,阿多尔诺指出,一切文化工业都是相似的,无论从微观角度还是宏观角度看,文化工业都表现出齐一性,从而使个性成为虚假的;文化工业产品作为一种特殊商品,只注重经济效益,并导致人格异化;文化工业通过广告诱导消费者,并通过娱乐活动或不断地向消费者许诺公开欺骗消费者。总之,"整个世界都经过了文化工业的过滤"①。

到《再论文化工业》(1963)②中,尽管阿多尔诺有限度地承认文化工业的作用,但仍然像在《文化工业:作为大众欺骗的启蒙》中一样,强调必须用"文化工业"(Kulturindustrie)代替"大众文化"(Massenkultur)概念,因为文化工业并不是从大众自身中自发成长起来的、服务于大众的通俗文化,也不是大众艺术的当代形态,而是为大众消费量身定制的、并在很大程度上规定着消费本身的文化工业产品;是技术化、标准化、商品化的娱乐工业体系;具有重复性、齐一性、欺骗性、辩护性、强制性特征;本质上是为了经济利益(即利润)人为制造出来的。因而,它试图通过人为刺激的虚假消费满足给人们带来虚假幸福,最终成了一种消除人的反叛意识、维护现存社会秩序的意识形态,从而阻碍了个性形成发展和人的解放。由此可见,阿多尔诺对文化工业的态度总体上是否定的。尽管这种批判有过激和片面之嫌,但文化工业批判理论无疑是阿多尔诺对批判理论的又一重要贡献。不仅是对西方文化危机振聋发聩的反思,而且对当代文化研究也产生了重要影响。

(3)压抑性文明批判。像霍克海默、阿多尔诺一样,马尔库塞也对工业文明进行了激烈的批判。他在《爱欲与文明》(1955)、《单向度的人》(1964)等著作中指出,文明产生于"基本压抑"(basic repression),即为了维持文明延续而不得不对性本能进行的必要压抑;工业文明产生于

---

① Max Horkheimer/Theodor Wiesengrund Adorno, *Dialektik der Aufklärung*, Frankfurt/M.:Fischer1988,S. 134.

② [德]阿多尔诺:《再论文化工业》,王凤才译,载《云南大学学报》2012年第4期。

"额外压抑"（surplusrepression），即为了使文明永续而对性本能进行的附加压抑。这样，工业文明就是一种压抑性文明，而发达工业文明则是压抑性文明的顶峰。因为随着科学技术进步，文明不断发展；但文明发展必然伴随着沉重的代价。就是说，文明发展并没有给人们带来自由和幸福，而是带来了全面压抑和精神痛苦。可悲的是，人们在物质享受的虚假满足中，丧失了痛苦意识而充满了幸福意识，心甘情愿地成为发达工业文明的奴隶。然而，尽管"发达工业文明的奴隶是升华了的奴隶，但他们仍然是奴隶"①。

与霍克海默、阿多尔诺的悲观态度不同，马尔库塞试图在改造弗洛伊德压抑性文明论基础上重建非压抑性文明。为了重建非压抑性文明，必须重建新文明观念，确立新文明目标。为此目的：一是要超越现实原则，重建现实原则与快乐原则的关系，协调感性力量与理性力量的关系；二是要将工作转变为游戏，消除一切异化劳动和异化现象；三是要将性欲转变为爱欲，重建爱欲与文明的关系，通过性文化革命改变现存社会秩序，重建人与自然的和谐、人与人的和谐，实现非压抑性升华。当然，重建非压抑性文明并不意味着回归原始自然状态，而是寄希望于文明的进一步发展。可见，马尔库塞对待未来文明的态度是相对乐观的，但最终没有摆脱悲观主义结局："批判的社会理论并不拥有能够消除当代与未来之间鸿沟的概念；它不承诺任何东西，不显示任何效果，它保留的只是否定。因而，它想忠诚于那些自身生活毫无希望，正在和将要献身于大拒绝的人们。"②

尽管马尔库塞对发达工业文明的批判有过激之嫌，但他不仅揭示了发达工业社会的某些新特点，而且提出了某些令人深思的问题与合理的

---

① Herbert Marcuse, *Der eindimensionale Mensch*, München：Deutscher Taschenbuch Verlag GmbH & Co. KG，1998，S. 53.

② Herbert Marcuse, *Der eindimensionale Mensch*, München：Deutscher Taschenbuch Verlag GmbH & Co. KG，1998，S. 268.

见解。正如李小兵所说,作为反潮流的思想家,马尔库塞的思想是偏激的,其思想中的空想成分俯拾皆是;但他捍卫知识价值、艺术价值、精神价值、人的价值。"马尔库塞的思想,表现出他作为当代思想家的独创个性:不是社会现实的建设者和辩护者,也不是人类原初精神家园的追忆者和眷恋者(像他的先师海德格尔那样)。毋宁说,马尔库塞是一位面向未来的预言家。"①我们认为,从根本上说,马尔库塞的非压抑性文明论是一种爱欲解放论。尽管马尔库塞极力反对将它理解为性解放论,但它对性解放确实起到了推波助澜的作用;而且它试图通过性文化革命反叛现存社会秩序也具有空想性。不过,马尔库塞的非压抑性文明论,以西方发达工业社会压抑性文明批判为核心,以重建非压抑性文明、实现人的爱欲解放为目标,尤其是重建感性与理性关系、爱欲与文明关系、人与自然关系、人与人关系的构想,对于克服工业文明弊端,实现科学精神与人文精神融合具有重要的启发意义。

二、批判理论第二期发展:从批判理论到新批判理论

概括地说,批判理论第二期发展主要体现在以下四个方面:

第一,对早期批判理论进行批判性反思。对早期批判理论进行批判性反思,这是阿多尔诺之后的批判理论家首先要做的事情,哈贝马斯可谓开风气之先。在20世纪80年代初的一次学术访谈中,当霍耐特等人问到"早期批判理论的不足之处在哪里?"时,哈贝马斯回答说,早期批判理论的缺陷体主要现在:一是局限于工具理性批判,而没有对复杂的社会现实进行经验分析,由此陷入了抽象的文化哲学批判之中,从而使批判理论缺乏规范基础。二是未能扬弃黑格尔的理性概念,不能真正把握理性的含义。三

---

① 参见[美]马尔库塞:《审美之维》,李小兵译,广西师范大学2001年版,《译序》第20页。

是未能认真对待资产阶级民主,不能客观地评价"后期资本主义"（Spätkapitalismus）①社会福利政策所取得的成就。总之,早期批判理论仍然以马克思的历史哲学为根据,始终未跳出主体哲学窠臼。然而,运用主体哲学范式反思现代文明问题已经进入了死胡同。所以,需要转变哲学范式:从侧重主体与客体关系、崇尚主体性的"主体哲学",转向侧重语言与世界关系、崇尚主体间性的"语言哲学",从传统批判理论转向交往行为理论。

第二,创立交往行为理论,重建批判理论的规范基础。早期批判理论家试图修正马克思的某些预测,但并没有打算彻底告别马克思。当然,流亡经历肯定影响了他们的历史唯物主义立场。就像德国政治哲学家 H.杜比尔（Helmut Dubiel）所说,20 世纪 30 年代,他们还从历史哲学角度对理性抱有部分信任;但到了《启蒙辩证法》中,这种信任就消失殆尽:他们反对将理性作为意识形态批判的有效基础,认为意识形态批判应该让位于总体性批判。哈贝马斯认为,《启蒙辩证法》更多地应归功于尼采,因为在《美学理论》（阿多尔诺,1970）之前,尼采第一个使审美现代性概念化,并将意识形态批判转向了谱系学批判。因而可以说,"尼采的知识批判与道德批判也预设了霍克海默、阿多尔诺用工具理性批判形式所阐述的思想"②。在启蒙传统中,启蒙理性总是被理解为神话的对立面,但霍克海默、阿多尔诺强调启蒙与神话的共谋关系,并告诫人们不要对启蒙的拯救力量抱有任何希望。这样,"他们就从早先对实证主义科学观的批判,转变为对被工具理性同化的整个科学的不满;并从元伦理道德阐释的批判,转向对道德怀疑主义的赞同"③。当然,哈贝马斯的这种解读,并不

---

① 在西方学界,"Spätkapitalismus"概念为阿多尔诺、曼德尔、哈贝马斯、詹姆逊等人使用,国内学界一般译成"晚期资本主义"。笔者以为,结合现代资本主义的实际情况,以及他们使用这个概念的语境,译成"后期资本主义"或许更恰当一些。

② ［德］哈贝马斯:《现代性的哲学话语》,曹卫东译,译林出版社 2004 年版,第141 页。

③ ［德］哈贝马斯:《现代性的哲学话语》,曹卫东译,译林出版社 2004 年版,第128—129 页。

完全符合实际情况。

在哈贝马斯看来,从 M. 韦伯、卢卡奇一直到早期批判理论,现代性概念的立足点就是"被总体管理的社会"(totale verwaltete Sozial)与"被伤害的个体主体"(verletzte individuelle Subjekt)之间的对立;但霍克海默、阿多尔诺把 M. 韦伯的"铁的牢笼"主题重新解释为黑格尔主义的马克思主义的历史哲学语言,并将现代性批判还原为工具理性批判。因而,他们只是对工具理性进行了内在批判,但没有说明这种内在批判的根据何在,从而没有为批判理论奠定坚实的规范基础。为了重建批判理论的规范基础,从 20 世纪 60 年代哈贝马斯就开始酝酿交往行为理论,至 80 年代初得以完成,从而实现了批判理论的"语言哲学转向"。在哈贝马斯那里,所谓"交往行为"(kommunikatives Handeln),就是指至少两个具有语言能力和行为能力的主体通过语言或其他媒介所达到的相互理解和协调一致行为,实质上是主体之间以语言或其他符号为媒介通过没有任何强制的诚实对话而达到共识、和谐的行为。交往行为的有效性要求,即"真实性"(Wahrheit)、"正当性"(Richtigkeit)、"真诚性"(Wahrhaftigkeit),是交往合理性得以重建的前提条件。交往行为理论作为哈贝马斯论的核心,主要是探讨交往合理性问题。因而,在一定意义上说,交往行为理论就是交往合理性理论。哈贝马斯相信,交往合理性理论可以摆脱主体哲学前提,能够对黑格尔的"伦理"(Sittlichkeit)进行重建;并可以从中归纳出一种新古典主义的现代性概念,即交往合理性概念,以便作为批判理论的规范基础。

第三,现代性话语的批判与重建。与某些后现代理论家试图"告别现代性"不同,哈贝马斯把现代性视为一项未完成的规划,认为现代性还要继续发展,但是必须用政治意志和政治意识加以引导,因而需要对现代性话语进行批判与重建。

在《现代性的哲学话语》(1985)中,哈贝马斯将笛卡尔确立的主体性原则视为现代性的基本原则,同时断定这个原则使现代世界进步与异化并存。所以,关于现代性的最初探讨中就包含着对现代性批判。在这个意义上可以说,席勒的《审美教育书简》(1795)是现代性审美批判的第一部纲领性文献。因为在那里,席勒批判了异化劳动、官僚政治,以及远离日常生活问题的知性科学,强调艺术是通过教化使人达到真正政治自由的中介。18世纪末,黑格尔首先提出了现代性的自我批判与自我确证问题,创立了启蒙辩证法原则。而一旦有了这个原则,现代性自我确证问题就能做到万变不离其宗。所以说,尽管黑格尔不是第一位现代哲学家,但"却是第一个意识到现代性问题,并清楚阐释现代性概念的哲学家"①。在黑格尔之后,现代性话语出现了三个视角,即黑格尔左派、黑格尔右派和尼采。

然而,无论黑格尔还是嫡传左派或右派,都未曾想对现代性成就提出过严肃质疑。只有尼采试图打破西方理性主义框架,认定人们对现代性已经无可奈何,因而放弃了对主体理性的再修正,并放弃了启蒙辩证法原则。换言之,尼采依靠超越理性视阈的激进的理性批判,最终建立起权力理论的现代性概念。哈贝马斯指出,随着尼采进入现代性话语,整个讨论局面发生了天翻地覆的变化。从此以后,现代性话语不再坚持解放内涵,并在两个方向上被发扬光大:一是从海德格尔到德里达;二是从巴塔耶到福柯。"如果说尼采打开了后现代的大门;那么海德格尔与巴塔耶则在尼采基础上开辟了两条通往后现代的路径。"②

在"尼采讲座"(1939—1946)中,海德格尔继承了黑格尔以来构成现代性话语的主题动机,但却独创性地将现代主体统治落实到形而上学历史中,贯穿于现代时间意识中。如果说尼采曾经希望通过瓦格纳歌剧回到古希腊悲剧中"未来的过去";那么海德格尔也希望从尼采权力意志形而上学回到前苏格拉底。然而,海德格尔在拒绝主体哲学本体论化的过程中,仍然拘泥于主体哲学的提问方式,因而,除了抽象否定之外,海德格

---

① [德]哈贝马斯:《现代性的哲学话语》,曹卫东译,译林出版社2004年版,第51页。

② [德]哈贝马斯:《现代性的哲学话语》,曹卫东译,译林出版社2004年版,第121页。

尔也没有给出打破主体哲学牢笼的途径,最终还在否定意义上坚持了主体哲学的基础主义。譬如,《存在与时间》(1927)就流露出空洞抉择的决定论倾向。哈贝马斯认为,在《存在与时间》中,尽管海德格尔通过对"此在"(Dasein)的生存论分析为走出主体哲学框架做出了许多努力,但没有从交往行为理论角度回答"此在为谁"的问题;尽管他已经意识到自己走出主体哲学的努力失败了,但没有意识到这是追寻存在意义问题的必然结果。在后期海德格尔那里,出现了从基础本体论到"思"(Denken)的转向。这体现在三个方面:一是放弃了形而上学提出的自我确证要求;二是拒绝了存在本体论的自由概念;三是否定了还原到第一原则的基础主义思想。哈贝马斯说,这本来可以作为走出主体哲学死胡同的出路,但是海德格尔断然拒绝这种做法。当然,后期海德格尔用"事件"(Ereignis)取代"此在","超越了尼采的形而上学分析,而且事实上也脱离了现代性话语"①。

德里达沿着海德格尔的路径,试图与胡塞尔的"在场形而上学"划清界限。在《声音与现象》(1967)中,德里达反对胡塞尔的意义理论,并揭露现象学的形而上学特征。他说,胡塞尔放任自己被西方形而上学基本观念所蒙蔽,即理想的自我认同的意义只能由活生生的在场加以保证。在《文字学》(1967)中,德里达把"文字学"称为形而上学批判的科学导言,因为它深入到了模仿声音的文字的根源之中。哈贝马斯指出,尽管可以将德里达的解构主义与阿多尔诺的否定辩证法视为对同一问题的不同回答,但阿多尔诺的否定辩证法与海德格尔的形而上学批判一样不能令人满意;而德里达试图颠覆逻辑学优于修辞学的传统,让修辞学成为逻辑学的基础,并解构哲学与文学、文学与文学批评的差异,这固然受到了罗蒂的追捧,但却是一种错误的诉求。哈贝马斯说,尽管德里达摆脱了后期海德格尔的隐喻学,并超越了海德格尔试图颠覆的基础主义,从而他的语音中心论批判可以被视为超越本源哲学过程的关键一环,但是德里达最

---

① [德]哈贝马斯:《现代性的哲学话语》,曹卫东译,译林出版社 2004 年版,第186 页。

终未能摆脱海德格尔的束缚,因而也未能走出主体哲学窠臼。

哈贝马斯指出,巴塔耶与海德格尔一样都致力于打破现代性牢笼,并试图打开西方理性的封闭空间,但与后者有着不同的人生取向和政治选择,这主要是基于两种不同的体验:超现实主义审美体验和左翼激进主义政治体验。"他们之所以有如此巨大的差异,原因在于巴塔耶在攻击理性时并没有触及认知合理性的基础,即科学技术客观化的本体论前提,而是关注伦理合理性的基础。虽然巴塔耶给现代性的哲学话语指出的方向与海德格尔的方向相似,但他选择了另外一种完全不同的途径来告别现代性。"①就是说,巴塔耶继承了萨德(De Sade)的黑色写作风格,并试图继承尼采作为意识形态批判家留下的遗产,从而表现出与尼采的亲缘性,主要表现在对审美自由概念,以及超人自我的捍卫。因而,哈贝马斯断言,尽管巴塔耶与青年卢卡奇、早期批判理论有相似之处,但他所思考的问题根本不是物化理论,而是关于排挤的历史哲学,关于不断剥夺神圣的治外法权的历史哲学,最终是用人类学来扬弃经济学的消极的形而上学世界观。

诚然,作为"纯粹历史学家"、哲学家的福柯与作为人类学家、社会学家的巴塔耶根本不属于同一传统中成长起来的人,但巴塔耶反对启蒙的性话语非自然化,并试图恢复性放纵、宗教放纵的色情意义,这深深地吸引了福柯。所以说,尼采的理性批判主题是经过巴塔耶而非经过海德格尔传给了福柯。福柯在《词与物》(1966)中指出,现代性的特征在于主体具有自相矛盾的、人类中心的知识型。在尼采的影响下,福柯从 20 世纪 60 年代末开始就力图将历史学与人文科学对立起来。哈贝马斯说:"海德格尔和德里达想沿着解构形而上学的思路把尼采的理性批判纲领推向前进,福柯则想通过解构历史学实现这一目的。海德格尔和德里达用超越哲学的思想来超越哲学,福柯则用以反科学形式出现的历史学来超越

---

① [德]哈贝马斯:《现代性的哲学话语》,曹卫东译,译林出版社 2004 年版,第 248 页。

人文科学。"①但是,福柯一直没有弄清楚话语与实践的关系。直到 70 年代初,他才力图将知识考古学与权力谱系学区分开来,在方法论上告别解释学,并试图抛弃现代性的在场时间意识,从而把普遍历史推向了终结。这样,福柯就遇到了三个难题:一是没有认识到人文科学考古学与海德格尔的形而上学批判之间的亲缘性;二是福柯与结构主义之间的亲缘性是成问题的;三是仅用知识考古学手段研究人文科学的发生,最终陷入了尴尬境地。总之,福柯无法用从主体哲学中获得的权力概念,消除他所批判的主体哲学的种种困境。

综上所述,从黑格尔到马克思,经过尼采到海德格尔和德里达,或巴塔耶和福柯,对现代性的批判最终都没有摆脱主体哲学窠臼,没有走出主体理性批判模式。但主体理性以及自我意识结构只是理性的一个侧面,而非全部理性。

第四,揭露现代文明危机根源,寻找通往未来文明之路。在这里,哈贝马斯主要做了三方面工作:(1)划分后期资本主义危机类型:一是经济危机,即以利润率下降为特征的经济系统的持续性危机;二是合理性危机,即由合理性欠缺所导致的政治系统的产出危机,它是一种被转嫁的系统危机;三是合法化危机,即由合法性欠缺所导致的政治系统的投入危机,它是一种直接认同危机;四是动因危机,即由合作动机欠缺所导致的文化系统的产出危机。② (2)揭露现代文明危机根源。他指出,自 19 世纪最后 25 年以来,后期资本主义社会出现了两个巨大变化:一是国家强化了对经济生活的干预,二是科学技术成了第一生产力并变成了意识形态。这两个变化使得交往合理性与工具理性的关系发生紊乱,从而导致了"生活世界殖民化"(Kolonialisierung der Lebenswelt),即作为现代文

---

① [德]哈贝马斯:《现代性的哲学话语》,曹卫东译,译林出版社 2004 年版,第 300 页。

② Vgl. Jürgen Habermas, *Legitimationsprobleme im Spätkapitalismus*, Frankfurt/M.: Suhrkamp1973, S. 73-128.

明系统的市场经济系统和官僚政治系统,借助于货币媒介和权力媒介侵蚀了原本属于非市场和非商品化的私人领域和公共领域,从而导致生活世界意义和价值丧失;同时,由于现代技术进步服务于生产力发展,放逐了早期市民社会的自由、平等、正义这些价值观念,从而使文化世界荒芜,最终导致了文明危机。(3)寻找摆脱文明危机的途径、通往未来文明之路。他认为,既然后期资本主义文明危机根源于生活世界殖民化,那么摆脱文明危机的途径,就在于生活世界殖民化的克服。为此目的,必须重新协调系统与生活世界的关系,平衡工具理性与交往合理性的关系,重建交往合理性。所谓"交往合理性"(kommunikative Rationalität)就是交往主体以语言或其他符号为媒介、通过没有任何强制性的诚实对话、达到相互理解、获得共识为目的的理性。因此,交往合理性本质上是对话性的。只有重建交往合理性,才能实现社会合理化。所谓"社会合理化"(soziale Rationalisierung),就是借助于普通语用学改变社会舆论结构,创造理想言谈情境,使所有对某一情境不满的人,自由地进入讨论该问题的话语结构中,经过协商达成普遍共识;在此基础上,实现个人与社会的协调一致。

由此可见,像早期批判理论家一样,哈贝马斯也对现代工业文明进行了批判,不仅区分了文明危机类型,而且揭露了文明危机根源,但在摆脱文明危机的途径、通往未来文明之路问题上,哈贝马斯与早期批判理论家是不同的:霍克海默、阿多尔诺对工业文明只是激进地批判,没有找到摆脱文明危机的途径,也没有指出通往未来文明之路——要么在早期资本主义文明的认同中自我安慰(霍克海默),要么在现代资本主义文明的否定中自我折磨(阿多尔诺),马尔库塞则在非压抑文明性文明的憧憬中自我陶醉;而哈贝马斯对现代工业文明则表现出辩护倾向,并试图在现代工业文明校正中重建后期资本主义文明。他主张用理解、宽容、和解的态度处理不同信仰、不同价值观、不同生活方式、不同文化传统、人际关系和国际关系,因为只有话语民主才是社会交往、文化交流的行为准则,是建立理想、公正、稳定社会秩序的前提条件,是社会文明合理性的基础,是社会合理化的根本标志,是未来文明发展方向。

三、批判理论第三期发展：从新批判理论到后批判理论

批判理论第三期发展，实现了批判理论的"政治伦理转向"。

所谓"转向"，一是指研究思路、基本观点转变，例如，康德的"哥白尼式革命"，近代哲学的"主体主义转向"；二是指研究领域、研究侧重点转变，例如，这里所说的"政治伦理转向"。它意味着，在这之前，政治伦理向度在批判理论中至多处于边缘地位；在这之后，政治伦理向度在批判理论中处于核心地位。从这个角度看，早期批判理论中确实存在着政治伦理向度，但它只处于边缘地位而非核心地位。这有两层意思：一是该向度为社会研究所外围人员所拥有；二是该向度在社会研究所核心成员那里只处于边缘地位。

尽管在 20 世纪 60—70 年代，哈贝马斯就讨论了政治哲学、道德哲学问题。例如，在《公共领域的结构转型》（1962）中，不仅讨论了公共领域的历史形成与构想，而且分析了公共领域的社会结构及其转型，并试图在新的理论框架下考察政治公共领域及其功能转型等问题①；在《理论与实践》中，分析了古典政治学说与现代社会哲学的关系、自然法与政治革命的关系以及黑格尔的政治哲学等问题；到《后期资本主义的合法性问题》（1973）中，讨论了道德发展与自我认同等问题，尤其考察了后期资本主义合法化危机问题。然而，所有这些在前期哈贝马斯视阈中都处于边缘地位。创立交往行为理论、试图为批判理论奠定规范基础，才是前期哈贝马斯工作重心之所在。应该说，批判理论的"政治伦理转向"始于后期哈贝马斯；维尔默、奥菲进一步推进了这个转向；霍耐特则最终完成了这个转向。

第一，后期哈贝马斯的话语伦理学与协商政治理论，开启了批判理论

---

① Jürgen Habermas, *Strukturwandel der Öffentlichkeit*, Frankfurt/M.：Suhrkamp1990，S. 11-50.

的"政治伦理转向"。交往行为理论,即交往合理性理论是话语伦理学的理论基础,话语伦理学是交往行为理论在伦理学领域的拓展。因而,理解交往行为就成为理解话语伦理学的前提。在哈贝马斯那里,交往行为的三个有效性要求,即断言的真实性、规范的正当性、表达的真诚性,是重建交往合理性的前提。交往合理性与工具理性本质上是不同的,它不仅注重交往行为的有效性要求,而且遵守道德规范要求。这样,交往合理性就不仅是交往行为理论的核心概念之一,而且是话语伦理学的核心概念之一。

如果说,交往合理性理论是话语伦理学基础;那么,U 原则与 D 原则就是话语伦理学基本原则。在《后期资本主义的合法性问题》中,当讨论"实践问题的真诚性"时,哈贝马斯就指出,"规范有效性要求的基础,不是缔约双方的非理性意志行为,而是由合理性动机诱发的对规范的承认。所以,规范的认知要素并不局限于规范行为期待的命题内涵;毋宁说,规范有效性要求本身在假定意义上是认知的,这种规范有效性要求是通过话语来兑现的,即存在于参与者通过论证获得的共识中"。① 就是说,由于所有参与者原则上都有机会参与实际协商,因而这种话语意志形成的理性就在于:被提高为规范的行为期待,在没有欺骗情况下使被确定下来的共同利益具有正当性。到《道德意识与交往行为》(1983)、《话语伦理学解说》(1991)中,哈贝马斯又详细阐发了 U 原则和 D 原则。U 原则,即"普遍化原则"(Universalisierungsprinzip),是指"每个有效规范都必须满足这些条件,即对该规范的普遍遵守所产生的预期效果与附带效果,对每个具体的人的利益满足来说,能够为所有参与者非强制地接受"②。D 原则,即"话语伦理原则"(Diskursethischer Grundsatz),是指"每个有效规范都

---

① Jürgen Habermas, *Legitimationsprobleme im Spätkapitalismus*, Frankfurt/M.:Suhrkamp1973, S. 144.

② Jürgen Habermas, *Moralbewußtsein und Kommunikatives Handeln*, Frankfurt/M.:Suhrkamp1983,S. 131.

将会得到所有参与者的赞同,只要他们能参与实践话语。"①

自从 1903 年 G. E. 摩尔提出"元伦理学"(meta-ethics)与"规范伦理学"(normative ethics)的划分,就宣告了元伦理学时代的到来。从此以后,元伦理学就成为与规范伦理学相对立的当代西方最重要的伦理学说。在当代西方元伦理学中,尽管 R. M. 黑尔(Richard Mervyn Hare)力图将普遍主义与规定主义结合起来,创立一种普遍的规定主义伦理学,使事实、逻辑、价值统一起来,从而使元伦理学从非认知主义、反规范主义转向认知主义、价值规范科学,但从总体上看,当代西方元伦理学,如 G. E. 摩尔(George Edward Moore)的价值论直觉主义、S. W. D. 罗斯(Sir William David Ross)的义务论直觉主义、C. L. 斯蒂文逊(Charles Leslie Stevenson)的情感主义、S. E. 图尔敏(Stephen Edelston Toulmin)的规定主义,或多或少都与道德怀疑主义有牵连——或者本身就是道德怀疑主义,或者最终滑向了道德怀疑主义。在这种背景下,哈贝马斯的话语伦理学强调实践话语普遍化、话语伦理普遍性、道德规范有效性,可以被视为继罗尔斯的《正义论》(1971)之后,道德普遍主义的又一次高扬。尽管有些西方学者,如 A. 阿雷托(Andrew Arato)将哈贝马斯的话语伦理学归结为政治伦理学未必完全正确,但是话语伦理学成为后期哈贝马斯的政治哲学,即协商政治理论的一个基准点,则是确定无疑的。

协商政治理论作为话语理论的拓展和运用,主要体现在《事实与价值》、《包容他者》、《后民族结构》等著作中。

《事实与价值:关于法权的和民主法治国家的话语理论》(1992),作为后期哈贝马斯最重要的法哲学著作,对批判理论的"政治伦理转向"贡献在于:

(1)将交往行为理论当作法权话语理论的基础,揭示触及交往行为理论基础的事实与价值之间的张力,并试图澄清常常被人忽视的"交往

---

① Jürgen Habermas, *Moralbewußtsein und Kommunikatives Handeln*, Frankfurt/M.:Suhrkamp1983,S.132.

行为理论的多元主义特质"①。在这里,哈贝马斯不仅讨论了作为事实与价值之社会媒介范畴的法权,而且讨论了社会学的法权构想与哲学的正义构想。他指出,法权话语理论就是要重构现代道德实践的自我理解,以便保护自己的规范内核既能够抵制科学主义的还原,又能够抵制审美主义的同化。

(2)用话语伦理学阐发法权话语理论的内容,揭示法权本身蕴含着的事实与价值之间的张力,并重新阐释道德规范与法律规范的关系。在这里,哈贝马斯在法权话语理论框架中,不仅讨论了法权体系和法治国家原则,而且讨论了法权的不确定性与判决的合理性以及宪法判决的作用与合法性问题,尤其是重新阐释了道德规范与法律规范的复杂关系。哈贝马斯指出,道德规范与法律规范都是用来调节人际关系冲突的,它们都应平等地保护所有参与者及其自主性,但两者的调节对象和外延是不同的:前者保护个体的人格完整,后者保护法权共同体成员的人格完整。但在后形而上学论证基础上,道德规范与法律规范应该协调一致。

(3)在澄清"协商政治"(deliberative Politik)内涵的基础上,从社会学视角检视对复杂的社会权力循环过程进行法治国家调节的条件,并从合法性视角讨论话语民主理论,最终提出程序主义的法权模型。② 在这里,哈贝马斯讨论了经验民主模型、规范民主模型,以及程序民主概念,并讨论了公民社会与政治公共领域的作用。他指出,在复杂的社会中,要在素不相识的人们之间建立具有道德法则性质的相互尊重关系,法律仍然是唯一的媒介。

当然,对于社会秩序建构这个"霍布斯难题",无法用个别行为者合理抉择的偶然聚合做出满意解释。在语言学转向之后,康德的道德义务

---

① Jürgen Habermas, *Faktizität und Geltung. Beiträg zur Diskurstheorie des Rechts unddes demokratischen Rechtsstaats*, Frankfurt/M.: Suhrkamp1992, S. 9.

② Vgl. Jürgen Habermas, *Faktizität und Geltung. Beiträg zur Diskurstheorie des Rechts unddes demokratischen Rechtsstaats*, Frankfurt/M.: Suhrkamp1992, S. 10.

论获得了话语理论理解。由此,契约模型就为话语模型所取代:法权共同体是通过协商达成的共识构成的而非通过社会契约构成的。这样,哈贝马斯就将话语伦理学的普遍化原则发展成为话语民主理论的协商原则。所谓"协商原则"(deliberativer Grundsatz),是指"只有那些所有可能的相关者(作为合理协商参与者)都可能同意的行为规范才是有效的"①。在此基础上,哈贝马斯提出了超越自由主义与共和主义的程序主义法权模型。在这个模型中,富有生机的公民社会与健全的政治公共领域必须能够承担相当部分的规范期待。

作为后期哈贝马斯的政治哲学、道德哲学文集,《包容他者:政治理论研究》(1997)的核心问题是,在今天,共和主义的普遍内涵究竟带来了什么后果?在这里,哈贝马斯试图从多元主义社会、跨民族国家、世界公民社会三个视角加以论述。② 该文集对批判理论的"政治伦理转向"贡献在于:

(1)进一步阐发"对差异十分敏感的道德普遍主义",它要求"每个人相互之间都平等尊重,这种尊重就是对他者的包容,而且是对他者的他性的包容,在包容过程中既不同化他者,也不利用他者"③。因而"包容他者"意味着,道德共同体对所有人开放,包括那些陌生人或想保持陌生的人;要求平等尊重每个人,包括他者的人格或特殊性;要求所有人都团结起来,共同为他者承担义务。

(2)与罗尔斯的政治自由主义相比,话语理论更适合把握道德直觉观念。哈贝马斯高度评价罗尔斯的《正义论》,认为它是当代实践哲学里程碑式的著作,因为它恢复了长期以来备受压抑的道德问题作为哲学研

---

① Vgl. Jürgen Habermas, *Faktizität und Geltung. Beiträg zur Diskurstheorie des Rechts unddes demokratischen Rechtsstaats*, Frankfurt/M.:Suhrkamp1992,S. 459.

② Vgl. Jürgen Habermas, *Die Einbeziehung des Anderen*, Frankfurt /M.: Suhrkamp1997,"Vorwort".

③ [德]哈贝马斯:《包容他者》,曹卫东译,上海人民出版社 2002 年版,第 43 页。

究对象的地位。但是,哈贝马斯怀疑罗尔斯是否始终如一地以最有说服力的方式运用自己的直觉观念。因而,在肯定罗尔斯的正义论的基础上,哈贝马斯批评罗尔斯的政治自由主义,并力图将它与自己的康德式的共和主义区分开来。哈贝马斯认为,与罗尔斯的政治自由主义相比,他自己的话语理论更适合把握他们共同关注的道德直觉观念。

(3)进一步拓展了公民身份与民族认同观念,并探讨在全球范围内以及一国范围内的人权承认问题。哈贝马斯指出,在整个世界已经成为"风险共同体"(Risikogemeinschaft)的背景下,公民身份与民族认同问题越来越迫切;国际人权承认问题日益凸显;主流政治文化压制少数民族文化的倾向遭到了抵制。因而,承认政治应当能够保障不同亚文化、不同生活方式在一个法治国家内平等共处,即使没有共同体的权利与生存保障,承认政治也应该能够贯彻下来。

(4)在论述三种民主规范模式的基础上,再次论述法治国家与民主的内在关联,进一步完善协商政治理论。在哈贝马斯看来,自由主义与共和主义的主要分歧在于:对民主进程作用的理解不同,从而导致了对公民地位、法律观念、政治意志形成过程的不同理解。他认为,实际上,自由主义与共和主义各有优缺点,而自己的协商政治理论吸收了两者的优点,将民主程序与规范内涵融合起来。就是说,这种程序主义的民主理论在协商、自我理解话语与正义话语之间建立起了内在关联。这样,协商政治理论作为民主与法治国家的基本观念,就有助于揭示人民主权与人权同源同宗这一事实。

《后民族结构:政治文集》(1998)作为后期哈贝马斯的政治哲学文集,围绕着"在超越民族界限的情况下,社会福利国家的民主如何能够持续和发展?"这个核心问题,表达了他对当前德国政治与国际政治等问题的看法。① 因而,该文集对批判理论的"政治伦理转向"贡献在于:第一,

---

① Vgl. Jürgen Habermas, *Die Postnationale Konstellation*, Frankfurt/M.: Suhrkamp1998, "Vorwort".

从不同视角讨论了民族结构,分析了从文化民族概念到民族国家概念的转变,认为"德国的政治统一可以被描述为长期以来形成的文化民族统一体的过时的完成……在民族国家中,语言共同体必须与法权共同体一致。因为,每个民族似乎从一开始就有政治独立权利"①。第二,探讨了民主合法性与社会正义的关系。他指出,"没有社会正义就没有民主合法性",这是保守主义的基本原则之一。但是,哈贝马斯既不认同保守主义,又对超越新自由主义和社会民主主义的"第三条道路"不抱任何希望,至少对"超越左和右"的乌托邦设计持怀疑态度。因为在他看来,革命派与保守派之间存在着角色互换的可能。第三,在欧盟实现联邦制的基础上,在未来可以建立一种既能够保持差异性,又能够实现社会均衡的新世界秩序。"对每个社会的和文化的暴力驯化来说,欧洲既要保护自己不受后殖民主义侵蚀,又不退回到欧洲中心主义之中。"②就是说,即使对关于人权的文化间性话语,也能够保持这种充分"解中心化的"(dezentrierte)视角。

第二,维尔默的政治伦理学与奥菲的福利国家危机理论,进一步推进了批判理论的"政治伦理转向"。毫无疑问,维尔默(Albrecht Wellmer)与第一代批判理论家,尤其是与第二代批判理论家有着直接的学术传承关系。尽管一般将维尔默划归为第三代批判理论家,但实际上,他是介于法兰克福学派第二代与第三代之间的过渡性人物,是批判理论第二期发展与第三期发展之间的中介人物,在批判理论发展史上具有承前启后的作用。可以说,维尔默的政治伦理学介于批判理论与后批判理论、现代主义与后现代主义、自由主义与社群主义、普遍主义与特殊主义之间,它对批判理论的"政治伦理转向"做出了重要贡献。

---

① Jürgen Habermas, *Die Postnationale Konstellation*, Frankfurt/M. : Suhrkamp1998, S. 23.

② Jürgen Habermas, *Die Postnationale Konstellation*, Frankfurt/M. : Suhrkamp1998, S. 9.

（1）批判理论的规范基础重建：政治伦理学的理论背景。正如前面所说，哈贝马斯、S. 本哈比、霍耐特等人认为，早期批判理论的缺陷之一，就是缺乏对规范基础的理论论证，或者说根本缺乏规范基础。那么，早期批判理论到底有没有规范基础？这历来是有争议的问题。实际上，从霍克海默等人的启蒙辩证法，到阿多尔诺的否定辩证法，再到哈贝马斯的交往合理性理论，都是构建批判理论的规范基础的尝试。为了阐发政治伦理学，维尔默首先必须解决"规范基础"这个前提性问题。笔者认为，在批判理论的规范基础重建问题上，维尔默与哈贝马斯有四个共同点：一是都认为早期批判理论只是致力于纯粹批判——或者是悲观主义文化批判，或者是启蒙理性批判与资本主义批判的结合，从而缺乏规范基础。二是都认为早期批判理论仍然处在主体哲学框架中，沉溺于工具理性批判，从而不能正确对待现代性。三是都认为现代性哲学话语需要引入新的思维范式，用语言交往哲学代替主体哲学。四是都强调维特根斯坦语言哲学在重建现代性哲学话语中的作用。如果说有什么不同的话，那就是哈贝马斯试图用交往合理性重建批判理论的规范基础，而维尔默则试图用"多元的、公共的合理性"重建批判理论的规范基础。但从总体上看，维尔默并没有跳出哈贝马斯的思维框架。

（2）后形而上学现代性理论：政治伦理学的理论视阈。在现代性与后现代性关系问题上，哈贝马斯作为"最后一个现代主义者"，坚决捍卫现代性，强烈批评后现代主义。他认为，现代性是一项未完成的规划：现代性还要继续发展；但他并非一味赞同现代性，而是认为现代性的发展，需要用政治意志与政治意识加以引导。与哈贝马斯不同，维尔默试图在现代性与后现代性之间寻找某种平衡。一方面，在后形而上学现代性语境中，维尔默划分了主体理性批判形式，论述了"理性的他者"；并断定现代性的政治道德基础已经被毁坏了，"以至于决胜局变成了玩火的游戏"①。这表明，他对现代性的不信任，以及对后现代性的同情。另一方

---

① Albrecht Wellmer, *Revolution und Interpretation*. ,Van Gorcum1998, S. 10.

面,他又反对理性批判夸大了的怀疑主义,并指出后现代性的局限性;并以詹克斯①的建筑美学为例,阐发了现代性与后现代性辩证法。维尔默指出,"后现代性,正确地理解,或许是一个规划;而后现代主义,就它确实不仅仅是一个纯粹的模型、倒退的表达或新的意识形态而言,最好被理解为寻找记录变革痕迹并使这个规划的轮廓更加凸显出来的尝试。"②简言之,后现代主义不过是后形而上学现代主义,是主体理性批判的最高形式,"后现代可以理解为对启蒙理性的极端批判,同时它也是对现代性批判的自我超越"③。然而,捍卫形而上学终结概念,并不意味着告别理性与现代性,而是理性批判与现代性批判的自我肯定。

笔者认为,就后形而上学现代性理论而言,维尔默与哈贝马斯也有两个共同点:一是都对现代性哲学话语进行批判性反思;二是都看到了后现代主义的两面性。在维尔默那里,现代主体理性批判被划分为三种模式:一是以弗洛伊德为代表的总体化理性的心理学批判;二是以尼采、霍克海默、阿多尔诺、福柯为代表的工具理性的哲学—心理学—社会学批判;三是以后期维特根斯坦为代表的自明理性及其意义—构成主体的语言哲学批判。维尔默说,前两种批判形式尽管功不可没,但总体上没有摆脱主体哲学框架;只有第三种批判形式才真正突破了主体哲学限制,为重建后形而上学理性观和后形而上学主体概念提供了出路。在这个问题上,维尔默与霍耐特有所不同:后者将现代主体性批判分为心理学批判与语言哲学批判两条路径。尽管有这样或那样的差异,但这足以说明,第三代批判理论家都受到了哈贝马斯的较大影响,就是试图用当代语言哲学的成就避免第一代批判理论家工具理性批判的片面性,重建现代性的哲学话语。

---

① 詹克斯(Charles Alexander Jencks,1939—),美国后现代建筑理论家,后现代主义奠基人之一。

② Albrecht Wellmer, *Zur Dialektik von Moderne und Postmoderne*, Frankfurt/M.:Suhrkamp1985, S. 109.

③ [德]维尔默:《论现代和后现代的辩证法》,钦文译,商务印书馆 2003 年版,《中文版前言》第 1 页。

当然,与哈贝马斯基本否定后现代性、试图拯救现代性不同,维尔默与霍耐特试图协调现代性与后现代性的关系。因而可以说,维尔默是介于现代性与后现代性之间的批判理论家。

(3)共同体主义政治哲学:政治伦理学的理论基础。这主要体现在两方面:

其一,在讨论现代自由的两种模式,即(消极的)个体自由与(积极的)共同体自由基础上,阐发了自由平等与合理性原则、自由民主与政治合法性问题,并分析了自由主义与社群主义之争,以及自由与民主之间的相互交织。

众所周知,在现代政治哲学中,自由主义(或个体主义)与社群主义(或共同体主义)对自由的理解构成了现代自由的两种模式,即(消极的)个体自由与(积极的)共同体自由。维尔默说,如果现代世界自由包括(消极的)个体自由与(积极的)共同体自由之间的二元论,那么普遍自由概念就内含着个体主义与共同体主义之间的张力。与自由主义者不同,维尔默不是强调个体自由,而是强调共同体自由;与社群主义者也有所不同,维尔默并不完全否定个体自由,而是主张对个体自由进行共同体主义阐释。正是在这个意义上,维尔默自称为"共同体主义者",或"自由的社群主义者"——与桑德尔的"社群的自由主义"不同。

在维尔默看来,尽管自由主义与社群主义存在着根本差异,即对待欧美自由民主社会的态度不同,但在很大程度上,它们是共同的价值取向内部的不一致,即它们强调同一传统内部的不同方面:自由主义强调自由的基本权利及其非欺骗性;社群主义更喜欢与美国早期"公民共和主义",即与共同体的民主自治传统联系在一起。这样,它们之间的不一致就可以这样来描述:自由主义的兴趣在于自由的基本权利。对自由主义来说,个体的自由权利构成自由民主传统的规范内核;而社群主义则试图证明,只有在共同体的生活方式中,自由的基本权利才能获得合法意义。因而,自由主义与社群主义之争仍然是自由民主社会内部之争,其根本差异仅仅在于善与正义的优先性问题。事实上,自由与民主无论如何都能够联结成自由民主的政治共同体。

其二,在阐发人权普遍主义与公民权特殊主义基础上,讨论了人权与政治自由的关系以及公民权、人民主权与民主合法性问题。

维尔默指出,在人权与公民权之间,不仅存在着内在关联,而且存在着特有的张力关系。因而,人权不能化约为公民权,但人权可以作为公民权。这样,人权与公民权之间的张力关系,就作为公民权阐释与对这些阐释进行道德批判之间的张力关系出现。换言之,自由民主主义者借助于普遍主义道德理解,将作为公民权的人权承认为道德的或以道德为基础的法律诉求。这样,在法律体系中发生的人权侵犯,同时就被描述为对公民权的侵犯,如果有关法律体系容许这样的侵犯的话。正是在这种语境中,维尔默乐观地肯定,在非西方社会也有可能实现人权,尽管很难给出正义与非正义的标准。不过,一方面,若将对文化认同破坏、宗教认同破坏以及对传统的破坏描述为伤害,也许是没有问题的;另一方面,如果完全没有这样的伤害,那就不可能在世界范围内形成广泛的自由民主共识。

在维尔默视阈里,公民权与民主话语的双重关系不可避免地存在着"解释学循环",即人权承认不仅是政治自由、民主话语的前提,而且是政治自由、民主话语的结果。因而,通过公民权与民主话语的解释学循环,可以回到民主法律体系的内在关联中。这种内在关联,对民主法权共同体来说是结构性的。这样,在一定程度上,民主话语只能进行双重解码。就是说,民主合法性原则的两个层面能够相互阐发:一方面,民主合法性原则作为正义原则,要求所有参与者都有可能实际参与民主话语;另一方面,民主合法性原则作为平等的参与权和交往权,包括参与民主话语要求。

(4)普遍主义伦理学重构:政治伦理学的理论前奏。这包括两个部分:

其一,在重构康德的形式主义伦理学基础上,论述从形式主义伦理学向话语伦理学过渡的必要性。维尔默指出,对康德的伦理学重构来说,大致有三种可能的选择:第一种方案承认,不同的"理性的存在者"能够期

待以完全不同的行为方式成为普遍的(道德普遍主义);第二种方案试图
论证"最低限度伦理学"(阿多尔诺);第三种方案是对康德的道德原则进
行话语伦理学拓展(哈贝马斯、阿佩尔)。他认为,只有第三种方案才能
被看作是为康德的实践理性恢复名誉的尝试,它既无条件地捍卫道德规
范的可辩护性,又无条件地捍卫道德"应当"的合理内涵。因而,像哈贝
马斯、阿佩尔一样,维尔默也看到了从形式主义伦理学向话语伦理学过渡
与从主体哲学向语言哲学过渡的内在关联;但是,这个关联使得康德的伦
理学需要用对话式理解的普遍主义加以重新规定。

为此目的,维尔默区分了"对话的伦理学"(dialogische Ethik)与"对
话伦理学"(Ethik des Dialog):在前者那里,对话原则代替道德原则;在后
者那里,对话原则处于道德原则的核心位置。按照维尔默的理解,康德对
内在性的思考,尽管不是关于"对话的伦理学"的思考,但也许是关于"对
话伦理学"的拓展。"就康德的伦理学所要求的情境阐释与对话阐释关
系而言,对自我的需要视角与价值视角进行交往理解是可能的。因为拒
绝对话的标准,在矛盾的要求、需要或情境阐释相互抵触情况下,在康德
意义上是非普遍的。但在这个意义上引出的'对话原则'
(Dialogprinzip),主要并不涉及准则普遍性问题,而主要涉及情境阐释与
自我理解恰当性问题;尤其是在涉及他人的需要视角与价值视角的正确
理解时起作用。"①维尔默认为,就话语伦理学在"准康德主义"框架中发
挥的作用而言,哈贝马斯、阿佩尔的"话语伦理学一方面还是康德的,另
一方面还不够康德的"——这就是维尔默对话语伦理学与康德的伦理学
关系的基本界定。由此可见,维尔默的基本立场倾向于康德的伦理学而
批评话语伦理学。

其二,在批评话语伦理学的两个前提,即真理共识论和最终论证要求
的基础上,对话语伦理学的基本原则,尤其是 U 原则进行了重构。维尔
默将 U 原则不是视为合法性原则而是视为道德原则,并认为 U 原则是对

---

① Albrecht Wellmer, *Ethik und Dialog*, Frankfurt/M.:Suhrkamp1986, S. 48.

绝对命令的话语伦理学重述。他认为,如果将 U 原则理解为合法性原则,就会产生下述困难,即 U 原则没有解决这个问题:我"能够非强制地承认"普遍遵守一个规范,对每个具体的人来说意味着什么? 因而也没有解决这个问题,即在这个意义上,所有人能够承认一个规范意味着什么? 为了解决这个问题,维尔默对 U 原则进行了重新解读:(U1)一个规范,如果为所有利益相同的参与者普遍遵守,那这个规范就是有效的;(U2)一个规范,如果能够为所有利益相同的参与者非强制地承认,那这个规范就存在于所有参与者的共同利益中;(U3)在 Sh 情境中被做的(事情),(在道德上)是被正确地(禁止的),如果相应的行为方式被理解为普遍的,并考虑到每个具体的、利益相同的参与者能够非强制地承认其预期后果的话;(U4)在 Sh 情境中被做的(事情),(在道德上)是被正确地(禁止的),如果所有利益相同的参与者能够(非强制地)期待,相应的行为方式(考虑到它对每个具体的、利益相同的参与者来说的预期后果)成为普遍的。由此可见,在这个问题上,维尔默的阐释与哈贝马斯的阐释是相似的:通过有效性标准,道德规范有效性的意义被理解为以语言为中介的主体间性的普遍结构。因而,U 原则作为对绝对命令的话语伦理学重述,现在似乎可以被说成是,如果一个行为被理解成普遍的,对所有参与者来说是可承认的,那么它就是正确的。

(5)民主伦理学构想:政治伦理学的理论核心。这主要体现在三个方面:

其一,在讨论政治哲学与道德哲学关系时,维尔默做出了三个区分:首先,"是"与"应当"的区分。他指出,尽管"是"与"应当"的区分以规则与规范存在为前提,但对规则与规范的承认内含着"是"与"应当"的区分。这个区分是伦理学的前提,"欧洲道德哲学,就是从个体伦理学和政治哲学两个维度对这两个问题的加工处理"①。黑格尔哲学则是为重新

---

① Albrecht Wellmer, *Endspiele. Die unversöhnliche Moderne*, Frankfurt/M.: Suhrkamp1999, S. 96.

统一这两个相互分离领域所进行的最后的伟大尝试。然而,即使不是在马克思那里,但也许是在马克思主义传统中仍然重复着"将是还原为应当、将应当还原为是"的错误。其次,法律规范与道德规范的区分表明,法律规范与道德规范对立将成为有效的或失效的;法律规范与道德规范对立是结构性的;法律规范通常与外部认可的法律威胁联系在一起。不过,维尔默对法律规范与道德规范的区分,并没有注意到传统社会的具体伦理。在向后传统道德过渡中,道德的去习俗化意味着法律的习俗化,即在某种程度上,法律规范被自由支配,即使屈从于道德规范限制。再次,在谈到道德原则与民主合法性原则区分时,维尔默指出,道德成为凌驾于法律之上的审判机关;道德论证逻辑是通过普遍主义道德原则确定的;若道德话语不同维度能够获得共识,那么道德冲突一般都可以得到解决;道德规范论证问题具有应用问题的特征。

其二,在谈到法哲学与伦理学关系时,维尔默说:"为了阐明道德原则与法律原则如何相关联,我想直接引用它们之间的一致与差异。"①他指出,在将它们表述为规范的普遍化原则时,法权学说与伦理学说是一致的。其结构性一致就在于,它们固有的共识原则或对话原则最终都被压抑了。在这个意义上,康德的形式法概念就直接反映了绝对命令范畴的形式主义特征。他说,在最坏的意义上,法权学说与伦理学说之所以是"形式主义的",是因为康德使实践理性概念中固有的"程序形式主义",在关键点上停留在逻辑语义学的形式主义。"通过对康德、黑格尔、马克思关于自然法的接受与批判的概述表明,关于自然法的合理内核问题,他们当中没有一个人能够找到令人满意的答案。"②

其三,民主伦理是如何可能的? 这是政治伦理学的核心问题。维尔

---

① Albrecht Wellmer, *Endspiele. Die unversöhnliche Moderne*, Frankfurt/M.：Suhrkamp1999,S. 107.

② Albrecht Wellmer, *Endspiele. Die unversöhnliche Moderne*, Frankfurt/M.：Suhrkamp1999,S. 152.

默指出,后期黑格尔曾经试图为现代社会构建普遍的"民主伦理"(demokratische Sittlichkeit),并将它作为伦理的立足点;但他并没有说明,民主伦理形式如何对待传统的、前现代社会的伦理实质? 就是说,黑格尔(包括马克思在内)并没有真正解决作为私人自主与公共自主之中介的民主伦理问题;相反,托克维尔试图解决如何构建民主伦理的问题。维尔默认为,民主伦理是如何可能的? 这是政治伦理学的核心问题。"民主伦理概念并不规定美好生活的某些内容,而是规定相互修正的善的概念之平等的、交往的、多样的共生形式。"①然而,民主伦理概念的悖谬性似乎在于,它不是被"实体性地",而是被"形式性地",(即"程序性地")规定的。因而,根本不存在民主话语的伦理实体,因为民主话语条件规定着民主伦理内核。这样,在公民共和主义意义上,民主伦理与公民德性再次聚合为实体的整体是不可能的。

在维尔默看来,民主伦理构想的目标是建立世界公民社会。所谓"世界公民社会"(Weltzivilgesellschaft)标志着人权与公民权之间差异的扬弃,标志着现代世界和平的文化多元主义条件,标志着从人权的幻想概念向纯粹道德的或纯粹经济学的状态过渡,但是并不意味着民主政治终结,而是作为新的情况下现代民主需要进一步发展的生存条件。由此可见,维尔默的民主伦理概念试图将托克维尔与黑格尔融合在一起、将个体主义与共同体主义整合在一起。

(6)艺术崇高与审美救赎:政治伦理学的理论向往。这体现在四个方面:

其一,在继承与超越康德美学、阿多尔诺美学的基础上,围绕着"真实、表象、和解之间内在关联"这个核心问题,阐发了自然美与艺术美、艺术真实与审美体验、艺术与崇高之间的关系,提出美是"和解"的乌托邦、美是神圣功能与世俗功能的统一、只有审美综合(真实Ⅰ)才是对现实

---

① Albrecht Wellmer, *Endspiele. Die unversöhnliche Moderne*, Frankfurt/M.:Suhrkamp1999,S. 69.

（真实Ⅱ）的艺术认知、审美体验是某种精神可能性，并论述了审美表象辩证法，主张将崇高嫁接到艺术中，因而认为崇高是艺术的基本结构，断言艺术崇高是对"和解"的彻底否定、崇高意味着审美的强化等。

其二，从现代艺术的二律背反出发，对现代—后现代艺术进行了批判性反思。维尔默认为，现代艺术的二律背反结构，一开始就存在于图像与符号、非概念综合与概念综合的分离中，即使在发达的工具理性条件下，它也与现代艺术一起成为自我意识。因而，尽管功能主义曾经起过一定的历史作用，但缺陷在于，它是一种与技术理性至上精神一致的、形式化的、简化了的机械主义，它没有对功能与目的关系进行恰当反思；只有从这个反思出发，人们才能有效地进行生产和建造，而且只有这样，粗俗的功能主义才能持续地服务于现代化进程。

其三，在更广阔视野中对现代—后现代美学进行了批判性反思。维尔默指出，尽管利奥塔的崇高美学与阿多尔诺的否定美学之间存在着某些不一致，但在他们那里，理性批判与语言批判的深层逻辑的共同性，表现为同一性思维批判与表现符号批判之间的结构同质性。此外，阿多尔诺关于"真实、表象、和解之间内在关联"的描述，即否定美学概念又出现在 K. H. 伯勒尔①的突发性美学、H. R. 姚斯②的接受美学中。在维尔默看来，技术可以被区分为两类：一是以人的需要、人的自主性、交往合理性为取向的技术；二是着眼于资本利用的行政管理技术或政治操纵技术。因而，与 20 世纪初不同，在这里出现了生产美学对实用美学的让位。实用美学关系到体现在日常生活世界中可理解的目的关系的审美质量。

其四，大众艺术批判与审美乌托邦向往。维尔默既肯定阿多尔诺对文化工业批判的合法性，也指出他忽视了大众艺术隐藏着民主潜能与审美想象力；既肯定 W. 本雅明关于机械复制艺术暗示着现代大众艺术潜能的分析，也指出他对大众艺术评价不同于阿多尔诺的根本动机在于审

---

① K. H. 伯勒尔（Karl Heinz Bohrer，1935— ），德国文学评论家，美学家。

② H. R. 姚斯（Hans Robert Jauss，1921—1997），德国美学家，接受美学理论创始人。

美政治化。总之,维尔默对审美乌托邦怀着深深的向往,但对通俗艺术也并非完全否定,而是适度地肯定。

作为法兰克福学派第三代主要代表人物之一,奥菲(Claus Offe)的政治社会学思想,尤其是福利国家危机理论也对推进批判理论的"政治伦理转向"做出了重要贡献。奥菲的福利国家危机理论,既受到了美国社会学家、经济学家 J. R. 奥康纳尔(J. R. O'Conner)的国家财政危机论的影响,更受到了哈贝马斯的合法化危机论的影响;反过来,奥菲关于国家批判的系统分析,又影响了哈贝马斯的"系统—生活世界"理论。奥菲强调,福利国家必须在维持、促进资本积累的同时,保障民主合法性S。只有这样才能保证整个资本主义系统,即经济系统、政治系统、社会文化系统的正常运转。然而,这样,福利国家的矛盾就使得经济危机倾向可能在财政危机中达到顶峰,或者说,资本主义的根本危机在于国家中。在他看来,福利国家的矛盾就在于:"后期资本主义系统既不能够与福利国家共存,又不能够没有福利国家。"①就是说,尽管福利国家对资本主义积累的影响很可能是破坏性的,但废除福利国家所带来的影响将是毁灭性的。

第三,霍耐特的承认理论、多元正义构想,以及民主伦理学,标志着批判理论的"政治伦理转向"最终完成。作为法兰克福学派第三代核心人物、批判理论第三期发展关键人物,霍耐特(Axel Honneth)最终完成了批判理论的"政治伦理转向",主要体现在四个方面:

(1)对传统批判理论进行批判性反思,阐明批判理论的"承认理论转向"②必要性。为了避免早期批判理论社会规范的缺失,又防止 F. v. 弗里德堡经验情结的误区,霍耐特从梳理社会哲学的两条路径(即历史哲学路径与人类学路径)出发,对从霍克海默到哈贝马斯的传统批判理论

---

① Claus Offe, *Contradictions of the Welfare State*, Cambridge:MA:The MIT Press, 1984. P. 153.

② Nancy Fraser/Axel Honneth, *Umverteilung oder Anerkennung? Eine politisch-philoso-phische Kontroverse*, Frankfurt/M. :Suhrkamp2003,S. 148.

进行了批判性反思:其一,早期批判理论试图把哲学的时代诊断与经验的社会分析融合在一起,但从一开始就陷入了困境:从霍克海默批判理论的社会性缺失,到《启蒙辩证法》的支配自然批判的历史哲学模型的局限性,直至后期阿多尔诺批判理论对社会性的最终排斥。其二,尽管自20世纪70年代以来,批判理论的两个最有影响的分支(即福柯的权力理论与哈贝马斯的交往行为理论)可以被视为早期批判理论历史哲学模型所导致困境的两种不同的解决方式,但他们试图通过告别劳动范式来解决早期批判理论困境并不成功,即使交往行为理论也没有为批判理论奠定规范基础。其三,批判理论规范基础只能到人类学中去寻找。为此,必须走规范研究与经验研究相结合之路。即必须走出交往范式的狭义理解,从语言理论转向承认理论。"交往范式不能理解为语言理论……而只能理解为承认理论。"①

（2）从社会冲突两种模式(即"为自我保护而斗争"与"为承认而斗争")出发,霍耐特借助于 G. H. 米德（George Herbert Mead）的社会心理学对青年黑格尔的承认学说进行重构,从而使黑格尔的承认观念实现了自然主义转化,以此阐明批判理论的"承认理论转向"可能性;并以承认与蔑视关系、蔑视与反抗关系为核心,建构了承认理论基本框架。在霍耐特视阈中:三种主体间性承认形式,即情感关怀或爱（Liebe）、法律承认或法权（Recht）、社会尊重或团结（Solidarität）,分别对应自信（Selbstvertrauen）、自尊（Selbstachtung）、自豪（Selbstschätzung）三种实践自我关系;个体认同遭遇的三种蔑视形式,即强暴（Vergewaltigung）、剥夺权利（Entrechtung）、侮辱（Entwürdigung）,摧毁了个体基本自信、伤害了个体道德自尊、剥夺了个体自豪感;蔑视体验（Erfahrung der Missachtung）是社会反抗的道德动机,因而必须在社会冲突中重建道德规范,并将人际关系道德重建视为承认理论目标。

---

① Axel Honneth, *Kritik der Macht. Reflexionsstufen einer kritischen Gesellschaftstheorie*, Frankfurt/M. :Suhrkamp1989,S. 230.

（3）阐明承认与再分配、承认与正义、承认与道德的关系，提出一元道德为基础的多元正义构想，并试图建构以正义与关怀为核心的"政治伦理学"。其一，在进一步拓展承认理论的过程中，霍耐特首先将黑格尔法哲学重构为规范正义理论；通过分析再分配与承认关系，断定分配冲突是承认斗争的特殊形式，并考虑到文化承认作为第四种承认形式的可能性；针对弗雷泽的指责，霍耐特强调自己的承认理论并非"文化主义一元论"，而是"道德一元论"①。其二，在此基础上，试图建构一元道德为基础的多元正义构想。霍耐特多元正义构想的三个核心命题在于：从多元的社会正义构想出发是正确的；社会承认关系质量应该成为社会正义构想立足点；社会理论命题，而非道德心理学被描述为获得社会正义规定性的关键。其三，在与当代实践哲学对话的语境中，明确提出了"政治伦理学"（politische Ethik）概念，并围绕着承认与正义关系、承认与道德关系，阐发了自由、民主、人权、共同体、正义、关怀等问题，而且试图建构以正义（平等对待）与关怀（道德关怀）为核心的"政治伦理学"。笔者认为，强调"后现代伦理学与话语伦理学基本一致"，是霍耐特的政治伦理学立足点；论证"平等对待与道德关怀存在相互包容关系"，是霍耐特的政治伦理学核心；断定"承认道德介于康德传统与亚里士多德传统之间"，是霍耐特的政治伦理学定位；断言"形式伦理是人格完整的主体间性条件"，是霍耐特的政治伦理学目标。

（4）建构以自由与正义为主线的民主伦理学。近年来，霍耐特又出版了一系列著作：不仅对批判理论做了进一步的批判性反思，如《阿多尔诺：否定辩证法》（合著，2006）、《批判理论关键词》（合著，2006）、《理性的病理学：批判理论的历史与现状》（2007）、《批判的创新：与霍耐特谈话》（合著，2009）；而且进一步发展了承认理论及其多元正义构想，如《正义与交往自由：对黑格尔结论的思考》（合著，2007）、《厌恶、傲慢、仇恨：

---

① Nancy Fraser/ Axel Honneth, *Umverteilung oder Anerkennung? Eine politisch-philoso-phische Kontroverse*, Frankfurt/M. : Suhrkamp2003, S.

敌对情绪现象学》(合著,2007)、《从个人到个人:人际关系的道德性》(2008)、《我们中的自我:承认理论研究》(2010);并试图构建民主伦理学,如《自由的权利:民主伦理大纲》(2011)。

《我们中的自我:承认理论研究》包括霍耐特近年来已经发表和未发表的 14 篇论文或讲演稿,主要有四部分内容:其一,进一步拓展和重构黑格尔的承认学说,强调《精神现象学》(1805—1807)、《法哲学原理》(1820)对承认理论的重要性,这与在《为承认而斗争:社会冲突的道德语法》(1992)中强调黑格尔的《伦理体系》(1802—1803)、《思辨哲学体系》(1803—1804)、《耶拿实在哲学》(1805—1806)等"前精神现象学"著作明显不同;其二,进一步阐发劳动与承认、承认与正义的关系,强调道德与权力的内在关联;其三,重新规定社会化与个体化、社会再生产与个体认同形成之间的关系,强调社会哲学规范问题的解决必须包容经验追求;其四,从心理分析视角进一步拓展承认理论,既涉及心理分析的承认理论修正,又分析了"我们中的自我:作为群体驱动力的承认"等问题。总之,该书是霍耐特对承认理论的进一步思考,不仅修正、深化了早年的某些观点,而且开辟了新的研究领域,并试图为正义理论提供一个新的文本。

在《自由的权利:民主伦理大纲》中,霍耐特试图以黑格尔的《法哲学原理》为范本,在社会分析形式中阐发社会正义原则,并致力于阐发民主伦理学。

从基本结构看,该书包括三个部分:其一,"自由的权利"历史回顾。在这里,霍耐特主要阐发"消极自由及其契约结构"、"反思自由及其正义构想"、"社会自由及其伦理学说"。其二,"自由的可能性",从此在"基础"、"局限性"、"病理学"三个层面阐发"法律自由"与"道德自由"。其三,"自由的现实性",讨论"个人关系中的'我们'"(友谊、私密关系、家庭);"市场经济行为中的'我们'"(市场与道德、消费领域、劳动市场);"民主意志形成中的'我们'"(民主公共领域、民主法权国家、政治文化展望)。①

---

① Axel Honneth, *Das Recht der Freiheit. Grundriß einer demokratischen Sittlichkeit*, Frankfurt/M.:Suhrkamp2011, S. 5-6.

霍耐特认为,在西方政治哲学中,占支配地位的康德、洛克自由主义传统的正义理论,属于"制度遗忘的正义理论"(institutionenvergessene Gerechtigkeitstheorie),尽管它具有道德理性但却缺乏社会现实性。新黑格尔主义试图按照黑格尔意图来建构正义理论,以及社群主义者 M. 沃尔泽、A. 麦金泰尔等人试图超越纯粹的规范正义理论、并重新接近社会分析的努力,离与黑格尔的《法哲学原理》的意图尚有很大距离:黑格尔的思路是将道德理性与社会现实结合起来。诚然,在今天简单复活黑格尔意图和思路是不可能的。尽管如此,再次运用黑格尔的《法哲学原理》的意图,重构一种从当代社会结构前提出发的正义理论,即作为社会分析的正义理论,还是有意义的。①

应该说,《自由的权利》在霍耐特思想发展过程中占有非常重要的地位,其学术地位足以和《为承认而斗争》相媲美。如果说,《为承认而斗争》标志着霍耐特的承认理论框架基本形成;《正义的他者:实践哲学文集》(2000)、《再分配或承认? 哲学——政治论争》(2003)等标志着霍耐特的承认理论进一步完善与多元正义构想和政治伦理学初步建构;那么,《自由的权利》则意味着霍耐特的民主伦理学基本形成。到此为止,霍耐特的思想体系已臻完善,足以和哈贝马斯相比肩——在哈贝马斯那里,有交往行为理论、话语伦理学、协商政治理论;在霍耐特这里,则有承认理论、多元正义构想、民主伦理学。正是借助于此,霍耐特最终完成了批判理论的"政治伦理转向",对批判理论第三期发展做出了决定性贡献;标志着批判理论最新发展阶段,即从批判理论转向后批判理论;体现着批判理论最新发展趋向,即从语言交往哲学转向政治道德哲学("政治伦理学");并已经进入到与当代实践哲学主流话语对话语境之中,成为当代最重要的实践哲学家之一。然而,尽管霍耐特徘徊于批判理论与后批判理论、现实主义与理想主义、一元主义与多元主义之间,但最

---

① Vgl, Axel Honneth, *Das Recht der Freiheit. Grundriß einer demokratischen Sittlichkeit*, Suhrkamp Verlag, Berlin 2011, S. 14—17.

终从前者走向了后者。因此，与其将霍耐特为批判理论家，倒不如称为后批判理论家。

主编一套开放性的批判理论研究丛书，这个想法由来已久。不过，这个想法的真正实施则始于 2013 年。这年 11 月，在由全国当代国外马克思主义研究会主办、武汉大学哲学学院和德国罗莎·卢森堡基金会共同承办的"法兰克福学派与美国马克思主义——纪念阿多尔诺诞辰 110 周年"国际学术研讨会（全国第八届国外马克思主义论坛）上，我的这个想法得到了人民出版社邓仁娥编审的支持。因而，在此首先应感谢邓仁娥老师，没有她的大力支持，这套丛书也许就诞生不了，至少有可能不是诞生在人民出版社。也应感谢人民出版社崔继新老师，他是这套丛书的后续支持者。另外，应感谢三位著名哲学家，即德国法兰克福大学 A. 霍耐特教授（Axel Honneth）、法国巴黎第十大学 J. 比岱教授（Jacques Bidet）、美国纽约社会研究新学院 N. 弗雷泽教授（Nancy Fraser），他们答应我担任这套丛书的"国际学术顾问"，为这套丛书增色不少。当然，还应感谢这套丛书的每一位作者（包括未来可能的作者），没有他们的积极参与，上述所有努力都是"纸上谈兵"。

作为霍耐特的弟子和朋友，作为法兰克福学派批判理论长期的追随者、传播者、研究者、阐发者，打造这样一个全国性的批判理论研究平台，目的是为了进一步推动批判理论在中国的传播、研究、发展。希望在大家的共同努力下，为推进中国学术事业的发展尽绵薄之力。

导　论

艾利斯·M.扬（Iris Marion Young，1949—2006 年）是美国著名的左翼思想家，新马克思主义者和女性主义者，同本哈比、弗雷泽等一起同属于批判理论在英美的主要代表人物。她生前是芝加哥大学的政治科学教授，任职于该大学的性别研究和人权中心。作为罗尔斯之后的政治哲学家，艾利斯·扬一生致力于批判的正义理论与民主实践的关联，并创立了引人注目的有关正义、社会压迫、性别以及民主的复杂理论，这些理论以一种独特的方式综合了来自马克思主义、女性主义、现象学、精神分析以及批判理论等思想的洞见。在艾利斯·扬去世后，其同事芝加哥大学法学院暨政治学系教授凯斯·桑斯坦（Cass Sunstein）曾这样评价她："在我心中，扬无疑是过去 25 年来最重要的政治哲学家之一。在女性主义与左派政治思想界，无人能出其右。"

一、艾利斯·扬的生平和著作

1949 年 1 月 2 日，艾利斯·扬出生于纽约一户殷实的中产阶级家庭，成长在纽约皇后区的民族熔炉阿斯托里亚。1970 年，她在纽约城市大学的皇后学院获得哲学学士学位，并于 1970—1974 年间在宾夕法尼亚州立大学攻读硕士和博士学位。1974 年，艾利斯·扬以题为《从匿名到演讲：对维特根斯坦晚期作品的解读》的论文获博士学位，专注于语言哲学方面的研究。博士毕业之后，她在美国多所大学和研究机构任职，教授哲学和政治理论，如伦斯勒理工学院、伍斯特理工学院和迈阿密大学等。

1990 年，她转到匹兹堡大学的公共与国际事务研究院，并在那里教授了 9 年的政治理论。从 1999 年起直至去世前，艾利斯·扬在芝加哥大学工作，任政治科学教授。在此期间，她于 1995 年暑期赴法兰克福歌德大学做访问教授。扬在学术界有较高的声望和影响，在世界多所学校和研究机构任客座教授，包括普林斯顿大学、奥地利人类科学研究所、澳大利亚国立大学和南非人类科学研究委员会等。在美国，艾利斯·扬是多个学术机构的成员，包括激进哲学学会、女性哲学协会、现象学和存在主义协会等。不幸的是，正处于事业发展黄金时期扬罹患癌症，于 2006 年 8 月 1 日去世，年仅 57 岁。

艾利斯·扬的研究领域很广泛，涉及全球正义理论、民主与差异、女性主义政治理论、福柯和哈贝马斯等人的思想研究、伦理学和国家关系、性别、种族以及公共政策等。艾利斯·扬出版的主要作品有：《正义与差异政治》（1990）、《交织的声音：性别困境、政治哲学与政策》（1997）、《包容与民主》（2000）、《像女孩一样丢球：论女性身体经验》①（2005）、《全球挑战：战争、自决和正义的责任》（2007）以及去世后由其丈夫大卫·亚历山大（David Alexander）编辑出版的遗稿《正义的责任》（2011）。其中，1990 年出版的《正义与差异政治》曾荣获美国政治科学学会维多利亚·沙克奖（Victoria Schuck Award）（1991）。该书标志着艾利斯·扬多元正义思想的初步确立，也奠定了艾利斯·扬在当代政治哲学领域的崇高地位。在《正义与差异政治》中，艾利斯·扬主要提出了她对社会正义的结构性理解。通过挑战传统正义理论的分配范式，她指出，一种真正正义的社会是包容差异的社会，社会正义的研究需要与新社会运动承认差异的解放诉求联系起来。本哈比高度评价这本著作，她认为："这是一本富有创新精神的著作，它对女性理论和政治思想做出了重要的贡献。它是处

---

① 此书是扬对 1999 年出版的《像女孩一样丢球和关于女性主义哲学和社会理论的其他文章》（Iris Marion Young, *Throwing Like a Girl and Other Essays in Feminist Philosophy and Social Theory*）一书的再版，书中增添了三章内容。

理普遍主义的后现代主义批判和具体思考之间关系的最令人印象深刻的论述之一……就后现代主义的解放内涵而言,艾利斯·扬进行了我所知道的最令人信服的阐释。"①后来,艾利斯·扬逐步扩展了她对正义和民主的理解。为促进社会正义,建立正义与民主的良性循环,在《包容与民主》(2000)中她主要阐释了深层民主或交往民主的构想,并将差异作为政治资源纳入政治沟通中。在这本书中,她批判了自由主义哲学传统,认为自由主义所预设的抽象平等以及普遍公民身份忽视了差异。艾利斯·扬提出了一种新的协商民主范式,为身处边缘和弱势的群体保留了政治空间;《交织的声音:性别困境、政治哲学与政策》(1997)与《像女孩一样丢球:论女性身体经验》(2005)两本著作则是艾利斯·扬为数不多的专门探讨女性主义的论文集。在《交织的声音》中,艾利斯·扬提出了自己的性别观。通过借鉴萨特的"序列"概念,艾利斯·扬批判了性别的本质主义理解。她认为,应该将女性视为一种社会结构性群体,而不是陷入性别的本质化。性别议题是窥探社会正义的一面镜子,致力于人的解放的社会批判理论需要直面性别压迫,并探究其背后的压迫分析,提供可行的解放路径。除此之外,在这本论文集中,艾利斯·扬也讨论了作为伦理政治学范畴的"非对称互惠"、女性主义家庭观以及隐私权等思想。《像女孩一样丢球》既是一本学术文集,也是一本个人传记。从这些轻舞于严谨学术和感性叙事的文字中,我们可以透视艾利斯·扬本人的生命轨迹。在这本书中,艾利斯·扬主要从现象学的视角讨论了女性的身体经验,其中涉及女性的乳房经验、怀孕的肉身化、着装体验、家与空间(隐私)等主题。它不仅弥补了英美女性主义研究有关"身体经验"的讨论,也弥补了现象学研究中的性别盲点。《全球挑战:战争、自决和正义的责任》(2007)和《正义的责任》(2011)两本著作则集中体现了艾利斯·扬后期有关全球正义与政治责任的思想,从而在全球视域中进一步扩展其正义民主思想。

另外,在整个学术生涯中,艾利斯·扬还先后编辑出版了一系列文

---

①　http://press.princeton.edu/titles/4722.html#reviews.

集。例如《思维的缪斯：现代法国哲学》（1989）（与耶夫纳·艾伦合编）①，《女性主义伦理学与社会政策》（1997）（与帕特里斯合编）②，《女性主义导读》（2000）（与艾莉森·雅各合编）③，《儿童、家庭与国家》（2003）（与斯蒂芬·马塞多合编）④，《殖民主义及其遗产》（2011）（与雅格·利维合编）⑤等。除著作外，艾利斯·扬还有大量论文问世，内容广泛涉及亲密关系、教育理论和实践、老龄化、压迫和支配、身体经验等多个议题，跨越女性主义、批判理论、现象学、伦理学、精神分析、政治学等诸多领域，这些文章散见于《希帕蒂亚》（Hypatia）、《星丛》（Constellations）等著名期刊上。在其短暂的一生中，艾利斯·扬共出版了专著7部、编著8部、论文近百篇。除此之外，艾利斯·扬还是一位享誉世界的著名理论家。迄今为止，她的著作已经被译成20多种语言出版，有德语、意大利语、葡萄牙语、西班牙语、瑞典语、克罗地亚语等。因而，在加利福尼亚州立大学哲学教授克里斯蒂娜·贝隆（Christina M.Bellon）看来，"经由并跨越不同的议题，艾利斯·扬能够保持专注并发展其一系列著作的连贯性和一致性。每一部分既奠基于之前的内容，也是对先前理论的进一步发展。这在（美国）当代学者中是实属罕见的成就"⑥。

作为20世纪70年代新左派和女性运动的继承者，艾利斯·扬积极

---

① Iris Marion Young and Jeffner Allen eds., *The Thinking Muse：Feminism and Modern French Philosophy*, Bloomington：Indiana University Press, 1989.

② Iris Marion Young and Patrice DiQuinzio eds., *Feminist Ethics and Social Policy*, Bloomington：Indiana University Press, 1997.

③ Iris Marion Young and Jaggar Alison eds., *A Companion to Feminist Philosophy*, Malden, Massachusetts：Blackwell, 2000.

④ Iris Marion Young and Stephe Macedo eds., *Child，Family，and State*, New York：New York University Press, 2003.

⑤ Iris Marion Young and Jacob Levy eds., *Colonialism and Its Legacies*, Lanham, Maryland：Lexington Books, 2011.

⑥ Christina M.Bellon, *Introduction*, Hypatia, Vol.23, No.3, Summer 2008, p.viii.

参与各种进步的社会政治运动。即使在美国的政治氛围变得狭隘且保守的情况下，艾利斯·扬仍然保持着一名激进的民主主义者、女性主义者和社会主义者的斗志。关于自己为什么积极参与社会运动，艾利斯·扬在一次访谈中有过解释。她谈到，在自己成为一名政治理论家过程中，西蒙娜·德·波伏娃（Simone de Beauvoir）为她树立了榜样，她也想像波伏娃那样去生活。在求学和工作中，艾利斯·扬受到很多人的影响。在读大学本科时（1970）她受到伊迪丝·魏思高格洛（Edith Wyschogrod，1939—2009 年）①影响，在艾利斯·扬准备继续攻读研究生时，这位教授不仅在生活上给她以照顾，而且在学术方向的选择上给她以指导。在美国，魏思高格洛教授以研究列维纳斯出名，列维纳斯不仅提出伦理学是第一哲学的著名论断，而且特别强调责任在伦理学中的地位。这一点对艾利斯·扬有重要影响。20 世纪 70 年代，美国女性主义研究非常热。1972 年，女性哲学协会（SWIP：Society for Women in Philosophy）②在美国成立，每年

---

① 伊迪丝·魏思高格洛（Edith Wyschogrod，1939—2009 年）是一位犹太人哲学家，她主要以研究法国存在主义哲学家伊曼努尔·列维纳斯（Emmanuel Levinas）的思想而闻名，尤其是将"他者"的伦理责任作为其哲学研究的基础。她编辑出版了很多有关伦理学方面的书籍，比如《死亡现象学：道德的面向》（1973）、《伊曼纽尔·列维纳斯：伦理形而上学的问题》（1974）、《记忆的伦理：历史，异质性和无名的他者》（1998）和《交叉的问题：与否定性栖居，拥抱哲学的他者》（2006）等，专注于利他主义（altruism）、群体死亡与共同体、时间与记忆等伦理和哲学主题。

② 女性主义哲学协会（The Society for Women In Philosophy）创建于 1972 年，旨在支持和促进女性哲学的发展。从那时起，SWIP 的分支已经扩展至世界许多地方，包括美国、加拿大、爱尔兰、英国、弗兰德斯和德国等。世界各地的 SWIP 组织都会举行旨在支持女性哲学的会议和讲座。女性哲学协会的创始人之一是艾莉森·雅各（Alison Jaggar），她也是最早将女性主义关注引入哲学的人之一。每年都会有一位哲学家被女性哲学协会评为年度杰出女哲学家。参见 https://en.wikipedia.org/wiki/Society_for_Women _in_Philosophy。2000 年，艾利斯·扬与艾莉森·雅各共同编辑出版了《女性主义哲学导言》一书，参见 Iris Marion Young and Alison Jaggar eds., *A Companion to Feminist Philosophy*，Malden，Massachusetts：Blackwell，2000.

召开两次会议,讨论女性哲学的重大问题。艾利斯·扬很认同这个组织。她曾经说:"SWIP 对我来说,是一个重要的培训基地,是我首次发表论文的地方,也是我接受大量崭新的思想模式、带来思想变革的地方。"①与同时代的许多女性理论家一样,20 世纪 70 年代对艾利斯·扬的理论形成而言有着根本的影响。可以说,性别议题是艾利斯·扬进行正义探究的重要起点。她在《正义与差异政治》中也曾指出,自己的工作就是"扩展对当代女性主义在现代道德和政治理论中居于核心的理性、公民身份以及平等理念中的男性偏见的分析"②。

艾利斯·扬不仅是一位女性主义哲学家,也是一位敏锐的社会理论家。在她看来,政治理论应该关注普遍和广泛的社会议题。正如其在匹兹堡大学任教时的同事威廉姆·舒尔曼(William E.Scheuerman)所说的:"如果我们致力于政治理论的抽象化,我们最好能够展现出我们的研究如何能够有助于改善人类的境况。按照这个精神,艾利斯将其毕生事业致力于确保政治理论可以批判性地审查社会不平等以及群体差异非法压制的根源。"③艾利斯·扬在攻读博士学位期间感兴趣的是维特根斯坦的语言哲学和社会哲学,她所做的博士论文是《从匿名到演讲:对维特根斯坦晚期作品的解读》(From Anonymity to Speech:A Reading of Wittgenstein's Later Writing)。虽然她的博士论文并没有出版,但这一学术经历对她很重要,使她始终对维特根斯坦的语言实践的作用非常敏感。

---

① [西]N.T.卡萨尔斯、[加]I.博兰:《女性主义政治哲学探析:对话艾利斯·马瑞恩·扬》,孙晓岚、宋美盈译,载《国外理论动态》2013 年第 12 期。原文刊于美国著名女性主义哲学杂志《希帕蒂亚》(Hypatia)2008 年第 3 期。参见 Neus Torbisco Casals and Idil Boran,"Interview with Iris Marion Young",*Hypatia*,Vol.23,No.3,July-Septemher 2008,pp. 174-181.

② Iris Marion Young,*Justice and the Politics of Difference*,Princeton:Princeton University Press,1999,p.7.

③ William E.Scheuerman,"Iris Marion Young(1949—2006)",*Political Theory*,Vol. 34,No.6,Dec.2006,p.688.

　　艾利斯·扬没有沿着主流分析哲学方向发展自己。受哈贝马斯等人思想的影响，她的兴趣点很快就转向了女性主义理论以及更广范围的政治哲学。关于自己的学术发展，艾利斯·扬曾回忆到："（我）一直对政治哲学很感兴趣。我的（博士）论文探究了语言与社会实践的关系，虽然和政治哲学没有直接的关系，但是却为我向来所关心的交往理论、主体间性和政治学打下了基础。正是在撰写博士论文期间，我第一次接触了哈贝马斯和他的同事阿佩尔（Karl-Otto Apel）提出的交往互动理论。这个理论当时在美国还不太为人所知。他们的思想深受维特根斯坦的影响。"[①]写完论文后不久，她就开始对哈贝马斯、阿佩尔等人的交往行为理论进行了更加深入的研究。在《正义与差异政治》一书的导言中，艾利斯·扬明确指出，自己的思想是对哈贝马斯交往行为理论的批判性借鉴，其深层包容民主理论受到哈贝马斯对政治沟通模式讨论的启发。艾利斯·扬在社会批判理论中起到推陈出新的作用，哈贝马斯的批判理论始终是其重要的理论资源，同时她也被誉为"过去四分之一世纪中三位最杰出的和最重要的女性主义批判理论家"[②]之一。

　　身处后现代思潮的时代，任何理论家都必须表达对结构主义或后结构主义的态度。处于后现代主义思想影响中心的美国，艾利斯·扬也不可避免地会受到诸如德里达、利奥塔、福柯、克里斯蒂娃等后现代思想家

---

　　①　［西］N.T.卡萨尔斯、［加］I.博兰：《女性主义政治哲学探析：对话艾利斯·马瑞恩·扬》，孙晓岚、宋美盈译，载《国外理论动态》2013年第12期。

　　② 　周穗明：《美国批判的女性主义及其当代演进》，载《中华女子学院学报》2013年4月第2期。参见美国宾夕法尼亚州立大学人文学院哲学系主任艾米·埃伦（Amy Allen）在2012年11月广州举办的"国外马克思主义女权主义理论发展与创新研讨会"上的报告：《权力、正义与世界主义——女性主义批判理论近期工作概览》（"Power, Justice, and Cosmopolitanism: An Overview of Recent Work in Feminist Critical Theory"）。其他两位女性主义批判理论家分别是耶鲁大学政治学系和哲学系教授塞拉·本哈比（Sara Benhabib, 1950年—）和纽约社会研究新学院（The New School for Social Research）政治学系和哲学系教授南希·弗雷泽（Nancy Fraser, 1947—）。

思想的影响。这些思想资源为艾利斯·扬去解构本质主义、质疑和批判日常生活以及政治实践中各种显性和隐性压迫方式提供了丰富的批判资源，也为她把差异作为政治沟通的资源提供了思考的工具。在艾利斯·扬的整个思想脉络形成中，她对当代哲学和社会理论的发展成果抱着开放的态度，从女性主义哲学、哈贝马斯和阿佩尔的话语理论以及后结构主义思想家那里广泛吸取思想资源，以便更好地揭示阻碍人的自我实现和自我发展的各种压迫和强制，特别是各种结构化非正义，使她有可能对现代政治民主实践提出有创见的思考。

艾利斯·扬既是一位哲学家，也是一位公共知识分子。对于哲学的社会功能，有学者指出，根据哈贝马斯的理解，"哲学对于诊断我们的时代，在促进现代社会的自我理解方面有着特殊的贡献"①。哈贝马斯认为，哲学家可以作为三种社会角色起作用，即作为专家、治疗师或公共知识分子。比起作为专家和治疗师，哲学家作为公共知识分子更有影响力。原因在于，公共知识分子能够通过主动地运用其专业能力介入公共话语，并对公共事务提供更好的分析。正是通过这样一种公共话语，现代社会才可以达到某种方式的自我理解。艾利斯·扬就是这样一位公共知识分子，她不仅就公共议题发声，而且极具同情心和责任感。她曾参加过许多声援弱势群体的社会行动。比如，为了支持设置公民警务审查委员会，她直接上街为全民公决请愿书征集签名（1997）；为了给劳工和穷人争取权利，她直接拜访雇主并讨论工人的不平等对待问题（2003）等。艾利斯·扬直接参加的社会运动还有很多，如反战游行、劝说世界银行减少非洲债务等等。

2008年，艾利斯·扬之前任教的匹兹堡大学公共与国际事务研究院和女性研究项目创立了"艾利斯·M.扬奖"，以纪念这位具有国际威望的哲学家和致力于性别平等的活动家。这一奖项通过奖励那些将促进社会

---

① 郁振华、刘静芳：《综合的心灵——作为公共知识分子的哲学家哈贝马斯》，载《社会科学报》2002年。

正义和民主作为日常生活内容的匹斯堡社区成员,来纪念艾利斯·扬的思想遗产。到目前为止,已有多位学者和社会活动家获此殊荣。

二、研究的意义

作为"后罗尔斯时代"的著名哲学家,①艾利斯·扬一生致力于探究一种批判的正义理论。她将后现代理论与批判理论相结合,试图回应多元时代的正义挑战。扬创造性地批判了传统的分配正义范式,从现实中的不正义出发来讨论正义问题,颠覆了主流正义理论从虚拟的理想化情境出发对正义问题的讨论。与此同时,为了克服自由主义对民主的狭隘理解,她提出了一种交往式的民主理论,从多元主体交流的角度理解民主对话。这一理论有助于一种深层的包容民主的实现。作为一个敏感而有建设性的哲学家,艾利斯·扬特别关注全球资本主义时代非正义的责任问题。她意识到,传统道德和政治哲学的责任归责模式是有局限性的,她提倡一种责任的社会联结模式,这种模式比起原有的模式能够更好地促进全球范围的社会正义。

作为敏感的理论家和积极的社会活动家,艾利斯·扬的思想有自己的特点。她对人类生存的本质和社会有着深切感知,并对当今社会的非正义特别敏感;她善于吸收各种知识和方法,也通过各种新社会运动获得哲学思考的直接经验。这些使得她的正义思想既有着一定的理论深度,又有着强烈的现实关怀的特征。虽然艾利斯·扬的生命因病魔过早结束,但是,她提出的问题以及观点值得我们进一步思考。

---

① 著名哲学家布莱恩·巴利(Brian Barry)认为,《正义论》之后,我们是活在"后罗尔斯"(post-Rawlsian)的世界,它成了政治哲学的分水岭。参见 Brian M. Barry, *Political Argument: A Reissue with a New Introduction*, London: Routledge, 1990, p.lxix.;同时鉴于艾利斯·扬的正义思想由对罗尔斯正义理论的批判展开,我们这里称其为"后罗尔斯时代"的政治哲学家。

从上述艾利斯·扬的思想经历和研究成果看,她的思想既延续了法兰克福学派的批判理论传统,同时又借鉴了当代政治哲学、后结构主义、女性主义等思想资源。艾利斯·扬所努力的目标是对当代社会的正义困境给出自己的"病理学"诊断,并为实现真正的社会正义和人类解放提供自己的理论和实践策略。她没有像罗尔斯、哈贝马斯等人那样提供一种系统的整体性理论,但这并未掩盖其独特的思想创见和深远的学术影响。艾利斯·扬为当代政治哲学贡献了丰富的思想资源和智力资源,在其去世之后,学界发表很多纪念性文章并出版了对其思想进行阐释的著作,有关她的思想贡献和遗产的学术讨论会也时有召开。这些都表明,艾利斯·扬的思考是值得研究的。

艾利斯·扬是在西方社会政治和理论氛围发生剧烈变动的时代介入当代理论之中的,她的学术生涯折射出了 20 世纪后半叶西方政治哲学丰富多彩的思想交流图景。在她的思想中有对哈贝马斯、本哈比、弗雷泽等批判理论家思想的借鉴和批判;有对吉利根、伊利格瑞、克里斯蒂娃等女性主义思想的继承和反思;有对德里达、福柯、列维纳斯等后结构主义者思想的批判和吸收;还有与罗尔斯、罗纳德·德沃金(Ronald Dworkin)、威尔·金里卡(Will Kymlicka)、阿马蒂亚·森(Amartya Sen)等当代著名主流政治哲学家之间的对话和回应,等等。同时,就讨论的问题来说,艾利斯·扬介入当代思想界许多热点问题的讨论之中,比如多元文化主义、认同政治以及全球民主与正义等。作为著名政治哲学家,新马克思主义理论、多元文化论以及差异政治的倡导者,艾利斯·扬的思想影响是多方面的。她不仅在正义和责任等政治哲学的重大问题上提出了许多有重要意义的观点,而且她的思想也启发了不同领域的学者对相关社会议题的思考,比如教育问题、环境问题、全球贫困问题等。虽然艾利斯·扬自己并没有去提供一种完备的正义理论,但是,从她的思想内容来说,实际上已经包含着对正义理论和实践的全面的思考。透过这些思考,我们可以更清楚地看清当代西方国家社会的复杂结构以及其中的断裂、矛盾和裂缝。透过对这些具有压迫性的权力关系和统治形式的结构性批判,我们同时又看到社会之中隐含的解放潜力,以及具有启发意义的替代性方案。因此,我们需要将艾利斯·扬的正义理论作为一个独立的论题加以研究。

本书的创新之处在于,首先,本书通过对艾利斯·扬文本的细致解读,从正义视角出发勾勒艾利斯·扬思想的内在逻辑。笔者认为,对正义的探究贯穿了艾利斯·扬学术生涯的始终。本书主要从"结构性非正义"的诊断出发,从差异政治、包容性民主和政治责任三个方面对艾利斯·扬的正义理论进行系统的、整体性的研究;其次,本书以艾利斯·扬面临的时代境况和诸多批评为潜在背景,挖掘艾利斯·扬正义思想对传统正义理论和批判理论的超越意义。同时,本书试图通过具体的概念性阐释,澄清学界对艾利斯·扬正义思想的一些偏见和误解,力图展现艾利斯·扬正义思想的规范内涵和解放意义。由于艾利斯·扬正义理论的洞见和深远影响,国内已经开始对她的研究。但目前仅有一本译作以及一些介绍性文章,对其思想的系统性研究较少。鉴于艾利斯·扬思想的前沿性及其对西方政治思想的影响,本研究试图填充这一空白。

具体而言,本研究的意义主要体现为以下几个方面:第一,通过对艾利斯·扬正义理论的系统梳理,有助于把握其正义的规范性及其对当代正义理论研究的意义,推动政治哲学对正义、责任等问题的研究;第二,艾利斯·扬是当代美国批判理论的主要代表人物之一,她与哈贝马斯、弗雷泽、本哈比、戴维·米勒(David Miller)等人在差异政治、包容民主以及政治责任等问题上的讨论以及对他们思想的民主政治内涵的发掘,有助于了解社会批判理论的最新研究以及当代西方政治哲学讨论的核心问题;第三,通过联结正义理论与复杂社会背景中不同形式的社会压迫,对我们审视多元时代下人的自由和解放,以及探讨实现社会正义的不同替代方式具有启发意义;第四,由于艾利斯·扬思想本身具有强烈的现实关怀,通过阐释其思想的实践性,为现代社会诸如环境问题、贫困问题、教育问题以及性别平等等相关议题的解决提供规范性指导,也为我国的民主法制建设以及社会正义的实现提供借鉴。

三、研究现状

（一）国外研究现状

在当代政治思想领域，许多政治哲学家致力于对正义理论进行批判性反思。以罗尔斯为首的正义理论家关注正义问题的分配方面，即认为关于正义的哲学理论倾向于将社会正义的内涵限制在社会成员之间对利益和负担进行道德上的恰当分配上。在艾利斯·扬看来，罗尔斯等人不仅过于关注正义的分配问题，而且忽略了分配背后的社会结构和社会关系，以及现实情境中很多隐性的社会支配和压迫。在此论域，她创造性地提出"结构化非正义"的观点，并用"五种压迫形式"的多元范畴来界定存在于社会中的影响人的自我实现和自我发展的制度性条件。批判理论家莱纳·弗斯特（Rainer Forst）认为，与正义的建构有关，艾利斯·扬对分配范式的批判是她最有深度和最具成效的思想。① 在《正义与差异政治》出版之后，艾利斯·扬的正义思想逐渐为西方学界所关注。国外研究者围绕其差异政治、交往民主和政治责任等思想展开了广泛和深入的讨论。本书试图从以下四个方面总结国外学界对艾利斯·扬思想的研究。

第一，再分配与承认之争。艾利斯·扬将关于"结构化非正义"的多元正义论断与 20 世纪 90 年代以来各种新社会运动的群体解放诉求联系起来，提出了具有创见性的差异政治思想。差异政治关注受压迫群体以及弱势社会群体的政治诉求，致力于批判各种不正义的结构性因素。作为平等政治的一种形式，差异政治获得国外学界的日益关注。例如，美国新马克思主义的另一位杰出代表、法兰克福学派社会批判理论的第三代核心人物之一南希·弗雷泽在《新左派评论》上与艾利斯·扬有过精彩

---

① Rainer Forst,"Radical Justice:On Iris Marion Young's Critique of the 'Distributive Paradigm'",*Constellations*, Vol.14,No.2,2007,p.260.

的交锋。① 基于再分配和承认的规范二元论立场,弗雷泽批判艾利斯·扬对二者关系的模糊处理。首先,弗雷泽肯定艾利斯·扬试图详细解说一种"双焦的"(bifocal)正义理论的努力,即同时包含再分配与承认、平等与差异以及文化与政治经济学的诉求,这代表了政治理论前进的重要一步。② 但是,她认为,艾利斯·扬过多地强调文化正义而忽略了再分配问题,关于压迫、社会群体以及五个层面的压迫等概念的定义,扬也没有将政治经济层面与文化承认层面充分地结合起来,反而导致二者关系的紧张,从而造成严重的政治影响。因此,弗雷泽质疑艾利斯·扬对正义规范性概念的模糊处理。③ 另外,弗雷泽认为,差异政治忽视了现实中存在的贫富差距,而且在具体实践方面,差异政治也会在确认差异和取消差异之间出现某些混乱。

　　艾利斯·扬对此也作了回应。她认可再分配与承认问题的重要性,但她认为,从再分配与承认二分的视角质疑差异政治不过是一种范畴的任意。政治经济层面与文化层面同时有助于将范畴多元化,并且有助于理解这些范畴与特殊的社会群体和问题的相关性。④ 艾利斯·扬批判弗

---

① Nancy Fraser,"Culture,Political Economy,and Difference:On Iris Young's Justice and the Politics of Difference",in *Justice Interruptus:Critical Reflections on the"Postsocialist" Condition*,New York,Routledge,1997,pp.189-205;Iris Marion Young:"Unruly Categories:A Critique of Nancy Fraser's Dual Systems Theory",*New Left Review*,Vol.222,1997,pp.147-160;Nancy Fraser,"A Rejoinder to Iris Young",*New Left Review*,Vol.223,1997,pp.126-129.

② Nancy Fraser,"Recognition or Redistribution? A Critical Reading of Iris Young's Justice and the Politics of Difference",*Journal of Political Philosophy*,Vol.3,No.2,1995,p.167.

③ Nancy Fraser,"Recognition or Redistribution? A critical Reading of Iris Young's Justice and the Politics of Difference",*Journal of Political Philosophy*,Vol.3,No.2,1995,p.173.

④ Iris Marion Young,"Unruly Categories:A Critique of Nancy Fraser's Dual Systems Theory",*New Left Review*,Vol.222,1997,pp.148-149.

雷泽采取了一种极化的策略,她认为,不能仅仅从两个对立范畴出发去规范社会批判理论。在扬看来,阐述一种多元而非有限的压迫范畴的目的是去容纳安置个体和群体的压迫结构的变化,以及去抵制以"优先性"将压迫还原为一种或两种结构的趋向。① 从多元范畴出发去理解正义问题可以更清晰地看到组成公正的制度及其产生的矛盾的可变因素,从而避免对压迫问题的简化处理。弗雷泽存在的问题在于她将承认问题看作目的本身,她在政治上将承认与再分配分离,这样就曲解了社会现实和政治的多元性和复杂性。艾利斯·扬认为,承认问题是经济正义与社会平等的手段,而不是目的本身,不能把承认问题与再分配对立起来。差异政治同时包含二者,也更加考虑到社会和正义的复杂性。

第二,认同政治还是差异政治。虽然一些学者肯定艾利斯·扬差异政治的解放意义,但是他们倾向于将艾利斯·扬的差异政治等同于认同政治,并将对认同政治的批判不恰当地加在对扬的评价中。例如,罗蒂在《"文化认同"这个概念对左派政治有用吗?》②(2000)一文中将艾利斯·扬的差异政治同弗雷泽、巴特勒对差异的分析归为认同政治。他质疑美国左派对"文化"或"认同"的过高期待,并认为这种观点在左派中已经造成混乱,对"解构"策略的运用不过是满足一种哲学分析的旨趣。罗蒂认为,应将社会的复杂多样性视为个体自我创造意义上的多样而非文化的多元。从社会团结方面而言,与其寻找差异(一种文化的认同),不如寻找共同性。实际上,艾利斯·扬反对将自己的差异政治思想等同于认同政治。在《包容民主》一书中,艾利斯·扬对这种误解作了澄清。在她看来,局限于文化的认同会导致社会的同质化以及另一种意义上的强制。她批判一种本质主义的认同观点,在理解"身份"层面她始终强调一种关

---

① Iris Marion Young, "Unruly Categories: A Critique of Nancy Fraser's Dual Systems Theory", *New Left Review*, Vol.222, 1997, p.151.

② [美]理查德·罗蒂:《哲学、文学和政治》,黄宗英等译,上海译文出版社 2009 年版。

系的生成,并主张将差异而非铁板一块的认同视为民主沟通中的政治资源。

此外,艾利斯·扬的差异政治思想以及差异公民身份观念对主流的自由主义普遍政治提出了具有说服力的巨大挑战。由于其对种族、少数族群等的关注,很多学者将她与查尔斯·泰勒(Charles Taylor)、金里卡等归为多元文化论者的阵营。巴黎大学研究员苏菲-杰拉德·德拉图尔认为:"玛丽翁·扬的文化多元主义理论和政策非常具有代表性。在她的理论中,就已经显露存在于她的理论中的各种内在张力,反映了它得以产生的社会文化背景本身的复杂性以及她的理论所面临的难题。"①但是,到底要保持一种"中立的平等"还是尊重差异、包容多元?这在自由主义者和多元文化论者之间仍然存在激烈持续的辩论。例如,加拿大多伦多大学政治学教授罗纳德·伯尼(Ronald Beiner)指出,艾利斯·扬对理想的普遍公民身份进行挑战是危险的。对普遍道德和政治范畴的"解构"容易导致艾利斯·扬政治理论的釜底抽薪,而且,对道德普遍主义的拒斥也意味着道德和哲学的"死亡"。这是因为,在规范层面没有依凭的道德普遍性,就无法真正追求平等和正义。倘若失去了诉诸这些普遍性的可能性,多元文化主义本身也就失去意义。② 金里卡也指出,差异公民身份容易导致一种"不满政治"。如果只有受压迫群体被赋予差异公民身份,这样会促使群体领导者为了获得群体权利致力于维持一种不利或弱势的感觉,而不是去努力克服这种不利感。吉特林(Todd Gitlin)也认为,艾利斯·扬过于强调差异容易导致现实政治行动难以展开。③ 此外,对艾利斯·扬的批评者们来说,他们最大的担忧在于认为艾利斯·扬的激进策

①　[法]苏菲-杰拉德·德拉图尔:《论玛丽翁·扬的多元文化理论的紧张》,载《探索与争鸣》2017年第2期。

②　Mitja Sardoc ed., *Citizenship, Inclusion and Democracy: A Symposium on Iris Marion Young*, Oxford: Blackwell publishing, 2006, p.30.

③　Todd Gitlin, "The Rise of Identity Politics: An Examination and a Critique", *Dissent*, Spring 1993.

略为了差异本身而强调差异,而没有将差异的承认看作是减少不公平的资源机会分配的方式,从而会导致更加激烈的社会冲突和矛盾。① 但是,罗纳德·伯尼也指出,尽管人们得出扬的政治处方并不十分具有说服力的结论,人们也必须承认,在为巨大的社会文化多样性所控制的现代社会,这些处方仍然为如何理解公民身份提供了有趣的、刺激性的替代方案。②

第三,艾利斯·扬的女性主义视角。艾利斯·扬最开始是作为女性主义学者而被国外学界所关注的。在其学术生涯之初,艾利斯·扬写了大量关于女性主义理论建构的文章。深受后现代主义的影响,艾利斯·扬从现象学、解构主义等视角理解女性主义。她批判波伏娃对生理性别和社会性别的截然二分,以及第二波女性主义的本质主义倾向。她从结构性的视角出发去考察女性及其所遭受的压迫和歧视,力图展现一个活生生的性别身体的文化建构维度。这种视角使其与当代著名的女性主义者朱迪斯·巴特勒、唐娜·哈拉维等人成为第三波女性主义的代表者。同时,也因为艾利斯·扬女性视角与批判理论的亲缘,她与本哈比、弗雷泽一起被美国学界称为三位最杰出的和最重要的女性主义批判理论家。

权力理论是艾利斯·扬借鉴后现代主义思想进行结构性非正义批判的重要方面,这也成为一些女性主义学者对其思想的主要关注点。在法兰克福学派社会批判理论传统中,权力批判与理性批判是现代性批判的核心概念。继承这一传统,艾利斯·扬将权力批判的分析与结构化非正义的揭示联系起来。早期批判理论家致力于揭露启蒙理性与权力之间的悖论关系。与之不同,权力批判在艾利斯·扬那里更多地指向现代社会中各种压迫性的非正义结构关系,这些无所不在的权力关系直接或间接

---

① Mitja Sardoc ed., *Citizenship, Inclusion and Democracy: A Symposium on Iris Marion Young*, Oxford: Blackwell Publishing, 2006, p.13.

② Mitja Sardoc ed., *Citizenship, Inclusion and Democracy: A Symposium on Iris Marion Young*, Oxford: Blackwell publishing, 2006, pp.29-30.

地影响社会正义和人的良善生活。但在艾米·埃伦看来,艾利斯·扬对权力的描述并不完整。这是因为,艾利斯·扬将"权力"一词与"支配"或"压迫"这些较为狭义的概念等同起来,这一点缺少了对更确定无疑或更有可能实现的权力模式的分析,特别是对个体赋权或集体赋权的分析。埃伦认为,权力批判理论的总体目标应该是去努力理解支配、个体反抗或赋权、集体赋权或团结,以及它们之间复杂的内部联系。艾利斯·扬的理论并没有完全达到这一目标。在对支配的权力关系的阐释和民主参与的理解之间,其理论尚存概念上的缺口。①

　　第四,艾利斯·扬的政治责任思想。艾利斯·扬坚信充满希望和勇气的行为以及改良世界的运动,对于政治责任的关注说明艾利斯·扬并不满足于一种仅仅是正义理论分析的社会批判,她要提倡一种践行性(performative)的社会政治理论。后来,通过对社会联结的责任模式的探究,艾利斯·扬扩展了对全球正义问题和责任问题的讨论。在她看来,与结构化非正义有关的责任承担意味着为了改变结构化进程并减少非正义的产生,个体有义务联合其他共享这种责任的人,进而有助于实现全球团结。艾利斯·扬认为这种义务是政治责任的核心观点。但是,在德国不来梅大学研究员塔尼亚·普利兹拉夫(Tanja Pritzlaff)看来,艾利斯·扬关于带来改变的实际践行的概念仍然相当模糊②。她没有说明不同的压迫层面与责任承担的关联,也没有具体说明如何通过一种政治互动真正践行责任。另外,牛津大学圣希尔达学院研究员梅芙·麦基翁(Maeve McKeown)在其博士论文《没有愧疚的责任:扬的责任路径》(2014)(*Responsibility without Guilt:A Youngian Approach to Responsibility*)中系统地梳

---

①　Amy Allen,"Power,Justice and Cosmopolitanism:An Overview of Recent Work in Feminist Critical Theory",*Hypatia*,Vol.23,No.3,2008,pp.156-172.

②　Geneviceve Fuji Johnson and Loralea Michaelis eds.,*Political Responsibility Refocused:Thinking Justice after Iris Marion Young*,Toronto/Buffalo/London:University of Toronto Press,2013,p.131.

理了艾利斯·扬的政治责任思想,并批判艾利斯·扬没有充分地将政治责任与道德责任区分开来,她弥补了艾利斯·扬所忽视的个体责任和道德责任的维度。

由于艾利斯·扬不试图构建一种体系性的正义理论,也因为其英年早逝,一些理论尚未完全展开,她的多元正义思想不可避免地出现了一些理论的完备性问题。福克斯认为,艾利斯·扬对受压迫社会群体持一种浪漫的想法。① 本哈比也指出,在相信被压迫者的主体性,以及对通过公共视角揭示而非隐藏主体性的某些善的方面,艾利斯的信念过于浪漫化。② 另外,对于差异的强调有可能会成为导致资源或机会不平等的另一种方式。虽然艾利斯·扬试图以对普遍性理想保持怀疑的态度批判各种形式的结构化非正义,但其多元正义不得不面对由于概念的模糊导致的这些理论和实践问题。

艾利斯·扬的事业因其突然去世而中断,但其思想创见仍然具有深远的世界影响力。她的思想也一直为人们所研究和关注,围绕艾利斯·扬思想贡献和遗产的学术会议经常召开。2006 年,美国的《教育哲学与理论》(*Educational Philosophy and Theory*)杂志围绕艾利斯·扬的思想出版特刊,综合了关于其著作具体内容的六篇论文,并收录在《公民权,包容与民主:关于艾利斯·扬的专题论文集》③(*Citizenship,Inclusion and Democracy:A Symposium on Iris Marion Young*)中。该文集主要讨论了艾利斯·扬的差异政治、多元文化主义以及公民权等思想在教育方面的应用问题。此外,文集还探究了教育中的分配正义、经济和民主进程中边缘群体的包容、包容民主中"自由表达"与"宽容"之间的冲突以及跨国教育、

---

① [美]基思·福克斯:《公民身份》,郭中华译,吉林出版集团 2009 年版,第 78 页。

② Sara Benhabib, "In Memory of Iris:1949—2006", *Constellations*, Vol. 13, No. 12, 2006,p.442.

③ Mitja Sardoc ed.:*Citizenship,Inclusion and Democracy:A Symposium on Iris Marion Young*,Oxford:Blackwell Publishing,2006.

公民身份的群体排斥等主题。艾利斯·扬的结构化非正义以及身份的协商性特征的分析对这些问题的反思和解决具有启发意义。

　　同年,著名的女性主义哲学杂志《希帕蒂娅》(Hypatia)夏季刊(总第23卷)以"为了纪念艾利斯·扬:正义的理论家和实践者"①为主题刊登了一系列关于艾利斯·扬思想的纪念文章,包括《家庭与身份:纪念艾利斯·扬》、《女性主义实践挑战身份问题:朝向集体身份隐喻》、《差异政治和国家主义:论艾利斯·扬的全球视野》、《自我决定,非支配和联邦主义》、《让我们讨论天气:关于气候变化的民主讨论的去中心化》、《面对政治责任:认同的问题》、《通过他者的眼睛看自己:非对称性互惠和自尊》、《撕扯:意外怀孕的现象学》和《权力和差异政治:压迫、赋权和跨国政治》等多篇文章。内容涉及对艾利斯·扬的女性主义思想、民主理论、责任观等诸多层面的阐发。

　　2009年,为了纪念艾利斯·扬,美国马萨诸塞大学社会正义活动家以及女性研究与哲学荣誉教授安·弗格森(Ann Ferguson)与科罗拉多大学博尔德分校政治科学系助理教授梅希蒂尔德·奈格尔(Mechthild Nagel)共同编辑出版了《与艾利斯共舞:艾利斯·扬的哲学》(*Dancing with Iris:The Philosophy of Iris Marion Young*)②一书,主要收录了2007年美国哲学学会召开的关于艾利斯·扬著作研讨会的论文。文集主要围绕艾利斯·扬思想的四个方面进行阐述,即"具身化、现象学和性别思想","理论化国家:方法,暴力和抵抗","正义:伦理与责任"以及"正义:民主与包容"等,分别聚焦利斯·扬女性主义现象学、政治哲学以及伦理学等方面的思想。

　　随着全球化时代多元与差异问题的凸显,国外学界日益发现艾利斯·扬的思想洞见对这个时代的启发意义。2012年7月5日,在荷兰阿

---

①　*Hypatia*,Vol.23,No.3,Summer 2008.

②　Ann Ferguson and Mechthild Nagel eds.,*Dancing with Iris:The Philosophy of Iris Marion Young*,New York:Oxford University Press,2009.

姆斯特丹自由大学召开了题为"再访包容与民主：21世纪欧洲的规范化与差异"（*Inclusion and Democracy Revisited：Normalisation and Difference in 21st Century Europe*）的学术讨论会，纪念艾利斯·扬的学术贡献。会议批判性地考察了艾利斯·扬对于以下问题的观点，即"如何促进一种替代的社会联带责任新网络的建立，从而为那些存在于或者跨越具体社会的个体建立团结，并提供支持以及实现地方的、跨民族的和全球的社会正义"①。在全球化的今天，这个问题仍然是十分紧迫且需要理论家们认真回应的问题。会议基于艾利斯·扬的基本概念，以"规范化和差异"为主题，探讨了在以多元和差异为主题的21世纪我们对"包容"概念的理解。其中主要讨论了在跨越不同的多数群体和少数群体的规范化进程中，如何处理冲突的问题。会议同时反思了艾利斯·扬对于欧洲社会，尤其是对于荷兰现状的改善而言重要的思想遗产。会议文章最后收录在《重访艾利斯·扬：论规范化、包容与民主》（*Revisiting Iris Marion Young on Normalisation，Inclusion and Democracy*）②一书中。

2013年，加拿大西蒙·弗雷泽大学的政治科学教授吉纳维芙·约翰逊（Genevieve Fuji Johnson）和蒙特爱立森大学政治哲学教授罗瑞丽·米凯利斯（Loralea Michaelis）编辑出版了文集《政治责任再聚焦：在艾利斯·扬之后思考正义》（*Political Responsibility Refocued：Thinking Justice after Iris Marion Young*）③，集中讨论了艾利斯·扬的责任思想。此书的想法来自2009年加拿大政治科学学会（CPSA）年度会议作为政治理论学科部分的政治责任研讨会。在编者看来，21世纪哲学面临的一个最重要的挑战就是在集体和全球语境下如何思考人们的道德责任和集体责任的问

---

① Ulrike M. Vieten ed., *Revisiting Iris Marion Young on Normalisation，Inclusion and Democracy*，New York：Palgrave macmillan，2014. p.vii.

② Ulrike M. Vieten ed., *Revisiting Iris Marion Young on Normalisation，Inclusion and Democracy*，New York：Palgrave macmillan，2014.

③ Ann Ferguson and Mechthild Nagel eds., *Dancing with Iris：The Philosophy of Iris Marion Young*，New York：Oxford University Press，2009.

题。以此为出发点,论文集根据艾利斯·扬最后关于社会联带政治责任模式的分析,探究了在高度全球化和网络化的社会,对那些在时空上远离我们的人而言我们所具有的个体责任和集体责任的理论基础和政治内涵问题。同时,与传统的诉诸个体道德责任的观点相比较,此书还对居住学校、血汗工厂劳动、气候变化以及能源产生形式等问题的政治责任提出了批评性评估,从而进一步阐发了艾利斯·扬责任思想深刻的实践内涵,即每个人都有承担全球正义并改变这些非正义结构的责任和义务。

2016 年 6 月,慕尼黑大学伦理中心也举办了名为"全球正义与全球医疗伦理:探究艾利斯·扬的影响力"(*Global Justice and Global Health Ethics:Exploring the Influence of Iris Marion Young*)的国际研讨会,纪念艾利斯·扬去世 10 周年。会议主要讨论了艾利斯·扬的著作对当代全球正义理论与实践的影响,从而肯定她极富价值的理论贡献。会议涉及全球正义下的社会联带责任、关系化平等以及有关认知非正义的女性主义视角,并探讨了这些理论创见如何面临新的实践挑战,以及艾利斯·扬的思想在公共、全球健康、医疗保健、移民和气候变化等领域的应用。

2017 年 6 月,法国索邦大学法律与哲学科学中心也召开了有关艾利斯·扬著作的跨学科国际会议,①关注艾利斯·扬的著作对法国学术界的影响。会议涉及以下几个主题:"社会批判的本质和方法","重新思考主体性:生活体验、身体和解构","差异政治:实践与证明"和"责任:正义的模式与内涵"。主题发言人包括本哈比(耶鲁大学)、弗雷泽(纽约新学院)以及艾莉森·雅各(科罗拉多大学)等当代著名批判理论家和女性主义学者,共同讨论了艾利斯·扬的思想及其洞见如何深刻地影响和改变了当代学者关于道德、社会和政治哲学的最新研究。

综上所述,国外关于艾利斯·扬的研究较为成熟,其中包括大量的论文和文集。但是从艾利斯·扬的正义理论来看,存在三个特点:第一,国

---

① http://publicreason.net/2016/09/04/call - for - papers - conference - on - iris - marion-young-paris-2017/.

外研究艾利斯·扬的文献虽多,但是这些文献大都关注艾利斯·扬思想的某个方面,仍然没有关于艾利斯·扬正义思想的系统研究;第二,在对艾利斯·扬正义思想的理解中,仍存有一些偏见,例如将艾利斯·扬的差异政治等同于认同政治等;第三,关于艾利斯·扬正义思想的研究通常关注艾利斯·扬的《正义与差异政治》和《包容与民主》两部著作,并将其前期思想和后期责任思想分离开来,对艾利斯·扬正义观的整体评价较少。

(二)国内研究现状

相较于国外的研究,国内学者对艾利斯·扬的关注较少。虽然学界最初于 20 世纪 90 年代开始关注艾利斯·扬,但是研究的重点大都集中于她的女性压迫和性别正义思想。不过近来国内学者开始关注艾利斯·扬的政治哲学思想,相继有一些研究论文出现。可以从以下几个方面来总结国内的研究现状。

首先是有关艾利斯·扬著作文章的翻译,目前仅有三部译著出现。台湾联合报记者何定照于 2007 年最先翻译了艾利斯·扬的一本女性主义代表作《像女孩一样丢球:论女性身体经验》①。2013 年,吉林大学行政学院政治学系副教授彭斌等翻译出版了艾利斯·扬的重要代表作《包容与民主》②。2017 年,清华大学法学院博士研究生李诚予、湖南省社会主义学院教师刘靖子翻译出版了艾利斯·扬的另一代表作《正义与差异政治》③。另外,还有一些关于艾利斯·扬的零散的访谈节译文章刊出,其中包括《女性主义政治哲学探析:对话艾利斯·马瑞恩·扬》(2013)、《交往与他者:超越协商民主》(2009)、《沟通及其他:超越审议民主》

---

① [美]艾利斯·扬:《像女孩一样丢球:论女性身体经验》,何定照译,商周出版公司 2007 年版。

② [美]艾利斯·扬:《包容与民主》,彭斌、刘明译,江苏人民出版社 2013 年版。

③ [美]艾利斯·扬:《正义与差异政治》,李诚予、刘靖子译,中国政法大学出版社 2017 年版。另一译本参见[美]艾利斯·扬:《正义与差异政治》,陈雅馨译,商周出版社 2017 年版。

（2007）、《作为民主交往资源的差异》（2006）、《政治与群体差异：对普适性公民观的批评》（2004）、《超越不幸的婚姻——对二元制理论的批判》（1997）等 7 篇。国内对艾利斯·扬思想的日益关注也源于一些国外学者研究文献的译文，其中包括《论玛丽翁·杨的多元文化理论的紧张》（2017）、《激进的正义：论艾利斯·马瑞恩·扬对"分配范式"的批判》（2014）、《权力与差异政治：压迫、赋权和跨国正义》（2013）、《差异与社会结构：艾利斯·扬的社会性别批判理论》（2013）、《论结构非正义的根源：对艾利斯·扬理论的女性主义解读》（2013）、《家庭与身份：纪念艾利斯·马瑞恩·扬》（2013）等 6 篇文章。

其次，国内对艾利斯·扬正义思想的具体研究主要是以论文的形式出现，其中涉及艾利斯·扬思想的各个层面。其中最早研究艾利斯·扬的学者主要有台湾大学哲学教授林火旺。在论文《公民身份：认同与差异》（1998）和《族群差异与社会正义》（1998）中，林火旺试图调和艾利斯·扬的差异政治思想与自由主义的平等思想，认为艾利斯·扬的理论其实是自由主义的修正版。他指出，艾利斯·扬期望的是在自由主义的个人基本权利自由之外，加上族群权利，其中主要是弱势群体的权利，以保障每个人都有可以过体面生活的愿景。

2006 年以来，国内学者对艾利斯·扬的关注逐渐增多。从这些论文来看，对艾利斯·扬正义思想的讨论大致可以分为两个部分：女性主义视角和政治哲学视角。① 其中，讨论艾利斯·扬女性主义思想的论文主要有《美国批判的女性主义及其当代演进》（2013）、《艾利斯·马瑞恩·扬的性别正义观研究》（2013）、《浅析艾里斯·扬女性受压迫问题的理论》（2012）、《性别分工和女性受压迫问题——艾利斯·扬的女权主义思想解读》（2008）等几篇论文，分表讨论了艾利斯·扬的性别正义观。其中周穗明在《美国批判的女性主义及其当代演进》（2013）中概括了美国批判的女性主义的基本理论的三个基本论题，即多元民主、权力理论和社会

---

① 　这里只是按照讨论的需要来划分，两种视角并非截然二分。

性别。在论文中,她指出:"艾利斯·扬奠立了批判的女性主义的理论和方法论基础,是该理论的创立中具有里程碑意义的人物。"①

另外,还有一部分论文重点关注艾利斯·扬的政治哲学思想,尤其是艾利斯·扬对社会正义的具体理解。例如,彭斌的《迈向更具包容性的沟通型民主——评艾利斯·扬的 <包容与民主>》(2015)和贺羡的《差异与隐私的民主化——评艾里斯·扬的深层民主构想》(2014)。两篇文章主要围绕《包容与民主》一书,讨论了艾利斯·扬的深层民主构想及其意义。马晓燕是国内对艾利斯·扬正义思想进行系统研究的学者之一,她先后发表了一系列讨论艾利斯·扬正义思想的文章,其中包括《我们所需要的是何种正义?——I.M.扬的政治哲学探究》(2013)、《当代美国新马克思主义的正义之争——N.弗雷泽与 I.M.扬的政治哲学对话》(2011)、《差异政治:超越自由主义与社群主义正义之争——I.M.扬的政治哲学研究》(2010)、《社会正义研究的新视角:交往民主对审议民主的反思与批判》(2009)和《群体差异的公民资格与政治正义的实现——I.M.扬的社会正义研究》(2008)等。在她看来,艾利斯·扬整合了马克思主义理论、激进民主理论、多元文化主义、女性主义以及文化批判主义等思想资源,并在政治、哲学和伦理等不同层面直面现代社会根深蒂固的压迫结构。这种以压迫的多元结构来解析正义理念和实践的视角具有深层的颠覆性,昭示了解放政治理论和实践的努力。另外,在《差异公民资格与正义:艾利斯·马瑞恩·扬政治哲学探微》(2007)一文中,宋建丽指出,在当代多元文化的背景下差异的公民资格以及差异平等的正义观越来越成为差异性群体争取自身权利的理论武器。同时,差异正义的独特理论诉求也正日益成为普遍正义的一种有意义的补充。此外,讨论艾利斯·扬的差异公民身份思想及其影响的还有杨嵘均、张廷干的《自由主义权利政治观的颠覆与重构——从查尔斯·泰勒到艾利斯·扬》(2011)

---

① 周穗明:《美国批判的女性主义及其当代演进》,载《中华女子学院学报》2013 年第 2 期。

和何晓芳的《艾利斯·扬的多元文化主义公民资格观与公民教育观研究》(2005)等论文。

第三,对艾利斯·扬正义思想研究的专著目前只有一本,同时也出现了一些研究艾利斯·扬思想的硕博论文。马晓燕的著作《多元时代的正义寻求——艾利斯·扬的政治哲学研究》(2013)是国内最早介绍艾利斯·扬正义思想的著作。虽然她对扬的政治哲学进行了较系统的梳理,但是由于该著作尚未将艾利斯·扬的遗著《正义的责任》和最新的研究资料包括在内,因而在内容上不够整全。贺羡的《一元三维正义论:南希·弗雷泽的正义理论研究》一书中专门有一章分析了艾利斯·扬的正义民主理论,但是主要将其放在与弗雷泽比较的视域上来讨论。另外,目前已搜索的关于艾利斯·扬的硕博论文有8篇(3篇博士论文,5篇硕士论文)。博士论文除一篇关注艾利斯·扬的女性主义视角外,另外两篇则从政治学的视角部分地讨论了艾利斯·扬的民主协商和全球公民社会思想。虞晖博士的《当代英美马克思主义/社会主义女权主义对女性受压迫问题的新探讨》(2008)梳理了艾利斯·扬的性别压迫观点,尤其指出艾利斯·扬对传统马克思主义"阶级"范畴的性别盲点的批判。周俊博士的《全球公民社会与国家》(2007)主要分析了艾利斯·扬的差异性公民身份思想,以处理全球公民身份和民族国家公民身份之间的张力。范少辰博士的《作为民主协商方式的叙事研究》(2016)则关注艾利斯·扬对哈贝马斯等协商民主理论家关于民主协商方式的批判,并着重讨论艾利斯·扬的叙事理论,全面考察和分析将叙事作为民主协商方式的理论构想。硕士论文中有三篇涉及艾利斯·扬的正义思想,但只是单独侧重其对分配正义的批判、差异政治和包容概念的讨论,另外两篇则主要关注艾利斯·扬的女性主义思想。

通过以上研究我们看到,随着艾利斯·扬文献的逐步翻译,近几年国内学界对其正义思想的讨论逐渐增多。但是,这些讨论所涉及的内容仍然比较零散,欠缺对艾利斯·扬正义理论的系统研究。而且,许多翻译者和研究者大都是法学专业或者政治学专业的学者,需要进一步挖掘艾利斯·扬正义理论蕴含的哲学内涵。此外,由于艾利斯·扬思想本身蕴含的实践性,对我们反思中国情境具有启发意义,有必要对其正义思想的丰富性进行深入探究。

第一章 结构化非正义:正义理论的基本诊断

正义是政治哲学研究的重要主题,它与人们的良善生活相关,是人们评判社会政治生活以及制度合法性的重要规范。不同的社会具有不同的正义观念,对正义的探讨,也经历了漫长的过程。自古希腊开始,柏拉图就在《理想国》中探讨了城邦正义的问题。在《正义论》中,罗尔斯继续追问正义的原则以及如何建构正义的社会制度。在多元文化和全球化的今天,正义问题越来越受到人们的关注。

作为一名左翼政治活动家,艾利斯·扬致力于对社会正义问题的批判性讨论。《正义与差异政治》(1990)的出版使其名声大噪,在美国批判理论学者艾米·埃伦看来,该书"是社会政治理论领域中的转折式文本,它对当代的正义理论提出了大胆的挑战"[①]。在这本书中,艾利斯·扬第一次系统地阐释了自己对正义问题的理解,尤以对传统的分配正义范式的批判而闻名于政治哲学界。此书对结构化非正义的诊断和批判也奠定了艾利斯·扬之后整个正义思想的基石。

艾利斯·扬的正义思想的形成和阐述有其特殊性。一方面,它直接受到 20 世纪 60 年代各种新社会运动的刺激,面对的是这一时期社会变革和转型产生的问题;另一方面,社会批判理论以及后现代主义思潮又为它提供了新的理论工具。这些共同塑造了艾利斯·扬正义思想的独特

---

① Amy Allen, "Power and the Politics of Difference: Oppression, Empowerment, and Transnational Justice", *Hypatia*, Vol.23, No.3, 2008, p.156.

性。本章将具体阐述艾利斯·扬正义理论的基本观点及其对以罗尔斯为代表的传统分配正义理论范式的批判,通过概述其正义思想的研究方法、理论特征及思想来源,初步勾勒艾利斯·扬多元正义理论的基本框架和问题意识,其中包括:何为完备的、批判的正义理论? 或者说,在多元的现代社会,一种规范的正义理论应该如何考察各种社会非正义?

第一节　艾利斯·扬对传统正义理论的批判

正义问题是当今政治哲学探究的一个显学。社会的公平与正义不仅是值得追求的政治理想,也是理论家们所致力于从理论上探讨的问题,它与人们的良善生活直接相关。只是由于理论路径以及所关注的内容不同,他们所提出的正义理论策略不同。艾利斯·扬亦将正义作为其政治哲学研究的"首要主题"①。与南希·弗雷泽、塞拉·本哈比等著名社会批判理论家一样,她不仅致力于反思传统的正义模式,并且试图探究自己的"批判的"正义理论。艾利斯·扬对当今正义理论的质疑首先体现在对传统分配正义理论范式的批判,特别是对以罗尔斯为代表的传统正义理论的批判上。艾利斯·扬认为,罗尔斯等人过于专注正义的分配方面,忽略了背后的结构化因素,比如分配参与者所处的位置以及意见决策的过程等。所以,正义与否的判断标准无法完全依靠分配的范式。如果一种正义的模式不能涵盖社会政治生活中的各种非正义层面,其本身也容易造成新的压迫和排斥形式。

一、正义的分配范式

在艾利斯·扬生活的时代,主流的正义理论倾向于将社会正义的内

---

① Iris Marion Young, *Justice and the Politics of Difference*, Princeton: Princeton University Press, 1990, p.3.

涵限制在社会成员之间对利益和负担(burdens)进行道德的恰当分配上,也即"分配正义"(distributive justice)。分配正义又称经济正义。亚里士多德认为,正义就是"得其应得",它要求每个人获得与其德性,尤其与其地位相一致的回报。今天的分配正义关注的重心有所不同,它主要关注社会政治共同体如何在相互竞争的诉求之间公正地分配社会资源。① 当代许多著名政治哲学家虽然政治立场不同,但都致力于分配正义的研究,提出了各种理论路径和实践策略。其中代表性的理论有罗尔斯和德沃金的平等主义分配正义论、诺齐克(Robert Nozick)的自由至上主义分配正义论、沃尔泽(Michael Walzer)的多元主义分配正义论及阿马蒂亚·森的能力平等主义分配正义论,等等。虽然他们对正义的具体理解各异,但都可以称为一种分配范式(the distributive paradigm)的正义理论。这种理论范式的特征是将社会正义和公正分配视为内涵和外延相同的概念。鉴于罗尔斯理论在当代正义理论中的典范意义和重大影响,艾利斯·扬在反思正义问题时主要将它作为反思和批判的对象。

在《正义论》的开篇,罗尔斯就明确指出:"正义的概念首要的是去提供这样一种标准,其中社会基本结构的分配方面能够得以被评估。"②他试图提供一套排除现实经验复杂性的纯粹的正义体系,并反思在"原初状态"(original position)和"无知之幕"(veil of ignorance)③的情况下如何

① Samuel Fleischacker,*A Short History of Distributive Justice*,Cambridge,MA,London:Harvard University Press,2004,pp.1-2. 艾利斯·扬这里用"分配正义"笼统地指以分配为范式考察正义的方法。这种分配不仅包含财富、收入等物质资源的分配,也包含诸如权利、机会、权力以及自尊等非物质资源的分配。

② John Rawls,*A Theory of Justice*, Cambridge:Harvard University Press,1971,p.9.

③ 原初状态(original position)和无知之幕(veil of ignorance)是约翰·夏仙义提出的概念,之后约翰·罗尔斯在《正义论》中使用。其是一种对特定道德问题判断的方法,过程是做以下思想实验:设想在"原初状态"下的一方,他们对自己所拥有的技能、品味和地位于当社会的情况一概不知。而于此状况下让他们对权力、地位和社会资源通过一定的原则分配予诸人,以确保分配的平等和正义。

最大限度地实现社会财富的分配正义,以此来为平等分配确立一种客观和普遍的立场。为保证分配的正义,他确立了两个原则:一是平等自由优先性的原则,在此每个人平等地享受社会的"基本善"(包括自由和机会、收入和财富以及自尊的基础),旨在体现政治自由的价值;二是差别的原则和机会平等原则,它要求社会基本善的分配要"合乎最少受惠者的最大利益",旨在通过机会平等和收入财富的再分配来消除社会分配的不平等。就像以往社会契约论家所做的一样,罗尔斯的正义理论具有理想性质。这种抽象性不仅表现在它对理想情境的设定上,也表现在它在证明正义原则时所采用的方法论路径上。简而言之,罗尔斯的正义理论建立了一种评估现实不正义并试图适用于一切社会的理想的分配原则。

虽然同处自由主义传统,诺齐克认为,罗尔斯的正义论通过对"平等"的强调侵害了自由主义"个体自由"与"个人权利"的核心价值。在《无政府、国家与乌托邦》一书中,诺齐克批判罗尔斯"模式化"的正义原则,并以权利为核心讨论正义的分配问题。就政治层面而言,诺齐克认同罗尔斯对基本自由及其优先性的原则的强调,他与罗尔斯争论的核心主要在于经济领域中自由与平等的优先性问题。罗尔斯通过偏爱处境最差者的差异原则来表现平等,而诺齐克则以权利至上原则强化自由价值的绝对性和唯一性。在诺齐克看来,罗尔斯的分配模式在考虑物品和资源的分配时只考虑了接受者的要求,忽略了"给予者"自愿交换的权利。倘若不考虑所有者对所分配物的权利,而简单化地根据某种自认为正义的标准进行集中统一的平等分配,"就意味着剥夺一些人的东西给另一些人,而这种剥夺可能是没有道理的"①。所以,针对分配正义,诺齐克倡导一种依赖非模式化的市场交换分配机制。在他看来,"分配"是一个容易让人误解的概念,它暗含有一个主体按照一种预先设定的标准进行分配。其实,在市场经济中,分配是无主体的分散交易过程,只要不违背自愿交

---

① [美]罗伯特·诺齐克:《无政府、国家与乌托邦》,何怀宏等译,中国社会科学出版社 1991 年版,第 11 页。

换原则,市场运行的任何结果都是正当的。

自由主义的另一位代表人物罗纳德·德沃金发展了罗尔斯的基本善分配理论,并提出了一种以平等的拍卖为分配形式的资源平等的分配正义理论。针对罗尔斯与诺齐克之间关于自由与平等的纷争,德沃金试图实现两者在分配正义中的统一。罗尔斯的平等是基本善的平等,德沃金将其发展为一种资源的平等主义。与罗尔斯一样,德沃金认为,社会出身、家庭背景以及自然天赋的不平等不应干扰分配。他的理论策略不是以罗尔斯的原初状态为起点,而是设置了一个理想的自由拍卖的状态。它以资源平等为目标,在分配中以虚拟保险市场为理论工具,强调任何社会分配在排除了先天因素的不平等影响之后,任何出于自愿选择的结果都是正义的。德沃金认为,市场是实现人的自由的好的工具,前提是为人们的自愿选择和努力创造平等的起点,把平等与自由的价值结合在同一个正义体系之中。

自由主义正义论自从提出后就受到各种批判。然而,在艾利斯·扬看来,吊诡之处在于,许多自由主义框架的批判者往往本人也没有摆脱正义分配范式。① 譬如,英国社群主义者戴维·米勒反对把财富和收入的分配作为唯一重要的问题,但他也认为,当我们在讨论和争论社会正义时,我们所讨论的是"生活中好的东西和坏的东西应当如何在人类社会成员之间进行分配"②。只是与罗尔斯相比,米勒倾向于多元分配的正义理论。在他看来,社会正义具有情境化的特征,它必须根据分配的对象来确定其正义原则。任何合理的社会正义观念必须建立在人类社会关系多元性的基础上,并限制在民族政治共同体的可行的边界之内。米勒讨论正义问题的思路在于:从人类关系的不同模式来考察适合正义的范围,重

---

① Iris Marion Young, *Justice and the Politics of Difference*, Princeton: Princeton University Press, 1990, p.17.

② [英]戴维·米勒:《社会正义原则》,应奇译,江苏人民出版社 2001 年版,第 1 页。

新定义分配正义的原则。他区分了团结性社群、工具性联合体和公民身份三种基本的关系模式,它们分别对应需要、应得和平等三种分配原则。美国的社群主义学者沃尔泽也倡导一种多元分配论,只是在扬看来,他与分配范式的关系比较模棱两可。沃尔泽批判罗尔斯的正义理论过于抽象化。他认为,罗尔斯经由"原初状态"所推导出的正义原则所达到的只是一种"简单平等",其无法解决由诸多领域所构成的社会的分配正义问题。因而,沃尔泽提出了一种致力于"复合平等"的多元正义理论。他与罗尔斯争论的焦点在于,是否存在一种适合所有领域的正义原则。罗尔斯试图将其正义原则应用于政治、经济等领域,而沃尔泽则关注社会多元善的具体的和日常的分配,以及分配与人们生活社会意义的关联。所以,他强调历史与文化的特殊性,批判"无知之幕"的假定将人视为彼此无差别的、同质化的人。同时,他在分析分配正义的时候批判支配性的社会结构。这是因为在大多数社会,善和物品"通常都是被垄断的,它的价值被它的拥有者们的力量和凝聚力所维护"①。

此外,某些马克思主义者和社会主义者在讨论正义的时候也陷入了分配的范式,比如爱德华·内尔(Edword Nell)、欧诺拉·奥尼尔(Onora O'Nell)和加拿大左翼学者凯·尼尔森(Kai Nielsen)等。他们在社会主义语境下思考正义问题,这些理论的共同点在于,他们都认为社会主义正义与资本主义自由正义的区别主要是分配原则的不同。比如尼尔森建立了"激进平等主义"的正义原则以取代罗尔斯的自由平等主义,他批判罗尔斯的正义原则忽视了阶级问题在分配中的影响。以罗尔斯的"差别原则"为例,尼尔森认为即便社会"最不利者"在分配中受益,也很难改变他们所处的社会条件以及阶级背景,罗尔斯假定了社会阶级存在的永恒性。所以,尼尔森将正义视为阶级的彻底平等,而分配是其关注的主要方面。

总而言之,艾利斯·扬认为,无论是正义理论的自由主义框架还是其

---

① [美]迈克尔·沃尔泽:《正义诸领域:为多元主义与平等一辩》,储松燕译,译林出版社 2002 年版,第 11 页。

批判者，都陷入了一种正义的分配"范式"，他们之间的区别仅仅是正义分配原则的不同。所谓的"范式"，指的是定义一项调查的要素和实践的配置。分配范式在处理正义问题的时候，往往体现在形而上学的假设、未经质疑的术语、具有特征性的问题以及推理路线等方面。其实艾利斯·扬并不是拒斥这种探讨方式的重要性，只是认为它在讨论正义问题的时候不够充分。为此，她试图转换正义讨论的视域。

二、分配正义的弊端

对上述现代哲学家而言，致力于解决财富和资源的分配问题看起来很急迫。确实，在社会财富方面，社会和国家可以分配给每个人的资源是有限的，而且每个人所拥有的物质财富的数量也有很大差别。现代社会，世界上仍有大量的穷人存在，基于解放诉求的正义概念考虑这些问题是可以理解的。而且，在存在明显物质剥夺的情形下，从经济维度去思考社会的分配与再分配对实现公平正义而言也十分必要，比如许多国家和社会通过税收或保险政策改变现有财富的分配，在"差别原则"的指导下照顾穷人以及其他弱势群体的利益，提高他们的福利等。虽然这些哲学家们在分配的具体内容、分配方式以及主体等方面有争论，但是都把经济维度的分配或再分配看作是社会正义的首要选择。只是对一个真正正义的社会而言，人们的正义诉求并不限于物质财富的分配。而且单就分配来说，不同的社会对"基本善"的定义不同，且不同的物品具有不同的分配原则。在这一点上，艾利斯·扬认同沃尔泽对罗尔斯的批判，尤其是他对分配体系的社会意义的多重性以及复杂性的分析。分配正义所关联的不仅是社会基本善以及物品的最终分配，它还与决定分配的社会结构密切相关。所以，聚焦分配正义的理论范式虽然具有强烈的规范动机，但是它在理解社会正义时所关注的规范和事实都过于狭隘。面对多元时代的社会情境，分配正义范式有许多缺陷。

首先，分配正义对物质财富或者社会地位分配的关注忽略了与之相关的社会结构和制度化背景。严格来说,分配并不是社会过程的初始性现象,而是由先于它的一系列社会结构和过程决定的。就一种规范的正义理论探讨而言,正义的分配范式忽视了许多不能被直接还原为分配的问题。其中最为突出的是以下三类问题:其一是意见决策的问题。社会决策不仅包含人们所处的社会位置是否具有决策的权利和自由,也包含着决策所依凭的规则和程序。比如,经济上的压迫有时候并非来自决策者的自私或者偏袒,而是来自决策者的认知结构或者决策程序和过程。这些方面虽然不能完全还原为分配正义的问题,却与正义息息相关。这里涉及民主的规范诉求,社会正义要求民主的意见决策程序作为其组成部分和条件。其二是劳动分工的问题。劳动分工既包含着分配的方面,也包含着非分配的方面。前者涉及如何分配给定的职业、工作或者任务,后者则涉及对劳动分工与职业本身道德含义的理解。社会分工是一种结构化的结果,涉及工作和任务的本质、内涵和定义,以及不同位置之间的相互关系等。例如女性主义对劳动分工的性别正义的主张,既包括分配方面的平等就业机会的诉求,也包括非分配方面的质疑基于性别本质身份的职业或岗位理解等。以家务劳动为例,现代社会的性别解放诉求要求人们重新反思这一劳动形式及其隐含的非正义。其三是文化的问题。在非分配问题的三个方面中,文化最宽泛。文化涉及的内容极其广泛,它包括"人们借以表达自身经验以及与他者进行沟通的符号、图像、含义、习惯内容和故事等"[1]。这些符号性内容跟人的存在方式以及社会意义联结直接相关,并影响人们所处的社会位置以及自我实现和自我发展的机会。它所展现出来的非正义形式也与分配的不公有所不同。比如社会生活中存在的各种歧视、偏见、边缘化、不尊重等等,人们很难将其直接还原为分配正义的问题来阐释和解决这类非正义。

虽然主张分配正义的理论家也注意到非物质价值的重要性,并试图

---

① Iris Marion Young, *Justice and the Politics of Difference*, Princeton: Princeton University Press, 1999, p.23.

对分配概念做广义的理解,即将它从物质性经济资源的分配扩展到诸如权利、权力、机会以及自尊等非物质资料的分配上。但在艾利斯·扬看来,由于受分配正义理论范式本身的限制,它们克服上述局限性的能力是有限的。分配范式往往假定社会正义判断所关心的是个人占有物品的内容和数量,并与他人进行比较。但是,这种对占有的关注容易忽视对一些问题的思考,比如人们是如何行动的? 人们行动所依据的制度性规则是什么? 人们的行为及占有之物是如何被建构起来的等。分配范式往往把正义所涉及的对象看作是静止的物,而不是社会关系和动态过程的功能。以自尊(self-respect)为例,罗尔斯虽然把自尊视为基本善的核心因素之一,但是艾利斯·扬认为,它"既不是一个实体,也不是可测量的整体,它不能远离某个隐匿处而被分配。而且最重要的是,它不能作为一种可分离的特质与人分离,而这些特质依附在其他某种不会改变的物质上"①。实际上,除了物质因素之外,自尊还关联许多内容,比如人们的自我认知、他人的评价、自己所拥有的意见决策的权力以及自主性的能力等因素。权利也不能被化约为一种物,它指的是一种社会关系,包含人们的行动参与以及相应的制度性条件等。由于分配正义的理解倾向于将个体视为在逻辑上先于社会关系和制度存在的原子化个人,忽视了人们在关系中所处的位置,必然模糊社会群体及其认同的重要性。就此而言,正义的分配范式暗含着一种忽视过程的静止的社会本体论,给人们在实践中去建构替代性的关系模式留有很少空间。

更为重要的是,正义的分配范式虽然试图为公正合理的社会提供规范标准,但是,由于其片面性,它自身很容易起着掩盖和遮蔽不公正现象的意识形态作用。艾利斯·扬认为,对正义的许多讨论是在福利资本主义社会的背景下展开的,正义的分配范式通常与这些社会公共讨论的首要构想相一致。它的意识形态功能主要体现在两个方面:一是强化福利

---

① Iris Marion Young, *Justice and the Politics of Difference*, Princeton: Princeton University Press, 1999, p.27.

资本主义社会的去政治化。尽管福利资本主义社会较之传统自由资本主义社会有更加"人道"的面孔，它在组织经济活动、保障公民基本生活需要等方面取得了显著的进步，但是，如果政治哲学将公共讨论的重点放在分配议题上，就会忽略诸如生产的组织和目标设定等方面的权力不平等，忽视公共领域和私人领域的意见在固化身份结构不平等中的作用，由此造成社会的"去政治化"（depoliticization）。所谓"去政治化"是以一种非政治化的方式去表达和建构特定的政治支配形式，它预设了政治与经济的虚假二分。如此一来，与之有关的意见决策体现的就有可能是少数人的利益而非正义的规范诉求。另一方面，由于在公共讨论中无视这些问题，正义的分配范式也有可能遮蔽并加强统治和压迫关系。正是因为它将社会冲突和政策限制在对社会总产品的分配额度的竞争上，不仅多样的压迫关系不会进入社会公共讨论的视野，而且还会造成新的压迫和排斥形式。譬如在福利资本主义社会中，当某种非正义的结构性关系被合理化之后，它就会作为一种"普遍形式化的规则"渗透进人们的日常生活，陷入哈贝马斯所言的"生活世界的殖民化"，导致日益加重的社会冲突和矛盾。

社会正义的一个目标是平等。虽然人们对平等有着不同的理解，但都不会否认平等对社会正义而言的重要性。平等的理念内涵丰富，如果我们将平等只是看作社会资源的分配问题，那么这种正义观就是简单化的。尽管分配对实现社会平等而言很重要，但平等的内涵所指代的并不仅仅是社会财富的分配正义。正义的视野要比分配议题更加广阔。从扩展的意义上理解，它还包括社会为人们提供发展和实现能力的支持性的机会（机会的平等），人们在社会主要机构中的平等参与和包容（参与的平等），以及得到基本的尊重而不是受到歧视（关系的平等）等等。所以，批判的正义理论不仅要关注分配本身，还需要关注与分配相关的社会结构以及人与人之间的交往关系，尤其是那些基于这些关系存在的具有压迫和支配性的社会结构。基于上述立场，艾利斯·扬强调，正义理念的完备性应该避免把人们所处的位置以及人与人之间的关系固化，应从一种流动的关系的视角去审视现实生活中多元的复杂情境。关于这点的讨论,涉及艾利斯·扬对传统正义理论另一个面向的批判,本书将在第二章对差异政治的讨论中具体展开。

第二节　压迫和支配的多元正义

很多现代哲学家已经意识到,在评估一个社会是否正义方面,分配概念明显不足。所以,他们主张扩展或者寻求其他替代性的规范概念。比如,为了替代正义的分配范式,匈牙利哲学家阿格妮丝·赫勒(Agnes Heller)扩展了一种她自称为不完备的伦理政治正义理念。在她看来,对正义进行静态或者完备的理解,只能局限于前现代社会。在现代社会,绝对的正义并不存在,正义只能理解为动态的或者不完备的。① 基于对哈贝马斯交往伦理学的发展,赫勒认为,正义首要的是公民身份的德性,以及在没有支配和压迫的情形下人们在制度和行动中对问题的集体协商,并带来彼此的互惠和差异的包容。赫勒认为,不能局限于宏观视域去考察正义本身。"超越正义"就是要回归具体多元的良善生活(good life),进行日常生活的"革命";多元文化主义理论的倡导者查尔斯·泰勒也认为,分配正义概念不足以展示社会生活的各种压迫。在社会诊断和批判中,我们需要区分分配正义的问题和社会制度性框架的规范问题。由于分配正义不能评估制度性条件本身,忽略了与"我"相关的一系列复杂的善,在讨论社会结构的问题上会产生很多理论和政治讨论的混乱。所以,泰勒也主张超越(分配)正义规范。基于对现代政治个体和群体多元身份认同的思考,泰勒提出了著名的承认政治理论。他将理解贫穷弱势和不平等处境的分配视角转向从多维视角出发去审视现代社会各种社会排斥和边缘化的复杂性,强调社会包容和文化承认。另一位当代西方社会批判理论与艾利斯·扬齐名的政治哲学家本哈比也主张,一种规范的社

---

① ［匈］阿格妮丝·赫勒:《超越正义》,文长春译,黑龙江大学出版社 2011 年版。

会理论如果要评估社会制度是否使人免于支配，是否满足人们的解放诉求，它就需要超越纯粹正义。规范的社会理论还跟良善生活相关，它所涉及的文化以及社会批判已经超出了对正义的形式权利以及分配范式进行批判的内容。

在某种程度上，艾利斯·扬认同这些理论家在对分配正义理论的批判以及其中的"后现代转向"方面的贡献，但是，艾利斯·扬不主张抛弃正义概念。在她看来，分配正义不能等同于正义。就激发人的道德想象、批判性地审视人们所生活的社会以及追求社会进步而言，正义的诉求仍然具有道德感召力。而且在现实生活中，全球化背景下的社会包容、平等尊严等不同形式的解放诉求仍然与正义的要求息息相关。无论从理论的规范性还是事实性上来考虑，致力于社会自由和解放的社会理论需要对正义进行批判性考察，而评价分配的模式则是拷问正义问题的起点。

基于对分配正义模式的批判和当前正义范式讨论的启发，艾利斯·扬认为，在当代哲学话语中我们需要扩展对正义的理解。对正义的讨论不应局限于分配，而应该关注社会结构的正义与否，并去考量"社会所包含和维持的有助于实现良善生活价值的制度化条件"①。为了弥补传统正义理论的缺陷，艾利斯·扬将主流正义论所推崇的分配范式转换为关注统治与压迫的关系范式，将统治与压迫的概念而不是分配的概念作为社会正义研究的出发点。正义总是相对于非正义而言的，任何正义都是出于对非正义的抗议和反抗。正义理论也是如此，它必须去审视生活中的各种结构化非正义，并旨在减少和消除这些压迫。在社会正义理论中，艾利斯·扬的一个特殊贡献是创造性地提出了五个方面的压迫形式。根据这种正义的多元理解，她致力于批判性考察各种不正义的社会结构。

---

① Iris Marion Young, *Justice and the Politics of Difference*, Princeton: Princeton University Press, 1999, p.37.

一、压迫的五种形式

正义问题与人的良善生活相关,但艾利斯·扬认为,二者并不等同。虽然社会的公平正义对人们要过好的生活有影响,但是针对正义问题,艾利斯·扬并不像查尔斯·泰勒和本哈比那样去追问何为具体善,以及关注与具体善相关的个体和群体的生活方式或偏好问题。艾利斯·扬也极力避免如分配范式那样对人性进行的抽象设定(占有性的个人主义),这种抽象设定可能会导致对其他可接受的个体欲望、特殊的文化和生活方式的排斥或贬低。现实生活的多样性说明促进社会正义的价值是多元的,社会正义并不与良善生活直接等同,任何关于美好生活的具体规定都有可能造成社会排斥和强制。艾利斯·扬明确地说:"善的概念在涵盖现代社会多元生活方式的事实方面太过薄弱。"①为了克服分配正义论和非正义的良善生活理论两方面的局限性,她采取的理论策略是考察现实生活与多元价值相关的制度化条件,并追问妨碍正义的各种压迫形式。对结构化非正义的诊断既是艾利斯·扬整个正义理论的出发点,也是其整个理论的核心。

在艾利斯·扬看来,正义真正所关心的问题是社会制度能否以及在何种程度上使人们实现良善生活的价值,这就超出了分配范式的有限视域。具体而言,与良善生活有关的"普遍性"价值可以归纳为两个方面:人的自我发展和自我决定。② 前者指的是发展和运用一己之能力以及表达一己之经验;自我决定则指的是参与决定一己之行动,以及行动所需的条件。艾利斯·扬认为,良善生活这两个方面的要求体现了所有人具有

---

① Iris Marion Young, "Survey Article: Rawls's Political Liberalism", *The Journal of Political Philosophy*, Vol.3, No.2, 1995, p.184.

② Iris Marion Young, *Justice and the Politics of Difference*, Princeton: Princeton University Press, 1999, p.37.

平等的道德价值这一根本的预设，正义需要为每个人提升这些价值。为了将压迫（opression）和统治（domination）的否定性经验与自我发展和自我决定的规范转变为有效的分析范畴，她提出了五种压迫形式概念，并把它们理解为非正义的具体表现。

通常情况下，人们偏向于从阶级方面理解压迫。然而，现代社会的各种解放运动突出了社会边缘群体不同的解放诉求，压迫的表现形式也有所改变，它渗透进日常生活的各个方面，并具有多样化、隐蔽性的特征。作为理解这些社会经验的概念，"压迫"采用一种异于自由个体主义的分析和评估社会结构和实践的普遍方式，成为这些运动政治话语的核心范畴。在艾利斯·扬那里，压迫指的是这样一个系统性的社会制度化进程，其"妨碍某些人在社会认可的背景下学习和运用令人满意的、扩展的能力，或者阻碍人们与其他人交流和应对的能力，以及在他者可以倾听的情境下表达他们关于社会生活的情感和观点的能力"①。统治则指的是禁止或阻碍人们参与决定其行为以及行为条件的制度化背景，其中重要的是应该重视何种声音和意见。在这个意义上，统治的反面是社会和政治的民主。正如上文所分析的，传统的正义分配范式没有把这些考虑进去，它只是考虑到一些与分配直接相关的方面和问题，并未深入挖掘非正义的社会结构化根源。

艾利斯·扬认为，当今世界的社会压迫依据它出现的领域和产生的原因，可以区分为剥削、边缘化、无权、文化帝国主义和暴力等五种形式。② 艾利斯·扬试图以这种多元压迫结构的分类标准来描述和分析当代社会的各种不正义。

第一种压迫形式是"剥削"（Exploitation）。它是一种结构性关系，通过这种关系某些人通过控制他者来满足自己的利益，增强自身的权力。

---

① Iris Marion Young, *Justice and the Politics of Difference*, Princeton：Princeton University Press, 1999, p.38.

② Iris Marion Young, *Justice and the Politics of Difference*, Princeton：Princeton University Press, 1999, p.40.

剥削概念的核心洞见在于,其"揭示了压迫产生的稳定过程,即将一个社会群体的劳动成果转移到其他群体的手中"①。它在不同社会群体之间建立了一种不平等的结构性关系,而且这种关系通过一种系统的过程得以生产和再生产。前现代社会,剥削是明显的,它通过直接的政治手段来实现。无论在奴隶社会还是封建社会,天赋(自然)的优劣决定了阶级地位的高低,剥削即通过这种合法化的、强制性的阶级区分来实现。比如在古希腊,只有纯属本城邦血统的成年男子才可被称为"公民",享有社会"权利",而女人、奴隶和外邦人则被排除在外。到了资本主义社会,剥削的统治形式已经发生改变。资本主义社会取消了传统的强制性的阶级区分,每个人表面上具有法律上平等的权利,譬如在经济活动中,工人与资本家在看似自由的条件下缔结契约获得工资。但是,资本家通过占有剩余价值实现对工人的剥削。在马克思那里,剥削概念的核心功能是去解释在缺少法律和规范认可的阶级区分的情况下,阶级结构是如何存在的。在这方面,艾利斯·扬认可马克思的劳动价值理论无论在规范还是事实层面对工人的剥削状况所作的分析。但是,艾利斯·扬认为,剥削关系不仅表现在由于阶级分工所导致的物质层面的剥夺,还包括工人权力的丧失,以及不被尊重等等。因为压迫的剥削形式除了与经济利益相关,还涉及工人本身的自决权力,工作定义的社会规则以及工作的补偿等结构性要素。

此外,艾利斯·扬还认为,剥削不仅在马克思所言的阶级关系中出现,也会在性别和种族压迫中出现。艾利斯·扬指出,性别压迫也属于剥削范畴,"作为一个群体,女性所承受的是一种特殊的性别剥削"②。不仅女性物质劳动方面的成果为男性占有,而且其照料和性能力也向男性倾斜。在这个意义上,性别压迫使权力以一种系统的和非互换的方式从女

---

① Iris Marion Young, *Justice and the Politics of Difference*, Princeton: Princeton University Press, 1999, p.49.

② Iris Marion Young, *Justice and the Politics of Difference*, Princeton: Princeton University Press, 1999, p.51.

性转移到男性,并使后者获得更多的权力、自由、财富以及自我实现的可能性。种族压迫同样具有剥削特征,在劳动市场中,种族群体常被排斥在要求技艺、高薪和自主联合的工作之外。艾利斯·扬将种族被剥削者所从事的劳动统称为"仆人劳动"(menial labor),并以种族剥削形式为概念工具进行分析。"仆人劳动"通常指的是奴隶的劳动,但是,在现代社会它并未完全消失。在美国,种族受压迫者们所从事的大多是一些为特权阶层服务的工作,如旅馆招待、护工、酒店侍者等,而这些人通常都是黑人或拉丁裔人。无论在阶级、性别还是种族压迫的情境下,剥削都是一个结构化进程,它所表达的压迫形式的核心在于社会劳动成果通过剥削性的转换过程而为他人所享有,因而造成一部分人对另一部分人的强制。因此,仅仅通过分配的正义不能消解这种权力关系,它还要求制度实践和结构性关系的变革,比如重新组织意见决策的实践和制度、变革劳动分工,以及制度、结构和文化对策的相关改变等。

第二种压迫形式是"边缘化"(Marginalization)。艾利斯·扬认为,这有可能是压迫最危险的形式。边缘化指的是人们被排除于劳动系统和无法参与社会生活的情境,他们通常受到驱逐或被限定在一种低级的社会地位或社会边缘位置。边缘化有许多种形式,其中包括性别歧视、宗教歧视、语言歧视等,特别是种族边缘化,少数族群在某些社会活动参与中常遭受到排斥。在日常生活中,处于边缘化的人还包括儿童、老人、单亲母亲、穷人、移民、精神和身体残疾的人等,他们或多或少被认为是无用的、不被尊重的,既没有足够的能力参与生产劳动,也不能以一种体面的方式去运用能力。在早期资本主义社会,这些人常被视为不具有公民身份,并被安置在诸如收容所、疯人院或学校等"现代监狱"中。到了福利资本主义社会,鉴于这种压迫形式涉及物质剥夺的边缘化,很多国家采取福利再分配的政策加以补偿,比如给这些所谓的"边缘群体"提供物质福利。但是,在艾利斯·扬看来,这些政策不仅不会解决根本问题,还会造成更严重的痛苦和剥夺。在发达资本主义社会,边缘化还有着更加复杂的体现,超越分配而与边缘化相关的非正义范畴体现在两个方面:首先,福利措施本身会产生新的非正义,它剥夺了那些依赖社会福利的人本该拥有的权利和自由,比如一些福利机构通常会事先决定边缘者的"需要",并提供相应的福利举措,这样一种"依赖关系"很容易侵犯被救助者的隐私、个体自由和选择权;其次,即使福利国家在某种程度上减轻了物质剥夺,但边缘化这种非正义仍然会存在,它阻碍人们以社会承认的方式运用能力的机会。这些边缘群体不仅不能有效地参与社会合作,缺乏自信和价值感,而且还会遭遇各种"蔑视",不被社会所承认。所以,边缘化除了包含严重的分配正义问题之外,也包含在承认和交流的情境下对人们能力运用的文化、实践和制度化条件的剥夺。针对这种压迫形式,艾利斯·扬认为,需要重构生产活动以处理参与权的问题,并在工资系统之外通过公共劳动或者自我雇佣的集体去组织某些社会生产活动。

第三种压迫方面是"无权"(Powerlessness),它指的是受压迫者常受他人权力的指使,而不能指使他人的情况。由于所处的弱势位置,他们只能去服从命令而很少有权利自己去决定命令。艾利斯·扬认为,现代社会阶级压迫所导致的无权仍然存在。工人通过劳动增加了资产阶级的财富和权力,却在工作中处于相对无权的地位。只是较之 19 世纪,被压迫阶级关系的无权状况有所改变,一些工人不再处于绝对贫困的境地。一种充分的压迫概念需关注"中产阶级"与"工人阶级"的一般区分所反映的社会分工经验。在现代劳动分工条件下,这种压迫处境还集中体现在专业人员与非专业人员的关系中。艾利斯·扬认为,专业人员处于一种模糊的阶级位置,尽管他们不是资产阶级中的一员,但是从权力的角度讲,他们仍然从非专业人员那里获益。专业人员具有三个方面的身份特权(status privilege),[①]欠缺这几个方面则会导致对非专业人士的压迫:首先是获得或占据一种具有扩展和进步特征的位置。专业人员通常受过较好的教育并具有一定的专业技能,因而能够享受经济转型和发展所带来

---

① Iris Marion Young, *Justice and the Politics of Difference*, Princeton: Princeton University Press, 1999, p.57.

的职业发展和身份的提升;其次,专业人员由于拥有特殊的知识和职能,在社会组织中往往拥有一定的决策自主性。专业人士被普遍认为具有某种"权威",所以他们更容易影响和改变其他人的决策和行动。在美国社会,中产阶级与工人阶级的区分不仅意味着两者工作上的差别,还包括社会生活各个层面的差别,比如不同的健康和教育需要,不同的食品、穿衣和音乐品味等等。中产阶级和工人阶级分属不同的文化和交际圈,很难跨阶层进行代际流动。因此,他们享受的第三个身份特权是他们通常将专业的优势扩展到整个社会生活中,艾利斯·扬称之为生活的"体面性"(respectivity)。"体面"概念虽然自古以来就被赋予道德含义,但在社会领域中,体面更多地指一种社会成员之间的关系,一个体面的人意味着自己会受到他人的尊敬或被他人倾听。在现代社会,体面则跟专业权威和影响有关,并与仪表、着装、讲话风格和风度品味等联系起来。在性别主义和种族主义的机制中,这种身份特权也有所体现。因而,体面概念具有了压迫性和排斥性内涵。与这些优势相对应,非专业人士则会遭受相应的身份劣势,比如没有机会发展和运用个人能力,工作生活中缺失意见决策力,以及由于职位地位低而不受人尊敬等等。通常那些明显遭受无权对待的人是那些没有专业技能的工人。改变这种压迫形式需要处理劳动社会分工的问题,也需要社会文化决策等方面的结构性变革。

第四种压迫形式是"文化帝国主义"(Cultural Imperialism)。艾利斯·扬认为,前三种压迫都与发生在劳动社会分工中的权力和压迫关系有关,涉及界定人们物质生活的结构和制度化关系。女性主义者、黑人自由主义者等现代群体解放运动理论家们还提出了第四种压迫形式,艾利斯·扬将之称为"文化帝国主义"。所谓"文化帝国主义"指的是"社会中占支配地位的意义体系遮蔽了特殊的群体视角,同时因这些意义对该群体有偏见,从而将其视为'他者'受到社会的排斥"①。文化帝国主义一

①　Iris Marion Young, *Justice and the Politics of Difference*, Princeton: Princeton University Press, 1999, p.58.

般将主流群体的经验和文化普遍化，并将这些文化经验视为"正常"的和标准的规范而为他者所接受。艾利斯·扬认为，主流群体常掌握着南希·弗雷泽所言的社会阐释和沟通的工具。他们不仅广泛传播群体经验、价值、目标和成就，而且把这些内容当作社会的代表性经验。此外，文化产品也强化了这种压迫，它们倾向于表达主流群体对社会事件的视角和阐释，而其他差异性的群体视角则不容易被听见。结果，从属群体容易遭受各种社会偏见和强制，而这些偏见和强制常因其未受到挑战而被忽略。在这样的文化背景下，那些受压迫者很容易产生杜·波伊斯（W.E.B Du Bois）所谓的"双重意识"的矛盾："这种意识经常是透过别人的眼光看着自己，并用一种看起来有趣的蔑视和怜悯丈量一个人的灵魂。"①也就是说，受文化压迫者一方面是群体文化中真实的自己，另一方面却运用他者的眼光衡量并鄙视这种真实的自己，经历着自我意识（从属文化）与主流文化对自己评价的冲击。现代社会，一些女性、非裔美国人、土著美国人、同性恋者以及其他社会群体遭受着文化帝国主义的偏见，他们常被视为"文化的沉默者"以及"刻板的他者"而得不到社会的认可，他们的经验无法被有效地表达出来，因而造成了不同群体文化的排斥和强制。艾利斯·扬着重强调这一压迫形式，她认为消除这种压迫的方法是认可和确证群体差异，并为不同的文化和群体留出政治空间。

第五种压迫形式是"暴力"（Violence），这是最明显和可见的压迫形式。它指的是某些群体成员容易遭受任意的、非理性的人身和财产攻击，比如骚扰、羞辱、威胁等。在某些社会，这些伤害不仅被容忍，而且会受到鼓励。社会压迫中的暴力与文化帝国主义紧密相关，遭受文化帝国主义侵害的群体同时也容易受到暴力的侵犯。在美国社会，女性、黑人、亚洲人、阿拉伯人、同性恋者，以及某些地区犹太人、波多黎各人和美籍墨西哥人等群体都容易遭受这种暴力的威胁。比如，在日常生活中会经常看到

①　Iris Marion Young, *Justice and the Politics of Difference*, Princeton: Princeton University Press, 1999, p.60.

针对黑人的各种形式的羞辱和冲突。艾利斯·扬强调，暴力是一种社会不正义。它虽然会表现为特殊个体的道德错误，但它并不仅是个体的特殊行为，还是一种结构性的社会实践，涉及许多制度性和系统性问题。这是因为，暴力所指向的通常是群体的成员。暴力的压迫不仅存在于直接的受害行为中，而且也包含受压迫群体共享他们会容易受到伤害的日常知识，并由此成为他们群体身份的描述。以女性为例，她们经常被传授提防强奸的各种知识，当强奸的社会暴力发生后，人们有时不是教育男性尊重女性，而是告诉女性该如何自卫，如何避免被伤害。它的隐性含义就是男性是占主导地位的、攻击性的以及不妥协的，这就促使人们认为这种暴力行为的发生是可以被接受的。这里，艾利斯·扬所阐发的暴力概念跟传统的镇压意义上的暴力有所不同，后者通常具有理性的恶的动机，例如统治者将暴力作为镇压的工具来维护权力，而艾利斯·扬所讲的暴力的一个重要特征就是非理性，它的发生常常是排外情绪的直接结果，这种排斥来自对看起来陌生和不同的群体、观念以及习俗的恐惧和仇恨。所以，群体暴力行为背后有一个非理性的社会过程在起作用。在解放运动的语境下，暴力侧重于因社会主流群体和文化对特殊差异群体的排斥而造成的各种伤害，分配正义的理解也不足以把握这种非正义。艾利斯·扬指出，要改革这种暴力的制度和实践当然需要资源和位置的再分配，但在很大程度上更需要生活各方面的改革，比如文化形象、偏见、统治关系的日常生产和日常生活的厌恶姿态等方面的改变，也即需要一种文化和观念的革命。在艾利斯·扬看来，"只有改变文化习惯本身，才会改变由于它们产生和强化的压迫，但只有当个人对其自身的习惯有所意识并加以改变的时候，文化习惯才会产生变化"①。文化和观念的改变并非易事，这就需要行动者在判断某些无意识行为、习俗、反应方式和言说方式的时候，要反思性地看待这些习惯行为的意义和内涵，并诉诸合理的商谈和行

---

① Iris Marion Young, *Justice and the Politics of Difference*, Princeton：Princeton University Press, 1999, p.152.

动。同时，也要在文化观念上重申和创造群体对群体的定义，并将其视为一种积极的创造和建构，而不是设定固定边界的排斥性群体内涵。

这五种压迫形式虽各有其特点，但在某些方面也会相互重合。在实际生活中，某些受压迫群体有时会遭受一种或多种压迫样式，而且压迫程度也有不同。但是，只要出现五种样式的任何一种，就足以称一个群体是受压迫群体。这是艾利斯·扬进行社会病理学诊断的重要依据。确实，现代社会压迫形式有着多样性和复杂性且更为隐蔽，性别、种族、阶级、帝国等问题常交织在一起，这种多元情境需要一种多元的压迫范畴去阐释不同的解放诉求，并有助于真正践行和实现社会正义。艾利斯·扬多元压迫的正义视角有助于我们去批判性地审视现实生活中的各种非正义。作为一种概念性的理解工具，它敞开了福柯所讲的生活形式中的脆弱性和裂缝，通过将其问题化并深入挖掘背后的解放内涵，从而废除阻碍人的自我发展和自我实现的压迫性的社会条件。分配的非正义也许会有助于或来自这些压迫形式，但是这些压迫形式不会被简单还原为分配，它们还关涉超越分配议题的社会结构，因为这些"脆弱性和裂缝"并不是静态的社会结果状态，而是动态的关系性结构。它们不仅是某种应改变的结果，而且是产生非正义的社会结构和过程本身。这就要求把正义理论的研究从分配领域推向更为根本的社会结构领域。

二、社会结构与多元正义

审视艾利斯·扬对正义的反思，压迫形式有个很重要的特点即"结构性"（structural）。她认为，社会结构创造和维持了压迫性的社会条件，对压迫和支配的分析即是一种结构性分析。纵观艾利斯·扬的正义理论的发展脉络，无论是前期对各种压迫形式的讨论，还是后期对责任问题的研究，她都将"结构"视为正义问题考察的主题，并把结构化非正义的论断作为整个正义理论的出发点和核心。这一论断不仅作为一种理论层面的评价性、诊断性的基础原则起作用，而且作为实践的要求，它要求对社会结构和关系进行变革。如何理解压迫的结构性特征，并将这种批判性分析与正义的规范和要求结合起来，就成了艾利斯·扬政治哲学的基础性工作。

罗尔斯在《正义论》中曾提出"基本结构"（basic structure）的概念。他认为："正义的首要主题是社会的基本结构，或者更确切地说，就是主要的社会制度分配基本权利与义务和确定社会合作所产生的利益分配的方式。"①罗尔斯拒绝接受功利主义者的正义观，在后者看来，"如果一个社会的主要制度被这样安排，它能够达到所有社会成员满足总量的最大净余额，那么这个社会就是被正确地组织的，因而也是正义的"②，其中"最大多数人的最大利益"是功利主义正义观的核心观念，它将正义理解为人们彼此之间个体欲望的合意，忽略了作为社会正义重要条件的背景性正义。罗尔斯认为，将个体功利原则扩展至社会原则是错误的。在正义问题的讨论上，应该进行制度层面的分析和道德判断，而非拘泥于私人交往的规范和实践。这是因为，基本结构深刻影响着社会中人们的生活前景，即他们可能希望达到的状态和成就。正义的原则应该考察这些背景性条件，并指导社会制度安排和调节基本权利义务和利益的分配。

在正义的原则应该考察背景性条件而非具体的个人事务这一点上，艾利斯·扬与罗尔斯的观点是一致的。但是，她认为罗尔斯对基本结构的理解不充分。在罗尔斯那里，基本结构一般指的是社会的组成部分和主要的社会制度，例如政治结构和主要的经济和社会安排等，这些要素合为一体共同规定着人们的权利和义务。在讨论正义的分配问题的时候，它们被理解为暂时与其他社会隔绝的、封闭固定的基本结构，并作为影响分配的直接的背景性条件起作用。与罗尔斯不同，艾利斯·扬认为，考虑到正义分配范式的弊端，社会正义应主要考虑的不是什么可以进行传递或接收的物品，而是人与人之间的结构化关系和人们所处的结构化位置。

---

① John Rawls, *A Theory of Justice*, *Cambridge*：Harvard University Press, 1971, p.7.

② John Rawls, *A Theory of Justice*, *Cambridge*：Harvard University Press, 1971, p.22.

无论是关注正义的分配方面还是非分配的方面，都不可避免地要去讨论与之相关的结构性关系。作为正义的背景条件，社会关系和位置并不是确定不变的。它们处于一种"非线性"的动态过程中，涉及人们变动的自我认知、对现有规范的批判性参与以及多元的社会情境等。所以，正义理念的完备性要求从一种流动的关系性视角去审视现实生活中多元的复杂情境，避免把人们所处的位置以及人与人之间的关系固化。倘若用这种静止的抽象正义视角去审视财富的分配，不仅不会全面探究社会的各种正义层面，也会掩盖各种隐性以及潜在的非正义。一种批判的正义理论是一种具体正义，它不仅关注分配本身，还关注与分配相关的社会结构和社会关系，尤其是那些基于这些关系存在的具有压迫性和支配性的社会结构。所以，艾利斯·扬从更加广泛和流动的视角去理解社会结构，具体可以从以下几个方面去理解它的规范内涵。

首先，社会结构是一种关系性（relational）结构，它涉及人与人之间的交往关系。和马克思一样，艾利斯·扬将人理解为总是处于一定的社会关系之中的。但是，马克思主要是从生产活动出发考察社会结构，并强调经济基础之于其他活动的基础作用。在对人与人交往关系的理解上，艾利斯·扬采用的是一种更加包容和解构的立场。它不仅包含正式的社会制度，也包括人们所有的日常生活和实践。这是因为，许多压迫的发生内含在日常生活的方方面面，很多不易察觉的习惯、风俗以及文化等都充斥着各种排斥和强制，正义讨论的视域不应从这些方面移开。但是，艾利斯·扬并不像后现代主义者那样，把非正义的日常生活和实践完全非结构化，视为仅仅是差异而没有非对称的离散状态。在她看来，虽然日常生活是多元和分散的，但从结果上来说，它们包含着超越个体行为的集体性结果，仍然具有结构性。如果我们将社会结构理解为这样的人类行为模式，其中人们间接地强迫他者，并使其处于带有极其有限可能性的位置之中，那么就可以说这个结构是非正义的。在日常生活中，虽然结构性的非正义并不必然直接表现为明显的非正义，比如触犯法律的不义行为和制度安排的不正义等，只要存在着普遍的非互惠的关系性模式就具有强制性特征。

总而言之,在艾利斯·扬那里,社会结构不等同于正式的制度。在她看来,"社会结构并不是社会的部分,相反,它们包含或者显现于一种审视整个社会的特定方式,这种方式可以看到人们之间的关系模式以及所处的相对于彼此的位置"①。社会结构不仅是社会的局部领域,也包括影响人的生活和行为的所有方面,包括人们的日常习惯和选择行动。艾利斯·扬认为:"当我们试图去考察在许多制度内部民众行为是如何将其影响聚集在一起,并产生这些关系模式和位置的时候,我们对社会关系就采取了一种结构化的视角。"②因此,对社会非正义的探究要采取这种结构化视角。结构研究不仅是考察社会政治生活中各种具体的社会制度的正义与否,并为之确立一定的规范标准,也包括模式化的社会实践和日常生活结构。与此同时,艾利斯·扬认为,社会结构也不限于社会身份,身份认同政治(identity politics)的问题是它经常从文化方面出发,把个体或群体的某些特征固定化。按照艾利斯·扬的观点,社会结构本质上是"关系性"的。在社会生活中,人与人、人与社会及人与国家等都是密切联系在一起的,每个人由于在占有资源或社会地位等方面有所不同,因而彼此处于一定的"结构化位置"。而且,个体并非孤立存在,其总是处于特定的"社会情境"(situated)之中。这种社会情境不仅涉及政治、经济和文化等背景性因素,也包括日常生活中人们的行为模式和个体选择等。在考察社会非正义的时候,需要将这些结构性因素考虑在内。艾利斯·扬特别强调,作为非正义诊断的压迫是一种"结构化"概念。之所以说压迫是结构性的,是因为在通常情况下,"它的原因嵌入在未经质疑的规范、习惯和符号,以及隐含在制度规则和服从这些规则的集体结果的假定

---

① Iris Marion Young, *Responsibility for Justice*, Princeton: Oxford University Press, 2014, p.70.

② Iris Marion Young, *Responsibility for Justice*, Princeton: Oxford University Press, 2014, p.71.

中。在这种扩展了的结构化的意义上，压迫指的是某些群体所遭受的巨大和深层的非正义，它存在于普通交往、媒体和文化偏见，以及官僚等级和市场机制的结构性特征中"①。社会压迫的出现常是善意的人们无意识的假定和反应的结果，它需要从结构性方面进行考察。

其次，社会结构是历史性的多元结构。诺齐克曾批判罗尔斯的正义原则是一种结果状态原则（end-state principle）或非历史性的原则（unhistorical principle），他认为，罗尔斯的分配理论只关注当下物品如何被分配以及人们此时所占有的物品的多少，而不去追问过去这些分配是如何产生的。这种标准化的模式即"按照每个人的（X）应该给予他个人（Y）"的公式，然后根据分配主体各自的分配需要填空，据此判断所有分配状态的公正性。无视历史向度的模式化分配不去探究有待分配的结果以一种什么样的方式从何而来，这样不仅会忽视具体的生产问题，也有可能导致对生产者权利与财产的剥夺。更为重要的，人类生活是历史化的变动过程，任何"模式化"的分配都很难固定下来，许多不可控的因素会影响这种模式的维持，比如人类行为的自主性等。在对静止的正义视角的批判这方面，艾利斯·扬继承了诺齐克的思想。她明确提到一种关系的"处境性"（situatedness），指的是在思考与正义相关的社会结构时，要以其所处的位置性关系为考察对象。它具有历史性的特征，人们过去的环境或行为会影响其所处的结构化位置，而且这种影响作为过程性要素还会持续。所以在考察社会结构的时候，要将这种历史性因素考虑进去。

此外，社会结构还是多元的。鉴于人们所处的位置和主体间形式不同，它不仅体现为关系和情境的多元性，还包括地域的多元性。在艾利斯·扬看来，在全球化时代，由于人们较之以往建立了更加紧密和复杂的联结，社会结构以及非正义的考察不应局限于民族国家，还应扩展至全球范围。在全球的层面上，结构化非正义所考察的多元结构包括不平等的

---

① Iris Marion Young, *Justice and the Politics of Difference*, Princeton: Princeton University Press, 1999, p.41.

权力来源和正义评估资格的生产贸易、意见决策以及文化观念结构等内容。法兰克福学派第四代代表学者莱纳·弗斯特就认为，艾利斯·扬较罗尔斯进步的一个重要方面是她将对结构化非正义的洞见应用至对全球正义的复杂议题的讨论之中。

第三，正义对社会结构的考察还与对社会群体的关注息息相关。基于这种结构性视角，艾利斯·扬主要关注的是社会群体的压迫。回顾正义的发展脉络，在古希腊，正义主要涉及个体的德性。亚里士多德明确提出，个体是政治的动物，城邦的正义奠基在个体具有爱好正义的品质上："所有的人在说公正时都是指一种品质。这种品质使一个人倾向于做正确的事情，使他做事公正，并愿意做公正的事情。"①直到 19 世纪，西方的社会政治经济结构发生了极大的变化，正义议题也从个人美德问题演变为社会正义问题。由此，正义的考察面向就从个体如何做正义之事转向社会如何更加公平正义而为人们所接受，正义成为对社会整体进行评判的原则。虽然人们对社会正义的理解不同，但关于将群体还是个体作为讨论正义和平等的主体，现代政治仍存在考察方式的论争。在阿马蒂亚·森看来，在实际的很多情况下，对不平等的分析必须从群体而非个体的角度开始，要将重点放到群体间的差异上。② 与之类似，艾利斯·扬认为，采用性别、族群、种族、年龄、职业以及宗教等群体性视角更有助于考察社会的结构性关系和进程。在她看来，"仅仅通过比较个体情境来评估不平等几乎并没有为社会正义的主张提供什么基础"③。这是因为，现代社会的很多不平等和非正义是以结构化的方式展现出来。就像之前五种社会压迫形式那样，社会正义的分析不应当局限于具体情境中的个别

———

① [古希腊]亚里士多德：《尼各马可伦理学》，廖申白译，商务印书馆 2003 年版，第 127 页。

② [印]阿马蒂亚·森：《再论不平等》，王利文、于占杰译，中国人民大学出版社 2016 版，第 136 页。

③ Iris Marion Young, "Equality of Whom? Social Groups and Judgments of Injustive", *The Journal of Political Philosophy*, Vol.9, No.1, 2001, p.2.

行动，而应研究以群体表现为主要特征的社会运动。

就现实实践而言，压迫尤其是群体压迫是现代社会解放运动的核心范畴。艾利斯·扬关注现代社会的各种新社会运动，这些解放运动包括社会主义、激进女性主义、美国印第安运动、黑人运动以及同性恋运动等。不同的社会群体，尤其是那些在社会结构中受到压迫和剥削的弱势群体提出了社会解放的诉求，比如受到歧视和压迫的女性、黑人、老人以及同性恋者。受这些实践运动的启发，艾利斯·扬强调应从社会群体而非个体的视角去探讨社会非正义。为此，艾利斯·扬分析了"社会群体"①的特殊概念。她认为："从关系的意义上考虑，社会群体是一种在文化形式、习性、特定需要或者能力、权力或者特权的结构方面区别于他人的人们的集体。"②社会群体并不只是个体的集合，它不是一个实体性的范畴。它与人们之间相互影响和相互作用的身份有关，是一种社会关系的表达。虽然从本体论上讲，个体先于社会，但是，在社会学语境下，社会群体的社会化先于个体。这是因为，"人们的身份部分地由其群体类同组成。社会群体反思人们彼此认同自身和他者的方式，这些方式使他们与其他人建立联系，并将他者看作是不同的。群体在彼此的关系中被确认。它们的存在是流动的，常常变化但仍然是真实的"③。与文化主义和后现代主义不同，作为正义理论研究对象的社会群体并不是单纯有着文化差异的

---

①　传统政治哲学倾向于将社会群体理解为集合体（aggregate）或社团（association）。集合体指的是根据一系列外在共享的属性对人进行的任意区分，比如肤色、年龄等；而社团则指形式化地组织起来的机构，比如俱乐部、教堂、学校等。扬认为，这两者在方法论上都是一种认为个体先于整体的个体主义理解。社会群体的概念应该与这两个概念区分开来。见 Iris Marion Young, *Justice and the Politics of Difference*, Princeton：Princeton University Press, 1999, pp.43-44.

②　[美]艾利斯·扬：《包容与民主》，彭斌、刘明译，江苏人民出版社 2013 年版，第113 页。

③　Iris Marion Young, *Justice and the Politics of Difference*, Princeton：Princeton University Press, 1999, p.9.

群体,它们也处在不同的具有压迫形式的结构性关系之中,差异对他们而言是一种关系性的而非本质性的差异。相互之间紧密联系的群体具有海德格尔所讲的"被抛"的特点。而且,作为群体成员的个体在其作为个体存在之前已经存在着构成其社会化背景的存在和关系。与群体的差异多元、流动、跨界和可变特征相联系,每个人在社会中都有着多方面的群体认同。为了识别这些群体差异的结构性和系统性压迫性特征,艾利斯·扬提出,对正义的批判性反思需要提出与之相适应的差异政治构想。现代社会,群体的日趋差异化是不可避免的过程和现象。正义的探究需要去诊断群体的压迫性结构,即某些群体具有特权而其他群体却遭受着压迫的非对称性。群体性差异以及差异政治是当今正义理论需要处理的问题。

对以上讨论做一概括,大致来说,艾利斯·扬所关心的正义问题不是静态的、结果状态的分配,而是具有压迫性的社会结构。它具有社会历史的脉络,并体现为现实生活中的各种关系。这种结构性视角类似吉登斯所讲的"结构化理论"(structuation theory),即它本身是人类行动建构起来的结果,包含着人与结构复杂的持续性关系。在这种结构性关系中,当社会进程将一部分人置于统治的系统威胁以及发展运用能力的手段被剥夺的情况下,并且使得另一部分人获得统治或者具有广泛发展和运用能力的机会时,结构化非正义就会存在。具体来讲,"结构化非正义是一种区别于个体错误行为或者国家压制性政策的道德错误。它作为许多个体和制度追求它们的特殊目的和利益的行为结果而存在,在大多数情况下,这些行为是在可接受的规则或规范的限度内"①。艾利斯·扬的正义理论除了关注罗尔斯等人所重视的分配方面外,还重视文化、族群等的异质性,关注具有不同解放诉求的弱势群体。这是因为,他们在这种结构性关系中经常处于被压迫和被支配的地位。由于

---

① Iris Marion Young, *Responsibility for Justice*, Princeton: Oxford University Press, 2014, p.52.

现代社会正义群体与种族、性别以及阶级、帝国主义等分析交织在一起,每一种压迫形式的存在都不是孤立的,而是与其他统治形式交织在一起,这种压迫形式存在的多样性要求对与社会正义相关的社会结构进行深入的批判性探究。

第三节　社会正义与群体差异

对于正义问题,艾利斯·扬的基本观点是,并不存在独立于特定经济形式和社会关系的"正义本身"。一种批判性的正义理论不应局限于分配,而应关注与人们自我实现和自我发展相关的社会结构的正义与否,并去考量社会包含和维持的有助于实现良善生活价值的制度化条件。与罗尔斯等人不同,艾利斯·扬并不热衷于"构建一种正义理论体系"①。在她看来,传统正义理论为了追求自身的抽象普遍性,经常从某种关于人类本性、社会本质以及理性本质的普遍假设中获取正义的基本原则,而不管这些社会的具体构造和社会关系如何。虽然哲学家们对寻求理论的整全性和普遍性有着天然的偏好,但这种独立于现实生活的"普遍正义"在评估实际的制度和实践的时候往往显得太过抽象,以至于作用不大。艾利斯·扬提供了一种替代性的理论探究方式,即对正义的规范性思考不是以一种观察的模式作为知识提出来,也不是受好奇心或理解某事是如何运作的期望所驱动。它来自思想家对现实事件尤其是对那些苦难者的"倾听",而非对某种理想状态的断言。

艾利斯·扬积极参与各种社会运动和实践,关注多元群体差异,这种现实感刺激她去反思政治实践的挑战和困境。在艾利斯·扬看来,推动哲学家对社会问题进行理性反思的,始终是具体的社会政治实践。理论反思和论证的目的不在于去构建一套系统的理论,而是"去澄清概念和

---

①　Iris Marion Young, *Justice and the Politics of Difference*, Princeton: Princeton University Press, 1999, p.3.

问题的内涵,描述和解释社会关系,以及表达和辩护理想和原则"①。所以,艾利斯·扬的正义理论始终基于现实的多元情境进行批判性分析和论证,她试图探究一种批判的完备的正义理论。为进一步理解艾利斯·扬正义理论的思想概貌,我们需要对艾利斯·扬的研究特点、理论方法、思想来源以及时代背景作简要的讨论。

一、正义的研究方法

在哲学以及社会科学历史中,批判理论有着狭义和广义之分。狭义上,"批判理论"指的是以法兰克福学派为代表的欧洲西方马克思主义传统中的几代德国哲学家和社会理论家。根据这些理论家所言,一种"批判的"理论以其特殊的实践目的与"传统"理论相区别:一种理论是批判的在很大程度上在于其追求人类解放,并"将人从奴役的状态中解放出来"②作为实践目标。1937 年,在《传统理论与批判理论》③一文中,霍克海默第一次使用了"社会批判理论"一词,并将批判理论与传统理论进行了比较。在霍克海默看来,"传统理论"把自己置于现存社会据以再生产自身的专门化劳动过程中,推崇实证主义的研究方法,以及对现存制度的顺从;而"批判理论"则对资本主义社会进行强烈的批判,并将实证主义视为资本主义的辩护士进行讨伐。作为一种否定的理论,批判理论常常关联否定性、批判性的思维方式,以及对社会的总体性研究。由于这些理论旨在解释和改变所有奴役人的境况,许多"批判理论"从更广的意义上得以发展,其中也包括后现代主义、女性主义等。它们的出现与认同现代

---

① Iris Marion Young, *Justice and the Politics of Difference*, Princeton: Princeton University Press, 1999, p.5.

② Max Horkheimer, *Critical theory: Selected essays*, Matthew J. O'Connell and others trans., New York: Continuum, 1982, p.244.

③ 曹卫东选编:《霍克海默集:文明批判》,上海远东出版社 2004 年版,第 167—211 页。

社会人类压迫不同方面的许多社会运动相关,这些社会运动包括反殖民主义运动、女性主义运动和反种族运动等。然而,无论是在广义上还是在狭义上,批判理论都为旨在减少压迫、提升自由的社会研究提供各式各样解释的和规范的基础。

作为法兰克福学派批判理论传统的继承者,与南希·弗雷泽、塞拉·本哈比等著名社会批判理论家一样,艾利斯·扬并不把自己的理论局限于正义规范的研究,而是像法兰克福学派一样,始终把如何创造一个更好的世界作为宗旨,致力于探究一种"批判的"正义理论。无论是在《正义与差异政治》还是在《包容民主》一书中,艾利斯·扬都特别指出自己所运用的理论方法即"批判理论"。[①] 在她看来,批判理论不是从有关人性、德性或良善生活中推导出的相应的规范理念,"批判理论是一种历史和社会情境化的规范性反思。它将构建一种与特定社会相分离的普遍的规范性体系视为幻象……没有社会理论,规范性的反思就是抽象空洞的,它不能引导带有解放的实践旨趣的批判"[②]。建立完善的正义规范性理论难以回避对社会政治的描述和解释,但是这些描述和解释必须保有批判性的立场,它的目标应该是用规范的术语去评价给定的事实,而不是去设想一种乌托邦情境。

与批判理论相对的是一种实证主义(positivism)的社会理论,它宣称自己价值中立,主张用严格的科学方法论进行经验研究,试图提供对社会世界的合法化理解。实证主义将社会事实与价值相分离,这也是法兰克福学派理论者们一贯批判的观点,艾利斯·扬继承了这一批判传统。她认为,为了批判社会现实,同时也为了更加有效地设想出各种变革的可能

---

① Iris Marion Young, *Justice and the Politics of Difference*, Princeton: Princeton University Press, 1999, p. 7; and Iris Marion Young, *Inclusion and Democracy*, Oxford: Oxford University Press, 2000, p.10.

② Iris Marion Young, *Justice and the Politics of Difference*, Princeton: Princeton University Press, 1999, p.5.

性,规范性的正义理想允许思想者、行动者与现实保持一定距离,但这并不代表脱离现实生活的具体情境。真正的批判理论必须是一种内在的批判,这种内在批判既区别于规范的正义理论,也区别于非规范的实证理论,它聚焦于规范与现实的矛盾。因此,批判理论的任务可以概括为以下两点:一方面,通过社会批判揭示现代社会存在的各种道德缺陷,对非正义的现实进行"社会诊断";另一方面则是在这些阐释的基础上设想社会变革的可能性,促进现实政治的民主和正义。立足于这种方法,艾利斯·扬试图探究一种"普遍"的规范性正义话语,即"去发展一种我们既可以有普遍性的诉求,而不用放弃或区别其来源和应用的历史性嵌入的正义理论"①。

批判的正义理论是规范性(普遍)和事实性(特殊)二者的有机结合。在这方面,哈贝马斯的交往伦理学概念极大地启发了艾利斯·扬对具体正义的思考。哈贝马斯基于其交往行为理论发展出一种交往伦理学,它以语言为中介,以沟通为目的,并在交往理性的基础上试图建立有效的规范和道德命令。在艾利斯·扬看来,哈贝马斯通过诉诸理想话语情境的某种普遍的理论指涉,来实现人与人之间理性的沟通和交往。虽然这种理想话语情境在现实生活中很难达到,但并不妨碍该理想话语情境的规范性作用。当人们把这一情境概念运用于给定社会特定的物质文化情境中的正义推论时,它满足了正义理论的两个要求:首先,既然理想话语情境专注于人与人之间的沟通关系,它的应用可以揭露统治和支配的来源,在这个过程中正义理论可以专注于社会组织形式以及人们之间的交往关系;其次,将这种理想话语情境应用到具体的物质文化条件既包含着先验普遍层面,又不会导致声称超越历史应用的抽象性。这跟交往伦理的两个基本原则相关,即被普遍遵守的有效的规范既能够满足每个人的利益(普遍化原则,简称 U 原则),也能够得到全部实际对话参与者的认可(话

---

① Henry S.Richardson and Paul J.Weithman eds., *The Philosophy of Rawls:A Collection of Essays(Volume* 5),London and New York:Routledge,2002,p.280.

语原则,简称 D 原则)。传统的分配正义范式由于忽略现实情境的复杂性而陷入一种抽象,导致对不正义社会结构的无视。交往伦理学即提供了一种替代性思考方式,它从社会与历史的具体视角为正义的思考提供了情境化的规范分析,正义的问题因而可以从对分配范式的关注转向协商和意见决策的过程。决策过程不同于规范及其证明,它总是嵌入具体的情境之中,并与每个人在社会中的结构化位置息息相关。正义的社会规范需要人们能够表达自己的声音并且可以受到非强制的认同,致力于人的自由发展的正义社会也需要人们能够有机会表达他们的态度、愿望和需要。在艾利斯·扬那里,正义指的是这样的制度性条件,它可以让每个人在社会承认的背景下能够学习和运用能力、参与意见决策以及表达自己对于社会生活的情感经验和观点,并可以得到其他人的倾听。这样,正义就延伸出民主的规范要求,民主同时也成为社会正义的内容和条件。虽然哈贝马斯的交往伦理学和协商民主启发了艾利斯·扬对现代民主政治和正义的思考,但是,对于批判理论传统以及哈贝马斯的交往理论和话语伦理学,她并非采取无批判性的态度。艾利斯·扬明确指出:"尽管我跟随哈贝马斯关于发达资本主义的论述以及其对交往伦理学的普遍观念,但是,我仍然批判他关于同质公共空间的隐含承诺。"①在某种意义上,艾利斯·扬的理论与现实实践的联系更为紧密。

现代社会的多元压迫形式及各种新社会运动的兴起要求批判理论进一步解释和改变所有奴役人的境况。按照广义的批判理论的理解,现代许多哲学和政治理论为实现人的自由解放提供了启发性的思考。所以,艾利斯·扬还从后现代主义②和女性主义那里汲取思想资源。身处后现

---

①　Iris Marion Young, *Justice and the Politics of Difference*, Princeton: Princeton University Press, 1999, p.7.

②　"后现代主义"(Post-mordernism)是一个复杂和范围广泛的术语。它同时是一种理论、一种文化和一个历史时期。后现代主义与女性主义有交叉的层面,这里为了分析的需要将两者分开来讨论。

代思潮的时代,任何理论家都必须表达对结构主义或后结构主义的态度。处于后现代主义思想影响中心的美国,艾利斯·扬也不可避免地会受到诸如德里达、利奥塔、福柯及克里斯蒂娃等后现代思想家思想的影响。后现代主义批判宏大叙事和各种约定俗成的形式,分析和质疑诸如同一性、平等、善和共同体等普遍概念,强调异质性、开放性、流动性和颠覆性。虽然有人称后现代主义为一种"政治失败"或者"幻象"①,是"一种解构的革命狂欢",但是这种"解构性"视角在破解启蒙话语中人的主体性、大写的历史以及理性等观念的内在矛盾,极大扩展了批判理论的思想内容和理论视野,也有利于挖掘社会变革和解放的潜力。因此,后现代主义为艾利斯·扬去解构本质主义、质疑和批判日常生活以及政治实践中各种显性的、隐性的压迫方式提供了丰富的批判资源,也为她继续分析多元时代群体差异的积极内涵以及差异化的社会关系,并将这些差异作为政治沟通的资源提供了思考的工具。

此外,身为女性批判理论家,同塞拉·本哈比、南希·弗雷泽和朱迪斯·巴特勒等一样,女性主义也成为艾利斯·扬正义思考的一个独特视角和思想来源。可以说她既是批判理论传统的一员,也是西方有影响的女性主义者。性别不平等和性别统治作为阻碍个人和集体获得其生活自主性的因素也成为艾利斯·扬正义理论分析和批判的对象之一。在对正义问题的早期思考中,她致力于一种女性主义理论的建构,并扩展对现代道德和政治理论居于核心的理性、公民身份以及平等理念中的性别偏见的分析。随着对结构化非正义的深入研究,和受压迫和受歧视的女性一样,其他弱势群体也成为艾利斯·扬所关注的群体差异。只是女性主义理论中权力和视角的差异以及各种潜在的权力和压迫形式,成为艾利斯·扬反思社会正义的一个触发点。这是因为,在她看来,虽然女性主义运动取得了重要的成就,但是,在现代社会中仍然存在性别歧视和压迫。作为致力于人的解放实践的社会批判应该去反思和关注这些压迫和歧

---

① [英]特里·伊格尔顿:《后现代主义的幻象》,华明译,商务印书馆1996年版。

视,并提供关于这些问题的规范性反思。所以,这种女性主义视角始终贯穿在艾利斯·扬对正义理论的批判性分析之中。而且,艾利斯·扬也把这种反思的视角从对受压迫女性的关注扩展到其他社会群体中,共同成为正义反思的对象。

艾利斯·扬的思想来源还很广泛。除了上述几点外,还包括分析的道德和政治哲学、马克思主义、参与民主理论、现象学和心理分析等等方面。就理论内容而言,它们共同构成了艾利斯·扬对传统正义以及现代政治实践的批判性思考,成为她挖掘现代社会不同形式的压迫和强制的批判理论工具。通过借鉴这些批判理论的方法和思想资源,艾利斯·扬通过对当代民主政治的"病理学诊断"以及对具有压迫性的权力关系和统治形式的结构性批判,阐释了一种挖掘社会解放潜能的批判的多元正义理论,旨在真正促进人的自我实现和自我发展。社会批判并非独立于其所产生的社会,所以,这些理论思考不是一种外在观察,而是来自艾利斯·扬对于时代境况的内在诊断,以及对苦难者的真正倾听。

二、新社会运动与多元群体差异

艾利斯·扬正义理论产生的主要时代背景是新社会运动的兴起。20世纪60年代后期以来,西方社会出现了一系列群众抗议运动,包括女性主义运动、激进生态主义运动、同性恋运动、黑人运动和反战和平运动等。这些运动规模不等、诉求各异。它们以改革现存政治制度为目标,并在一定程度上影响了当代西方政治。与传统的马克思意义上的工人运动相比,新社会运动在革命主体、斗争形式、运动内容等方面都有所不同。后者的解放诉求不再局限于经济利益以及物质财富的分配,而是转向文化社会与日常生活领域,提倡个体解放和身份承认,群体身份可以说是他们最为关心的问题。如果说传统的马克思主义更多的关注经济正义,那么这些新社会运动有着更加多元的解放诉求。哈贝马斯曾指出,新社会运动是一种"新的政治",与强调经济、阶级以及军事等"旧政治"有所不同,它与人们的生活质量、个体的自我实现以及民主人权等有关。所以，对这种"新政治"而言，导致社会冲突的主要不是社会分配的问题，而是生活质量的问题。哈贝马斯把新社会运动视为人的需要受到忽视的结果，按照他的观点，新社会运动是对日益加剧的生活世界殖民化和文化贫困化的反抗。这是因为，按照哈贝马斯系统与生活世界的区分，现代生活的很多利益与现代经济政治的压迫性结构有关，后者对人们作为独立、批判的个体以一种民主的方式去塑造集体生活的目标构成威胁。① 新社会运动的主要目的就是去反对经济和政治对生活世界的殖民，建构人与人之间的交往和认同。新社会运动也成为激发后马克思主义代表者恩斯特·拉克劳（Ernesto Laclau）和查特尔·墨菲（Chantal Mouffe）思考的政治实践。在他们看来，"'新社会运动'一词是一个不能令人满意的术语，它把一系列极端不同的斗争汇集在一起，这些多样性的斗争包括和平运动、学生运动、生态主义运动、反权力主义运动、反制度化运动，女权主义运动、反种族歧视运动、少数民族争取平等权利的运动、性少数群体的运动，它们的共同点就是与被当作'阶级'斗争的工人斗争有所区别"②。传统的马克思主义阶级分析框架无法有效解释这些解放内容，由于新社会运动涉及不同领域的民主斗争，他们提出了一种激进民主理论来对其进行阐释。

艾利斯·扬致力于将新社会运动的解放旨趣与对正义的分析关联起来。在《正义与差异政治》中，扬就指出自己主要处理的就是如何将两者联系起来的问题，她试图"严格性地、反思性地表达对隐含在这些政治运动中的正义和非正义主张，并挖掘其中的意义与内涵"③。新社会运动不同群体的解放诉求印证了现代社会压迫存在的多样性，这种现实境况需

---

① Stephen K. White, *The Recent Work of Jürgen Habermas: Reason, Justice and Modernity*, Cambridge: Cambridge University Press, 1988, p.125.

② Ernesto Laclau and Chantal Mouffe, *Hegemony and Socialist Strategy: Towards a Radical Democratic Politics*, London: Verso, 2001, p.178.

③ Iris Marion Young, *Justice and the Politics of Difference*, Princeton: Princeton University Press, 1999, p.7.

要一种规范的社会理论对其进行批判性分析。在艾利斯·扬那里，正义包含着社会解放的目标，关系到人的自我实现和自我发展。判断社会结构是否正义的一个标准即其是否包容这些差异的解放诉求，是否为这些不同的差异提供可以进行协商和发展运用能力的机会和空间。因而，正义理论既需要去分析人与人之间差异化的交往关系，也需要去阐释一种更好地包容这些差异的民主理念。显然，与传统的正义理论相比，艾利斯·扬对正义的思考已经超出传统分配范式的理解，体现了一种更加广义的政治视角。在当今政治哲学中，"政治"概念不再是一个实体性的领域，它是社会生活所有层面有关的谈判和斗争。为了与传统的作为一个领域的政治概念相区别，艾利斯·扬与恩斯特·拉克劳、查特尔·墨菲等人一样，更多地使用形容词化的"政治的"（political）概念，而不是名词化的"政治"（politics）概念。关于政治，艾利斯·扬把它定义为："制度化组织、公共行动，社会实践和习惯，以及文化内涵的所有方面，它们潜在地从属于群体评价和意见决策。"①因而，这一政治概念除了分配与再分配的斗争外，还包括意见决策、劳动分工、文化以及与之相关结构化背景的内容。

新的政治概念的提出不是偶然的，它与新社会运动的实践经验有关。以女性主义运动为例，第二波女性主义提出了"个人的即是政治的"（The personal is political）的口号。他们主张打破公共领域和私人领域的界限，联结个体经验与社会政治结构，具体体现为女性主义者的实践诉求从追求选举权等政治权利的平等，到寻求教育、就业、家庭等方面的平等对待。第二波女性主义关注人的个体或者私人生活，他们认为这些生活其实与政治息息相关。与狭义地从军队、政权的角度理解政治不同，这里的政治是更加宽泛意义上的，涉及人们的日常生活。后来，女性主义的思想核心逐渐趋向多元、差异和"微观"，日常生活所展现出来的各种压迫形式成

---

① Iris Marion Young, *Justice and the Politics of Difference*, Princeton：Princeton University Press，1999，p.34.

为其政治考察的对象。今天,这一口号也成为现代许多社会运动和草根运动的理论指引,以探究各种显性或隐性的群体迫害和权力关系。艾利斯·扬借鉴了这种政治考察方式,并纳入对结构化非正义和群体差异的思考中。

由于受到新社会运动的影响,少数族群、边缘甚至是被排斥的群体,或者说"弱势群体"成为现代政治关注的焦点,也成为艾利斯·扬正义理论主要的考察对象。任何正义都是出于对非正义的抗议和反抗。上文已经提到,按照结构化非正义的诊断,社会中受到非正义对待的经常是这些弱势群体,他们在整个社会结构中由于各种原因处于这样或那样的不利地位。为反对这种不利地位的斗争不仅具有政治意义,而且也具有正义的内涵。艾利斯·扬概括的五种压迫形式表明,在多元的现代社会,一种充分的正义理论不能离开对这些受压迫和受歧视群体的关注。少数群体或边缘群体的权利、身份平等以及多元文化主义等问题逐渐成为当今很多政治哲学家讨论的核心。实际上,在当今的政治理论中,承认社会的异质性已成为许多理论家们,尤其是多元主义者的共识。少数族群的承认问题也即成为正义考察的主要问题。比如弗雷泽认为,分配的维度可能会有助于缓解身份不平等的问题,但是却无法彻底解决不同群体在社会文化中的承认问题。对于有些边缘群体来说,即便解决了经济的不平等,他们在获得主流文化的认可和尊重方面仍会遇到困难。多元文化论者泰勒也批判自由主义的平等原则忽视了群体差异,故构建了一种多元的承认政治理论,主张对不同文化和群体赋予同等价值与同等尊重。金里卡则对少数群体权利及其公民身份进行自由主义辩护,他认为应当给予少数群体特别的权利,以保护其群体文化,这些权利包括自治权利、多族类权利以及特别代表权利等,现代文化多元主义面临的挑战,即是去包容这些民族和群体差别。

在多元的现代社会,我们已经看到,移民、种族、宗教少数族群、边缘群体等问题已经日渐成为西方国家主要的社会冲突和矛盾来源,是否以及如何承认差异已成为现实政治实践对正义理论提出的挑战。对艾利斯·扬来说,一种充分的正义理论需要面临并阐释这些挑战。20 世纪 60、70 年代各种新社会运动的兴起成为艾利斯·扬去反思传统正义的现实经验,并促使她去阐释一种可以满足这些解放诉求的批判的正义理论。基于结构化非正义的诊断,艾利斯·扬逐渐意识到,群体差异的确认对正义理论而言是极其重要的,差异与包容以及与之相关的责任承担成为其正义理论的核心内容。她敏感于普遍性理论话语背后对差异的各种排斥,并批判独立于特殊历史条件的抽象正义。现代社会的境况是,由于所处的社会结构性位置不同,一些群体享有特权和利益而另外一些群体则遭受着压迫,社会正义需要明晰群体差异并削弱和减少这些结构性压迫。为了阐释这种批判的正义理论,艾利斯·扬要继续讨论群体差异的规范性内涵。

第二章 差异政治:正义理论的基础

随着经济全球化的发展,多元现代性成为当代社会最重要的历史形态之一,不同个体、文化、族群、国家等之间的交往和冲突也日益增加。与传统社会相比,现代社会具有明显的开放性和多元性。对于现代社会的具体特征,思想家们给出了不同的诊断。在《开放社会及其敌人》一书中,波普尔比较了两种社会:一种是封闭社会,一种是开放社会,它们是人类社会两种发展的终极状态。封闭社会是人与人、人与文化组成的有机体,其特点是极权和专制,比如部落或城邦社会;开放社会则是自由与民主的社会,它接受批判和改革,倡导政治多级和文化多元。在波普尔看来,"开放社会的基本特征之一,就是不同类型的自由——思想自由(批判现有信仰的自由),还有个人在更具变动性的社会结构("社会流动性")中选择自己的生活方式、个人关系和个人职业的自由——大为增加。理性与社会流动性的必然结果,就是自然规律和社会规范(即希腊人所说的自然和习俗)有了明确的区分——前者不能变化和改动,后者可以"①。波普尔认为:"从封闭社会向开放社会的过渡,是人类所经历的一场最深刻的革命。"②

哈贝马斯则将这个时代称为后习俗(post-conventional)时代。他认

---

① [英]迈克尔·莱斯诺夫:《二十世纪的政治哲学家》,冯克利译,商务印书馆 2001 年版,第 240—241 页。

② Karl R.Popper,*The Open Society and Its Enemes*(*Volumes I and II*),Princeton,N.J.:Princeton University Press,1966,Chapter 10.

为,在后习俗的现代社会,道德规范的有效性不再理所当然,而是需要进行辩护和论证。随着传统权威的隐匿以及文化传统的瓦解,人们不再相信绝对真理的存在,并日益面临文化价值以及生活方式选择的多样。齐格蒙特·鲍曼也指出,在这个"晚期现代性"的时代,可以定义一个人行为和选择的传统、文化、宗教等范畴具有了流动化特征,许多描述差异的范畴不足以把握现存的复杂性。① 确实,全球化背景下人与人之间、文化与文化之间的交往关系较之以往更加密切,且不确定性、社会风险日趋增加,现代社会因而也呈现出一种日趋复杂多元的特征。这种特征不仅体现于人们在"何为理想生活"的多元选择上,也体现为文化、宗教以及自我认同日益激烈的多元冲突。可以说,开放、差异、复杂、多元、流动等构成现代社会或现代性叙事的不同层面。

因而,多元的现代社会差异问题凸显,认同、承认等议题日益成为全球政治讨论的核心。它表现为理论家们对移民、种族、宗教少数族群、边缘群体等群体差异的关注。艾利斯·扬将新社会运动各种群体的差异诉求与正义研究结合起来,试图探究一种更具批判性的完备的正义理论,挖掘差异的规范内涵。这首先缘于对传统自由主义正义理论的挑战,以罗尔斯的正义理论为例,他假设处于原初状态中的人除了具有自由、平等和理性等道德人所具有的共同特质外,要在"无知之幕"的遮蔽下来建构正义原则,从而超越个人的特殊性和差异性。罗尔斯认为,以这种立场中立的方式来达成的正义原则是普遍且公正的。在艾利斯·扬看来,自由主义的道德推论形式对中立性的执守导致差异在理论上无法被有效认可,在实践上也不可能实现。多元时代下凸显的族群、性别等问题提出了保存某种文化和群体特殊性的诉求。

面对多元时代的正义挑战,当代政治哲学家们提供了不同的理论策略,比如霍耐特的承认政治、查尔斯·泰勒的认同理论、弗雷泽的一元三

---

① [英]齐格蒙特·鲍曼:《流动的现代性》,欧阳景根译,上海三联书店 2002年版。

维正义论等。基于结构化非正义的诊断,艾利斯·扬加入当代政治哲学领域对差异(认同)问题和多元文化主义的探讨中,提出并扩展了差异政治学说。这既是艾利斯·扬整个正义理论的基础,也是其正义思想中最具创新性的层面。作为平等政治的一种形式,差异政治获得越来越多思想家的关注。本章将依据艾利斯·扬对传统政治理论排斥差异的批判,借鉴关怀伦理学以及交往伦理学对关系性差异的强调,具体阐述其差异政治思想的来源和规范内涵。本章所要思考的具体问题是,一种批判的正义理论如何思考多元时代的群体差异及其解放诉求?

第一节　差异性的社会关系

艾利斯·扬关于"结构化非正义"的多元正义论断与 20 世纪 90 年代以来各种新社会运动的兴起以及各种群体的承认诉求直接相关,这体现在她具有创见性的"差异政治"(politics of difference)思想中。差异政治关注处于受压迫地位和弱势地位的社会群体的政治诉求,并致力于批判各种不正义的结构性因素。为了消除现实的和潜在的压迫,差异政治主张在公共政策和经济制度的决策和程序上,承认这些群体的特殊权利。查尔斯·泰勒肯定差异政治的积极意义,认为由于其谴责任何形式的歧视,承认个人或群体的独特性,所以纠正了传统的平等主义政治的某些限制,有助于推动平等政治的发展。艾利斯·扬对于差异问题的分析以结构化非正义的论断为基础:只有对差异保持敏感并对结构化非正义进行揭示的正义范式才是合理的,才符合解放政治的旨趣。

所以,艾利斯·扬对传统正义理论的批判除了专注分配正义的不足之外,还体现在另外一个方面,即批判传统正义理论对人与人之间差异的交往关系的忽视。罗尔斯的分配正义理论既受到多元正义论的质疑和批判,也受到来自关怀伦理学(care ethics)的挑战,后者正是从关系的视角看待人的存在以及与之相关的道德问题,这启发了艾利斯·扬从更具体的视角去思考社会正义。① 本节将以正义与关怀之间的争论为背景,阐述艾利斯·扬对抽象正义的批判以及对差异性社会关系的分析。

一、正义与关怀之争

20世纪80年代,罗尔斯的正义理论受到关怀伦理学的挑战,形成哲学发展史上的"正义与关怀之争"。关怀伦理学从女性主义道德理论发展而来,主要代表者有卡罗尔·吉利根(Carol Gilligan)、内尔·诺丁斯(Nel Noddings)和玛丽莲·弗里德曼(Marilyn Friedman)等人。关怀伦理学最初主要针对的是美国道德发展心理学家科尔伯格(Kohlberg,1927—1987)的道德认知发展理论。科尔伯格受到儿童心理学家让·皮亚杰(Jean Piaget,1896—1980)研究的启发,对儿童面临伦理困境时所作的反应产生了兴趣,并据此探究不同的道德发展阶段。在他看来,道德意识最高的发展阶段即从普遍他者的视角来审视权利与义务关系的正义原则。当我们彼此视对方为一般他者,并以尊重彼此的独立性和自主性为前提而平等地对待他人时,道德人格才真正成熟。在一个著名的试验中②,科尔伯格发现男孩在处理问题时更有原则和一致性,所以他认为男性在道德发展层次上较之女性更加成熟。

吉利根等人提出质疑,她们认为,科尔伯格的研究对象主要是白人男性,这种道德发展研究排斥了女性的经验,特别是女性对关怀、关系在道德判断上的考虑和价值。具体而言,与男性讨论公正与权利问题时遵循原则的方式不同,女性在处理道德问题的时候更加注重维系与他人之间

---

① Iris Marion Young, *Justice and the Politics of Difference*, Princeton: Princeton University Press, 1999, pp.96—97.

② 科尔伯格采用道德两难故事来测验被试者的道德发展水平,其中最典型的是"海因茨偷药"的故事:海因茨是个穷人,因妻子生病无钱买药,他面临着是否要从药商那里偷药的道德难题。参试者被要求给出道德判断并陈述理由。通过对参试者进行观察,科尔伯格提出一种三水平六阶段的道德发展理论。

的关系,注重在情境性的关系网中作道德判断。在《不同的声音》中,吉利根指出了女性道德情感发展概念的不同:"按照这种概念,道德问题来自相互冲突的责任,而非相互竞争的权力。要解释道德问题,就需要情景性的叙事思维模式,而非形式化的抽象思维模式。由于考虑到关怀行为,这种道德概念以针对责任和关系理解的道德发展为核心,就像将公平作为联结道德发展与权利规则理解的道德概念一样。"①吉利根认为,这种特殊性的表征并不意味着女性欠缺一种正义思考的能力,而是基于她们对现实复杂性以及差异性关系的敏感。科尔伯格仅仅强调抽象的普遍主义道德意识,贬低了女性经验和价值,忽视了人与人之间的关怀、关系和情感的重要性。

鉴于两性不同的道德发展方式,关怀伦理者们将上述两种道德概念视为"正义伦理"和"关怀伦理"的不同。按照关怀伦理学家的观点,正义伦理学往往与男性、自主性、正义和权利联系起来,而关怀伦理学则和女性、亲密性、责任和关系性等概念联系在一起。正义与关怀之争由此体现了一种普遍性权利与特殊性关系之间的分歧,前者关注的是一种意图行为的正当与否,而后者则关注结果是否真正带来关系的"善"。正义与关怀的这种分歧来自不同的理论假设,在《不同的声音》一书中,吉利根总结道:"正义的伦理来自平等的假设,即认为每个人都应该被平等对待。而关怀伦理则是对非暴力的假设,即每个人都不应该受到伤害。"②基于这样的理论假设,它们之间还存在许多具体差异。威尔·金里卡将二者的差异概括为以下三个方面。

第一是道德能力:学习道德原则(正义)与发展道德气质(关怀)。即正义关注的是"什么是最好的原则",也即如何确定正确的原则;而关怀

---

① Carol Gilligan, *In a Different Voice:Psychological Theory and Women's Development*, Cambridge, Massachusetts, and London, England:Harvard University Press, 1982, p.19.

② Carol Gilligan, *In a Different Voice:Psychological Theory and Women's Development*, Cambridge, Massachusetts, and London, England:Harvard University Press, 1982, p.174.

伦理则关注"个人如何才能更好地具备道德行为能力",其中与之相关的道德气质包括如何更准确地洞悉他人的要求以及满足这些要求的想象力等,如此才能更加有效地促进正义感;第二是道德思维:通过寻求具有普遍意义的原则来解决道德问题(正义)与在特殊情境中寻求适当的回应(关怀)。即正义原则考察的是在"普遍他者"的预设下设想某种客观道德规范,而关怀伦理者则认为,在面对和解决道德问题的时候需注重对特殊他者具体要求的同情和回应;第三是道德概念:关注权利和公平(正义)与关注责任和关系(关怀)。金里卡认为,这一点是关怀与正义之争的核心。① 对二者的分歧一般有三种不同解释,即普遍性与对特殊关系的关注、对共同人性的尊重和对特殊个性的尊重、要求权利和承担责任。金里卡考察了这几个方面,他认为,其实正义与关怀伦理都具有普遍性层面,而且它们既尊重共性也尊重个性②。按照吉利根的说法,正义与关怀的核心差异在于对他人的关心到底是尊重他人的权利还是承担责任。正义原则的权利话语与个人主义和自我保护有关,而关怀伦理则强调要积极关注他人的福利、尊重和不伤害他人。金里卡反对将正义原则和关怀伦理简单对立起来的做法,他认为两者最根本的分歧在于作为道德概念的公平和个人责任具有怎样的重要性问题。其实,在实际生活中,道德义务交织着正义模式与关怀模式的复杂关系。

20世纪90年代以来,关怀伦理学也面临各种质疑。例如,鉴于关怀伦理与正义理论的论争在性别特质区分的基础上展开,这就过于专注性别之差,陷入道德认知的性别本质主义,导致道德反思的性别化。而且,一旦对某种特殊"关系"过于强调,这种伦理学也有陷入另一种普遍性强

---

① [加]威尔·金里卡:《当代政治哲学》,刘莘译,上海三联书店2004年版,第715页。

② 当关怀理论者们声称"不伤害每个人"的时候,其原则也就具有了某种普遍性。而且当关怀伦理一旦被普遍化,也是在诉求共同人性。所以这里取决于我们如何理解这种普遍性。

制的可能。所以,有人将关怀伦理学视为一种道德的特殊主义,认为其无法为道德判断提供客观的原则。而且,对差异关系和情景复杂性的关注和敏感,倘若缺乏更高层面的原则,"这种细腻的关注也许最终会使我们无所适从"①。所以,在某些情境下,考虑平等对待他人的正义原则也是必要的,恰如金里卡援引的维吉尼亚·赫德(Virginia Held)的观点:"我们只有有限的资源去实行关怀。我们不可能关怀每一个人或按照关怀方式的吩咐去做每一件事。我们需要有确定优先性的道德原则。"②同时,也不能简单地用正义伦理统辖公共领域,用关怀伦理来对应私人领域。这是因为后者很容易导致边缘化的关怀伦理,即固化一些压迫性的关系,使其成为一种"强制性的利他主义",否定了私人领域与正义原则的关联。此外,人们也逐渐意识到,关系似乎是一个模糊的概念。如何衡量关系的远近取舍以及关怀的程度,并避免将某些人排斥在关怀范围之外同时又不对他们的自主构成威胁,仍然是一些需要反思的问题。

所以,到了 20 世纪 90 年代末期,许多关怀伦理学者不再将关怀和正义视为彼此排斥,而是相互补充,比如维吉尼亚·赫德试图建立关怀伦理学的规范性体系。在《关怀伦理学:个人、政治与全球》一书中,赫德就指出,正义和关怀都具有重要的道德价值:"一种充分的、全面的道德理论必须要同时包含关怀伦理和正义伦理的洞见。……公平的关怀并不必然是更好的关怀,它是更加公平的关怀。仁道的正义也并不必然是更好的正义,它是更加关怀的正义。"③需要做的是对正义与关怀进行概念上的区分,并勾勒二者具有优先性的领域。在赫德看来,关怀伦理学是以关怀关系的价值为核心的全面性的道德学说。它不局限于女性主义伦理学

---

① [加]威尔·金里卡:《当代政治哲学》,刘莘译,上海三联书店 2004 年版,第720 页。

② [加]威尔·金里卡:《当代政治哲学》,刘莘译,上海三联书店 2004 年版,第720 页。

③ Virginia Held, *The Ethics of Care: Personal, Political, and the Global*, New York: Oxford University Press, 2006. p.16.

(女性的性格特质),而应被理解为一种基于人的关系性存在、关注情境和情感的具体的伦理学。通过对女性"另一种声音"的探讨,意在指出人的存在并非是完全孤立的,而是处于我与"他者"的关系之中。关怀伦理学批判的是奠基于人的自我中心基础上,排斥从关系的视角思考人类生活与道德问题的抽象正义原则。对特殊关系的关注并非意味着不顾任何原则,恰恰相反,正义原则在诉诸一些道德问题时也起到引导和激发反思的作用。立足于关怀的视野,"关系"成为规定自我与他人的决定性因素。在这些关系情境中,作为道德主体的自我在洞悉并回应他人需要的过程中建构自我身份,参与具体的正义实践。

综上所述,虽然关怀伦理学并非一个统一的理论,其中存在着很多分歧,但是她们大致认为,在进行道德思考时,需要关注特殊他人的关怀与沟通,并确认和考察在特殊的情境条件下与道德相关的因素。他们批判正义与权利的通常话语,在这些话语中,道德推理在情境中通常采取的是一种平等的、无人称(impersonal)的视角,并将人视为单个的个体。这种"普遍他者"的观点认为,所有问题的讨论都可以放在一起,按照同样的正义理想标准来处理,罗尔斯的正义理论即采取了这种普遍主义的视角。它将正义所涉及的问题作出过度简化的概括,影响我们对实际存在多样性和差异化的理解。按照艾利斯·扬的观点,这种对关系情境和多元差异的敏感也超出传统分配正义范式所讨论的视域,从而对分配正义构成有意义的批判。

关怀伦理学对差异性社会关系以及人的关系性存在的关注,不仅促进了女性主义对伦理的反思,也扩充了正义问题讨论的视域。从对分配的狭隘关注扩展开来,社会正义因而也具有对差异性的交往关系进行考察的规范诉求,强调在社会研究中对异质性保持敏感。而且,从人性需求的角度而言,关怀伦理学所阐释的社会正义思想是人与人之间可以有更加自由和更加深沉的情意交流。它所要达到的不是诸如物质分配等的浅层公平,而是旨在将人视为目的而非手段的深层解放。这种解放旨趣尤其体现为一个真正正义的社会对弱势群体、边缘群体等受压迫者的关怀,而这需要更加细微和曲折的实践道路去达成。所以,关怀的正义实践成为实现这一理想所要体现于社会关系以及社会机制的重要动力。正如本章开头所指出的,在全球化和多元文化主义背景下的现代社会,诸如"统一"、"团结"等的规范基础将是多元、差异的。它们体现为经济、文化和政治各领域之间,正义伦理与关怀伦理之间的一种动态平衡。可以说,关怀伦理对差异的强调构成了对普遍正义的一种批判。这种洞见激发艾利斯·扬批判传统正义理论对差异的忽视。日常生活世界并不是一个理想性的世界,罗尔斯的正义原则以其抽象和形式试图展现一种原则的客观和普遍,但是每个人都是作为一个具体的人生活在现实世界中,并必然受到其所处的社会历史环境以及自我与他者所具有的具体关系的限制。所以,在正义问题的讨论中,需要关注这些差异性的社会关系。它立足具体情境,考察普遍客观道德视角中隐含的结构化非正义。

二、艾利斯·扬对公平理想的批判

艾利斯·扬对差异的结构性社会关系保持敏感。在《正义与差异政治》前言中,埃伦①指出,艾利斯·扬哲学的丰富性体现在她"试图将其理论建立在异质性事实的基础上,而非同质化的幻想或希望"②。由于受到20世纪60、70年代各种新社会运动的冲击,同时也受到后现代主义思潮的影响。艾利斯·扬意识到,在多元时代,群体差异的确认对正义理论而言极其重要,它暗含着权利平等、文化承认以及包容民主等解放诉求。所以,她敏感于普遍性理论话语背后对差异的各种排斥,并批判独立于特殊

① 丹尼尔·埃伦(Danielle S.Allen,1971—):美国古典主义者与政治理论家,哈佛大学教授,出版著作广泛涉及民主理论、政治社会学以及政治思想史,主要代表作有《正义与公民身份》等。

② Iris Marion Young, *Justice and the Politics of Difference*, Princeton:Princeton University Press,1999,forword.

历史条件的抽象正义。在艾利斯·扬看来，绝大多数正义理论家为了寻求一种普遍的客观原则，忽视了差异。差异在这里是一种批判性概念，广义的差异不仅指性别、种族、民族等方面，也指人之区别于他者的特殊性。它意味着个体性、身体和情感的异质性、语言与社会关系所具有的不可穷尽性等方面。差异与情境化、变化性以及异质性相关，并作为人与人，群体与群体之间的关系功能而出现。在艾利斯·扬那里，差异从根本意义上是一种关系性的、结构性的差异，而非本质化了的实体性的差异。无论在公共空间还是私人领域，这些差异都不应该被消除。借鉴关怀伦理学对普遍权利的正义话语的批判，艾利斯·扬将对差异和异质性的关注补充到对传统正义的分析中，这集中体现在她对普遍的"公平理想"（The ideal of impartiality）的批判上。受关怀伦理学的启发，艾利斯·扬指出："哲学家应该认识到，作为普遍原则公平运用的道德理性范式只是描述了道德生活中非常有限的领域。哲学家们应该完善这样一种道德理论，使其能够适用于它所忽视的私人的、个人化的以及非正式的情境。"①

现代道德理论以及正义理论常以公平为道德推理的核心目标，它试图寻求一种对所有理性主体都相同的、普遍的和客观的道德视角。在这些普遍话语中，公正的理想往往不承认差异。首先，它否认了情境的特殊性。因为公正性和普遍性的话语表达是通过拒斥所有参与主体所处情境的特殊性来达到的。其次，为了达到客观冷静的目标，公平试图控制或取消以情感形式存在的异质性，将正义的规范理由与特殊存在者的欲望和情感对立起来。如吉利根在批判康德式的"伦理权利"时指出，义务主义道德理论传统排除和贬低了女性具体的、情感的道德生活经验，其正义原则也忽略了女性特质中的关怀与同情的特点。艾利斯·扬虽然不认同吉利根等女性主义者思想中暗含的本质主义，但还是认为这种批判视角是有借鉴意义的。她认为，在现代普遍的道德对话中，"公正的"确实带有

---

① Iris Marion Young, *Justice and the Politics of Difference*, Princeton：Princeton University Press, 1999, pp.96—97.

对情感的排斥,似乎只有从理性中驱除欲望、情感以及身体,公正才能实现同一性。如此一来,与正义有关的各种结构性差异就自然被排除在道德理性之外了。公正理想压制差异的第三点表现是其将特殊归为统一性,并将道德主体的多元化简化为一个主体性。艾利斯·扬认为,虽然罗尔斯批判功利主义忽略道德主体的多元性而将所有人的欲望整合到一个连贯的欲望体系中,但罗尔斯自己的原初位置的思想同样具有单一性。他虽然主张"原初位置"顾及多元主体,但是这种理性推理的游戏不仅取消了原初位置参与者的任何差异,也取消了他们之间进行对话和沟通的可能。这是因为,按照公平的理想,"公平推理必须要从处于互动中的人们的特殊立场之外的视野去进行判断,并把这些立场合为一个整体或一般意志……公平的主体并不需要承认这样一些主体——他们的立场应该被纳入考虑,或者还应该与他们有所讨论……立足于这样一个公平视角,人们就不需要与任何他人商讨,因为这种公平视野已经把所有可能的立场纳入了考虑"①。为了确保推理的中立性和普遍性,无知之幕排除了个体间的独特性,排除了影响人们身份和能力的社会环境以及造成社会不平等的各种结构性因素等内容。

而且,这种普遍与特殊,理性与情感的对立在现代政治理论中也体现为公共领域与私人领域的对立。在现代政治理论及其实践中,公共领域常通过排斥与身体和情感相关的女性和他者来实现其普遍理性的要求。那么在实践中,与之相关的"差异"的公民身份就会很难被接纳和认同。这种公共领域与私人领域的对立,在现实中体现为各种外部的和内部的排斥,从而无法将与正义相关的民主决策的因素纳入自己的思考范围。不仅如此,正是由于人们把普遍性、正义和公共性等联系起来,传统的正

---

① Iris Marion Young,"Impartiality and the Civic Public:Some Implications of Feminist Critiques of Moral and Political Theory", in Seyla Benhabib and Drucilla Cornell eds., *Feminism as Critique:Essays on the Politics of Gender in Late-Capitalist Societies*, Cambridge: Polity Press,1987,p.62.

义理论常会忽略对"私人性"的关注。艾利斯·扬明确反对这种简单区分,她认为,社会领域是一个综合的整体。无论对公共性还是对私人性的关注,都不可脱离人的特殊性以及现实生活的情境性。社会结构性非正义的存在形式是多样的,即使被传统观念视为"私人领域"的家庭也有正义和解放的诉求。在现实生活中,有时正是在那些不被人关注的地方,才是非正义的藏身之地。因此,一种完备和批判的正义理论还必须打破公私之间的理论壁垒,关注两者之间的复杂关系。

最后,一种未加批判的公平理想还有可能充当意识形态功能。因此,它还必须透过文化进行批判。公平作为正义追求的目标而言不可或缺,但是在现实生活中,绝对的公平难以达到。作为一种"虚假的"理想承诺,它会通过合理化压迫和支配的社会关系而再生产这些压迫,并掩盖那些具有解放可能性的社会关系。在分配范式中,它可能会出现这种情况,即通过保持立场的中立而为不合理的分配作辩护。而且在意见决策的过程中,公平的理想也会通过对权威意见的合法化来消除民主意见决策的诉求,或者通过将某类群体立场普遍化来强化实际的不平等等。

总之,抽象的公平理想拒斥和压制了差异,这在西方哲学理论话语中很常见,诸如阿多尔诺、德里达、伊利格瑞等后现代主义者们都试图揭露和批判这一点。艾利斯·扬借鉴阿多尔诺的说法,将这种否认和压制多样性的逻辑称为"同一性逻辑"(a logic of identity)。用后现代主义者们对传统形而上学批判的说法,这种同一性逻辑表达了一种"总体性的渴望"(will or urge to unity):它试图通过将情境、情感、关系以及观点的特殊性抽象化来获得某种普遍的公平立场。这种普遍立场不仅导致了普遍与特殊,理性与情感以及公共与私人之间错误的二分,公正的理想也不可能实现。这是因为,情境和关系的特殊性不能也不应从道德推理中移除,而且这些特殊性仍然会在实际的行为背景中起作用。所有道德情境应根据以同样的正义原则来对待的立场否认主体间的差异。通过提出统一普遍的道德观,它所导致的对立其实是一种反事实的表达。公平的理想将正义讨论的道德背景重构成一种形式化的平等,以及普遍理性的整体化,从而忽略了日常生活中具有差异性的社会关系结构。所以,艾利斯·扬认为,公平的理想"实际上表达的是一种不可能性、一种幻象。没有人能够采用完全无人称的、冷静的且与任何特殊背景和承诺相分离的视角。表达这种道德理性概念的哲学是一种乌托邦"①。

对于公平理想的批判,艾利斯·扬回应了两种可能的反对声音。第一是将她对公平理想普遍性的批判等同于对道德反思本身可能性的排斥。艾利斯·扬认为,她所批判的是将道德反思等同于公平理想的视角,而这种反对观点恰恰以此为基础。其实,扬并非否认道德理性反思的重要性。在日常的道德活动和正义实践中,道德反思确实需要人们具有这样的能力,即远离一己的直接冲动、直觉、欲望和利益,并能够考虑他者的需要和自己的行为结果,但这不意味着要采取一种缺乏特殊性的、适用于每个人的视角;第二是将对公平理想的批判等同于对普遍道德承诺的排斥,该道德承诺假定每个人都具有平等的道德价值。现代理论家们也面临这样的理论困境,它体现为理论的规范性与特殊性之间的悖论。一方面,为了理论的规范性,哲学家们必须开始充分地引出实体性原则,如罗尔斯正义理论所体现的那样,它需要设定诸如每个人都应该受到平等对待的普遍道德承诺;但另一方面,如果理论需要普遍有效性以及原则的适用,那么它就要避免建立来自特殊社会历史的前提性因素。促进公平理想的传统道德正义理论并未很好地处理这一问题,因而忽视了差异,并导致"个人主义与平等不恰当地对立"②:即主体在进行道德推理时只考虑自己的欲望和目标,或者采取没有任何特殊欲望和利益的普遍公平的视角。艾利斯·扬认为,解决这一对立的方法在于"与他者相遇"。如果处于不同结构化位置的人们能够通过对话和协商参与彼此的生活,那么人

---

① Iris Marion Young, *Justice and the Politics of Difference*, Princeton: Princeton University Press, 1990, p.103.

② Iris Marion Young, *Justice and the Politics of Difference*, Princeton: Princeton University Press, 1990, p.106.

们就可以从个人主义的苑囿中走出来,去倾听和承认彼此的欲望和要求,而又无须采取一种完全超脱个人主义的普遍视角。

本哈比认为,艾利斯·扬对不偏不倚、冷静的公平理想的批判实际上是对启蒙版本的批判。本哈比强调:"公正的道德理想是一种规范性原则,它不仅应该指导我们在公共领域中的协商,而且应该规范公共机构对理由的陈述……问题的关键并不在于要坚决拒斥启蒙,而是对启蒙的遗产进行批判性的重新审视。"[①]那么,关注差异与特殊是否就意味着摒弃普遍的道德假设与公正的道德理想呢?艾利斯·扬指出,问题的关键在于如何理解"普遍性"(universiality)。她区分了两种普遍性内涵:社会道德生活中每个人参与和包容意义上的普遍性以及通过摒弃特殊关系、情感、承诺以及欲望而采取一般视角的普遍性。如果从第一种意义上来理解普遍性,那么倡导这种普遍性的道德理论就同时包含了普遍和特殊,解决了理论有效性的问题。为了实现这种参与和包容意义上的普遍,道德理性和道德推理应该被理解为是对话式的,如此才能包容主体的多元性。社会正义因而成为多元主体沟通的产物,通过这种沟通,才能关联具体的差异的社会关系,并有助于揭露和改变不同形式的结构化非正义。在这一点上,艾利斯·扬继承了哈贝马斯对交往行为的理解。

第二节　作为替代性思考的交往伦理学

哈贝马斯提出并发展的交往伦理学在现代规范伦理学[②]中受到普遍

---

①　[美]塞拉·本哈比:《民主与差异:挑战政治的边界》,黄相怀、严海兵等译,中央编译出版社 2009 年版,第 91 页。

②　现代规范伦理学从宏观上讲主要有三大类:一是以罗尔斯等为代表的社会正义论;二是以麦金太尔、泰勒等为代表的共同体主义;三是以哈贝马斯为代表的在语言哲学基础上建构的交往伦理学。参见龚群:《当代西方伦理学的发展趋势》,载《教学与研究》2003 年第 9 期。

关注和讨论,成为法兰克福学派在当代思想界最有影响的理论。上文提到,由于传统权威的隐匿以及文化传统的瓦解,人们已经不再能够诉诸某种神圣的权威或自然的习俗来确立自己的行为规范,一切法律和道德规范必须通过对话和协商达成共识才具有正当性和合法性。正因为如此,以对话和商谈为核心的交往伦理学理应在实践哲学中起基础性作用,在规范重建和社会批判中起奠基和指导作用。

艾利斯·扬的正义思想受到哈贝马斯的交往理论范式的影响。作为批判理论家,艾利斯·扬的理论承继了哈贝马斯式交往理论传统。在她看来,一种解放的伦理学是规范性(普遍)和事实性(特殊)的有机结合。由于人们交往的特殊处境总是有差异的,交往伦理学必须发展一种能够包容差异的规范的理性概念。艾利斯·扬认为,当代政治哲学的共同局限性在于过于专注普遍的"公平理想"而忽视了社会行为之间的差异。哈贝马斯的交往伦理学由于对主体间关系和交往过程的重视,为重视差异的规范理性推论提供了"最有希望的开端"①,但是,他依然未能完全摆脱道德普遍主义的困境。

本哈比是较有成就的新一代批判理论家,为了克服哈贝马斯式话语伦理学的普遍主义困境,她吸取了情境伦理学对差异的认识论旨趣与关怀伦理学对具体人的情感关心要求,试图提出一种对差异敏感的交往伦理学。但在艾利斯·扬看来,由于本哈比把"对称性互惠"视为交往伦理学的当然前提,未能考虑到非互惠性关系蕴含的正义要求,也没有完全克服普遍主义局限性。艾利斯·扬试图在关系性差异的基础上发展一种以"非对称性互惠"为核心的交往伦理学,以处理多元差异时代普遍存在的非对称关系难题。这一新的正义意识和理论思路值得重视。它不仅对完善政治哲学的正义理论有重要的价值,对思考当代中国现实问题也有启发意义。本节将结合艾利斯·扬对哈贝马斯、本哈比交往伦理学的反思

---

① Seyla Benhabib and Drucilla Cornell eds., *Feminism as Critique : Essays on the Politics of Gender in Late-Capitalist Societies*, Cambridge : Polity Press, 1987, p.68.

与重构提供联结正义价值与差异的替代性思考。

一、哈贝马斯的普遍主义伦理困境

交往伦理学(communicative ethics),又称话语(或商谈)伦理学。它是一种以语言的相互理解的交往关系为前提的普遍主义伦理学,这种伦理学旨在挖掘道德意识和语言交往结构中的理性潜能以服务于社会的合理化和政治的民主化。交往伦理学的一个核心观念是合理的生活世界依赖人们的反思和批判活动,以语言为中介,以沟通为目的的主体间交往是一切实践道德的合理性基础。在伦理学理论系谱中,交往伦理学是康德式认知主义和义务论伦理学的当代发展。交往伦理学继承了康德伦理学的普遍主义和理性主义特征,但由于从主体的自我意识转向了主体间交往关系,较之其他理论,它更能处理多元和差异的问题。通过对话和协商,每个参与者拥有了平等的地位和机会。作为规范的程序主义理论,交往伦理学不形上学地设定某个"目的王国",也不走罗尔斯式从"无知之幕"出发作虚拟推论的思路。它的理论构想的特点是"尽可能地在现实的基础上(真实执行的实践讨论中),展示每一个人作为利害关系人最能代表它自己的价值观点或利益满足的可能性,即奠基在他们对于论证性讨论的对话原则的遵守之上"①。因而,相对于其他的正义理论,交往伦理学能够更好地面对普遍主义道德政治话语面临的困境。

艾利斯·扬认为,哈贝马斯的交往伦理学由于专注于人与人之间的沟通关系,在交往伦理学及其"理想话语情境"(ideal speech situation)的预设中蕴含着正义和民主的要求。如果社会是由主体间相互理解的交往行为构成的,那么,无强制的话语情境以及与之相应的交往规范,比如对话的开放性、包容性以及无强制性等,就具有了规范的政治含义。按照交

---

① 林远泽:《意义理解与行动的规范性:试论对话伦理学的基本理念、形成与限度》,载《人文及社会科学集刊》2003 年第 15 卷第 3 期。

往伦理学的话语原则,正义意味着交往参与者遵守的规范是他们在自由讨论基础上非强制地同意的。同样,这样的交往理想也可以运用于对人类社会的研究。一个正义的社会无非是说生活在这个社会的人们能够表达自己的情感、需要和观点并能够践行自由。在这个意义上,理想话语情境为一种专注于基本制度和支配问题的正义理论框架提供了潜在的基础,因为将理想话语情境应用到特定的社会制度也就意味着建构一种经验的、批判的正义概念。在这个意义上,艾利斯·扬"赞同和遵循来自交往伦理学概念的普遍的正义概念"①。艾利斯·扬指出,当人们把理想情境概念运用于特定社会物质文化情境的正义推论时,它满足了正义理论的两个要求:首先,既然理想话语情境专注于人与人之间的沟通关系,它就可以用于揭露统治和支配的来源。正义理论首先关注的正是社会组织形式(社会结构)对人与人交往关系的影响,这里包含着政治正义的要求。其次,可以将这种理想话语情境应用到具体的物质文化条件。交往伦理学要求我们在追求正义时不能仅仅着眼于基本制度和正式规则,而且要关注非正义的社会关系和文化社会惯例等,这就意味着致力于正义的伦理学必须是具体的、历史的。

在哈贝马斯那里,建立在交往行动基础上的话语伦理学有两个基本原则,即被普遍遵守的有效规范必须公平地满足规范涉及的每个人的利益(普遍化原则,简称 U 原则),也能够得到全部实际对话参与者的认可(话语原则,简称 D 原则)。② 传统的正义范式由于忽略现实情境的复杂性而陷入一种抽象,导致对社会结构和背景的非正义缺乏敏感性。交往伦理学在这里提供了一种替代性思考,它从社会与历史的具体视角为正义的思考提供了情境化的规范分析,把正义问题转变成了规范和制度形

---

① Iris Marion Young, *Justice and the Politics of Difference*, Princeton: Princeton University Press, 1999, p.34.

② Jürgen Habermas, *Moral Consciousness and Communicative Action*, Cambridge, Massachusetts: The MIT Press, 2001.

成中人们的协商过程和意见形成过程。话语伦理学不把正义、平等和公平之类的理念理解为符合先验或抽象的"合理性"（reasonableness）规范，而是理解为建立在更好论据基础上的有约束力的规范。与传统自由主义正义理论相比，交往伦理学有明显的优点。它不仅把人与人之间的交往关系作为规范的来源和基础，而且把规范的证明和讨论过程也纳入自我反思的范围。

但是，在艾利斯·扬看来，哈贝马斯在处理普遍与差异之间关系的时候，与罗尔斯一样犯了同质化的错误。哈贝马斯的交往伦理学"仍然致力于公平和普遍的理想"[①]，未能完全克服普遍主义伦理学的不足。这一理论还存在着理论的盲区和局限性。

第一，哈贝马斯的"交往"概念过于狭隘。义务论伦理学通常将公正视为合乎道德理性的标志。在这里，对公正的理解受制于一种"同一性"逻辑，为了达到公正无私的目标，它通常将欲望和情感问题排斥在道德推理之外。由于缺乏对人与人之间需要、情感和利益差异的敏感性，义务论伦理学容易造成抽象普遍性导致的平等伤害；与此同时，义务论伦理学由于忽略同情、怜悯、关怀等要素在激发人的道德动机中的作用，也给理性本身强加了难以承受的负担。交往伦理学虽然克服了义务论伦理学的一些局限性，然而，哈贝马斯以理性商谈和共识为基础建立的交往伦理学潜在地也复制了义务论伦理学的理性与情感之间的对立。哈贝马斯的理论明显偏爱与义务伦理学相关的普遍因素，而对交往过程中感性、身体、美学等维度持消极或否定态度，这就容易陷入理性主义的偏见。艾利斯·扬认为，人类交往和沟通的形式是多种多样的，对话协商并不只限于理性的表达，它也包含着诸如修辞、艺术、日常问候甚至沉默等等非命题式表

---

① Iris Marion Young, "Impartiality and the Civic Public: Some Implications of Feminist Critiques of Moral and Political Theory", in Seyla Benhabib and Drucilla Cornell eds., *Feminism as Critique: Essays on the Politics of Gender in Late-Capitalist Societies*, Cambridge: Polity Press, 1987, p.59.

达形式。虽然哈贝马斯在审美和艺术话语中部分地肯定上述因素的作用，然而，它们只是在自我相关的理解中起作用，并不会对人与人之间的关系起作用。在这个意义上，在哈贝马斯交往伦理学中，交往形式仍然是单一的，并没有把交往实践的多元形式包括在自己的理论之内。

第二，话语伦理学的话语原则的"共识"目的包含着潜在的霸权。按照哈贝马斯的观点，"只有那些在实践话语当中得到所有当事人赞同的规范才可以提出有效性要求"①，交往是趋向共识的理性交流，在这里理性与民主之间有着内在联系。但是，基于共识的规范在实践中极有可能走向极端，成为与特殊主义相对的普遍主义强制。艾利斯·扬对致力于共识的交往能否真正地摆脱权力关系这一点存疑。在她看来，话语本身并非完全中立，其中可能渗透着权力关系，成为地位和权力的表征，并转变为难以发现的结构性不平等形式，使某种霸权话语成为"普遍"话语。譬如，在哈贝马斯那里，话语协商的前提即具有言语和行为能力的人能够经由反思进入合作对话关系之中。然而，不仅边缘化群体或弱势群体是否具有这样的理性反思能力值得怀疑，即便他们具有这样的能力，他们的声音能否被听到也是一个问题。在这个意义上，过于强调交往行为的共识要求很容易把某种不合理社会状态下的主流声音当作理性共识。

第三，与前面两种批判紧密相关，艾利斯·扬还批判了哈贝马斯的交往伦理学对同质化公共空间的依赖。公共领域是哈贝马斯思想发展的起点，也是交往伦理学与话语民主理论践行的场所。哈贝马斯的交往伦理学把公共领域与私人领域区分开来，追求公平性的公共空间潜在地颂扬独立、一般和冷静等男性品格，而将与情感、需要等相关的解放诉求限制在属于私人范围的家庭，从而贬低了女性在公共领域中的作用。一些女性主义思想家也对哈贝马斯的公共领域概念进行了批判，致力于建构包

_____

① ［德］尤尔根·哈贝马斯：《包容他者》，曹卫东译，上海人民出版社1996年版，第44页。

容女性声音的多元化的公共领域。①

　　以上讨论表明，艾利斯·扬虽然肯定哈贝马斯交往伦理学的意义，但也看到它的不足和局限性。在社会批判传统中，对交往伦理学或话语伦理学的自我批判和发展一直在继续。特别是针对哈贝马斯理论中存在的理性与情感、普遍与特殊、公共性与私人性二元论的局限性，社会批判理论家已经提出了各种修正和发展，其中也包括美国著名女性主义批判理论家本哈比的理论。通过对交往情境中互惠性关系的关注，她试图克服哈贝马斯理论的抽象主义和形式主义特征。

二、本哈比的对称性互惠

　　塞拉·本哈比是耶鲁大学的政治科学与哲学教授，主要研究领域为政治哲学和女性主义批判理论。2009 年，由于对全球文明中文化对话的贡献，本哈比获恩斯特·布洛赫奖（Ernst Bloch Prize）。② 深受哈贝马斯思想的影响，本哈比指出自己一直以来思考的是"普遍主义和具体的伦理共同体的问题"③。她致力于"重新思考普遍主义的方案"④，并将女性主义、后现代主义等对哈贝马斯的批判融合到对交往伦理学和道德哲学的反思之中。一方面，本哈比认同哈贝马斯对自由和主体性的理解，即真正的自由存在于相互对话的主体间经验之中，非强制的对话包含着人们追求的道德尊严。另一方面，她又认为哈贝马斯的普遍主义理想是可疑

---

　　①　战洋：《女性公共领域是否可能：以弗雷泽对哈贝马斯公共领域批判为例》，载《天津社会科学》2006 年第 6 期。

　　②　https://en.wikipedia.org/wiki/Seyla_Benhabib.

　　③　Gabriel Rockhill and Alfredo Gomez-mulller eds., *Politics of Culture and the Spirit of Critique：Dialogues*, New York：Columbia University Press, 2011, p.48.

　　④　Gabriel Rockhill and Alfredo Gomez-mulller eds., *Politics of Culture and the Spirit of Critique：Dialogues*, New York：Columbia University Press, 2011, p.49.

的,他"对交往伦理学进行强有力辩护的计划不可能成功"①。在哈贝马斯那里,交往具有卢梭主义的共识论特征,它容易导致对关怀和差异的排斥。要克服哈贝马斯式理念的缺点必须兼顾特殊和差异,形成一种更加语境化的、具体化的交往伦理学。

本哈比对哈贝马斯的批评也受到关怀伦理学的启发。上文提到,鉴于两性不同的道德发展方式,关怀伦理学者们在"正义伦理"和"关怀伦理"之间进行了区分,前者观照普遍他者视角的权利和义务,后者则关注女性对关怀、关系在道德判断上的考虑和价值。在本哈比看来,现代普遍主义道德理论继续了这种正义与关怀,自治与培养,独立与关系等的二元对立。它将道德观点限制在"普遍的他者"(the generalised other)之上,并将其视为道德推论的核心。具体来讲,"普遍的他者"观点将人从具体背景和社会关系中抽象出来,把他理解为理性的存在者,从而为可普遍化的道德或权利提供基础。按照"普遍的他者"视角,自我和他者的尊严不是来自我们之间的差异性,而是来自我们的共同性。显然,这种道德立场虽然可以为平等的正义提供基础,但必然忽视交往情境中因个体差异或特殊关系所产生的特殊要求。本哈比认为,局限于"普遍的他者"观点的普遍主义道德理论已经陷入危机,它不仅使道德理论在认知上存在着不连贯性,也危及正义的普遍性和可逆性要求的实现。关怀伦理学对以康德——罗尔斯传统的正义伦理学持批判态度,它倾向于一种女性的具体视角,把移情、同情等道德情感视为道德判断和道德意识形成的重要因素。按照科尔伯格的认知主义伦理学,女性道德判断的情境性、叙事性以及特殊性被视为道德意识发展不成熟的标志,而在关怀伦理学看来,这些特征不仅不是道德意识缺乏和道德意志软弱的表现,相反,它们是更好的道德判断应该具有的特征。与普遍主义正义伦理学诉诸"普遍的他者"不同,关怀伦理学诉诸"具体的他者"(the concrete other)视角:即将每个

---

① Seyla Benhabib, *Critique, Norm, and Utopia: A Study of the Foundations of Critical Theory*, New York: Columbia University Press, 1986, p.ix-xi.

理性存在者视为拥有具体历史、身份以及情感构成的个人。① 在这种交往中,自我与他者交往的规范是友谊、爱和关怀,并遵循平等原则和互补性互惠原则。在这种沟通形式下,我们对他者的需要、动机和欲求的理解以及由此导致的行动并不侵犯正义的相互性,相反,它更好地体现了自我与他者的互补性。在这里,交往要确证的不仅是一般人性,而是人之为人的个性,是对具体他者的观照和回应。由此我们就可以区别出何时主体间的同一性是道德相关的,何时主体间的差异性是道德相关的。

本哈比认为,哈贝马斯的理论具有模糊性。它摇摆于"普遍的他者"和"具体的他者"视角之间,经常陷入理性与情感、公共领域与私人领域的二元对立。将情感、私人领域、需要、关怀等置于道德讨论的边缘,忽视了它们在交往伦理中的重要性,很容易导致对具体他者的排斥。按照哈贝马斯的解释,所谓的公共领域意味着"我们的社会生活中的一个领域,在这个领域中,像公共意见这样的事物能够形成"②。在哈贝马斯那里,公共意见唯有通过理性讨论的公众才能实现,其目的在于达成共识。本哈比认为,我们应该修正将共同善作为基本原理核心的公共领域。援引"科尔伯格—吉利根"之间的争论,她指出,当哈贝马斯认为公共讨论必须以共同善或者共识作为目标的时候,其实是一种对理性的男性表达,他忽视了以关怀为目的的理性形式。本哈比意识到,在文化多元化和社会复杂化的时代,公共领域与私人领域的区分正在经历一个重组的过程。譬如,与经常被视为"私人领域"的家庭相关的生育、教育、家务劳动和关怀老人等问题日渐纳入公共讨论的范围,并形成了政府政策或法律规范。也就是说,区分的界限是会随着社会历史的发展而变换的,且会朝着论争开放。所以,我们需要重新思考与之相关的概念。这些社会生活的进步

---

① Seyla Benhabib and Drucilla Cornell eds., *Feminism as Critique：Essays on the Politics of Gender in Late-Capitalist Societies*, Cambridge：Polity Press, 1987, p.87.

② ［德］尤尔根·哈贝马斯：《公共领域(1964)》,载汪晖、陈燕谷主编：《文化与公共性》,汪晖译,三联书店 1998 年版,第 125 页。

不仅通过将更多的生活领域纳入法律规范而扩展普遍的他者视角,而且也为具体的他者视角的扩展创造了空间。所以,哈贝马斯关于两种领域的明确区分不仅成为一种反事实的表达,而且对同质化公共空间以及普遍主义立场的推崇也容易忽视交往情境中对具体需要的阐释。

为了摆脱这种普遍主义困境,本哈比提出了一种需要阐释和关系性自我的交往伦理学,强调一种关怀具体他人的"互动式普遍主义"(inter-active universalism)。这种普遍主义考虑具体他者,承认人类生活的多样性和人与人之间的差异,并将差异作为反思和行动的出发点。在这种视角下,普遍性"不是虚构的诸多自我的理想共识,而是政治和道德中具体的、具身化的自我争取自治的具体过程"①。确实,如果没有采纳行动的具体原则或者规范的话,哈贝马斯所强调的交往普遍原则(U原则)不足以作为决定何为道德容许内容的检验程序,因为它欠缺具有实质性内容的前提。通过对传统理性主义的规范伦理范式的批判,这种替代性交往伦理学模式的一个结果即需要阐释的语言挑战了权利和义务的语言,每一个自我指涉的行为同时表达了自我的差异、特殊以及自我间的共同性。所以,哈贝马斯的伦理策略需要将他者视为具体的而非仅仅抽象的他者来描述共识建立的过程。"他者"不仅应被视为权利和义务得到保障的人,还应被视为具有特殊情感、历史和需要的人。"他者"是建构性的,不是从处境和身份中完全抽象出来的结果。与之相关的情感构成、欲望需要、具体历史等命题都应被考虑在道德沟通之内,成为道德讨论的中心而不是边缘。

虽然本哈比对交往伦理学的修正回应了女性主义的挑战,但是,在艾利斯·扬看来,她还是因对"对称性互惠"视角的强调而面临与哈贝马斯相似的理论困境。按照本哈比的理解,互动式普遍主义需要一种互惠的道德判断视角。在交往中道德平等和尊重是普遍规范,这种"普遍性需

---

① Seyla Benhabib and Drucilla Cornell eds., *Feminism as Critique: Essays on the Politics of Gender in Late-Capitalist Societies*, Cambridge: Polity Press, 1987, p.81.

要我们在'道德共同体'成员中转换视角，并以他者视角进行道德判断……所有的人类共同体在定义某些'重要他者'时需要关联可逆性和对称性被运用的对象"①。艾利斯·扬认为，"道德互惠性"指的是把站在他人立场或把他人处境想象为自己的处境，将这一视角视作道德推理理性能力的核心是成问题的。道德互惠性，或视角可逆性本身包含着一种道德抽象主义意识，它假定所有带到情境中的视角是平等合法的。但是，在存在结构化非正义的地方，人与人之间的交往关系并不具有互惠性。在道德沟通中，如果占优势位置者从自己的视角去看待弱者，即使抱着道德的目的也会导致非正义和伤害，压制处于不利位置者的真实声音和真实需要的表达。就道德推理而言，所谓道德互惠性意味着交往者之间视角的可逆性，赋予一个人想象地代表任何他人的能力。如果这个条件能够成立的话，首先需要自我对他者的需要和观点有真实的理解和体验，而这种体验和理解的能力又需要他们处在类似的地位和有大致相同的经历。显然，在存在着结构性非正义的地方，处在不同地位的人是难以实现这一视角互换的，也就是说，一方很难真实地表达另一方的需求。另外，在实践操作中，我们也很难明晰地区分本哈比所讲的普遍性概念。

　　总而言之，自治与关系、正义与关怀、权利与责任等命题在道德要求中并非完全对立的两端，就此而言，本哈比试图把关怀伦理与正义伦理统一起来，朝向承认和重视差异与特殊性的方向扩展交往伦理学的理论意图和努力，是值得肯定的。但是，本哈比将道德尊严等同于视角可逆性和对称性，在理论上和实践上都会遗漏掉社会道德正义的某些重要方面，或者说，在这一理论中会存在"非正义的剩余"。弥补和完善哈贝马斯与本哈比的交往伦理学方案的不足构成了艾利斯·扬的目标和任务。

---

① Seyla Benhabib, *Situating the Self: Gender, Community and Postmodernism in Contemporary Ethics*, New York: Routledge, 1992, p.32.

三、艾利斯·扬的非对称性互惠

从上述讨论可以看到,无伦哈贝马斯还是本哈比的交往伦理学都具有忽视差异的理论局限。艾利斯·扬跟本哈比的相同点在于,她们都认为一种解放的交往伦理学需要顾及人与人之间的差异性关系。但是,由于一味地强调交往关系中道德互惠的对称性和可逆性,本哈比又关闭了自己的理论试图敞开的差异性空间。艾利斯·扬以提倡差异正义和民主而著称,她"希望通过运用可以更精确地表达人们之间的具体差异,而不是运用诸如对称性、可逆性以及想象代表他者立场术语的语言概念,来发展对道德尊严和平等互惠的描述"①。为此,她提出了"非对称性互惠"②(Asymmetrical Reciprocity)概念,以期建构一个真正能够包容多元和差异的交往伦理学,从而为批判的正义理论和政治哲学奠定规范基础。

"非对称性互惠"与哈贝马斯话语伦理学的"普遍的他者"、本哈比对称性互惠的"具体的他者"等概念一样,指的是考察和思考道德问题的视角,而非对某个经验对象的描述。非对称性互惠视角包含两个方面:首先,互惠的规范存在于交往行为的社会化结构中,它保证我们作为特定共同体成员可以被平等对待;其次,平等尊重的互惠需要承认交往主体间的非对称性。在道德尊重的视角下,沟通的一方必须承认他者具有不可还原性,自由的社会交往需要彼此将他者视为目的而非工具。在社会生活中,人与人、人与社会、人与国家等都是密切联系在一起的,每个人虽然在占有资源或社会地位等方面有所不同,但都处于一

① Iris Marion Young, *Intersecting Voices: Dilemmas of Gender, Political Philosophy, and Policy*, Princeton: Princeton University Press, 1997, p.49.

② Iris Marion Young, *Intersecting Voices: Dilemmas of Gender, Political Philosophy, and Policy*, Princeton: Princeton University Press, 1997, p.39.

定的结构化位置。它不仅涉及政治经济、文化历史等背景性因素,也包括日常生活中人们的行为模式和个体选择等方面。由于每个人所处的结构性关系不同,这些关系和位置并非确定不变,而是处于一种非线性的动态过程中,涉及自我认知、对现有规范的批判性参与以及多元的社会情境等。规范的道德判断最好是平等和彼此尊重条件下的对话的结果,但是,只有当这种对话包含了所有受影响者的视角的时候,这种判断才是公平且合法的。因而,社会正义伦理的考察要求从一种流动的关系性视角去审视现实生活中的多元情境,避免把人们所处的位置以及人与人之间的关系固化。

众所周知,哈贝马斯把交往行为定义为通过相互理解达成共识的行为,为了实现交往行为的非强制共识,需要交往关系具有对称性视角。但在艾利斯·扬看来,交往行为无须以共识为目的,也无须预设对称性视角。在沟通中差异不应被忽略,而应朝着丰富性敞开。在这些关系模式中,我与他者的互惠交往意味着这种沟通包含相互性、尊严和承认。但是,这并非是确定的关系模式。在实际的交往沟通中,诸多异质性和偶然性因素会成为进一步影响建构交往关系的因素。一方面,将他者视为与我对称的观点有时会造成这样的结果,即我将自己的视角投射给他们,也即他者视角仅扮演了一个补充性的角色,是我视角的"镜像"。道德尊重的规范要求我们去倾听他者关于需要和视角的表达,而不是设想站在他人立场上去作想象的表达,忽视真实的差异。即使交往伦理学关注具体需要,但是需要的阐释是跟期望有关的,不公正的社会容易产生不公正的期望。比如,在性别不平等的社会,女人要满足男人的需要从事家务劳动,也即女性角色自我价值的凸显是从家庭或者社会事务中满足男性的期待而体现的。按照对称性的视角,这是一种补充性互惠,但实际上更多的是压迫性结构造成的不合理的关系。另一方面,把道德的公平与正义理解为采取他人视角也暗含着某种有争议的政治后果。当人们遵循站在他者立场,即设身处地为他者着想的道德命令时,他们通常会带有自己偏狭的经验和特权,进而容易误解或歪曲他者的境况。在现实生活中,结构性支配和压迫常常会导致这种虚假投射的可能性。所以,一种非对称性的话语沟通关系意味着一种具有解放内涵的包容性沟通。这种灵活的、开放的关系视角有助于敞开各种解放的可能性,并将社会生活中的多元经验和视角包容进来。这种敞开不仅指向复杂的社会历史情境,也包含每个特殊个体所具有的各种内在差异。

当然,也有人提出质疑,如果一味摒弃交往伦理对话的共识性以及解构公共领域所依据的普遍性规范,是否会造成沟通的混乱。艾利斯·扬认为,关注差异与特殊并非意味着摒弃普遍的道德假设。在交往沟通的规范层面,她依然遵从一种平等的和互惠的道德普遍原则,即设定交往过程中每个人都应该被平等对待的道德承诺。只是跟哈贝马斯致力于规范论证的政治合法性思路不同,艾利斯·扬更重视在实践层面的"规范应用",并以此来反思和评估道德政治实践过程中更实际的包容性沟通伦理。如果在道德对话中尊重道德主体和话语的多元性,承认对话参与者认知的局限,不预先假定视角的转换,那么在具体的沟通行为中就会更加敞开地去倾听他者的经验、利益和诉求,因而可以更少地依赖支配性的共识而更多地顾及具体的差异关系。

概括来讲,上述讨论的是社会批判理论传统(或广义的法兰克福学派传统)中交往伦理学发展的一个重大问题,即在道德政治话语中如何处理普遍与特殊、抽象与具体、同一与差异的关系。首先应该承认,批判理论传统从哈贝马斯开始已经确定了人与人之间交往实践的基本理念,即自由和平等意味着人与人之间处于无强制的交往关系之中。自20世纪80年代开始,哈贝马斯通过话语伦理学维护了一种认知主义的、普遍主义的和正义优先于善的义务伦理学,这一伦理学构成了康德主义传统在今天最有发展前途的理论尝试。但是,这一理论有两个特征受到不同思潮的质疑,一是它的普遍主义原则受到新亚里士多德的德性伦理传统的质疑,二是它的认知主义特征受到关怀伦理传统的质疑。哈贝马斯的理论除了受到其他学说的挑战外,在自己的学生和同情者中也受到批评。他们虽然认同哈贝马斯对道德自由的规范理解,也接受了他的交往行为理论的研究范式,但是,他们还是认为哈贝马斯的理论存在着不足和局限性,需要完善和发展。

就哈贝马斯本人而言,他意识到,在多元社会并不存在唯一的好的生活方式。因而,"失去的'先验的善',只能用话语实践当中的'内在性'来加以补偿"①。后期的哈贝马斯接受了来自女性主义和后现代主义者的批评,进一步阐发了对差异敏感的道德普遍主义。在《包容他者》中,哈贝马斯强调对多元差异的包容。他指出:"对差异十分敏感的普遍主义要求每个人相互之间平等尊重,这种尊重就是对他者的包容,而且是对他者的他性的包容,在包容过程中既不同化他者,也不利用他者。"②毋宁说,哈贝马斯的交往伦理学给出了一种规范层面的道德论证思路,但没有落实到对交往参与者、对话形式以及交往背景等方面的思考。本哈比试图在普遍与特殊之间寻求平衡,为具体的差异寻求道德规范的支撑,但她的对称性互惠概念也没有超越普遍与特殊、抽象与具体的二元论。深受后现代主义影响的艾利斯·扬对差异的道德和政治问题的探讨更加执着和彻底,她的理论关注的核心是:一种解放的规范伦理学如何最大限度地包容差异,以超越普遍主义的陷阱。

在艾利斯·扬这里,理想的交往关系与正义民主的价值直接相关,交往伦理学对道德理论以及政治理论而言是一个富有成果的思想框架。按照交往原则,不仅道德尊严和平等互惠的规范可以在日常的对话情境中被隐含地表达,而且可以通过表达多元需要、利益以及视角的实际对话对之进行批判的检验。就像本哈比所指出的,"话语模式的与众不同之处在于,尽管它预设了参与者必须在某种程度上承认对方有权获得道德上的尊重,并应得到平等的对待,但是,这些原则的准确内容和范围则需由

---

① ［德］尤尔根·哈贝马斯:《包容他者》,曹卫东译,上海人民出版社 1996 年版,第 44 页。

② ［德］尤尔根·哈贝马斯:《包容他者》,曹卫东译,上海人民出版社 1996 年版,第 43 页。

对话本身来确定"①。可以说,艾利斯·扬对交往伦理学的批判性反思提供了具有启发意义的道德视角,有助于一种更加灵活、更具解放内涵的交往伦理学路径的建立。按照这一路径,在自我与他者的沟通行为中,应该充分地考虑对话主体的脆弱性、差异性和理解的暂时性,以及对话形式的多元性、复杂性和开放性等特征,避免因对共识的强调而造成各种结构性排斥和压迫后果,从而为多元时代考虑差异的包容以及尊重提供道德上的基础。但如何将多元差异作为一种政治资源纳入沟通协商之中,并有助于揭露和改变不同形式的结构化非正义,还需具体的制度化设计。

第三节 差异政治的规范内涵

20 世纪 70 年代以来,随着新社会运动的兴起,承认问题在政治哲学、道德哲学中凸显。在全球化的多元背景下,人的身份和认同问题变得日趋复杂,自由主义的、普遍主义的单一身份认同受到质疑。认同政治、差异政治、多元文化主义政治等关注被排斥的受压迫差异群体,构成对自由主义理论的挑战。近来致力于讨论多元和差异,对自由主义理论忽视差异进行批判的主要有查尔斯·泰勒的承认政治和艾利斯·扬的差异政治。

查尔斯·泰勒是加拿大著名哲学家,他以倡导文化多元主义和承认政治著称。与艾利斯·扬相同,查尔斯·泰勒也意识到分配正义的局限。基于亚里士多德主义的视角,泰勒认为,分配正义的不同原则跟人类社会对于善的不同观念相关。如果不去探究不同的"人类尊严"(human

---

① [美]塞拉·本哈比:《走向审议式的民主合法性模式》,载谈火生编:《审议民主》,谈火生译,江苏人民出版社 2007 年版,第 199—200 页。原文参见 Seyla Benhabib, "Towards a Deliberative Model of Democratic Legitimacy", in Seyla Benhabib ed., *Democracy and Difference: Contesting the Boundaries of The Political*, Princeton, NJ: Princeton University Press, 1996, pp.67-94.

dignity）的概念，我们就不会真正理解有关分配正义本质的争论。所以，泰勒将从分配视角理解贫穷弱势和不平等的处境转向从多维视角出发去审视现代社会各种社会排斥和边缘化的复杂性，强调社会包容和文化承认。

在《承认的政治》一文中，泰勒明确指出：" 对于承认（recognition）的需要，有时候是对承认的要求，已经成为当今政治的一个热门话题。"①可以说，"承认"已经成为现代社会的一个关键词。在泰勒看来，现代人之所以要重视认同与承认的问题主要源于两种变化。第一种变化是作为荣誉基础的等级制度的崩溃。传统的荣誉观与不平等有着内在关联，它奠基在人与人有着等级差别的基础上。荣誉的获得与人们在社会中所处的地位、身份直接相关，并非每个人都会享有。因而，在前现代社会，"认同"和"承认"的问题尚未主题化。这并非因为人们不谈论认同，而是这些内容对他们而言并不构成问题。现代社会在一种平等主义和普遍主义的意义上讨论公民荣誉和尊严，无论一个人属于何种性别、文化和群体，在一个正义民主的社会里都应该享有尊严并受到平等对待。

第二种变化是18世纪末产生了个人认同的崭新理解，承认的重要性得到突出强调。个体认同与"本真性"的理想有关，卢梭和赫尔德开启了关于这种本真性理想的讨论。这种观念认为，人类具有天赋的道德意识和判断对错的直觉。作为特殊个体的自我认同，忠实于我自己以及自我独特的存在方式。人与人的差异因而具有了某种道德上的含义："我们每一个人都有一种独特的作为人的存在方式，每个人都有他或她自己的尺度。这种观念已经深深地扎根于现代意识之中。"②由于现代文化的主体转向使得上帝或者善的理念植根于人自身，这种个体认同的"内在性"

---

① ［加］查尔斯·泰勒：《承认的政治》，董之林、陈燕谷译，载汪晖、陈燕谷主编：《文化与公共性》，三联书店1998年版，第290页。

② ［加］查尔斯·泰勒：《承认的政治》，董之林、陈燕谷译，载汪晖、陈燕谷主编：《文化与公共性》，三联书店1998年版，第294页。

成为自我追求完满存在以及美好生活的内在本源,也是获得自我实现和他者承认的基础。作为社会化的存在,"他者"的承认亦构成自我认同的组成部分,这些"他者"不局限于个体,也涉及文化、少数族群、宗教、性别、民族等不同方面。现代社会的实际情况是存在着诸多扭曲的承认,它表现为在社会层面少数族裔等边缘群体缺乏应有的尊重,造成了可怕的创伤,甚至使得他们背负致命的自我仇恨等。承认问题在多元文化的现代社会变得紧要和迫切。而且,正如泰勒所讲的,"当代女性主义、种族关系和文化多元主义的讨论,全都建立在拒绝承认可以成为一种压迫形式这个前提的基础上"①。

泰勒和艾利斯·扬一致认为,一种完备的政治理论需要观照文化和群体的认同和差异。自由主义的个人主义政治设计由于忽视了诸如性别、种族等群体概念和差异问题,造成了对少数群体的压迫和支配,所以无法很好地处理现代社会的多元差异问题。在代表作《正义与差异政治》、《包容与民主》以及一些散见的文章中,艾利斯·扬提出并阐发了差异政治学说,她将泰勒的承认政治理论看作是一种对于差异政治而言非常具有影响力的阐释。② 本节将基于泰勒和艾利斯·扬对认同、差异问题的讨论阐述差异政治的规范内涵。

一、平等尊严政治与差异政治

在《承认的政治》一文中,针对现代社会的政治情况,泰勒区分了平等政治的两种类型:一种是平等尊严政治,另一种是差异政治。这种区分也体现了对待差异的两种不同政治态度。

---

① [加]查尔斯·泰勒:《承认的政治》,董之林、陈燕谷译,载汪晖、陈燕谷主编:《文化与公共性》,三联书店 1998 年版,第 300 页。

② Iris Marion Young, *Inclusion and Democracy*, Oxford: Oxford University Press, 2000, p.104.

自由主义的传统倡导一种平等尊严政治。它认为，不论阶级、种族、性别、社会地位等有何差异，所有的人都应该被平等地对待。这种政治超越人的特殊性，忽视人与人的差异，强调权利与资格的平等化。它批判任何以性别、肤色、族群等名义对个体的歧视性对待，保护公民的普遍平等身份。比如美国南北战争之后的宪法第十四修正案就体现了这一非歧视主题。在泰勒看来，"平等尊严的政治基于这样一种观点，即所有的人都平等地值得尊重。构成其基础的观念是人之为人即值得尊重，不论我们如何试图回避这种'形而上学'的背景"①。康德对尊严问题的讨论是这一观念最早的有影响的阐述。康德认为，人作为理性主体具有自我立法以及服从这种法则的能力。所有人都凭借自由而享有平等尊严，无论这种人是罪犯还是道德高尚的人。每个人都是自在的目的，而不是手段。这种"源始的尊严"对每个人而言是一种绝对的平等，其根据是一种普遍的人类潜能和人人皆有的理性能力。康德哲学的这种普遍传统为政治自由主义者所继承。在罗尔斯那里，正义的第一个原则即"每个人对与所有人所拥有的最广泛平等的基本自由体系相容的类似自由体系都应有一种平等的权利"②。在基本善的分配方面，他强调平等的自由对于良序社会而言的重要性，但平等不能成为自由的限制，"自由只能为了自由的缘故而被限制"③。德沃金则将平等视为政治社会的至上美德，在他看来，"一个统治着其公民并要求他们忠诚和守法的政治社会，必须对其全体公民一视同仁"④。德沃金坚持平等优先的原则，认为在一个自由平等的

---

① ［加］查尔斯·泰勒：《承认的政治》，董之林、陈燕谷译，载汪晖、陈燕谷主编：《文化与公共性》，三联书店1998年版，第303页。

② ［美］约翰·罗尔斯：《正义论》，何怀宏等译，中国社会科学出版社1988年版，第292页。

③ ［美］约翰·罗尔斯：《正义论》，何怀宏等译，中国社会科学出版社1988年版，第292页。

④ ［美］罗纳德·德沃金：《至上的美德：平等的理论与实践》，冯克利译，江苏人民出版社2003年版，第139页。

社会里,人受到平等对待既是一项公民(自然)权利,也是政府应尽的责任。

其实,批判自由主义对差异的忽视是在其对差异保持价值中立的意义上谈的。实际上,自由主义诞生于差异。自由主义的理论前提即提倡个人主义,虽然在具体观点上存在分歧,但自由主义者们大都承认人们对良善生活追求的多元和差异,强调个体的自由、权利与宽容,并且认为这些差异不可被所谓的"公意"(国家组织)所化约。无论古典自由主义还是政治自由主义都强调维护个体自由和权利的重要性。如果将差异理解为一种个体性或者包容性,那么差异也是自由主义理论所关注的主题。只是问题在于,自由主义政治对差异采取了政治中立的态度,并试图建立超越一切差异并为所有差异所接受的普遍政治原则。用查尔斯·拉莫尔(Charles Larmore)的话来说,自由主义"把注意力集中在通情达理的人们尽管在良善生活上存在差异,但仍能共享的东西上面"①。比如,罗尔斯就试图通过悬置差异的"无知之幕"来建立普遍的正义法则。对于自由主义,泰勒指出了一种强有力的批评声音:"这种无视差异的价值中立原则实际上是一种文化霸权的反映,结果是少数民族文化或受压抑的文化被迫采取异化的形式。所以,表面上公正和无视差异的社会不仅是违背人性的,而且其本身是高度歧视性的,尽管这种歧视往往是以含蓄的和无意识的方式表现出来的。"②这也是许多女性主义者和多元文化主义者对自由主义平等政治的诟病之处,其形式主义的普遍原则在实际操作中有可能会造成对个体权利或群体权利的损害。这种损害不仅涉及政治参与的权利,也包括经济、文化等其他结构性要素。

与平等尊严政治相对的是差异政治。差异政治认为,应当承认每一

---

① [美]查尔斯·拉莫尔:《政治自由主义的道德基础》,应奇译,载《马克思主义与现实》2010年第1期。

② [加]查尔斯·泰勒:《承认的政治》,董之林、陈燕谷译,载汪晖、陈燕谷主编:《文化与公共性》,三联书店1998年版,第305页。

个人都有他或她的独特认同和差异。这不仅意味着每个人具有平等的机会和权利,也意味着其差异要获得认同。所以,如果将差异看作不仅基于个体还基于族群、文化等的关系性差异,自由主义平等政治的普遍主义个体预设就是可疑的、具有歧视性的。平等尊严政治将人们强行纳入一个对他们来说是虚假的同质性模式之中,从而否定了人们独特的认同。在泰勒看来,"正是这种独特性被一种占统治地位或多数人的认同所忽视、掩盖和同化,而这种同化是扼杀本真性理想的罪魁祸首"①。差异政治谴责任何形式的歧视,拒不接受二等公民的地位。它要求公民基于身份认同的差异被区别对待,而不是被普遍主义所"绑架"。泰勒以加拿大魁北克的分离主义运动为个案,来阐明两种政治的现实矛盾。为了实现保存独特性的集体目标,魁北克政府采取了一系列具有法律效力的限制性举措。例如规定拥有 50 名雇员以上的企业必须使用法语,不用法语签署的商业文件无效等。而对其他加拿大英语居民来说,这种特殊社会集体目标的合法化会造成对加拿大宪章或权利条款的威胁。因而,要求保存特殊文化群体的差异与自由主义平等尊重的普遍承诺之间产生了悖论。援引罗纳德·德沃金对两种不同的道德承诺的区分,②泰勒指出,这是每个人都要求被平等对待的"程序性"(procedural)承诺以及有关何为生活目标的"实质性"(substantive)承诺之间的对立。前者对"何为好的生活"保持中立,意在保证个体的自主权利(对于好的生活的选择权利在于个体而非强制性的他者)以及社会的联结。后者则会关注"何为好的生活"的实质性内容,意在保存文化群体的特殊性。对此,泰勒的判断是:"今天有越来越多的社会成为包容不止一个文化共同体的多元文化社会,这些共同体全都要求保存其自身的特性。僵化的程序性自由主义在未来的世

---

① [加]查尔斯·泰勒:《承认的政治》,董之林、陈燕谷译,载汪晖、陈燕谷主编:《文化与公共性》,三联书店 1998 年版,第 301 页。

② [加]查尔斯·泰勒:《承认的政治》,董之林、陈燕谷译,载汪晖、陈燕谷主编:《文化与公共性》,三联书店 1998 年版,第 316 页。

界上可能很快就行不通了。"①自由主义只是一种文化的政治表述,并不能为所有的文化提供可能的交往基础。而且,多元的现代社会彼此的渗透也越来越多,日益严峻的移民、难民、宗教、性别、阶级、民族认同等现实问题体现了差异认同的必要性和重要性。

泰勒试图调和平等尊严政治和差异政治。在他看来,两种政治的基本精神是相同的。它们都属于自由民主的理想框架,体现了对自由、平等和民主价值的追求。可以说,差异政治是从平等政治那里延伸过来的。个体权利与自由也是差异政治考虑的前提。尽管自由主义关于平等尊严的学说具有"同质化"的危险,但是不能否认其重要性。实际上,平等尊严政治与差异政治的分歧并非原则性的,二者对自由民主的理想而言都很重要。但就实质的政治实践来讲,仅凭一些形式化的平等预设难以实现尊重文化多样性、包容差异的政治旨趣,任何标准的权利条款都不可能对所有的文化语境一劳永逸。尽管泰勒质疑一些极端差异政治的做法,但是差异政治也关注人们形成和建构自己认同的"普遍潜能"。在这个意义上,差异政治不仅不对立于平等主义政治,而且纠正了传统的平等主义政治的某些限制,推动了它的发展。泰勒试图在两种政治之间寻求平衡:"尊严政治和差异政治,一是关于平等价值的同质性要求;一是在种族中心标准中的自我封闭。这两者之间必然有某种中间道路,这就是承认政治。"②泰勒将在政治上肯定个人或族群认同的主张视为承认政治,旨在通过交往和对话关系建立一种自由和平等权利的政治实践。他强调,应当承认不同文化具有平等价值,并允许它们继续存在。这是我们研究实际文化的逻辑起点,而不是关于文化优劣与否的价值判断。承认的政治需要以公共交往为前提,在视界的不断融合中保持对不同文化特殊

---

① [加]查尔斯·泰勒:《承认的政治》,董之林、陈燕谷译,载汪晖、陈燕谷主编:《文化与公共性》,三联书店 1998 年版,第 320 页。

② 王凤才:《从霍耐特承认理论到泰勒承认政治构想》,载《哲学动态》2007 年第 9 期。

性的开放、包容和承认。对于不同文化，"真正的价值判断的前提是不同标准的视界融合在研究了他者的文化以后，我们会有所改变，不再仅仅是用我们原来所熟悉的标准进行判断"①。

艾利斯·扬认为，泰勒的承认政治理论是一种对于差异政治而言非常具有影响力的阐释。她赞同这样的看法，即那些承认与尊重各种差异文化群体的主张通常是正义的或者会促进正义。对承认问题进行规范讨论的还有同属黑格尔主义传统的霍耐特。霍耐特试图用承认范式来涵盖所有的社会斗争，构建了著名的承认体系，并将承认与蔑视的讨论视为社会正义探究的核心。霍耐特认为，承认不只是限于（狭义的）文化的承认，还有法律以及社会的承认。在《为承认而斗争》②中，霍耐特对黑格尔的早期承认理念赋予了现代意义。他详细区分了私人领域、政治领域和社会领域承认的三种具体形式，即情感关怀、法律承认和社会尊重，分别对应三种蔑视形式：强暴、剥夺权利和侮辱。③ 在霍耐特那里，分配不公只是一种错误承认关系的制度性表达。弗雷泽批判这种"表层"的承认政治，她认为当代左翼理论中存在承认与再分配的分裂。霍耐特的承认问题只是涉及文化领域，忽视了再分配的维度，仅仅关照基于民族、性别、种族等的承认诉求容易牺牲经济再分配的诉求。同时，也不能陷入经济主义，忽视差异群体争取平等权利的文化斗争。因此，在与当代左翼理论家们争论的基础上，弗雷泽构建了一个"一元三维"的正义理论，并将再分配、承认和代表权看作是正义研究框架三个不可化约的、同等重要的维度，并指出"单纯的承认或再分配都不足以克服今天的非正义"④。

---

① ［加］查尔斯·泰勒：《承认的政治》，董之林、陈燕谷译，载汪晖、陈燕谷主编：《文化与公共性》，三联书店 1998 年版，第 328—329 页。

② ［德］阿克塞尔·霍耐特：《为承认而斗争》，胡继华译，上海人民出版社 2005 年版。

③ 王凤才：《蔑视与反抗：霍耐特承认理论与法兰克福学派批判理论的"政治伦理转向"》，重庆出版社 2008 年版，第 164—180 页。

④ Nancy Fraser and Axel Honneth, *Redistribution or Recognition? —A Political-Philosophical Exchange*, Joel Golb, James Ingram and Christiane Wilke trans., London：Verso, 2003, p.9.

和弗雷泽一样,艾利斯·扬"并不同意泰勒以及那些采用其解释的人的如下观点,即不承认通常是一种独立于其他形式的不平等或者压迫的政治问题"①。艾利斯·扬也认为,文化的承认与尊重不能涵盖正义问题的所有方面,因而不能够充分地阐释结构性非正义的问题。承认(认同)政治跟平等尊严政治一样,也会陷入本质主义的苑囿。对"何为好的生活"的实质性判断很容易导致多数人对少数人的强制,从而造成对受压迫群体的排斥。在这里,艾利斯·扬将承认政治②与差异政治区分开来。

二、作为政治沟通资源的社会差异

艾利斯·扬通过对正义的批判性思考,将弱势群体和边缘群体所遭遇的结构性压迫视为其理论关注的核心内容。现代社会,"族性、性别问题提出了保存某种文化和群体的特殊性的诉求,从而构成了对以个体为本位的自由主义权利理论的挑战"③。在全球化时代多元文化主义冲击的背景下,与泰勒等人一样,艾利斯·扬的正义理论尤为观照一些特殊群体和少数群体追求平等权利和承认的解放诉求。只是艾利斯·扬的理论策略与泰勒的承认政治有所不同,其中具体体现在二者对社会群体及其所遭受的社会压迫的理解不同。

对泰勒来说,每个人、每个群体都是居于一定的文化传统之中的,这些文化"为无数性格气质各异的人们提供了意义的视界……建构了人们

---

① Iris Marion Young, *Inclusion and Democracy*, Oxford: Oxford University Press, 2000, p.105.

② 弗雷泽与艾利斯·扬这里都在文化的层面批判承认和认同问题。对霍耐特而言,承认政治所涵盖的领域更加广泛,只是对弗雷泽和艾利斯·扬来说,仅用承认概念囊括所有的斗争形式,不足以表达所有的正义诉求,也会造成社会混乱和冲突。

③ 汪晖:《承认的政治、万民法与自由主义的困境》,载《二十一世纪评论》1997年第8期。

关于善、神圣和美的意识"①。如果先验地拒斥这些文化,就会体现出一种"极端的傲慢"②。这就要求我们对不同的文化保持开放,并在一种比较研究的融合中改变我们自身的视界。文化传统与个体或群体的日常生活和意义建构息息相关,但艾利斯·扬并不是从文化的视角去理解社会群体概念。在她看来,社会群体不是个体的简单集合,群体本身并不具有实质上一致的身份。社会群体是通过人与人之间相互交往和相互影响的不同关系建构出来的。用萨特的术语来说,社会群体及其所处的结构化位置可以被理解为一个流变不居的"连续体"(seriality)③。一味强调某种身份建构和认同不仅未能充分重视个体自由和个性,也会将本应包容的少数族群和边缘群体排斥在政治话语之外。艾利斯·扬强调文化、族群的异质性,在她看来,这种异质性建立在结构性差异的基础上。她主张尊重和维护弱势群体的特殊权利和文化,但弱势边缘群体所遭受的不仅是文化承不承认的问题,还有边缘化、剥削、暴力等不同的压迫形式。消除这种结构性非正义的最好方式即差异政治。

艾利斯·扬认为,所谓的差异政治"指的是这样一种社会运动,它提出一种政治诉求,即由于与其相关的文化或结构性社会地位,各种团体处于受压制或弱势的地位。为了同那种轻视团体成员并将其贬低成其他人的支配性模式相对抗,这种运动从其团体角度出发,表达了其对社会成员

①　[加]查尔斯·泰勒:《承认的政治》,董之林、陈燕谷译,载汪晖、陈燕谷主编:《文化与公共性》,三联书店1998年版,第330页。

②　[加]查尔斯·泰勒:《承认的政治》,董之林、陈燕谷译,载汪晖、陈燕谷主编:《文化与公共性》,三联书店1998年版,第330页。

③　艾利斯·扬最开始借用萨特"连续体"的概念理解女性,避免对女性群体的本质主义解读,后来在扩展的意义上用以理解结构性的群体关系。参见 Iris Marion Young, *On Female Body Experience:"Throwing Like a Girl" and Other Essays*, Oxford:Oxford University Press,2005,p.22。

的独特理解"①。为了具体理解差异政治的规范内涵,我们需要重新理解差异与认同、差异政治与认同政治的具体含义。

首先,如何理解社会差异?作为一种哲学术语,"差异"是20世纪西方哲学的重要概念之一。在德里达、福柯、德勒兹、利奥塔等后现代主义思想家那里,差异具有解构普遍主义、反对同一性的含义。在艾利斯·扬那里,差异具有明显的政治含义。差异是一个批判性概念,并不具有实体内涵。在《正义与差异政治》一书中,艾利斯·扬初步探究了差异的内涵。从新社会运动与正义议题的连接出发,艾利斯·扬试图肯定群体差异关切的批判和解放功能。但很多人对此提出质疑,担心认可受压迫群体与主导群体之不同会导致将前者的隶属地位、特征以及排斥合法化的危险。对差异的"强调"面临这样的两难困境:忽视群体差异会造成非正义,但是对群体差异的强调又可能会产生分离、威胁集体生活或者造成对结构化非正义的进一步合法化。

面对这种两难,也鉴于以往正义理论对差异的忽视,艾利斯·扬指出要重新确立群体差异的积极内涵:"通过将差异本身的内涵变成是政治斗争的领域,会更容易避免差异的困境。主张群体差异积极性的社会运动已经建立了这种领域,应赋予差异解放的内涵以替代旧的排他性的内涵。"②所以,不应把差异理解为一种二元对立的、类似于"绝对他者"的排他性概念。这种将差异本质化的理解本身表达了一种恐惧,即恐惧特殊性以及在自我和他者之间界限的可渗透性。差异政治需要直面这种恐惧,并将群体差异理解为:"确实是模糊的、相互关联的、可变的、没有清晰边界的……通过肯定身份本身的积极内涵,受压迫群体试图去掌握命

---

① [美]爱丽丝·马里恩·扬:《作为民主交往资源的差异》,载[美]詹姆斯·博曼、威廉·雷吉主编:《协商民主:论理性与政治》,陈家刚等译,中央编译出版社2006年版,第284页。

② Iris Marion Young, *Justice and the Politics of Difference*, Princeton: Princeton University Press, 1999, p.169.

名差异的权力，并抨击将差异潜在地定义为与规范相关的反常，这种定义将某些群体冻结为具有自我封闭的本质。这时，差异不再意味着他者、排他的对立，而是特殊性、变化性以及异质性。差异意味着相似性与非相似性的关联，其既不能被还原为有同样范围的身份，也不能被还原为不相重叠的他者。"①差异因而意味着群体与群体交流之间的关系性功能，而不是对群体特征的单纯描述。应该在关系中理解差异，而不是将差异看作是实体性的范畴和属性。在这种关系性视角的理解下，差异的内涵也变成情境化的。不同的群体同样可以在某些方面相似，并经常潜在地共享某些特征、经验和目标。

在《包容与民主》中，艾利斯·扬重申社会差异的具体内涵，并明确将社会差异与身份认同区别开来。她主要从两点来阐明：第一，社会差异是一种关系的而非本质的差异。她批判将社会差异等同于身份认同，"那些将群体差异还原和简化为身份认同的人含蓄地运用了一种对各个群体予以概念化的本质的逻辑"②。在艾利斯·扬看来，那些认为其成员都享有某种本质性群体身份的观念否定了群体内部和群体之间的差异。这种本质主义的设定通常具有一种政治的维度，即"那种想要界定某种共同群体身份的企图倾向于使某些群体成员的经历和观念标准化的同时，排斥或者忽视另一群体成员的经历与观念"③。所以，不能将群体差异进行严格的概念化，应从变化的关系层面来理解差异，它来自人们之间相互影响和相互作用的方式；第二，社会差异是一种结构化的而非文化的差异，后者突出文化在群体构建以及群体成员认同感形成方面的重要性。但是，艾利斯·扬特别指出，"那些具有文化差异的群体之间发生冲突的

---

① Iris Marion Young, *Justice and the Politics of Difference*, Princeton：Princeton University Press, 1999, p.171.

② Iris Marion Young, *Inclusion and Democracy*, Oxford：Oxford University Press, 2000, p.87.

③ Iris Marion Young, *Inclusion and Democracy*, Oxford：Oxford University Press, 2000, p.89.

理由通常不是文化方面的,而是由于领土、资源或者工作等方面存在的竞争"①,也即一种结构化的不平等才是导致这些冲突的根源。这里的差异应该被理解为一种结构化差异,它可能会建立在由性别、族群或者宗教信仰所构成的文化差异的基础上,但是不能还原或简化为文化差异,这种结构化差异既不能被取消也不能被普遍化。所以,艾利斯·扬批判身份认同对文化的静止理解,她从政治的角度探究社会差异的解放内涵。

那么如何理解差异政治?它与近年来左派所积极关注的身份政治、多元文化主义政治②有何区别和联系?在后现代主义思潮的语境下,差异政治指的是运用差异性的原则理解当代政治哲学的一种方式。艾利斯·扬认为,应该将其与文化认同政治或承认政治区分开来。承认政治虽然在尊重弱势群体和确认文化的特殊价值、反对主流文化的同化和排斥方面具有重要意义,但是以承认为基础建立正义原则是有问题的。艾利斯·扬将诸如泰勒等人的承认政治思想概括为一种文化主义的承认。差异政治与社群主义意义上的承认有所不同,这是因为后者所追求的是一种文化的"共同性"。和自由主义具有排斥性的"公平理想"一样,这种文化主义的主张同样会有陷入忽视和压制差异的同质化危险,这种对共同善(集体目标)的追求也容易导致对受压迫群体的排斥。在艾利斯·扬看来,无论是自由主义的平等尊严政治还是社群主义的承认政治都没有真正关注一种结构和关系上的差异,因而无法充分应对现代社会的非正义境况。在这个意义上,差异政治弥补了自由主义和社群主义的缺陷。

在《"文化认同"这个概念对左派政治有用吗?》(2000)一文中,理查德·罗蒂(Richard Rorty)将关注差异的政治等同于认同政治。他对认同政治表示怀疑,并质疑美国左派对"文化"或"认同"的过高期待。他认为,这种观点在左派中已经造成混乱,对"解构"策略的运用不过是满足

---

① Iris Marion Young, *Inclusion and Democracy*, Oxford: Oxford University Press, 2000, p.91.

② 艾利斯·扬也将多元文化政治称为一种"身份政治"。

哲学分析的旨趣。罗蒂认为，文化应"被视为个体短暂的相聚——视为增加人类幸福的权宜之计，而非一个人自我价值感的主要来源"①。罗蒂的观点是，应将社会的复杂多样性视为个体自我创造意义上的多样而非文化的多元。从社会团结方面来讲，与其寻找差异（一种文化的认同），不如寻找共同性。其实，艾利斯·扬也认为，认同政治只专注于文化差异，不能包含全部的结构化非正义。但是，不能因此抹杀认同政治与结构化非正义诊断之间的联系。有时候，认同政治对实现社会民主正义而言也是必需且重要的。这是因为，一个群体总是在一定的身份中获得对自我的认同。文化、习俗等因素构成群体认同的重要层面，且很多不容易被察觉的结构性非正义和不平等的因素隐藏在人们习以为常的文化习惯中而不被反思。所以一方面，艾利斯·扬肯定泰勒等人的承认政治，并认可承认问题对社会正义的重要性。她强调："对很多人而言，除了尊重与维护其群体文化之外，文化方面的群体共鸣也是至关重要的，因为它们为人们提供了关于自我的各种来源。如果一种与人们具有密切关系的群体不能作为和其他群体具有平等地位的群体获得公共承认，那么，生活于其中的人就会缺乏平等的尊严。"②但是，艾利斯·扬认为，很多社会政治问题和解放诉求涉及结构化非正义，其有关正义的基本主张更多地涉及各种结构性不平等的经历，而不是文化方面的差异。而且，一味地关注文化层面的承认很容易导致对其他层面的社会解放诉求的掩盖和忽视。

　　既然身份认同的排斥性内涵会有导致结构化不平等的危险，那么该如何理解一个人的认同？按照社群主义的理解，对于"我是谁"的问题应由所处的群体所决定。这是因为，作为一种社会化的存在，每个个体需要群体或者社会共同体为其提供生活的基本物质、文化前提。例如，按黑格

---

① ［美］理查德·罗蒂：《哲学、文学和政治》，黄宗英等译，上海译文出版社 2009 年版，第 181 页。

② Iris Marion Young, *Inclusion and Democracy*, Oxford：Oxford University Press, 2000, p.104.

尔在《法哲学原理》中的理解,国家绝对高于个人,"个人本身只有成为国家成员才具有客观性、真理性和伦理性"①。对于个体而言,国家具有伦理的实体性内涵,人是被规定着过一种普遍生活。但深受后现代主义影响,艾利斯·扬反对这种本质主义的理解。她认为,个体的认同只是来自自我,"我只有自己的认同,它是在我的多重团体定位关系中形成的"②。而且,"个人的身份是她自身所拥有的身份,它是在涉及各种社会位置的关系中积极形成的,而不是由那些社会位置本身所构成"③。其实,在现实生活中我们也注意到,即使面对相同的情境,不同人也反应各异。金钱、权力、资源的霸权以及一些社会文化的偏见常常披着一种"普遍性"外衣,因而不能将某一整体的普遍观点强加到个体身上。个体或群体的定位最终来自各种非强制的沟通性的互动过程之中,这是因为,"在结构化的社会关系中,主体不仅会受制于他们的各种位置与境况,他们同时也是行动者。成为行动者意味着你可能会接受那些决定着你的生活的约束与可能性。同时,也可能会运用你自己的方式变革其中的某些事情"④。也就是说,个体不是被动接受所处环境所给予的限定,而是在不断地生成和变革新的结构性关系。所以,艾利斯·扬反对一种本质主义的认同观点,批判基于某种本质化的群体身份构建出来的个人身份观念,认为这种观念未能充分重视个人的自由和个性。她指出,在理解"认同"(identity)层面应该强调关系的生成和建构,每个人的身份认同都是独特的;在关系交往中,个体既受制于各种结构化位置和境况,同时也是改变约束和生活

---

① [德]黑格尔:《法哲学原理》,范扬、张企泰译,商务印书馆 2012 年版,第 254 页。

② [美]爱丽丝·马里恩·扬:《作为民主交往资源的差异》,载[美]詹姆斯·博曼、威廉·雷吉主编:《协商民主:论理性与政治》,陈家刚等译,中央编译出版社 2006 年版,第 294 页。

③ Iris Marion Young, *Inclusion and Democracy*, Oxford: Oxford University Press, 2000, p.99.

④ Iris Marion Young, *Inclusion and Democracy*, Oxford: Oxford University Press, 2000, p.101.

可能性的行动者。因此,扬主张将差异而非铁板一块的认同作为一种政治资源包容进民主沟通中。

即便考虑到结构性差异,由于每个人对具体情境的体验和认知不同,如何远离多样化冲突和分离的危险也成为差异政治不得不面对的问题。倘若在社会中每个人只是出自私利发表见解或表征差异,那么这个社会将会面临言论的混战或成为利益的"角斗场",不利于正义的实现。对于这些困境,艾利斯·扬提供了进一步的思考。首先,艾利斯·扬重新从认知主义的视角思考差异,并将差异的哲学认知内涵与政治解放内涵联系起来。她强调包含各种群体差异的社会视角的重要性,即她所侧重的不在于某种特定的利益或意见的观点(这也是她所批判的),也不是一种普遍性的决定人们理解的内容或观察社会进程的方式。社会视角不包含决定性的特殊内容,它"包含一系列问题、各种经验,以及始于推理而非得出结论的假设"①。这种差异的认知方式旨在对某些社会政治问题进行尽量包含多种声音的扩展性理解,而不是基于某种规范的、决定性的共享视角。这是因为,"由于所处社会境况不同,人们具有各种不同的经验、历史和社会知识"②。这样的观点并不是某些规范性前提的特定预设,而是在理解的过程中更多地考虑不同社会团体视角的"情景化知识"(situated knowledge)。因而,不同社会视角的表达旨在扩充人们的理解,通过对多元视角的倾听、理解和开发,进而揭示潜存的结构性不正义。在这种理解下,普遍的规范效力与个体的生活情境之间就不必然存在冲突和对立。个体认同虽然最后经由个体对情境的阐释和采取相应的行动来呈现,但是这种认同也并非在一块思想的白板下进行,它本身是结构性关

①　[美]爱丽丝·马里恩·扬:《作为民主交往资源的差异》,载[美]詹姆斯·博曼、威廉·雷吉主编:《协商民主:论理性与政治》,陈家刚等译,中央编译出版社 2006 年版,第 295 页。

②　Iris Marion Young,*Inclusion and Democracy*,Oxford:Oxford University Press,2000,p.136.

系的产物。其次,艾利斯·扬从正义与民主的解放政治层面思考差异。差异政治虽然是一种对差异运用于政治哲学思考的一种方式,但也是一种政治形式。它要求通过将差异作为一种政治资源纳入民主协商之中将差异建制化,进而在民主政治进程中为弱势群体和边缘群体争取社会尊严和平等权利。

综上所述,在艾利斯·扬看来,对差异的探讨基于这样一种批判的正义理论:批判社会的同质化,倡导尊重个体的特殊性以及社会文化的异质性;倡导包容而非消除差异的私人空间以及异质的、协商的公共空间,这意味着把每个人视为目的而非手段。正义不仅是一种原则,而且应该成为一种德性。正义不应与个体需要、情感以及欲望相对立,而要从人存在的多样性和整全性上去理解具体的正义问题。在这里,艾利斯·扬调和了正义的权利话语与关怀伦理之间的对立,用关怀伦理去弥补传统主流正义理论存在的缺陷,将新社会运动中对差异的诉求和批判理论结合起来,以探究更加具有批判性的充分的正义理论。同时,她又借鉴哈贝马斯的交往行为和交往伦理学思想,将差异作为一种政治资源纳入政治沟通之中,建立一种敏感差异的正义理论。

经由差异政治思想,艾利斯·扬整合了自由主义和社群主义之间的争论。一方面,通过对关怀的引入批判了自由主义普遍视角下对关系和差异的忽视。另一方面,也批判了社群主义对铁板一块的文化群体认同的理解。多元社会族群并不只是许多追求共同利益之个人的加总,而是由具有共同成长之生活形式的一组人所组成,且群体之间的界限是动态的、可改变的。一个族群和另一个族群的区别就在于,他们有着不同的文化形式和实践方式,个体、文化、族群的异质性是民主进程过程中不应被抹杀的因素。因而,正义的民主应该致力于分析和解决弱势族群所遭遇到的各种制度性和结构性的压迫。差异政治因而被认为是消除不正义的"最佳方法",它正视和肯定不同文化、族群的特殊性,这种特殊性不能被理解为劣等性、不正常或所谓的"非我族类"(二等公民)。在文化的意义上,艾利斯·扬的差异政治的基本精神和承认政治的旨趣基本相同,都是反对主流文化的同化、普遍化标准，要求对弱势文化和族群不只是自由主义式的宽容，而且要肯定其独特的价值。这种肯定还意味着，要赋予弱势族群特殊权利，让他们不仅受到文化的尊重，还需要通过民主参与使他们拥有自我发展和自我决定的能力和机会。自我发展不仅意味着物质的满足，还包括阿马蒂亚·森所讲的一种"能力平等"的价值。它超越分配正义的关注，并提出了地位、权力和交往等问题。正如阿马蒂亚·森所指出的，在社会正义的评价系统中，"合适的'空间'既不是效用（如福利主义者所声称的），也不是基本物品（如罗尔斯所要求的），而应该是一个人选择有理由珍视的生活的实质自由——即可行能力（capability）"①。自我决定则意味着一种非支配性的自由。在正义的社会中，如菲利普·佩蒂特（Philip Pettit）所说："各种制度应当保障与促进每个人免于支配性的关系。为了约束支配性的权力以及促进社会合作，那些制度性行为有时候必须进行管理与干涉。"②为了实现这一目标，还需要在制定防止支配性集体规则的时候强调民主参与。因而，差异需要有效的制度性安排来实践差异政治的解放理想，差异的民主化体现了这一正义理想。

---

① ［印］阿马蒂亚·森：《以自由看待发展》，任赜、于真译，中国人民大学出版社2002年版，第62页。

② Iris Marion Young, *Inclusion and Democracy*, Oxford：Oxford University Press, 2000, pp.32-33.

第三章　包容性民主:正义理论的核心

民主作为现代政治的合法性基础,是现代国家的普遍诉求。现代国家虽然在民主的具体形式上有所不同,但对民主的现代价值有基本共识。西方主流民主理论是在单一民族和文化的民族国家中形成的,今天的民主理论已经意识到,对多元和差异的尊重是现代民主的基本要求。然而,如何在理论上阐述差异和多元的意义,不仅仅作为一种妥协,而且作为它的积极价值的一部分,西方民主理论还没有作出完整的论述,在实践上也面临着种种困境和危机。艾利斯·扬的民主理论把包容作为自己的核心特征,并提出了包容性民主理论,代表了新的协商民主理解范式,在西方思想界产生了重大影响。

艾利斯·扬认为,当代西方民主政治面临的主要挑战是各种结构化非正义对差异的排斥。为了实现社会正义,现代社会的民主进程应该观照差异,这些差异不仅包括不同的兴趣、需求和目标,也包括不同的社会经验和社会空间。在西方社会,差异政治伴随后现代主义哲学和新社会运动的发展而崛起。它质疑普遍主义的自由主义政治模式以及与之相关的普遍公民身份,强调社会的多元性和异质性。在这一背景下,扬主张在民主生活实践中应该尊重和包容差异,尤其观照那些在社会生活中居于弱势地位的个体和群体,使受压迫群体可以获得特殊对待,并具有平等参与讨论和意见决策的机会。在艾利斯·扬看来,"民主是改变非正义和促进正义而言最好的政治方式"①。在批判性地反思协商民主的基础上,

---

① Iris Marion Young, *Inclusion and Democracy*, Oxford: Oxford University Press, 2000, p.27.

艾利斯·扬提出了"交往民主"①理论,并将"包容"(inclusion)视为一种涉及正义的重要规范,以扩展和深化当代正义民主理论和实践。

在艾利斯·扬看来,自我实现和自我发展的价值与人的良善生活息息相关。这些价值需要通过民主过程来保证,这也是差异的制度化要求。艾利斯·扬继承了哈贝马斯的交往伦理学和协商民主理论,为实现真正的包容性民主政治,她主张一种交往式的深层民主理论。为了避免受压迫群体和边缘群体的声音受到排斥,陷入结构性的非正义,正义理论需要诉诸以商谈为中介的人与人之间的交往关系。哈贝马斯的协商民主理论为此提供了有益的借鉴,但其理性论证的普遍预设容易导致对差异的排斥。在协商民主的基础上,艾利斯·扬所思考的一个核心问题在于,如何使每个受影响的公民参与到社会生活和民主决策过程之中,从而使民主起到社会包容的作用。

西方民主的传统模式是选票民主。选票表达的是选民的意见和要求,选票的加总构成了意见的聚合。但是,这种民主范式是不完善的,它看重的是投票的结果,却忽视了民主的过程。从根本上讲,它是一种浅层民主。艾利斯·扬提倡一种深层民主、激进民主,致力于整个社会的民主化,并保护所有社会成员的权利和利益。以对话为中心的协商民主模式是在话语理论的背景下产生的,同时也是对传统民主理论的修正和完善。按照协商民主理论的观点,民主的重心不是最后的结果,而是协商的过程,不是同质性的个体选民,而是复杂和多元社会的各种要求。协商民主模式强调,民主从根本上是通过公共协商形成公共政治意志的过程。在这里,多元文化群体的差异诉求不是民主的障碍,而是观念和思想的来源。艾利斯·扬的主要创见在于,包容性民主不仅是包含差异的民主,而且是一种包容和协商的民主。这种包容性民主不仅要求在公共领域内实

---

① 　艾利斯·扬有时在文本中将交往民主(communicative democracy)表述为包容性民主(inclusive democracy)或深层民主(deep democracy),共同表征包容差异、促进正义的民主化进程。

现,也会涉及私人领域即隐私权的民主化。具体而言,它提倡一种多元的沟通模式以及异质的公共空间,这种公共空间旨在通过政治沟通减少各种内在排斥和外在排斥,并包容各种合理的异质声音。同时,艾利斯·扬也关注私人空间中差异以及包容的重要性,旨在尊重和维护每一个个体的尊严和权利。在《正义与差异政治》(1990)、《交叉的声音:性别、政治哲学以及政策的困境》(1997)和《包容与民主》(2000)等书中,艾利斯·扬具体讨论了社会正义与民主政治的关联问题。正如结构化的多元视角是艾利斯·扬诊断社会非正义的基本方法,同样,从结构性关系的视角审视当代社会政治的民主议题,将自己对差异和正义的理解纳入对现实民主政治的考量之中,也是她的政治哲学的重要任务。本章将基于艾利斯·扬对包容民主及其与正义关系的分析,通过讨论包容性民主的具体内容、沟通形式以及实现方式,探究艾利斯·扬协商民主、深层民主的规范内涵以及消除结构性不平等的民主实践。

第一节 差异的承认

20 世纪 60、70 年代以来,蓬勃兴起的新社会运动产生了差异承认的诉求。而且多元的现代社会,这种诉求日趋强烈。对这些差异诉求的关注产生了所谓的"多元文化主义政治"(multiculturalism)①,构成了对传统普遍自由主义的挑战。我们看到,在现实生活中,与种族、移民、性别、语言、宗教等有关的不同群体之间不可避免地产生了许多社会问题和冲突,譬如性别不平等、种族歧视、难民危机、宗教冲突等等,而且这种冲突在全球化的今天愈演愈烈。每个"政治体"②(polity)不得不面临来自这些复

① 多元文化主义(multiculturalism)是一个被广泛运用的术语。多元文化主义政治是 20 世纪 80 年代新社会运动直接的副产品,也是西方学术界比较有影响的政治思潮。

② "政治体"在艾利斯·扬这里具有广泛含义。它不仅意味着法律定义上的国家,还包括私人企业、学校等机构在内的非国家掌控的组织。

杂差异的问题,它在一定程度上体现为个体(群体)自由与集体生活之间的冲突。本哈比指出,在现代社会,以种族、民族、语言、宗教和文化等不同形式出现的差异抵制和敌视着民主化趋势,全球范围内正在兴起寻求对集体认同形式认可的新政治运动,"认同、差异之谈判,是民主所面临的全球范围的一个政治问题"①。在这种时代情境下,对差异的敏感和强调既是一种对"启蒙运动类型的理性主义、本体论和普世主义的哲学批评,对那些强调变易、他者性、异质性、不协调和抗拒的人来说,又是文化抗争性呐喊"②。因此,在社会政治领域,这种差异性需要被认真对待。

艾利斯·扬对于民主理论的思考与其对结构化非正义的诊断直接相关。在她看来,民主与正义二者相辅相成,"一种民主包容理论必须考虑与政治体与正义议题适当道德范围相一致的问题"③。但是,在实际的民主进程中,在社会、经济的不平等和政治的不平等之间存在着恶性循环:不平等使得强者通过运用形式化的民主进程维持社会不正义和保护特权。反过来说,社会的不平等和非正义也构成了民主的障碍。一个公平正义的社会可以容纳和倾听不同的差异声音,其制度性条件可以为不同个体或群体平等参与意见决策、自由表达情感经验和解放诉求提供空间和机会,而不是造成各种压迫和强制。问题是要在民主与正义之间找到理论的纽带和桥梁。

一、正义与民主的关系

"正义"与"民主"不仅是西方哲学史上两个重要的哲学概念,也是两

---

① [美]塞拉·本哈比主编:《民主与差异:挑战政治的边界》,黄相怀、严海兵等译,中央编译出版社 2009 年版,第 2 页。

② [美]塞拉·本哈比主编:《民主与差异:挑战政治的边界》,黄相怀、严海兵等译,中央编译出版社 2009 年版,第 4 页。

③ Iris Marion Young, *Inclusion and Democracy*, Oxford:Oxford University Press, 2000, p.27.

种重要的政治价值。不同的社会具有不同的正义观念,相应地,每个时代对民主的理解也有不同。虽然正义与民主作为政治哲学的支配性主题近来为人们所关注,但学者很少会单独将二者连在一起来讨论。艾利斯·扬的理论的重要贡献是把这个问题主题化,对它作了系统的探讨。

民主并非是政治合法化的前提,它成为一种普遍价值经历了一个历史发展的过程。民主一词最初来自古希腊语"demos",有"民治"之意。在古希腊,正义旨在维护城邦的合理秩序,个体不过是城邦的动物。此时,按照黑格尔的说法,个体性尚未真正确立,个体与城邦尚处于"和解"状态。民主政体(平民政体)在亚里士多德那里被称为是"最坏政体中最好的一种",是共和政体的一种"变态形式"。① 这时民主与正义的关系可以从两个方面来理解:首先,希腊城邦的民主正义维护的主要是少数公民的公共政治权利。因为在希腊时代,"公民"只是社会中的少数人,妇女、奴隶等被排除在"公民"之外。例如,亚里士多德说:"很显然,有些人天生即是自由的,有些人天生就是奴隶,对于后者来说,被奴役不仅有益而且是公正。"②在《理想国》中,柏拉图也将人先天区分为金、银、铜、铁等不同等级。每个等级具有特定的德性特质,根据天赋的不同将人分为统治者、护卫者和生产者三个阶级,分别对应智慧、勇敢、节制的美德。在亚里士多德看来,"我们每一个人如果自身内的各种品质在自身内各起各的作用,那他就也是正义的,即也是做他本分的事情的"③,各种阶级各司其职、各尽其责,城邦就达到了正义的状态。因此,古典的民主统治的合法性奠基在一种自然秩序基础上,具有明显的不平等特征。其次,城邦民主与正义之间存在着冲突,雅典民主制下苏格拉底被判处死刑这一历史事件集中

① [古希腊]亚里士多德:《政治学》,颜一、秦典华译,中国人民大学出版社 2003 年版,第 117—118 页。

② [古希腊]亚里士多德:《政治学》,颜一、秦典华译,中国人民大学出版社 2003 年版,第 10 页。

③ [古希腊]柏拉图:《理想国》,郭斌、张竹明译,商务印书馆 2012 年版,第 171 页。

体现了二者的紧张关系。作为哲人的苏格拉底被以民主和自由为标榜的
雅典以毒害青年之名判处死刑,这本身体现了古典民主的一个悖论:多数
人的民主投票并未产生正义的结果。因而,基于不平等人格的民主制不可
能达到真正的城邦正义,更不能保护每个个体的权利,不是真正的民治。

到了近代社会,"人生而平等"被认为是天赋人权(自然权利),每个
人都具有平等的道德价值,没有人可以自命比他们具有天然的理性或道
德感的优越性。因而,社会契约(政治体建构)只能建立在所有公民自愿
同意的基础上,所谓的社会规则和法律不过是这种契约的法律化。洛克、
霍布斯等近代政治哲学家就是从自然法出发为现代政治秩序进行辩护
的。然而,洛克的现代民主理论有一个根本的缺点,它不仅把社会契约建
立在自利的个人基础上,而且强调建立国家的目的是保护私人利益。在
这里,民主并没有作为实质性的公共参与过程包括在他的理论之中。在
西方思想史中,卢梭开启了参与民主的传统,他因提倡共和主义而被称为
是"民主的奠基人"。在他那里,法律与政治正当性的根源来自通过建立
社会契约形成的政治共同体的普遍意志。卢梭主张:"只有民主共和政
体才是唯一具有正当性的宪政体制,而公民参与主权运作的立法过程,也
是保障其个人自由唯一有效的途径。在这个基础上,卢梭建立了公民政
治参与及其个人自由之紧密关连。"①但是,卢梭没有考虑到人们在思想
观念上的差异和多样性。当他以假想的公意来论证政治秩序的起源和根
据时,很容易把各种异议和差别理解为对假想公意的偏离。这种高度理
想化和同质化的民主观念自身存在着危险性,它很容易被独裁或极权主
义用来作为辩护的工具。

现代社会,人们在更加广泛的意义上理解正义和民主。杜威曾区分
了民主的两层含义:作为政治形式的民主和作为生活方式的民主。在他
看来,如果把民主视为一种政治制度,那么它就意味着一种政治组织方式
或治理形式。如果将民主看作是一种生活方式,它还跟人们的日常生活

---

① 许纪霖主编:《共和、社群与公民》,江苏人民出版社 2004 年版,第 14 页。

息息相关。每一个社会成员都可以自由平等地参与到社会生活中,表达自己的观点和想法,提出跟自我发展和实现相关的意见决策,社会也需要为人的自由发展提供机会和条件。就此而言,正义也不再局限于分配领域以及具体的制度安排,而是面向社会生活各个领域的正义。作为生活方式的民主观念被谢尔顿·沃林(Sheldon Wolin)、查特尔·墨菲、本杰明·巴伯(Benjamin Barber)等人所接受,例如谢尔顿·沃林就认为:"需要重新构想作为非政府形式的民主:作为一种存在模式(mode of being)……它具有不断出现的可能。"①按此理解,民主内在地包涵了正义的各种诉求,它不仅体现为合理的社会政治治理方式,也包括日用常行的民主和正义,正义与民主之间建立了更加紧密的联结。它所体现的现代自由已经与古代自由有所不同,后者基于小国寡民的城邦有机体,虽有直接民主的参与,但是私人生活却受到很大限制,个体自由受限于城邦自由;现代自由则在现代国家的框架下理解自由,即在宪政法律的现代国家里,个体具有免于他人干预的自由权利(消极自由)、积极参与政治的自由(积极自由),以及免于支配和依附的自由(第三种自由)。作为一种政治价值而言,正义、民主与自由具有积极意义,但在具体操作层面,存在对不同价值的优先选择、规范阐释和效果衡量等复杂层面。

在实际的社会政治生活中,正义与民主并不必然有着很好的联结。很多人就提出质疑,认为民主不过是一种统治的工具,其最终结果要么是"多数人的暴政"(内战),要么是"少数人的专权"(独裁),民主并不总是有助于社会正义。布莱恩·巴里(Brian Barry)指出:"当人们在民主政治体中意识到决策不正义的时候,他们可能会以一种不民主的方式,以正义之名挑战民主决策。"②他甚至认为,民主对正义的挑战其代价可能会超

---

① Sheldon Wolin, *Democracy Incorporated*: *Managed Democracy and the Specter of Inverted Totalitarianism*, Princeton and Oxford: Princeton Universtity Press, 2008, p.259.

② Keith Dowding, Robert E.Goodin and Carole Pateman eds., *Justice and Democracy*: *Essays for Brian Barry*, New York: Cambridge University Press, 2004, p.24.

过不正义。在巴里看来,民主只是一种把公民的观点转化成结果的形式化程序,这种程序与结果的正义与否并无必要的关联。确实,人们很难就正义理论和民主理论的具体内容达成共识,两者在某种程度上存在着紧张关系。实际上,在当今诸如功利主义、契约主义、程序主义、参与主义等各种理论中,正义与民主之间存在着不同的关系形式。① 但是,在艾利斯·扬看来,正义与民主的恶性循环是可以被打破的。即使在存在各种不正义的形式民主社会中,深层次的民主也可以促进更加公正的决策和变革。

对正义与民主的考察内蕴于艾利斯·扬整个政治哲学思想的始终。在《正义与差异政治》中,艾利斯·扬就指出:"民主同时是社会正义的要素和条件。"②在《包容与民主》中,她进一步扩展了对正义与民主的关系的考察。前文已经提到,艾利斯·扬认为,社会正义关注的是有助于人的自我实现和自我发展的制度性条件,而不是具体的财富分配原则。它不仅要满足人们的基本物质需要,而且要使他们能够参与到与自身事务相关的公共讨论和民主决策的制定过程之中。民主与正义一样可以从人们的否定性经验出发,如果现实生活中存在着诸种阻碍人的自我实现和自我发展的结构化非正义形式,存在着社会经济的不平等和政治的不平等,民主就必须被提出来。因为按照结构正义的规范要求,每个人不仅应该获得正当的财富和收入,而且还应该具有参与制度协商和意见决策的权利和机会,以改变其依赖的非正义状况。这些由他们的行为所贡献并直接影响其行动的制度需要一种民主的结构。这些民主结构对意见的决策调节不仅限于政府机构,也包含所有的集体生活结构,例如生产和服务性企业、大学以及公益性的组织等等。

---

① Keith Dowding, Robert E. Goodin and Carole Pateman eds., *Justice and Democracy: Essays for Brian Barry*, New York: Cambridge University Press, 2004, pp.17-20.

② Iris Marion Young, *Justice and the Politics of Difference*, Princeton: Princeton University Press, 1999, p.91.

　　大致来说,作为减少统治和支配的正义要素之一,民主具有两方面价值,即工具价值和内在价值。第一,从工具层面讲,对公民而言,民主参与过程是确保他们自身的需要和利益能够被表达而不会被其他利益所支配的最好方式。因为现实的多元利益群体政治存在着规范缺陷,代表和意见决策的私人化形式经常表达的是与他们自身利益相关的诉求,而不是正义的诉求。另外,一部分人占据资源、地位和权力的优势会对其他弱势群体或边缘群体造成统治,并使有关自身需要和利益的声音很难被表达出来。民主参与的过程为这种表达提供了机会和途径。第二,作为一种内在的价值,民主通过给人们提供参与意见决策的机会,能够保护他们的利益,有助于发展和实现人们思考、判断和协作的能力,扩展积极的公民生活。卢梭和穆勒的古典传统推动了参与民主制度内在价值的讨论。在艾利斯·扬看来,拥有以及利用参与集体决策制定的机会,可以促进人们以下能力的发展:去考虑一个人自身需要和其他人需要之间关联的能力,对他人与社会结构的关系感兴趣的能力,以及表达清晰且具说服力的推理能力等。只有通过这种参与,人们才会具有与社会制度以及社会进程的积极关联感,并将社会关系视为并非中立而是隶属于创造和改变。

　　所以,民主有助于形成正义的结果。它是公共空间形成决策的条件,这些决策的主旨和内涵能够有效地促进实质正义,其中也包括分配的正义。这一诉求的论证依赖于哈贝马斯的交往伦理学和话语民主思想。后形而上学时代由于超验性规范真理的缺失,正义理论并不指向具体的好的生活,如哈贝马斯所讲的:"在一个多元主义社会中,正义理论要指望人们接受,它就必须仅仅局限于一个严格地来说是后形而上学的观念,也就是说,它要避免介入彼此竞争的诸生活方式和世界观之间的冲突。"①为了保证正义的结果,避免各种关于好的生活观念的冲突,正义理论需要一种民主的观念作保障。这种民主视角认为,在公共领域中,只有通过真

①　[德]尤尔根·哈贝马斯:《在事实与规范之间》,童世骏译,三联书店2011年版,第74页。

正促进所有需要和观点的自由表达才能有助于形成正义的政策和决议。信息和沟通的闭塞，以及公共空间的掌控都不利于社会的公平和正义。对于一个真正正义的社会而言，在有关决策的公开协商中，参与者可以就决策所涉及的资源分配、协作规则、劳动的公平分工以及社会位置的定义等方面进行讨论。他们或者表达自己的正义诉求，或者试图回应和理解他人的质疑和利益表达。通过这种参与，"它最可能将正义的标准引到意见决策过程中，并能够最大化地促进政策决议所需要的社会知识和视角"①。在这个意义上，民主程序可能有助于形成最正义的政策。

正义原则在民主进程中则具有评估性（限制性）作用和实用性功能。一方面，正义原则在民主沟通中起作用并不意味着存在一种适用于所有政治决策的普遍正义原则。在进行政治讨论和意见决策的时候，人们常会依据某些原则和价值提出自己的理由。在民主协商过程中诉诸正义可以就不同原则的优先性、理由的合理性以及原则之间的相互联系等方面进行考量，正义的原则和价值因而具有限制和评估的作用，"在政治决策的制定过程中，当关于正义的考量几乎总是处于道德的紧要关头时，正义'本质上'就是一种限定性概念——我们总是将这种概念作为我们政治行为的道德界限"②。另一方面，在实际的政治决策过程中，人们最终不是为了就某种普遍的"正义原则"达成共识，而是为了提出更具情境化的、具体的制度设计和意见决策。因此，在政治沟通中诉诸正义原则具有更加实用的价值，即正义原则是关于应该做什么的论证步骤，有助于形成更具实际效果的特殊判断。

总而言之，艾利斯·扬对民主与正义关系的思考既拒绝二者之间是天然对抗的，也不相信二者具有天然一致性。但是，她基本上同意，正义

---

① Iris Marion Young, *Justice and the Politics of Difference*, Princeton：Princeton University Press，1999，p.93.

② Iris Marion Young, *Justice and the Politics of Difference*, Princeton：Princeton University Press，1999，p.29.

与民主之间具有正向的相互促进关系，它们之间是可以良性循环的。在艾利斯·扬看来，正义对民主而言具有优先性。民主的旨归是为了实现社会正义，通过民主进程可以促进法律、管理以及社会等方面朝着更加正义的方向变革。虽然这是一项艰难的任务，但是对于实现正义的社会目的而言，民主进程是必要且恰当的工具。她假定对"最低限度的民主"（a minimalist understanding of democracy）的理解：即民主政治需要法治，公民自由和政治自由的推进，以及对立法者自由公平的选举等。① 作为两种重要的普遍政治价值，民主与社会正义息息相关。民主的价值和精神对于促进人的自我实现及社会的发展进步而言具有重要意义。它不仅能够提高民众判断思考的能力，也有利于促进决策的有效性，维护社会团结和正义。因此，民主实践是促进社会正义的重要方式。

艾利斯·扬意识到，现代社会由于存在着经济与权力的结构性不平等，形式的民主确实会强化社会不平等，并导致社会的不正义。如果要打破形式民主与结构性不平等之间的恶性循环，其中一个重要方式就是扩展民主包容和深化民主实践。通过合理的民主程序形成意见决策，有助于建立更加公正的社会制度和社会关系。为了改变压迫性的制度关系，民主政治运动和民主进程的设计者应该在意见决策进程中促进更加深入的包容，并将包容作为促进更加正义结果的实现方式以及评判民主决策规范正当性的重要方式。在这个意义上，包容作为民主政治一项基本的规范理想，是深层民主实践的核心理念。

二、交往民主的核心范畴

"包容"（inclusion）有着多重含义，既可用来指对相异者的"容纳"，也可以指对它的"宽恕"。在思想史上，包容作为一种政治理念虽然与宽

---

① Iris Marion Young, *Inclusion and Democracy*, Oxford: Oxford University Press, 2000, p.5.

容问题有关,但它们并不完全相同。为了更好地理解包容,我们先来澄清一下宽容的内涵。"宽容"来自拉丁语的"tolerare",在最开始的意义上特指宗教方面的宽容,后来延伸至容许别人有思想、判断和行动的自由等。在西方政治话语,尤其是自由主义的理论中,宽容问题经常被予以讨论。在传统自由主义那里,宽容主要关注的是多元差异的世界观和宗教之间如何共处。

作为一种基本的价值理念,宽容与自由直接对应,具有可忍受、可容忍的含义。古典自由主义理论家如伏尔泰、洛克、穆勒、康德等人都对宽容问题做了具体阐述。17世纪之前,对不同宗教、观念的宽容仍被理解为一种道德怯懦的形式,而非一种美德。在宗教改革的时代,异教徒遭受各种迫害,很多人因为信仰的原因被送上断头台。在《致友人的一封信》中,洛克专门讨论了宗教宽容的问题。他认为,需要宽容那些在宗教问题上持有异见的人,不能因宗教因素危害公民享有的自由和权利。无论个人、宗教还是国家,"谁都没有正当的权利以宗教的名义而侵犯他人的公民权和世俗利益"[①]。洛克指出:"做什么事都不得强迫命令——除了自己被说服而确信以外,谁都没有义务按照那种方式服从另一个人的劝诫和指令。在这一点上,每个人都享有至高无上和绝对的自我判断的权威。其理由就在于,任何他人都与此无干,也不可能因为他的行为而蒙受损害。"[②]在洛克那里,提倡宗教宽容旨在维护宗教自由和个体免于国家强制的自由。随着世俗主义和理性的发展,人们将宽容视为维护个体自由和权利的一个先决条件。

当人们摆脱宗教的枷锁,现代社会的宽容议题需要处理各种不同形式的"不宽容"。它一方面体现为对个体自由和权利的非干涉,另一方面宽容也体现为一种文化政治成就,表现在对不同文化群体差异、公共意见表达的非压制。宽容由此就转变成为一种对所有人都能接受和承认的能

---

① [英]洛克:《论宗教宽容》,吴云贵译,商务印书馆1982年版,第15页。
② [英]洛克:《论宗教宽容》,吴云贵译,商务印书馆1982年版,第36页。

指。在现代政治语境中,宽容更多地意味着一种值得的品质和意愿,而不代表一种处理冲突的信仰和行为的方式。例如,当代著名政治哲学家玛莎·努斯鲍姆①(Martha C.Nussbaum)就认为,宽容应该狭义地理解为一种个体德性。但是,社群主义者迈克尔·沃尔泽赋予宽容以更积极的意义。他认为,宽容应该被理解为多样的文化态度和政治实践,以便处理社会、政治和文化等的多元差异问题。迈克尔·沃尔泽指出:"宽容实际上包含了一个对待异己文化态度的连续谱:从最为消极的不得已的'听任接受',到简单被动的'漠视',到出于道德自律而'原则承认'异己的权利,到较为积极地对待他者的开放、好奇甚至尊敬,以至于到最为积极的对差异的热情肯定和赞赏。在不同社会的政治共存方式中,我们发现了不同的宽容态度和实践。"②从批判性反思罗尔斯契约论式的正义理论出发,沃尔泽主张在具体的社会历史语境中探讨宽容问题。在《论宽容》中,沃尔泽细致地区分了不同的宽容模式,并从"和平共处"的角度出发处理了不同文化政治语境中的宽容问题。③ 哈贝马斯也意识到,在多元的现代社会,存在着世界观、价值和理论之间的竞争。面对异己的宗教观和世界观,我们需要超越已有的价值分歧,平等看待和尊重他者。当下世界的多样性和日益分裂体现出宽容价值的必要:"不但世界观的多元化呼唤宽容,具有强烈同一性特征的语言和文化生活形式,如果它们在其总体信念的基础上,不仅在生存意义的视角下,而且在真实性和正确性的有效层面上必须作出判断的话,同样需要宽容并必须表现出宽容。"④

---

① 玛莎·努斯鲍姆(Martha C.Nussbaum):现为芝加哥大学法学与伦理学杰出贡献教授,主要研究领域为道德哲学、政治哲学、古典学和女性主义哲学,代表作有《善的脆弱性》、《诗性正义》、《正义的前沿》等。

② 刘擎:《宽容:政治的还是哲学的?》,载《二十一世纪》2001 年 2 月,总第 63 期。

③ Michael Walzer, *On Toleration*, New Haven and London:Yale University Press,1997.

④ [德]尤尔根·哈贝马斯:《我们何时应该宽容——关于世界观、价值和理论的竞争》,章国锋译,载《马克思主义与现实》2003 年第 1 期。

在非排斥和容纳差异的意义上,"包容"跟"宽容"(广义)意思相近。但是,"宽容在首要的意义上指向(个体的)意见和信仰,而不是群体和公民"①,而包容还意味着对差异进行平等尊严对待的民主权利的确证。在艾利斯·扬看来,"宽容经常意味着这样一种意愿,即不干涉他者,同时也不会确认与他者有着某种关系。对于促进社会包容而言,宽容是一个过于软弱无力的规范"②。面临多元群体的冲突和矛盾,包容成为多元时代人们不得不面临的价值选择,也是当今西方政治哲学的一个热议话题。正如对宽容来说存在着不可宽容的界限一样,包容问题也面临着何谓包容及其界限问题,存在着不同的种族、民族、文化、宗教团体等个人和群体如何在平等对待的前提下互惠相处的制度建构问题。

在现实生活上,人们总是习惯于"求同存异",不喜欢跟自己不同的信仰、思想和行为,不能容忍跟自己有差异的思想视角和文化习惯。这种现象既跟行为者的眼界和胸怀有关系,也跟他们所处的文化传统、社会制度有关,并且这两个方面很难截然分开。在一个充满偏见和歧视的社会,人们很容易会产生"文化帝国主义"或"暴力"等压迫形式。在艾利斯·扬那里,这些跟结构性差异相关的包容不能被单纯还原为个体良心或道德推理,即个体特质。与努斯鲍姆强调宽容的道德伦理不同,艾利斯·扬强调包容在政治方面的含义。包容规范是政治体民主决策过程正当性的有效方式,它主要不是指个体的德性,而是主要用于指称政治体的某种民主实践。在当今民主理论中,包容并不仅仅用于容忍或鼓励个体间的观念差异,而是主要指对少数群体的权利和自由的尊重和保护。如何把握包容与民主的关系,艾利斯·扬分析了两种理解,一种是建立在排他之上的理解,一种是规范性的理解。

首先,包容话语本身可能会依赖某种持续性排斥。按照罗伯特·古

---

① Frank Furedi, "On Tolerance", *Policy*, Vol.28, No.2, Winter 2012, p.33.

② Iris Marion Young, *Inclusion and Democracy*, Oxford: Oxford University Press, 2000, p.225.

丁（Robert Goodin）的批判，包容概念有时会预设包括受压迫者在内的边界单位。这个单位可以是某个民族国家，也可以是某种文化群体。它常常在提出包容规范之前已然设立了关于"自我"的"应然"评价标准，其实是将分歧和排斥"合理化"了。面对超越边界的"不包容"，包容的呼吁就不是真正地顾及受排斥者的权利，改变政治与社会的不平等，而是致力于让他们适应支配性的制度和规范，从而让排斥本身正当化和持续化。这样就违背了政治包容的含义，即从基本的政治权利、参与机会以及支配性争论形式的排斥经验中产生真正的包容诉求。在艾利斯·扬看来，现代社会的政治沟通中经常存在内外两种形式的排斥，即外部排斥和内部排斥。其中，"外部排斥"（external exclusion）指的是"各种本来应当被包容的群体或个人被有意无意地排除在讨论与意见决策的过程之外"[1]。这种排斥比较显而易见，在民主社会中，一部分个人和群体常因其独有的文化和生活模式而被其他方式排斥在讨论之外，而其他个人或群体则因占据地位或资源（社会经济）的优势支配性地控制意见决策过程，权力和资源的不平衡通常会导致这种外部排斥的发生。民主包容政治要求任何阶层、任何群体都具有平等对待的尊严和权利。很多民主政治实践意识到这种排斥，并采取了减少这种情况的措施。例如新社会运动中受压迫和边缘群体的解放诉求促进争取投票权的斗争，虽然这种行为体现了人们要求作为政治体完全和平等公民的诉求，但是选举权的平等在包容的意义上仅仅意味着"政治平等最低限度的条件"[2]。

政治沟通还存在更加深层的排斥情况，尤其是在意见决策过程中存在一种新的排斥形式——"内在排斥"（internal exclusion），它常涉及这样的方式："即使人们有机会参与决策制定的程序与讨论，他们也会缺乏影

---

① Iris Marion Young, *Inclusion and Democracy*, Oxford: Oxford University Press, 2000, pp.53-54.

② Iris Marion Young, *Inclusion and Democracy*, Oxford: Oxford University Press, 2000, p.5.

响他人思想的有效机会。"①跟外部排斥相比，内在排斥常常隐而不见，而且很少为理论所关注。它可能出自一个社会固有的传统文化习俗观念，也可能源于人们无意识的偏见或者考虑不周，并表现在人们习以为常的生活习惯和意见决策中。因为身处边缘，有着异于社会绝大多数人的经历和体验，边缘和弱势群体很容易缺少有效表达自己看法以及影响他人思想的机会。即使边缘群体有机会正式参与意见决策的讨论和过程，他们的主张也很少会被认真对待，有时甚至会受到不同程度的歧视。例如，在性别不平等的国家和社会，当绝大多数的社会成员共享着对性别的单一认知的时候，任何"异于常理"的观念和行为都很容易遭受社会主导文化形式的排斥。而且，这种性别权力关系甚至渗入整个社会心理之中，成为性别个体自我认知和评判他者的"不合理规范"。文化不宽容、种族主义、性别主义、经济的剥削掠夺等不平等境况导致了这些排斥的产生。然而，跟交往和沟通的内在排斥相比，相对来说，将人们排斥在民主进程机制之外的外部排斥更为根本地妨碍了政治平等。

其次，作为一种规范性概念，真正的政治包容指的是在民主参与意义上对所有人（尤其那些受排斥者和边缘者）的真正容纳。它体现为意见和意志形成过程的包容性，要求在民主决策制定和日常生活中尊重和承认个体差异或群体差异。按照艾利斯·扬的正义观，反对和批判隐含着压迫和排斥的结构化非正义以及对各种差异的排斥是其要义。在政治交往中，差异需要作为一种沟通资源而不是具有排斥性的自私自利纳入政治沟通当中。一个多元正义的民主社会不能消极地对待文化和宗教群体，应该将那些受压迫和边缘化群体视为平等和完全有资格的公民被包容进他们的政治体中。这种包容不仅仅是一种文化和道德的承认，还包括政治上的诉求，即最大限度地让他们的声音纳入意见决策的制定过程之中。通过这种协商参与和讨论，进而可以提高政策决定的合法化和活

---

① Iris Marion Young, *Inclusion and Democracy*, Oxford：Oxford University Press，2000，p.55.

力。在《包容他者》一书中,哈贝马斯讨论了多元文化、人权和民主的问题。艾利斯·扬继承了哈贝马斯的观点,但更加把包容概念化,并将其作为一种促进正义和民主实践的规范性准则进行讨论。

具体而言,作为民主的规范性理想之一,包容意味着在民主决策和讨论的过程中所有受到政策影响者都应该被包含在民主过程之内。从这个意义上讲,首先,它内在包含着道德尊严的规范,也即每一个人、每个群体都应该受到平等尊严对待。同时,包容还意味着沟通模式的多元。为了形成合理的意见决策,除了论证之外,它还包括诸如叙事、修辞等其他扩展的政治沟通模式。包容还涉及政治体的广泛含义,民族国家是一种具有排斥性的政治形式,包容性政治的规范要求一种更加开放互惠的全球治理体系。最后,包容不仅包括超国家层面的包容,而且包括国家中的各种社会组织和关系,如私人企业、学校机构等非国家掌控的组织。包容理想还跟社会团结的规范相关。政治包容不是将每个具有私人利益的个体和团体像一盘散沙一样地聚集在一起,它依赖一种"差异性团结"①(differentiated solidarity)的规范观念。哈贝马斯认为,团结是一种社会一体化的力量,它需要在面对金钱和行政权力控制的时候保持自己的地位,且需要通过交往行为以及自主的公共领域来实现。在艾利斯·扬看来,哈贝马斯的普遍主义正义视角无法实现现实生活中真正的团结。与之不同,差异性的团结是对现代社会人们日渐复杂的结构性关系的诊断。它允许人们彼此之间存在某种程度的"分离",并致力于平衡两个方面的价值:一方面是普遍化的包容和尊重的价值,另一方面是更加特殊主义、地方性的自我肯定和自我表达的价值。② 差异性团结假定在多元的现代社会,即使存在着诸多文化或社会的差别,人与人之间或者群体与群体之间

---

① Iris Marion Young, *Inclusion and Democracy*, Oxford: Oxford University Press, 2000, p.221.

② Iris Marion Young, *Inclusion and Democracy*, Oxford: Oxford University Press, 2000, p.221.

应该彼此尊重与关怀。在这种包容视角下,个体或群体可以在普遍化的尊重价值与特殊的自我肯定和自我表达价值之间寻求平衡。

在《多元与民主:表征差异》中,卡罗尔·古德指出:"在公共生活中认真对待差异要求的不仅仅是一个重新公式化的正义原则。它要求迅速增加参与到公共活动情境之中的机会,这不仅包括在早先已讨论之意义上的公共领域内的商谈和集会,而且包括经济、社会和政治生活等方面的制度。"①政治包容体现如何对待和承认差异的问题,但是倘若真正表征和承认差异,这不仅仅是一种文化的承认或者政治的口号,政治包容的真正实现需要合理的制度性民主程序予以保障。在包容性的民主实践中,人们致力于按照关于正义和智慧的诉求倾听他者和说服彼此,并在民主过程中敞开自己的观点和理解自己的利益改变,从而有助于促进正义的结果。

第二节　协商民主新范式

20 世纪 90 年代开始,在多元文化主义的背景下,西方民主的理论与实践经历了一种"协商论转向"②。"协商民主"(deliberative democracy)③成为当代民主政治和西方学界讨论的焦点,代表着民主理论的新发展。1998 年,詹姆斯·鲍曼(James Bohman)甚至明确提出"协商

---

① ［美］卡罗尔·古德:《多元与民主:表征差异》,载［美］塞拉·本哈比主编:《民主与差异:挑战政治的边界》,黄相怀、严海兵等译,中央编译出版社 2009 年版,第 180 页。

② John S. Dryzek, *Deliberative Democracy and Beyond：Liberals，Critics，Contestations*, Oxford/Oxford Universtiy Press,2000,p.1.

③ 国内对"deliberative democracy"的译法有以下几种:"审议民主"、"商议民主"、"审慎民主"等。鉴于学界的习惯用法,本书采用"协商民主"的翻译。对于不同译法的具体解释,参见陈家刚主编:《协商民主与政治发展》,社会科学文献出版社 2011 年版,第 6—7 页。

民主时代的到来"①,在他看来,协商民主的观念,即由自由、平等的公民通过公共协商来进行决策,代表了民主理论一个极为重要的发展。那么,协商民主出现的原因何在? 首先是建立在票选基础上的代议制民主模式存在着局限性,它把人民的民主权利限制在几年一次的议会代表和总统选举上,民主作为公民自主组织的原则和实践受到极大的限制。其次,仅仅根据选票的多寡来统计公民偏好和意愿存在着扭曲。通过对话、讨论、争辩、交流、沟通等渠道,公民可以参与政治生活。最主要的是,新社会运动的兴起表明,公民在日常生活和公共领域中的公民创意和公共讨论等应该被考虑为民主的真正基础。民主是公共参与的社会实践,为了提高社会政治决策中包容、回应、透明以及责任等要求,必须加强公民之间、公民与国家之间的协商。

协商民主的观念可追溯至杜威和汉娜·阿伦特(Hannah Arendt)的思想,甚至更远可追溯至卢梭和亚里士多德的思想。一开始,这一观念并未得到充分的重视,直到最近二三十年才引起学界的广泛关注。"协商民主"概念最初来自美国克莱蒙特大学政治学教授约瑟夫·必塞特(Joseph M.Bessette)的同名著作《协商民主:共和政府的多数原则》②,其意图是反对美国宪法的精英式或贵族式阐释,强调协商在论证决策时的作用。后来,这一概念被广泛使用,并被视为是对西方代议民主、选举民主、多数民主的一种超越和完善。其中,主张协商民主的著名的理论家有哈贝马斯、詹姆斯·鲍曼、桑斯坦、乔舒亚·科恩(Joshua Cohen)、本杰明·巴伯、南希·弗雷泽、塞拉·本哈比和艾米·古特曼(Amy Gutmann)等人。今天,越来越多的思想家加入协商民主问题的讨论中。虽然他们对协商民主的具体内容理解各异,但大都认为协商民主为反思和解决现

---

① James Bohman,"Survery Article:The Coming of Age of Deliberative Democracy", *The Journal of Political Philosophy*,Vol.6,No.4,1998,pp.400-425.

② Joseph M.Bessette, *The Mild Voice of Reason:Deliberative Democracy and American National Government*,Chicago:University of Chicago Press,1994.

代民主困境提供了充分的观念和制度模式。

艾利斯·扬认为,协商民主有助于处理复杂社会的民主差异问题。在她看来,民主"不是一个全有或全无的事件,而是具有程度差异的事情。不同的社会在民主内容和民主实践承诺的范围和强度不同"①。为此,她提出了一种深层民主构想。深层民主将对差异的包容视为深化和扩展民主实践的重要规范,通过将各种政治诉求包容进民主决策,有助于揭示或消除少数族群、弱势群体等遭受的结构性压迫。艾利斯·扬也称这种深层民主为协商民主(deliberative democracy)或交往民主(communi-cative democracy)。② 协商民主模式能够支持民主与正义之间密切的理论关联,这是艾利斯·扬民主思想的理论起点。本节将根据艾利斯·扬对协商民主的批判与继承,讨论和分析交往民主理论的具体内容和实现形式,以挖掘包容民主的规范内涵和解放内涵。

一、协商民主的批判与继承

当代西方政治哲学对协商民主有着诸多讨论,其中哈贝马斯的话语民主思想最具代表性,这也是艾利斯·扬交往民主理论确立的重要基础。从哈贝马斯思想发展的内在逻辑来说,话语民主理论是其交往行为理论的自然延伸。20 世纪 90 年代以后,哈贝马斯将交往行为理论和话语伦理思想应用于法律和政治领域,提出了话语民主理论。在《包容他者》和

---

① Iris Marion Young,*Inclusion and Democracy*,Oxford:Oxford University Press,2000,p.5.

② 由于协商民主中的"协商"术语对许多人而言意味着论证的首要性、不带感情色彩以及追求沟通的秩序等含义,为了表示一种更加开放的政治沟通情境,艾利斯·扬用"交往民主"(communicative democracy)来替代"协商民主"(deliberative democracy)的说法,参见 Iris Marion Young:*Inclusion and Democracy*,Oxford:Oxford University Press,2000,p.40. 在本哈比看来,两种民主的差异仅是一种表面而非实质的区分。艾利斯·扬有时在通用的意义上使用这两种概念。

《在事实与规范之间》等著作中,哈贝马斯处理了社会复杂性和民主的关系问题,并区分了关于民主政治的三种看法:自由主义民主、共和主义民主和协商民主。

按照自由主义模式,民主过程的功能在于把自主性的公民社会的利益传递给政治机构,政治的任务在于实现和维护私人权利和利益。对共和主义而言,政治表达的是一种"共同善",以及对共同伦理生活的实质性看法。其中,政治不仅是整个社会化进程的构成因素,也是一种道德生活关系的反思形式。自由主义和共和主义的这种对立实际上代表了西方两种政治哲学传统之间的分歧,"自由主义在文化资源上依赖康德式的道德普遍主义,共同体主义则依赖亚里士多德的德性主义伦理学和城邦政治理想。前者强调政治制度保护个人权利的价值,后者强调政治作为公民参与的作用,前者倾向自由主义的政治体制,后者倾向于共和主义的政治体制"①。

具体来说,在民主理论方面,自由主义和共和主义的差别至少体现为三个方面:首先是公民概念的差异。自由主义认为,公民具有独立于国家和其他公民的主体权利。主体权利主要是消极权利,它要确保私人不受外部强制。而共和主义则认为,公民权利保障的是积极自由,其体现为政治参与权和政治交往权。除了保障公民不受外在强制外,它还保障公民参与共同实践,并使他们成为自由平等政治共同体中具有责任感的主体。其次是法律概念的差异。自由主义认为,法治的合法性在于能够诉诸法律的保护性权威维护主体的权利。而共和主义则认为主体权利的客观内涵更为重要,它要确保公民能够在平等、自主和相互尊重的基础上共同生活。第三是对政治过程本质理解的差异。自由主义主张,政治本质上是围绕行政权力所展开的不同立场间的谈判与妥协。政治意见和政治意志在公共领域的形成是一种策略行为,权力的获得最终由选民来决定。而

---

① 汪行福:《通向话语民主之路:与哈贝马斯对话》,四川人民出版社 2002 年版,第27 页。

在共和主义那里,政治意见和政治意志的形成依赖的是一种旨在达成沟通的公共交往结构。公民自决实践的政治范式是对话而不是市场,它的目的是为了沟通。在对政治过程的交往理解上,哈贝马斯认同共和主义的立场。但同时,哈贝马斯也意识到,倘若将政治看作是集体生活的自我解释的话,就会赋予民主过程以过多的负担,从而造成一种"伦理超载"。这是因为,"相互冲突的没有任何共识的政治利益和价值所需要的平衡,是无法通过伦理话语获得的"①。也就是说,在文化多元主义和后形而上学时代,单纯诉诸共同文化或伦理生活等无法形成"共识"充分的合法性基础。总而言之,哈贝马斯认为自由主义模式与共和主义模式都有局限性,它们没有把握住民主程序在法律和国家的合法性自我阐释中的核心和重要性,因而也无法调和私人自主和公共自由之间的紧张关系。在这种张力的调和方面,话语民主能够更好地解释政治和民主的意义。

为了克服上述两种模式的局限,哈贝马斯提出了第三种民主模式:协商民主或话语民主。这种民主以人与人之间相互理解的交往为前提,通过特定的程序和前提,"赋予制度化的意见和意志形成以合法化的力量"②。按照这种协商民主思想,民主是自主公民共同地公开运用理性的制度化结果。在对公民概念的理解上,公民权利吸收了自由主义和共和主义的合理之处,是消极自由(人权)和积极自由(人民主权)的整合。此外,协商民主也跟法治国的思想紧密相关,涉及法律的主体间性内涵。其中,法治的合法性奠基于程序性规范的制度化。经由这些规范,私人个体不仅仅作为基本权利的拥有者被承认,而且也作为话语过程的潜在贡献

---

①　[德]尤尔根·哈贝马斯:《三种规范性民主模式》,载[美]塞拉·本哈比主编:《民主与差异:挑战政治的边界》,黄相怀、严海兵等译,中央编译出版社 2009 年版,第 25 页。

②　[德]尤尔根·哈贝马斯:《包容他者》,曹卫东译,上海人民出版社 2002 年版,第 286 页。

者形成获得法律认可的"共同善"。通过这种方式,依靠私人权利和公共权利原则的互相依赖,法律的合法性获得了真正的基础。按照哈贝马斯的协商民主理论,正式的政治系统及其运行并非政治的全部,它们只是诸多行动系统的一部分。协商民主立足于市民社会和公共领域,它强调政治是一种以沟通为目的的交往行为,通过协商形成的政治意志代表着更高层次的主体间性。哈贝马斯建立了基于话语伦理、以交往权力为核心的双轨制协商民主模式,不仅为协商民主理论奠定了基础,也提供了独特的协商民主的制度设计。

协商民主所释放出来的巨大民主潜能越来越受到人们的重视,就像登特里维斯所总结的,"在一个存在有深层的不平等、文化多元和社会复杂性日益增长的社会中,协商民主乃是一种理论上有力和制度上可行的政治模式"①。在哈贝马斯、詹姆斯·博曼、戴维·米勒、本哈比等思想家的推动下,协商民主理论进一步发展,并在民主政治中激发了人们对重建推理、说服与规范诉求的地位的兴趣。但同时,在多元复杂的现代社会,协商民主理论还面临着许多论争。例如,协商该如何具体进行,协商由谁来参加,哪种类型的协商是最好的,以及在怎样的社会条件或制度下才能产生协商等。② 这些不仅是理论上的争论,更多地体现了民主政治实践所面临的一些现实困境和难题。

作为受批判理论传统深深影响的政治哲学家和当代批判理论家,艾利斯·扬的民主理论既是对哈贝马斯协商民主理论的继承,也是对它的反思和超越。在《交往与他者:超越协商民主》③一文中,艾利斯·扬肯定

---

① [南非]毛里西奥·帕瑟林·登特里维斯主编:《作为公共协商的民主:新的视角》,王英津等译,中央编译出版社 2006 年版,第 3 页。

② [美]詹姆斯·菲什金、[英]彼得·拉斯莱特主编:《协商民主论争》,张晓敏译,中央编译出版社 2009 年版。

③ [美]艾利斯·扬:《交往与他者:超越协商民主》,载[美]塞拉·本哈比主编:《民主与差异:挑战政治的边界》,黄相怀、严海兵等译,中央编译出版社 2009 年版,第116—131 页。

了协商民主观念对于应对民主挑战和促进社会正义的价值和意义。通过公共协商,人们可以就集体性问题的内容、目标、行动等展开讨论,使其符合公共导向。而且,在自由、理性和公开的讨论中,人们可以对各种主张和理由加以甄选和检验,并对实现集体目标的最佳方式进行论证,从而使决策的合法性不受金钱、权力和社会地位的影响。但是,艾利斯·扬指出,大多数协商民主论者仍然持有一些偏见。一方面,协商民主模式倾向于将协商视为文化中立和普遍的话语实践,这种理解不能充分地把握协商过程中社会差异和非话语因素的作用。协商民主理论应该警惕不合理权力关系对协商本身的渗透,并承认协商过程中的社会差异和文化特殊性。在艾利斯·扬看来,哈贝马斯在他的理论中对政治过程与交往文化形式做了过于清晰的划分。其实,文化、社会视角等的差异本应构成对话协商的资源,而不是予以抹平和消除的分歧。这些因素都会影响人们利益与偏好的改变和转化,合理有效的协商需要对这些背景性条件保持敏感。另一方面,协商民主模式倾向于以沟通为目的的共识的形成,有可能会过于强调正式的推理论证形式的作用。对于那些在公共领域中不擅于使用推理论证的个体或群体来说,容易产生排斥作用。艾利斯·扬清楚地说:"聚焦于政治商议的公民性主张公民们在思考问题时,不能仅仅从自己的欲望和偏好出发,必须要进行公共推理和公共辩护。然而,这对公民的商议能力尤其道德能力,提出了更高的要求,很可能与古希腊的雅典民主一样具有排斥性,即将那些拥有较低能力或者能力缺陷的公民排除在外。"①而且,这也容易导致詹姆斯·博曼所指出的"政治贫困"问题。其中,"政治贫困包括一些公民团体没有能力有效参与民主过程。这种贫困的结果是两方面的:公共排斥(public exclusion)和政治包容(political inclusion)。一方面,政治贫困团体无法避免公共排斥,他们无法成功地

---

①　[美]艾利斯·扬:《交往与他者:超越协商民主》,载[美]塞拉·本哈比主编:《民主与差异:挑战政治的边界》,黄相怀、严海兵等译,中央编译出版社2009年版,第122页。

开展联合的公共协商活动；另一方面，它们也无法避免政治包容，因为他们是协商一致的合法接受者，他们对这种一致缺乏真正的控制和影响。因为他们无法促进协商，其沉默就被无视其存在的更强大的决策者视为同意。通过不断地将政治负担转移到弱者身上，非对称的排斥和同化就取得了成功，这些弱者缺乏资源、能力以及社会认可以挑战支配制度化协商的条件"①。另外，倘若把协商政治仅理解为是一种乌托邦理想，也会容易忽视现实社会的多元复杂性，很难将其视为真实世界的权力政治分析和批判的理论范式。

总的来说，基于论证的程序性公共协商虽然超越了自由主义民主与共和主义民主之间的对立，但无法真正化解政治争论中的道德歧见。由于这种协商范式没有严肃对待多元文化与群体差异，协商民主理论需要提供一种更为开放、包容和平等的交往理念和实践形式。为了应对现代社会中的复杂冲突，艾利斯·扬回到更为根本的"交往"概念来进一步反思和完善民主理论。

二、聚合民主与包容性民主

在协商民主的框架下，艾利斯·扬提出了一种交往民主或包容性民主的模式，以建构一种更为开放的政治沟通情境。在她看来："在实际存在的民主政治中，在社会经济方面的不平等与政治不平等之间常常存在这样一种不断增强的循环，即让有权有势者运用形式上的民主使不公正永远存在或者继续维持其特权……打破这种循环的一种方法就是拓展民主的包容性。"②包容性民主的内涵较之协商民主更为丰富，它要求政治

---

① ［美］詹姆斯·博曼、威廉·雷吉主编：《协商民主：论理性与政治》，陈家刚等译，中央编译出版社 2006 年版，第 246 页。

② Iris Marion Young, *Inclusion and Democracy*, Oxford：Oxford University Press，2000，p.17.

对话在解决集体问题时,要将一般性原则与多元视角、话语表达和社会情境的特殊方式结合起来,从而更加关注话语沟通的特殊性。艾利斯·扬认为,虽然哈贝马斯的话语民主思想有助于发展一种解放的规范理性概念,但是,沟通"不仅包括对共识的表达和扩展,还包括对不被共享的意义予以提供和承认"①。换言之,相互理解和沟通的实现并非要跨越或取消文化、地位和需要等方面的差异,共识的形成也不是通过排斥某些受影响者或者威胁和强迫他们来达到。如果过于将一致性视为协商民主的起点或目标,那么就不能很好地解释沟通过程中出现的意见转变和偏好转变。通过更具包容性的交往民主,差异成为民主协商进程中的前置性政治资源,避免在寻求一致的协商过程中被忽略。

为了更好地理解协商民主思想,艾利斯·扬分析了当前流行的民主范式,并将协商民主模式与聚合民主模式②(aggregative democracy)区分开来。在民主的一些基本框架方面,两种模式大致相同,例如都认为民主需要法治、言论自由、集会自由等。这两种模式都要求更多地关注民主观念所涉及的意见决策过程,它们通过挑选现存民主实践的一些特征,并将这些特征整合进关于理想民主进程的一种普遍描述中,每一种模式分别体现一种理想的民主类型。但是,它们在一些重要方面仍然存在着分歧。

在艾利斯·扬看来,传统意义上的聚合民主"将民主解释为公民在选择公共官员和政策时的偏好聚合过程。这种民主决策的目标是确定哪

---

① [美]艾利斯·扬:《交往与他者:超越协商民主》,载[美]塞拉·本哈比主编:《民主与差异:挑战政治的边界》,黄相怀、严海兵等译,中央编译出版社2009年版,第131页。

② 艾利斯·扬认为,聚合民主模式与某些人称为多元主义或利益集团多元主义民主的思维方式相近。她选择使用"聚合"而非"利益集团多元主义"(interest group pluralist)术语的原因在于,无论是多元主义还是合法利益的促进,都与民主过程的协商性解释相反或者不相容。参见 Iris Marion Young, *Inclusion and Democracy*, Oxford: Oxford University Press, 2000, p.19.

些领导人、规则和决策将符合那种得到最广泛和最强烈支持的偏好"①，也即聚合民主决策通过假定开放公平的竞争、决策制定、结盟以及压力回应的民主过程，认为选举和立法决议的结果反映的是人群中最强或最广泛偏好的集合。它的目标是最大限度地迎合大多数人的偏好。但是，倘若将民主政治过程阐释为类似于市场经济的进程，将政治主体的推理阐释为类似于竞争的市场背景下的策略推理，这样就既排除了交往和协商在政治意志形成中的作用，也不足以充分包容社会的差异性。从协商民主的理论视角看来，聚合型民主模式起码存在着四个方面的缺陷。

首先，聚合民主过程将个体偏好视为给定的，其中行为者缺少对这些偏好的来源、内容以及可能性后果的阐释。既得偏好的形成有各种原因，它们可能由幻想、推理、宗教信仰或者他人威胁的恐惧所致。人们可能会根据一己私利选择偏好，也可能被关怀他人的利他主义激发某种偏好。聚合民主仅关注偏好的结果，并未提供区分这些偏好动机的方式。另外，按照艾利斯·扬的说法，"通常情况下，由于某些个体或群体最初会通过各种忽视或者消除其他人正当利益的方式来构建他们的利益与偏好。所以，对他人负责就意味着，他们必须经常改变或转化他们的利益与偏好，从而使这些利益与偏好可以作为符合正义的方式被公开地表达出来"②。政治偏好在个体与他者的互动过程中也是可以改变的，但聚合民主仅仅外在地依赖偏好人数的多少以及强烈程度来判断偏好的价值，不足以充分解释真正的政治互动过程。

第二，聚合民主仅将民主视为一种确认或整合公民偏好数量或程度的机制，目的是获悉最受人们青睐的偏好，但没有考虑政治协作和合作的可能性。这是因为，在这种民主模式下，每个公民只考虑与切身利益和偏

---

① Iris Marion Young, *Inclusion and Democracy*, Oxford：Oxford University Press，2000，p.19.

② Iris Marion Young, *Inclusion and Democracy*, Oxford：Oxford University Press，2000，p.20.

好有关的私人事情,它"缺少这样一些明确观念,即关于由民主的公民互动所形成的公众以及由他们形成的某种决策动机"①。也就是说,民主参与者应基于所有参与者都可接受的道德理由来维护他们认可的公共善,而不是仅仅出自私利。

第三,聚合民主带有一种肤浅的个人主义理性形式。虽然政治参与者可能会对偏好的实现形式进行工具性论证或策略性论证(工具理性),但这种聚合民主不一定能保证结果的合理性。即使不考虑偏好的动机和来源,仅就偏好本身来讲,偏好聚合起来的结果可能是理性的,也可能是非理性的。而且,聚合偏好的排序结果具有很大的偶然性,它也可能跟这些单独个体所持有的偏好排序不同。所以,这种政治过程具有非理性特征和私人化倾向。

第四,由于不存在任何关于规范性理由的概念,聚合民主进程无法对偏好聚合结果的实质进行规范性评估。聚合民主模式对规范的、评估性的客观性保持怀疑。在政治生活中,对于善或正义有着道德判断的人们会诉诸超越主观偏好和利益诉求的普遍原则,他们倾向于通过理性捍卫这些规范诉求。但聚合民主的观点却认为,这种选择只是诸多主观主义偏好的一种,和其他特殊偏好一样不具有理性和客观性。不仅如此,聚合民主模式也没有提供有关评估决策内容道德合法性的方式。

所以,聚合民主模式只是提供了一种脆弱的激励因素和依据,它并不能确认民主过程结果的正当性。鉴于聚合民主的问题和困境,艾利斯·扬认为应该扩展民主的包容性。与聚合民主相对,艾利斯·扬提倡一种深层的协商民主作为替代方案。聚合民主是一种浅层民主,它容易导致各种私人利益和偏好之间的斗争,无法为民主结果提供牢固的合法性基础。依赖投票的自由主义民主政治即是一种聚合民主,这种民主将公民视为原子式的个人,无法真正认可各种特殊性和差异性,因而也不能体现

---

① Iris Marion Young, *Inclusion and Democracy*, Oxford:Oxford University Press,2000, p.20.

正义的民主诉求。对交往民主模式而言,民主则是一种实践理性的形式,它是一种深层民主。在这种民主的过程中,"参与者对于如何最佳地解决问题或者满足正当的需要等提出建议,并且他们也会提出各种相应的论据——他们致力于通过这些论据来说服其他人接受他们的提议"①。通过对各种涉及利益或需要的问题、冲突或主张的讨论,民主过程参与者不是单纯确定哪些偏好获得了最大数量的支持,而是通过确定哪些提议获得最佳理由的支持来达成决议。与哈贝马斯的协商民主相比,交往民主具有更加广泛的民众基础,各种因共识而被排斥的边缘群体、弱势群体也被包容在协商的进程之中。经由达成决策共识与包容差异的彼此协调,有型的自主公民的聚集由此转向一种"无主体的交往循环之中"②。

艾米·古特曼在《为何协商民主》中持相同观点。古特曼认为,虽然聚合民主有一些重要优势,例如至少在原则上产生决定性的结果,依赖相对没有争议的程序来解决分歧等,但是,它不能为民主决策提供一个可靠的原则基础。聚合民主无法解释公民意见决策和偏好所发生的改变,也不能为公民提供一种挑战自身聚合方式的途径。不能和对待其他偏好一样,以同样的方式对待不同意见决策方法的偏好。此外,聚合民主也没有平等对待所有的首选偏好类型。③ 相反,协商民主是人们处理政治生活中的道德分歧的合理方式,它依赖明确的道德原则而非中立的集合概念原则,例如共识和互惠。而且,它承认政治正当性的临时特性,"公民的经验与道德谅解不仅随着时间和社会空间的变换而改变,而且依赖于呼唤意见的协商、不时的补充妥协、经常性的冲突、政治见识和争论(包括

---

① Iris Marion Young, *Inclusion and Democracy*, Oxford: Oxford University Press, 2000, p.22.

② [德]尤尔根·哈贝马斯:《在事实与规范之间》,童世骏译,三联书店 2011 年版,第 168 页。

③ Amy Gutmann and Dennis Thompson, *Why Deliberative Democracy?*, Princeton and Oxford: Princeton University Press, 2004, pp.15-17.

政治领域中最重要的冲突)。因此,协商民主为'差异'留下了大量空间"①。在面对分歧的时候,如果这些分歧在互惠层面是可解决的,那么与聚合民主相比,协商更能产生同意。如果这些分歧没有那么容易解决,那么协商民主更能在未来产生正当的统一,并在尚未达成共识时促进彼此的尊重。因此,在多元的民主社会,协商民主模式在流行的诸种民主形式中能够最大程度地实现平等对待的道德要求。

通过对协商民主和聚合民主的批判性分析,在艾利斯·扬这里,交往民主具有独特的规范性内涵。立足社会正义的内在价值,交往民主具有四种在逻辑上完全相关的规范性理想:包容、政治平等、合理性与公共性。② 第一,在交往民主模式中,包容是一个最基础和最核心的概念。它不仅是涉及正义的重要规范,也是扩展和深化民主实践的核心理念。"包容"内在地体现了对所有决策影响者的道德尊重,但这并非意味着作为公民的政治体成员之间形式和抽象的平等。与自由主义的普遍主义对待不同(中立性原则),交往民主承认和观照社会中的各种结构性差异与分歧,同时也激励那些处于不同情境的群体或个人在符合合理性、公共性的条件下表达自身的需要、利益和观点。第二,因交往民主旨在促进自由平等的表达机会,政治平等则意味着人们具有质疑彼此以及作出回应的机会平等,同时也意味着民主参与主体的平等。包容必然意味着政治平等,但在现实政治中,打着政治平等的旗号也有可能导致排斥。第三,在交往民主中要求"合理性"(reasonableness)不单指协商过程中理性推理的沟通形式,它意在表明,协商的前提在于需要参与者愿意倾听他人,同时也尊重他人的表达。它要求人们以一种开放的心胸来进行理性衡量,而不是在情感任意和无知的情况下过快地作出判断。对于合理性来说,

---

① [美]艾米·古特曼:《民主、哲学与正当性》,载[美]塞拉·本哈比主编:《民主与差异:挑战政治的边界》,黄相怀、严海兵等译,中央编译出版社2009年版,第351页。

② Iris Marion Young, *Inclusion and Democracy*, Oxford: Oxford University Press, 2000, p.23.

最重要的不是参与者的理性言说方式，而是表达对话参与者所具有的一种性情或意图，即愿意倾听和尊重他者，愿意通过质疑试图理解他人的以及自己的主张，而不是草率地下判断。一种合理的、尊重人的决策讨论过程会体现出协商性，即当一些人表达意见的时候，其他人会以持续参与的方式承认这些表述。对于不同社会成员之间的理性沟通和公共商谈而言，"合理性"规范具有重要价值，并作为进行沟通的前提性条件起着重要作用。第四，公共性(publicity)则指的是民主决策参与者之间的互动会形成各种公共群体。这些公共群体包括许多具有差异性的个人与集体，他们往往带有不同的经历、历史、义务、理想、利益与目标等。为了在一系列共同的合法程序下讨论和解决集体问题，这些个人与集体需要以一种被理解与被接受的方式进行表达并彼此承认："对于某些表述的内容而言，成为公共的(to be public)并不必然伴随着它会立即被所有人理解，也不必然伴随着那种论证所诉诸的各项原则会被所有人接受，而是仅仅需要使那种表述通过运用可以被理解和被接受的方式和内容表达出来。"①这种公共性成为语言内容的一种规范条件，即任何公民都可以被倾听，任何公民都可以去质疑或者询问彼此，各项主张必须通过一种能让所有公民接受的方式表达出来。

基于上述内在规范，交往民主是一种包容差异的协商模式。它虽然包含了聚合民主模式所强调的意见聚合的方面，但更加强调政治意志形成中的交互性方面。要把握交往民主的理论特点最好把它与自由主义和共和主义民主模式加以比较。大致来说，聚合民主表达了自由主义民主的理念和核心机制。这种民主强调在意见决策制定过程中要维护个体与群体的能力和利益，反对各种形式的暴政，因而体现了个人自由的要求。交往民主则更加深层地体现了民主实践的正义承诺，它将各种主张直接诉诸公共群体，其目的是依据上述规范说服公共群体成员倾听和批判各

---

① Iris Marion Young, *Inclusion and Democracy*, Oxford: Oxford University Press, 2000, p.153.

种非正义，同时这些规范也要求批判那些拒绝倾听的人，从而通过切实的制度性策略有效地促进社会的正义实践。

作为一种包容差异的民主模式，交往民主并非从诉诸个人利益和偏好的自由主义转向诉诸集体善和德性的共和主义。为了避免政治决策的意见冲突，共和主义者常会诉诸某种共同善以调和私人间的利益之争。但是，当存在结构化不平等以及深层的分歧时，诉诸共同善并说服人们搁置差异的做法不会真正促进正义。例如，一些左派学者强调文化和身份的认同，这种关注只是让人们意识到彼此的对立和冲突，忽视了更加深层的支配和压迫问题。哈贝马斯就曾指出，让民主过程依附于公民的道德并诉诸共同善的做法过于理想化。这是因为，"政治的核心不仅仅在于，或者说主要并不在于道德的自我理解问题"①。因而，不能用道德来约束政治话语，它需要通过明确关注差异性结构位置的民主协商进程来确立其正当性。交往民主既不将民主过程看作是"占有式"个体私人利益之间的对抗，也不将其看作是忽视差异的有关共同善的公共讨论，它没有将二者虚假地对立起来，而是将民主过程看作是除自由主义和共和主义之外的替代性方案。艾利斯·扬将这种方案视为促进社会正义的"第三条道路"，它立足于公共讨论和决策过程。通过包容多元社会群体的差异视角，这个过程"包括并确认社会中所有特定社会群体的观点，并将他们的情境知识看成是扩展每个人的认识和超越自身狭隘利益的资源"②。在这一点上，艾利斯·扬整合了自由主义和共和主义的民主模式，同时也超越了传统的协商民主模式，提出了对交往民主尤其是差异民主化的独特看法。艾利斯·扬的深层交往民主构想致力于整个社会的民主化和差异的包容，具体体现为对公共领域民主化和隐私权民主化的论述。

---

① ［德］尤尔根·哈贝马斯：《包容他者》，曹卫东译，上海人民出版社 2002 年版，第 285 页。

② Iris Marion Young: *Inclusion and Democracy*, Oxford: Oxford University Press, 2000, p.109.

三、公共领域的民主化

公共领域是交往民主理论践行的场所，是公民交往参与的、由言语活动构成的公共空间。艾利斯·扬对公共领域的思考主要受哈贝马斯思想的影响。借用阿伦特的公共领域思想，哈贝马斯在《公共领域的结构转型》中阐释了公共领域概念及其历史，致力于在公共领域概念之上重建民主理论。大体上说，哈贝马斯在讨论民主时是把早期资本主义社会的个人主义的自由平等公共领域作为范型，并以此来批判晚期资本主义公共领域的封建化和阶级化。公共领域以公共性为原则，是话语产生和循环的场所。它通过民主公开辩论和理性自由讨论形成各种公共意见，并对公共权力的实践进行反思和批判。虽然哈贝马斯的公共领域对社会批判理论和民主政治实践不可或缺，但是，他的理论没有涉及各种亚文化公共领域之间的差异和交流。前文提到，由于致力于"公平"的统一理想，在现代政治理论及其实践中，公共领域常通过排斥与身体和情感相关的女性和他者来实现普遍理性的要求。如果停留在哈贝马斯式的公共领域层面，多元和差异的公民身份在实践中就很难被接纳和认同。正因为如此，新一代批判理论家普遍认为，哈贝马斯在公共领域和私人领域的二元区分具有局限性，包括南希·弗雷泽在内的当代女性主义批判理论力图突破这一限制，构建一种更加包容和敏感差异的公共领域。①

在弗雷泽看来，哈贝马斯坚持了一种排斥性的、单一的公共领域观念。她批判哈贝马斯对公共领域的早期论述。在《公共领域反思：一项对现存民主批判的贡献》中，弗雷泽从女性主义视角批判了哈贝马斯对资产阶级公共领域的四个假设，并指出这种公共领域是资产阶级的、大男

---

① 关于女性主义理论家对哈贝马斯的批判，参见 Johanna Meehan ed., *Feminists Read Habermas: Gendering the Subject of Discourse*, New York and London: Routledge, 1995.

子主义的和白人至上主义的。① 在社会不平等、经济不平等的社会,公共领域在观念和行动上容易被那些具有特权的群体所支配,那些弱势的、边缘的群体由于其弱势地位容易被公共领域所排除。跟这种单一的、支配性的公共领域相对,女性、穷人、残疾人、少数族裔等社会从属群体会通过形成各种"庶人反公共领域"(subaltern counter-publics)来组织自己的活动。这些反公共领域为从属地位的群体成员提供了交流的场所和空间,使其形成表达自己社会视角的审美模式和论证模式。所以,弗雷泽认为,多元的公共领域比单一的公共领域更有助于实现参与权的平等。艾利斯·扬与弗雷泽的观点相似。她也认为,为了实现社会的正义和民主,应该促进各种反公共领域提出的论证,以包容多样性和竞争性话语的表达。各种居于文化或结构性差异的群体可以实现各自的自治性和身份认同,而不是在严格的公私之分下因话语的特殊性被排除在公共领域之外。但是,与极端的后现代主义者不同,在艾利斯·扬看来,单一的综合公共领域的存在也是必要的,当代民主理论和实践需要同时接受哈贝马斯关于单一公共领域和弗雷泽关于从属公共领域的论述。与单一的公共领域一样,单纯的多元公共领域有其局限性。多样性的从属领域不能保证彼此的相互沟通和影响,不能有效解决跨群体问题。在大规模的多元社会中,深层民主要求有一个相互影响和彼此沟通的综合性的公共领域作为跨群体交流和对话的平台和机制。但是,我们需要注意,艾利斯·扬所说的单一公共领域不是指弗雷泽意义上"支配—从属"对立的公共领域,而是一个更加包容的民主过程。在这个过程中,不同的亚文化(结构)群体可以提出主张并影响彼此,进而影响国家和经济机构的政策和行动。所以,公共领域的开放性不仅体现在各种观点和内容的展示,也体现在不同群体视角的彼此渗透。

后来,在《在事实与规范之间》一书中,哈贝马斯接受了女性主义的批判,并扩展了对公共领域的看法。在他看来,公共领域是指介于国家与

---

① [美]南希·弗雷泽:《正义的中断:对后社会主义状况的批判性反思》,于海青译,上海人民出版社 2009 年版,第 81 页。

个体之间的调节性领域。无论公共领域还是私人领域都是话语交往的领域:"划定私人领域和公共领域之间界限的,并不是一套固定的议题或关系,而是不同的交往条件……它们并没有将私人领域与公共领域分裂开来,而是将议题之流从一个领域传输到另一个领域。"①在哈贝马斯那里,公共领域被描述成为一个关于内容、观点、意见的交往网络:"在那里,交往之流被以一种特定方式加以过滤和综合,从而成为根据特定议题集束而成的公共意见或舆论……公共领域的特征毋宁在于一种交往结构。它同取向于理解的行动的第三方面有关:既不是日常交往的功能,也不是具体的日常交往内容,而是交往行动中产生的社会空间。"②公共领域的核心在于一些非政府的、非经济的联系和自愿结合,它们使公共领域的交往结构扎根于生活世界的社会成分之中。在公共领域中,形成了作为公共意见载体的公众。公共领域涉及公共性的原则,并使公众能够对国家活动实施民主控制。艾利斯·扬将哈贝马斯对公共领域的这种运用理解为一种"空间性隐喻"。在她看来,将具体的公共讨论过程描述为一种由话语与表达组成的单一、持续性场所具有重要性。这是因为,"那种由行为、互动、矛盾和冲突组成的领域需要一种开放的、流动的跨邻里、地区和组织网络的沟通"③。因而,公共领域联结了国家与社会,为民主的实现提供了场所。

公共领域的交往结构需要充满活力的公民社会④(civil society)作为

---

① [德]尤尔根·哈贝马斯:《在事实与规范之间》,童世骏译,三联书店 2011 年版,第 453 页。

② [德]尤尔根·哈贝马斯:《在事实与规范之间》,童世骏译,三联书店 2011 年版,第 445 页。

③ Iris Marion Young, *Inclusion and Democracy*, Oxford: Oxford University Press, 2000, p.159.

④ 学界对 civil society 通常有三种不同译法:"市民社会"、"民间社会"或"公民社会"。市民社会通常带有贬义,与资产阶级社会等同。民间社会是我国台湾学者的译法,但不常用。公民社会是比较褒义的称谓。这里使用"公民社会"的译法,以跟市民社会的常用理解区分开来。

载体。公民社会是民主的社会学基础。它有别于马克思批判意义上的资本主义社会,后者是由私法构成的,通过劳动、资本和商品市场导控的经济社会。公民社会指的是介于经济和国家之间的各种自发性交往组织,例如教会、媒体、社交论坛、慈善机构等。艾利斯·扬继承了哈贝马斯对系统和生活世界的看法,即认为国家和经济是系统性的,它们分别以权力和金钱为媒介协调行为,并倾向于以实现更深层的官僚化和商业化为目的。公民社会则是除此之外的社会网络,它通过交往互动对社会行为进行协调。为了挖掘社会自身的自我组织的民主潜能,我们在理论上需要把公民社会与国家和经济系统区分开来。但是,与习惯于从空间角度对国家、经济和公民社会所做的具有明确边界划分(范围、领域和空间视觉)的观点不同,艾利斯·扬主张一种以过程为导向的对公民社会的理解。在实际生活中,公民社会、国家和经济系统这三个方面很难截然区分。划分明确边界的做法只是为了理论讨论的需要,而非对实际的社会改革和民主实践有帮助。实际上,在某些国家和经济机构中,也存在各种自主性组织。本质上说,在艾利斯·扬看来,公民社会"是为了实现以增强各种内在的社会价值为特殊目的的自组织的活动"①。因此,我们应该以关系或活动的视角去理解不同的领域和机构,而不是以领域和空间的视角来看待它们之间的区别和关系。

对于公民社会以及公共领域之于民主和正义的促进作用,哈贝马斯做了大量探讨。他认为,公共协商在公共领域和公民社会中具有施为(performative)意义。公民社会的政治参与有助于形成各种形式的社会运动。公民通过政治交往,可以对话语涉及的规范内容进行阐释和捍卫。他们可以通过公共舆论影响集体意志,并经由制度性程序将合理的决策意见转变为政治权力,同时确认自己的行动能力和认同。因而,公共领域有助于挖掘社会的解放潜能,构成对权力压制和系统殖民的批判和

---

① Iris Marion Young, *Inclusion and Democracy*, Oxford: Oxford University Press, 2000, p.160.

反抗。借鉴弗雷泽的思想，按照公共领域的不同程度，哈贝马斯区分了强的公共领域和弱的公共领域，提出了一种"双轨制"（two track）的民主模式。"强的公共领域"指的是议会团体等专业化的、正式的协商机构。它不仅促进了意见和意志的形成过程，也为实践问题的解决提供了参照点。"弱的公共领域"则指的是高度分散性的、非正式的政治舆论，它是社会的"感受器官"。通过回应和理解社会问题，个人意见的涓涓细流会形成反映社会情况的强大舆论。协商民主需要在两者之间寻求平衡。根据交往密度、组织复杂性和涉及的范围，公共领域又可分为插曲性公共领域（咖啡馆）、有部署的公共领域（剧场演出）和抽象的公共领域（大众传媒），这些公共领域相互开放并彼此渗透。话语（协商）民主基于公共领域的意见形成和意志形成过程，并通过一种民主程序确保其合法性力量。通过这种双轨制民主，鼓励公民积极参与政治讨论，同时也以建制化的程序保障公民的交往和商谈，在互动的主体间实现理性共识。

艾利斯·扬继承了哈贝马斯公共领域的基本框架。在她看来，公共领域的协商有助于深层民主的实现。自由主义的浅层民主概念经常将民主单纯地理解为一种服从法治的、选举精英决策者的政治系统。但是，它忽略了精英与普通大众之间观念和利益的联系。与此相对立，共和主义将民主理解为人民在公共参与中形成的实质性的、同一的意志和价值的统治，这种观点也是片面的，它消解了支配者和被支配者之间的距离。实际上，在当今复杂社会的情境下，公共领域是"存在于人民和权力之间的首要连接器"①，我们可以根据这种连接的强度和影响的预测性来判断民主的深度和包容性。

在艾利斯·扬看来，公共领域具有三个方面的民主功能。第一，公共领域有助于展开异议和问责，它"使公民能够揭露存在于国家和社会权

---

① Iris Marion Young, *Inclusion and Democracy*, Oxford: Oxford University Press, 2000, p.173.

力中的不正义,并使公共权力的运用更加负责"①。在现代西方发达国家和经济系统中,按照福柯的说法,权力经常以一种隐匿的方式出现,每个人或多或少处于各种权力和金钱的"牢笼"之中。对那些相对而言无权无势者来说,通过将其正义诉求与有效的公共沟通结合起来,有助于限制不合理的权力形式和资本运作,有利于形成良序运作的公共领域。第二,公共领域有助于影响政策的制定和施行。通过协商讨论和论证过程,公共领域有助于揭露各种社会问题和结构性不正义。这些沟通信息可以通过合法的程序性运作转化为立法和行政政策,从而促进相应的制度性改革和实践。第三,公共领域有助于通过社会来变革社会。它通过传播可供选择的理念和实践,寄希望于公民社会本身的改革。以女性主义运动为例,我们看到,当今世界性别平等越来越成为人们的共识。一些群体和组织致力于帮助受到伤害的女性,给她们提供切实的帮助。他们或通过一些公共媒介宣传性别平等理念,或通过公共讨论、联合抵制、制度完善等,公共领域的协商讨论促使一些人和组织反观自身,督促他们逐渐消除对女性的暴力和偏见。因而,多样广泛的公民生活是民主政治和社会正义的关键基础。

虽然公民社会以及由此延伸出的公共领域在促进社会包容、深化民主方面起着关键作用,但是,艾利斯·扬并未否定国家的重要性。许多协商民主理论家将公共领域与国家对立起来,在艾利斯·扬看来,国家机构所具有的权力并非完全是一种"恶"(自由主义)。各种国家机构能够有助于大规模的协调和管理,在某些层面优于公民社会。由于公民社会的分散性和协调能力的缺乏,它只能在最低限度的意义上提升各种自我发展的价值。由于导致结构性压迫根源的复杂性,其中涉及经济制度过程等,民主的国家机构对消除这些压迫而言必不可少。而且,公民社会的散乱意见(交往权力)如果要转化为政治权力,也需

---

① Iris Marion Young, *Inclusion and Democracy*, Oxford:Oxford University Press, 2000, p.158.

要依靠国家的治理功能。其中,评判国家合法性的标准在于其是否促进人们自我决定和自我发展的正义追求。由于国家与公民社会之间存在着张力,社会的正义民主要求国家、经济和公民社会之间的彼此协调和限制。

综上所述,一种自由、积极、包容差异的公民社会对于民主实践而言至关重要。它不仅限制权力和资本对生活世界的殖民,也有助于培养个体和集体的自决。但是,就像哈贝马斯在援引科恩和阿拉托时所指出的,公共领域有其局限:"市民社会和公共领域为各种非建制化政治运动形式和政治表达形式所提供的是有限的行动空间……一种有活力的市民社会只能形成于一种自由的政治文化和相应的社会化模式的背景之下,只能建立在一种未受破坏的私人领域的基础之上——它只能在一种已经合理化了的生活世界之中才能展开。"①换言之,只有基于受到保护和尊重的私人性,公民才会具有一种健全的尊严感和自信感(完整人格),才能更加以一种审慎和健康的姿态进入公共领域。私人领域中的民主诉求是容易被人们所忽略的问题,艾利斯·扬意识到隐私的重要性。在讨论深层民主时她不仅探究了公共领域的民主化,还思考了隐私的民主化。

四、隐私权的民主化

和自由主义批判协商民主侵蚀了私人领域不同,艾利斯·扬认为它伸展的还不够,还不具备真正的包容性。② 正如简·科恩所意识到的,很多现代理论家致力于公共领域的民主化,尤其一些女性主义理论家也指出,当代公共领域更多地着眼于差异的代表和赋权的问题,但忽视了"从

---

① [德]尤尔根·哈贝马斯:《在事实与规范之间》,童世骏译,三联书店 2011 年版,第 458—459 页。

② 公共与私人之分在这里只是作为概念讨论的需要,而不是实质性区分。

公共性自然延伸出来的私人性概念"①,即忽视关于私人性和个体隐私权的分析。为了深化民主政治,艾利斯·扬试图说明,拥有私人空间以及私人活动不受打扰是每个公民应享有的基本社会权利,它有助于保障私生活的自主权以及个体的整全性。虽然一些隐私权理论预设了个人空间的价值,但是,它们并没有将这种价值主题化,也没有考虑到实现这种价值的各种阻碍。在《像女孩一样丢球》中,艾利斯·扬具体提出了隐私权民主化的概念。② 在《正义与差异政治》和《包容与民主》中,她对这个问题进行了扩展。

隐私权最早是一个法律概念,它关涉私人生活、行为习惯以及个人关系等方面的权利。在 20 世纪以前,侵犯隐私权并未作为一种独立的侵权行为存在。19 世纪末期,隐私权概念开始出现。1890 年,美国学者塞缪尔·D.沃伦(Samuel D.Warren)和路易斯·D.布兰迪斯(Louis D.Brandeil)合作完成论文《论隐私权》③,最早提出了隐私权概念,认为人们应该具有个人独处的权利,以应对他者对个体私生活的打扰。在《隐私权》一书中,欧文·凯莫林斯基(Erwin Chemerinsk)具体描述了三种不同的隐私权利:首先是防止政府侵犯个人家庭或个人人格,即警惕权力的滥用;其次是指保障个体的自主权,即保障个体作出某些特定个人决定的权利;第三是指保障个人拥有控制与自身相关的信息传播的能力,也即保障个体的信息隐私。④ 艾利斯·扬指出,在以权利作为基础的实证法(positive law)那里,隐私是一种相对比较新的概念。现代社会,随着科技和信息的

---

① [美]简·科恩:《民主、差异和隐私权》,载[美]塞拉·本哈比主编:《民主与差异:挑战政治的边界》,黄相怀、严海兵等译,中央编译出版社 2009 年版,第 188 页。

② Iris Marion Young, *Intersection Voices*: *Dilemmas of Gender*, *Political*, *philosophy and policy*, Princeton: Princeton Press, 1997, p.163.

③ Samuel D.Warren and Louis D.Brandeis, "The Right to Privacy", *Harvard Law Review*, Vol.4, No.5, December 1890, pp.193-220.

④ [美]路易斯·D.布兰迪斯等:《隐私权》,宦盛奎译,北京大学出版社 2014 年版,第 104—115 页。

发展,隐私方面的权利越来越受到人们的重视。而且,隐私保护的范围也逐渐扩大,隐私权的概念从法律维度扩展至私人个体之间、私人机构之间以及国家与个体之间的沟通关系。隐私权概念不等同于私人领域概念,在社会领域中,私人领域概念常作为一种批判性概念被用来阐释女性等边缘群体被剥夺进入公共领域的机会。在艾利斯·扬看来,隐私权指的是"一个人对是否允许了解她本人、她的个人信息,以及对她意义重大的事务所具有的自主权和控制权"①。因此,隐私权跟个体价值有关,它并非指一个相对于公共领域的特殊领域。另外,隐私权的享有和运用也反映了社会关系和权力结构。在一个结构性不平等的社会,能够维持私人空间而不受侵犯成为一种特权。例如,在隐私权不民主的社会,只有上层阶级才真正具有他人对其私人信息和空间的尊重,而那些居于弱势的人则会被随意评价。由于弱势群体和边缘群体的声音无法被有效表达,他们只能忍受私人空间的被侵犯,或者被许多不合理的规训标准所评价,从而进一步加深其边缘位置。因此,隐私权的民主化常常对日常生活所发生的各种隐性支配保持敏感,并批判由既定的社会规训对性别个体所造成的各种压迫。可以从以下几个方面具体理解隐私权的民主化。

首先,隐私权的民主化关注私人关系中接受者的权利。关于权利的哲学讨论倾向于关注消极自由的狭窄的权利概念,也即不受干预做某事的权利。这种讨论很少涉及接受者的权利,也即一个人拥有的对亲密关系、服务、资源等的权利。早在《复杂社会的隐私权》②(1983)一文中,艾利斯·扬就开始关注隐私权和亲密关系的问题。她认为,人拥有亲密关系的基本权利,其中暗含一种隐私和自治的权利。通常人们会认为,隐私

---

① Iris Marion Young, *Intersection Voices: Dilemmas of Gender, Political, Philosophy and Policy*, Princeton: Princeton Press, 1997, p.162. 或 Iris Marion Young, *On Female Body Experience: "Throwing Like a Girl" and Other Essays*, Oxford: Oxford University Press, 2005, p.162.

② Iris Marion Young, "Rights to Intimacy in a Complex Society", *Journal of Social Philosophy*, Vol.xiv, No.2, May 1983, pp.47-52.

涉及个体事务,应该"去政治化",家庭、私人事务等方面应该保持其异于国家和经济系统的独立性。由于亲密关系以共享的信念和内在决心为基础,国家对亲密关系的管控会破坏其本质,因而亲密关系隐含着一种免于政府管控和干预的权利。但是,隐私权的这种预设存在很多问题,它使得人们容易无视诸如婚姻内的家暴、虐待等非正义现象。例如,由于受制于"家丑不可外扬"等习俗观念,一些暴力行为经常发生在家庭和亲密关系之中。但是,由于被认为只是"家务事",一些隐匿的情感暴力、控制行为、性别压迫、经济约束、身体虐待等时有发生,并容易导致灾难性的后果。对这些具有压迫性的"私人领域"的问题,也需要得到有效的司法干预和社会干预,并诉诸社会的公开讨论、观念反思以及相应的法律制度来进行改革。同时,国家或一些公民机构也需要积极建构对家庭等隐私领域的作用。通过这种积极建构,可以使亲密关系(隐私性)保持自治和品质,并避免受到其他社会机构潜存的有害影响。

其次,隐私权民主化必须对日常生活所发生的各种隐性支配保持敏感性,并批判各种既成的社会规训对人所造成的压迫。在《像女孩一样丢球》中,艾利斯·扬援引了女性日常生活的各种身体经验。在一些社会情境中,小女孩总是被教育玩洋娃娃,却很少被鼓励上球场踢球。所以,女性身体便很少出现在球场上。即便上场玩球,在这种需要身体全面投入的动作中,女孩常因恐惧和胆怯而无法全身心投入。女孩在行动中总是迟疑地、柔弱地展现自己的身体,无法以一种舒展的姿态去丢球。①同时,在男孩的游戏规则下,她们展现的方式也有可能遭受不公正的评价。社会的规训内化成心理以及身体的规训,经由这种规训,长此以往,她们无法真正以一种自由、开放的方式迎向外在世界。在一次访谈中,艾利斯·扬就指出,有些国家和地区对女性的积极改变很大程度上主要涉及公共领域方面。例如,女性的工作和就业机会增多,很多女性可以平等

---

① 　Iris Marion Young, *On Female Body Experience*："*Throwing Like a Girl*" *and Other Essays*, Oxford：Oxford University Press, 2005, p.32.

地参与各种社会政治活动等,这些都意味着社会的公正和进步。但是,在私人领域,一些制度准则和传统观念因其隐匿性而尚存在各种压迫和歧视。①

第三,隐私权的民主化还必须关注一些机构和组织的"去政治化"对个体或群体隐私性的侵犯。以养护中心为例,老人常因缺乏自理能力需要接受管理者和组织人员的日常指导。虽然他们看起来被当作"弱势群体"接受照顾,实际上他们的个人生活受到了严重干扰。老人不自觉地被边缘化,并被以一种蔑视或施恩的方式来对待。这是因为,养护中心或者收容所之类的现代福利机构通常会事先决定边缘者的"需要",并提供相应的福利举措。这种"依赖关系"很容易侵犯被救助者的隐私、个体自由和选择权。栖居的空间不仅承载着历史,也是个体生命故事的延展,是个体意义感的重要来源。但是,这些福利机构仅履行着管理的功能,而没有致力于增加个体的认同感和归属感,提高他们的生活品质。艾利斯·扬强调,在一个公平正义的社会里,个体拥有保持隐私、维护私人空间的自由。社会组织和个人应该保有对个体隐私的基本尊重,倾听他们的真实声音,这也符合包容性民主沟通的内在要求。

隐私作为一个话题被政治哲学家们所关注和探讨也是近来的事情。古希腊城邦时代,人们作为政治的动物其实并没有什么隐私可言,个体的德行是为了城邦的完善。现代社会,人们较之以往有着更加复杂多元的连接。很多涉及私人的问题已经不完全是个体的事情,其中夹杂着复杂的结构性因素,所以公共领域与私人领域之间并无绝对的界限。在艾利斯·扬看来,对隐私权的关注涉及对"政治的"(the political)的广义理解。她认为,对政治的讨论不限于传统马克思意义上的阶级革命。女性主义提出并为其他新社会运动所提倡的"个人的就是政治的"口号表明,政治已经不局限于军队、政权等方面,还涉及人们的日常生活;不仅

---

① [西]N.T.卡萨尔斯、[加]I.博兰:《女性主义政治哲学探析:对话艾利斯·马瑞恩·扬》,孙晓岚、宋美盈译,载《国外理论动态》2013年第12期。

公共领域对维护正义是重要的，而且私人领域也具有重要性。例如，对于女性而言，倘若将私人问题从公共讨论和辩论中屏蔽出去，就会遮蔽"家政中不平等的权力关系——即假借正义之名义形成的家务性别分配和家庭中其他'亲密关系'上的性别模式"①，因而强化了生活中的性别等级结构和不平等。虽然公共领域与私人领域的边界划分具有历史性和不确定性，但是私人领域不能被完全废止。隐私直接跟人的自治有关，它特指一个人对其生活空间、生活领域的控制权，这种权利直接表征人的特殊性和差异性。正如科恩所指出的，个人隐私权应确保每个个体发展他们能够拥有的完美认同的先决条件，即一方面，通过确保每个人平等的司法人格和关键自主权，保护每一具体个体的权利要求。另一方面，个人隐私权保护个人的人生向度免受不适当的审查和干涉。② 哈贝马斯也曾强调隐私保护的重要性，在他看来，"对于'私密性'的宪法保护有助于维护私人生活领域的完整性；人身自由，思想和信仰自由，迁徙自由，通信、通邮和远程通信自由，个人住宅的不可侵犯，以及对家庭的保护，这些都划出了一个维护个人的人格完整和独立判断的不可侵犯领域"③。

综上所述，私人领域的民主化对公共领域的民主化而言也是一种推进。只有维护好健全民主的私人领域，才能保证公共领域有着更多审慎明理、有健全尊严感和自信感的个体参与。相反，"交往行动的社会化力量在私人生活领域中越是萎缩，交往自由的火花越是暗淡，公共领域的垄断者就越是能够轻而易举地把那些彼此孤立的、形同路人的行动者们集

---

① ［美］简·科恩：《民主、差异和隐私权》，载［美］塞拉·本哈比主编：《民主与差异：挑战政治的边界》，黄相怀、严海兵等译，中央编译出版社 2009 年版，第 189 页。

② ［美］简·科恩：《民主、差异和隐私权》，载［美］塞拉·本哈比主编：《民主与差异：挑战政治的边界》，黄相怀、严海兵等译，中央编译出版社 2009 年版，第 208 页。

③ ［德］尤尔根·哈贝马斯：《在事实与规范之间》，童世骏译，三联书店 2011 年版，第 456 页。

结起来,把他们置于监督之下、用国民投票的形式加以动员"①。但是,隐私权民主化的有效实施,最终还是需要合理成熟以及包容差异的公共领域为其提供各种制度性保障,从而改变不公正的社会结构。深层民主的实现需要公共领域民主化和隐私权民主化的彼此促进。

第三节　包容的政治交往形式及其实现

除了涉及深层的沟通范围,包容性的交往民主还需解释这样一个问题,即交往协商需要通过何种方式进行政治讨论并有效解决集体问题?也即协商参与者如何在公共空间有效提出主张并给出理由?协商民主理论家们对协商方式问题存在论争。为了达成共识,人们通常将协商理解为一种辩论或论证(argument)的协商,这样,公共决策便从对主张和见解的理性论证中获得了合法性。因此,在实际的协商过程中,对话讨论就容易成为一种"智力竞争"。按照这种理解,那些像法官一样可以清晰地表达观点、有条理地展示推理结构的对话才更具优势。哈贝马斯认同这种竞争式对话模式。但是,这种协商模式容易存在隐匿的排斥。

在艾利斯·扬等女性主义者看来,这种话语模式首先暗含着性别排斥。按照这种协商实践的理解,"那些斩钉截铁、对抗式的话语要比尝试性、探究性或协调性的话语更受重视。这就使得在大多数的实际讨论中,男性的话语风格要比女性更占优势。越来越多的研究表明,在喜欢强硬的声明和争辩的话语情境中,女性比男性更倾向于保持沉默"②。而且,"口齿伶俐"、"沉着冷静"等话语风格在结构性不平等的社会里容易体现

---

① ［德］尤尔根·哈贝马斯:《在事实与规范之间》,童世骏译,三联书店 2011 年版,第 456 页。

② ［美］艾利斯·扬:《交往与他者:超越协商民主》,载［美］塞拉·本哈比主编:《民主与差异:挑战政治的边界》,黄相怀、严海兵等译,中央编译出版社 2009 年版,第120 页。

为一种文化的特殊性或社会特权的象征。中产阶级男性等话语文化更符合这种特性，那些不擅长这类话语风格的个人和群体（例如女性和平民阶层）就容易被排除在讨论之外。另外，是否能够参与对话还涉及公民身份的问题。在结构性不正义的社会里，占据支配地位的群体更熟悉对话的规则和程序，他们通常参与制定讨论的标准和"规范"。弱势或边缘群体往往因为无法有效表达真实的声音或者没有表达受压迫经验的途径而选择沉默，或者会内化各种偏见和歧视，愈发产生挫折感和自卑感，从而固化其结构性不平等的位置。在这些情境下，协商就没有真正包容所有具有表达要求的协商方式和平等的协商主体。

因此，需要对政治讨论的话语形式和话语风格采取一种更为宽泛和多元的理解。问候、修辞、叙事等多元沟通方式可以补充论证，从而有助于形成有效沟通。另外，在协商过程中，还需要承认每个人、每个群体的公民身份，这体现了民主赋权的要求。本节将集中考察包容的政治沟通形式及其实现的问题，涉及包容的多元沟通、包容的身份资格两个方面。

一、政治交往的三种形式

协商民主模式的通常解释倾向于将"论证"视为恰当的政治沟通形式。例如哈贝马斯认为，只有公民进行广泛参与的理性话语才能保证政治意志具有合理性。按照这种观点，对话参与者可以通过公开讨论来表达和检验彼此的观点和主张，以及对自己的立场进行论证解释，从而有助于实现政治讨论的认知功能。但是，某些协商民主的观念表述不仅倾向于将政治沟通方式限定为论证，同时也倾向于对何为合理的协商方式持一种过于偏狭的理解，即各种协商规范潜在地重视冷静、有序或者清晰的特定表达方式。这些表达在某些情况下会具有排斥性含义，导致一些形象的、情感的和修辞的表达形式不被认可。艾利斯·扬认为："过于关注狭隘的协商类型，会忽视其他沟通形式在促进包容性的民主结果上所扮演的重要角色。"①虽然对于作出公正、明智的决策而言,论证是公共讨论必不可少的要素,但是,论证需要某些共享的前提,比如对话参与者协商地位的平等,教育程度和文化素养(协商主体的能力),以及对论证环境的预设等,这些前提在政治冲突和结构性压迫的情境下并不总是存在。

为了补充论证方式,艾利斯·扬提出了三种政治交往形式:问候、修辞和叙事,旨在提供一种更加完备的政治沟通解释。它们不仅是对协商民主模式的一种改进,有助于实现协商民主的潜在价值,而且有助于跨越结构性差异,促进交往过程中人与人之间的相互尊重、理解和信任,从而激发包容和行动。② 下面我们分别阐述一下这三种沟通形式的具体内涵和政治功能。

首先,在日常交往中,人们常会涉及"问候"(greetings)这种语言行为。例如,我们经常会通过一些特定方式表达对别人的尊重或礼貌,从而开启顺畅的对话沟通。问候的具体形式有握手拥抱、赠送礼物、闲谈家常等多种方式,这些方式表征了一个人在日常沟通中对他者特殊性的承认。对于问候在政治沟通和交往伦理中所起的作用,艾利斯·扬主要借鉴了法国哲学家伊曼纽尔·列维纳斯(Emmanuel Levinas)的思想。③ 在《存在之他或超越本质》一书中,列维纳斯从伦理的角度区分了语言的"言说"(saying)和"所说"(said)。"言说"指的是这样一个语言行为过程,即自我在思想和主张表达之前就对他者亲近和敞开,并在与他者的回应中产生责任关系。这不仅意味着自我对他者脆弱性的接纳,也意味着自我对

① Iris Marion Young, *Inclusion and Democracy*, Oxford:Oxford University Press,2000, pp.6-7.

② Iris Marion Young, *Inclusion and Democracy*, Oxford:Oxford University Press,2000, pp.56-57.

③ 艾利斯·扬认为,列维纳斯关于言说的伦理思想可以补充哈贝马斯的交往伦理对所说的阐释。关于列维纳斯对言说和所说所做的区分,参见 Emmanuel Levina, *Otherwise than Being*,*or Beyongd Essence*,Alphonso Lingis trans.,The Hague Boston,London: Nijhoff,1981,p.5.

关系本身的信任和承诺。在这种伦理关系中,他者不是自我的对象,而是与我同处于一种交流的境况,自我成为他者的"人质"①(hostage)。因而,言说是自我与他者相遇的场域,按照艾利斯·扬的说法,它表达的是交往过程中主体对主体的承认。"所说"则指的是主体间的表达内容。言说是对他者的回应,这种对他者敞开和承认的姿态比思想所要表达的内容本身更加原始和重要。

在艾利斯·扬看来,问候是指这样的交往时刻,"为了建立和保持信任的纽带,这种纽带对于坚持对我们所共同面对的问题的讨论而言必不可少,问候承担着信任的风险"②。作为一种政治交往姿态(gesture),问候表达的是对他者特殊性和差异性的承认。艾利斯·扬将列维纳斯对言说的伦理看法具体运用到对问候的政治功能的理解中。这种日常语言行为对政治沟通的启示在于,在论证协商过程开始,即进入一种交往关系之前,需要对沟通双方有所预设:双方对彼此的真正尊重(承认)和敞开。设想这样一种情境,如果沟通一方事先带有对另一方的歧视和偏见,那么这种对话过程(即使是一种论证过程)就不会有效地展开,甚至会终止对他者的倾听。虽然问候这种"表面"形式并不必然导致沟通参与者的深层协商,但是它有助于有着不同观点、利益甚至社会地位差异的沟通者打开一种平等、尊重和信任的对话关系形式。所以,艾利斯·扬借用问候这一日常用法,实际上表达的是政治沟通中"公共承认"(public acknowl-edgement)的重要性。在这方面,艾利斯·扬敏锐地意识到协商冲突条件下的语词内问题,这种对对话参与者本身的承认与尊重先于协商过程的展开。需要说明的是,和查尔斯·泰勒的承认政治不同,艾利斯·扬认

---

① 这里指的是列维纳斯对自我与他者关系的一个形象比喻。自我与他者不是处于黑格尔所言的主奴关系的悖论中,当我在言说中回应、亲近他者的时候,我就成为他者的"人质",背负着对他者的无限责任。

② Iris Marion Young, *Inclusion and Democracy*, Oxford: Oxford University Press, 2000, p.58.

为,对于民主包容而言,身份承认是实现平等互信的政治沟通的开端而非目的本身。跟一些承认政治理论家观点不同,在艾利斯·扬看来,以身份承认为目的本身的政治沟通在复杂社会容易导致更加深层的冲突。

其次,许多协商民主理论家保持着一种柏拉图式的主张,即认为理性话语与修辞话语二者处于对立状态。因而,他们推崇一种普遍、冷静以及文化风格中立的论证。例如,托马斯·斯普拉根斯(Thomas Spragens)认为,理性的民主要保持理智而不是点燃激情。他希望人们要警惕希特勒式的贬低大众理性,并带有强烈情感的蛊惑大众的修辞性话语。在交往行为理论中,哈贝马斯也继承了理性对话与修辞演讲的二分。涉及对语言行为的理解,哈贝马斯通过借鉴奥斯汀的言语行为理论,区分了以言行事(illocutionary)行为和以言成事(perlocutionary)行为,分别对应沟通行为和策略行为。前者在言语对话中表达了一种施为性力量,它致力于达成人与人之间的相互理解。后者则是指这样的言语行为,人们通过操控他者服务自己,致力于对听众施加特殊影响。在哈贝马斯看来,修辞话语属于策略行为。它只是服务于说话者自己的目的,不具有人与人之间的沟通性作用。

艾利斯·扬认为,将理性与修辞对立起来假定了话语表达内容与表达形式之间的分裂,贬低了政治沟通中更具情境化的、形象的、有风格的表达形式。按照本杰明·巴伯的说法,如果我们从广义上去理解民主沟通或者政治对话的话,那么这种对话就不局限于理性言说这样特定的表达方式,也包括每一种运用语言和语言符号的人类互动。另外,沟通行为与策略行为的区分也是一种概念的任意,我们在实践上无法明确区分以言行事行为和以言成事行为。实际上,如果考虑到复杂的对话语境,"每一种沟通的努力既意味着一种主张的情境化力量,也试图对沟通者施加特殊的影响"①。对于有效协商来讲,两种言语行为都不可或缺,不能以

---

① Iris Marion Young, *Inclusion and Democracy*, Oxford: Oxford University Press, 2000, p.66.

修辞言说和理性言说对立起来的方式对沟通行为和工具行为进行区分。在某些情境下,修辞也具有促进民主协商的积极作用。它不仅有助于在协商中公开地提出问题,引起人们对议题和主张的关注。通过各种修辞符号的运用,建构与回应各种特殊情境下的特定公众群体。还有助于推动人们从政治论证到决策判断的转换。女性主义哲学家玛莎·努斯鲍姆也曾指出修辞在民主政治中的重要性。在《诗性正义:文学想象与公共生活》①中,努斯鲍姆着重分析了文学作为一种修辞形式在公共话语和民主社会的重要性。她关注文学想象作为公共想象的特征,并认为"这种想象可以促进法官、立法者和决策制定者等在衡量人们的生活质量时做出判断"②。小说可以扩展我们的想象能力,当人们带着同理心去关注那些不同于我们的生命体验的时候,有助于对公共生活作出更好的判断。因而,修辞话语对我们的公共生活而言具有独特的贡献。艾利斯·扬关注沟通的修辞特征意在表明,对于一种包容的民主沟通而言,对话参与者具有倾听各种主张和反思沟通情境的义务,不能因为表达方式的限制而将那些无法有效表达自己观点的人排除在沟通之外。

第三,"叙事"或"讲故事"(story-telling)则是人与人之间的一种特殊的交流方式。通过诉说与倾听,对话参与者试图去理解他者生活背后的历史、成长环境、性格特质、文化习俗以及愿望期待等等,并走进他者的世界。叙事有着广义的内涵,它不一定是指人们面对面的有见解的聊天,也包括一些文学作品、摄影、戏剧、舞蹈、绘画等等方式,每种表达方式都表征着不同的特殊性内涵。叙事有助于具有不同生活经历和体验的人以一种不同于冷静、中立的论证方式理解彼此。例如,一些法律理论家认为,叙事在法律的语境中也具有重要的作用,它能够表达出法律讨论所忽视

①　[美]玛莎·努斯鲍姆:《诗性正义:文学想象与公共生活》,丁晓东译,北京大学出版社 2009 年版。

②　Jane Adamson, Richard Freadman and David Parker eds., *Renegotiating Ethics in Literature*, *Philosophy*, *and Theory*, Cambridge: Cambridge University Press, 1998, pp.224-225.

的经验的特殊性。

艾利斯·扬认为,叙事具有政治功能。在论证共识并不总是充分的前提下,叙事是促进协商过程沟通双方彼此理解的重要方式。通过具象化各种主体经验和社会视角,叙事或情境化的知识可以使协商参与者更好地理解由于内外排斥所导致的各种结构性不平等。具体来说,叙事不仅会给那些相对而言被剥夺公民权的群体,尤其是那些遭受特殊伤害和苦难的人赋予权力,使他们能够公开地表达自己,也能够打破某些群体和个人的"前见"(preunderstanding),并反思性地理解和回应弱势群体的经验。对于那些因经历或信仰异于他者而不足以共享参与有效争论前提的人,叙述还可以通过揭示各种价值、优先性和文化含义的来源,来提供对话式理解的方式。借用阿伦特的说法,叙事有助于沟通双方形成一种"判断力"或"扩展了的思想"(enlarged thought),也即在思考一个议题时从狭隘的自利思维转向考虑他者的立场,并改变那种根深蒂固的理解与假设。通常情况下,一种语言或文化容易形塑我们看待和理解现实的方式。通过理解不同的情境化视角,可以扩展社会知识和集体智慧,使得政治论证和决策制定更为包容和民主。

综上所述,基于一种女性主义视角,艾利斯·扬批判了哈贝马斯协商民主模式对交往和沟通的狭隘理解,认为主流的话语民主理论过于依赖同质性的公共领域假设,强调统一的、理性的话语沟通模式不恰当地贬低了问候、修辞、叙事等沟通形式。问题在于,艾利斯·扬对协商民主的批判和扩展是否能够真正有效促进民主的协商进程?对于这个问题,在批判理论家中存在着质疑。塞拉·本哈比认为,艾利斯·扬的交往民主依然需要公正、理性的规范论证作为协商标准。否则的话,在偏狭的情境化视角转化与强制条件下作为权宜之计达成的表面同意之间就无法作出区分。本哈比认为:"尽管礼节(问候)、修辞和叙事可能是我们日常生活的非正式交往形式,但它们因为下述原因不能成为民主制度和立法机构的公共语言:民主制度要获得合法性就必须对它们行动的根据作出说明,政策要获得合法性就必须以公共享有和接受的公共理性推理式语言来加以表达。"①在她看来，运用修辞等非正式沟通形式，不仅会带来武断的结果，还容易导致沟通的过程更加复杂和变幻莫测。简·科恩也指出，艾利斯·扬对哈贝马斯公共领域话语模型的修正设置了过高的理智门槛，她对问候、修辞和叙事的讨论实际上是把它们当作确保推理德性的有用技巧。但是，这些技巧不等同于论证。我们沟通的目的不是去发现一般兴趣，而是致力于在各种分歧的基础上达成共识。在科恩看来，"只有我们都能达成一致的，已表达了我们的具体情境的观点、兴趣或要求的东西，才能称为一种包括同意分歧在内的合法的规范，以及容忍甚至团结差异"②。

艾利斯·扬进行了反驳，在她看来，本哈比只是将政治沟通局限在类似法律规章的公共语言中，她（本哈比）错误地加入了那些将纯粹理性论证与修辞等其他沟通形式对立起来的学者行列。实际上，艾利斯·扬并没有否认论证在协商中的重要性。她意识到，问候、修辞、叙事等方式确实会存在非理性操纵和欺骗的危险。例如，在结构性非正义存在的多元社会，我们可以看到，公共领域的讨论有时弥漫着"意见的混战"（黑格尔），尤其是受操控的大众媒介体现出如霍克海默和阿多尔诺所批判的虚假性、媚俗性以及欺骗性等特征。③ 但是，协商也不是"绅士的俱乐部"，政治沟通不局限在类似于法律规章的公共语言中。如上文所述，在某些情境下，多元的沟通形式可以有效回应内在排斥的问题。它们的实践可以丰富公共讨论和协商所具有的描述性解释和规范性解释，而不是取代政治论证的作用："这些方式不仅有助于论证，同时也能够通过单独

---

①　[美]塞拉·本哈比：《走向协商模式的民主合法性》，载[美]塞拉·本哈比：《民主与差异：挑战政治的边界》，黄相怀、严海兵等译，中央编译出版社 2009 年版，第 90 页。

②　[美]简·科恩：《民主、差异和隐私权》，载[美]塞拉·本哈比：《民主与差异：挑战政治的边界》，黄相怀、严海兵等译，中央编译出版社 2009 年版，第 190 页。

③　Marx Horkheimer and Theodor W. Adorno, *Dialectic of Enlightenment：Philosophical Fragments*, ed. Gunzelin Schmid Noerr, trans. Edmund Jephcott, Stanford, California：Stanford University Press, 2002, pp.94-136.

运用论证所不能实现的方式来促进人们之间的理解和互动。"①除了推理论证之外,每一种沟通方式都有其自身的美德。如果从广义上思考协商民主的合理性,就像阿马蒂亚·森所说:"理性实际上是一种相当包容的准则,它要求理智的思考,但也允许合理的自我审思有不尽相同的形式,而不是一定要有统一的判断标准。如果理性是一种教派,那么它是一种相当宽泛的教派。"②合理性理想的实现具有多元方式,具有情感式的判断也有可能是合乎情理的。只是需要进行批判性警惕的是,无论是推理式论证还是问候、修辞与叙事,任何屈服于权力和支配的沟通方式都不会真正促进民主和正义。

二、差异公民身份

在交往民主实践中,是否能够参与协商对话还涉及沟通资格或公民身份的问题。由于 20 世纪 90 年代以来的社会政治事件和学理论争,有关"公民身份"(citizenship)的讨论成为近来西方政治哲学的热门话题,公民身份问题成为当代社会政治需要处理的重要问题。南希·弗雷泽指出:"'公民'与'公民身份'是强有力的话语。它们讨论尊重、权利和尊严……我们找不出其贬义的用法(no pejorative uses)。它是个重要的、不朽的、人文主义的字眼。"③公民身份指的是个体在共同体内的成员资格,涉及公民权利和公民责任、个体与共同体之间的关系等。公民身份与差异的包容直接相关,女性、残疾人、环保主义者等边缘群体和弱势群体积

---

① Iris Marion Young, *Inclusion and Democracy*, Oxford: Oxford University Press, 2000, p.57.

② [印]阿马蒂亚·森:《正义的理念》,王磊、李航译,中国人民大学出版社 2012 年版,第 183 页。

③ Nancy Fraser and Linda Gordon, "*Civil Citizenship against Social Citizenship? On the Ideology of Contract-versus-Charity*", in Bart Van Steenburgen ed., *The Condition of Citizenship*, London, Thousand Oaks, New Delhi: Sage, 1994, p.90.

极参与到追求自由、平等公民身份的新社会运动中。为了表征和实现边缘群体和弱势群体的解放诉求,艾利斯·扬主张差异的沟通资格或公民身份。

公民身份本身是一个复杂的概念,无论是激进传统还是保守传统都使用公民身份术语为自己的思想主张作辩护。这是因为,公民身份本身隐含着个体性(个体自主)和集体性(公共自由)的内容。一方面,公民身份"隐含的权利使个体能够追求免受干预的个人旨趣,而且就其政治形式而言,权利还使个体获得了型塑共同政治制度的机会"①。另一方面,公民身份不仅意味着权利,还意味着责任和义务。它认为个人在其公共生活中必须跟他者合作互惠,如此才能维护政治共同体的稳定以及人际的和谐,个体权利才能落实。所以,按照其不同的解释传统,可以分为自由主义公民观和共和主义公民观。

自由主义重视个体权利以及公民身份的普遍性。按照自由主义的观点,每个人都是自由、平等、理性的抽象存在者,不考虑性别、种族、阶级等的差异。艾利斯·扬承认,普遍公民身份是推动现代政治生活解放的动力。从资产阶级通过要求市民社会平等的政治权利来挑战贵族政治开始,妇女、工人、犹太人等群体就十分迫切地要求获得公民身份。受压迫的社会运动期望通过追求平等法律条件下的完整公民身份,获得平等的政治和公民权。但是,如安妮·菲利普斯(Anne Phillips)所敏锐地指出的:"政治平等并不会为平等的选举权利所保障,也不会通过自由个体抽象化的性别中立所保障。抽象个体主义强加了一种关于人类需要和考虑的统一概念,而且这会有助于边缘化那些与占支配规则不同的群体……占支配地位的规范太过强大,以至于它会掩盖许多居于其界限之外之人的令人吃惊的事实。"②也就是说,自由主义的普遍公民身份无法消除现实中的结构性不平等。而且,由于对形式平等的过于强调,有可能会给边

---

① [美]基思·福克斯:《公民身份》,郭中华译,吉林出版集团 2009 年版,第 1 页。

② Anne Phillips, *Democracy and Difference*, Cambridge:Polity Press,1993,p.95.

缘群体带来更大的不平等。另外,自由主义的公民认同不是基于人与人之间关系的自觉。按照我国台湾学者林火旺的说法,它"是对一个属性的认知:即对我们作为法律人身份的认知"。按照这种观念,一方面,公民身份的普遍性被理解为与特殊性相对的一般性,公民的共性与他们的差异性相对。另一方面,普遍性意味着法律和规则对所有人一致,而且无差别地施行于每个人身上。按照罗尔斯的说法,自由主义理论需要通过排除自然和社会的偶然因素造成的不平等,建构超越个体特殊性的正义理论。在艾利斯·扬看来,与之相关的普遍公民身份概念容易导致诸多结构性压迫,例如剥削、边缘化、无权、文化帝国主义和暴力等压迫和统治形式。由于强调社会成员的共同特质和平等对待,这种公民观念不仅会忽视社会群体的特殊性与差异性,而且也容易导致受压迫或者弱势状态的日趋固化。

共和主义公民身份(republican citizenship)可追溯至亚里士多德。亚里士多德认为,人具有区别于其他动物的理性言说的天赋。只有具有理性讨论公共利益能力的人才适合成为公民,只有自由的人才具有这种理性选择能力。因此,除了拥有财产的成年男性之外,奴隶、女人、小孩等需要依赖他人生存的人不能成为公民。所以,古典共和主义对公民身份在质和量上都具有限制:"首先,公民所共者为统治活动,能够参与审议公共事务的人数自然有其限度;其次,政治统治之核心在于公民德性的培育,因而对公民的素质要求很高,益发增加公民权之排他性。"①以麦金太尔、泰勒、桑德尔等为代表的现代社群主义者取消了公民的这种排斥性内涵,扩大了公民身份的范围。在平等身份的前提下,他们强调政治社群的文化和价值,认为共同善优先于个人利益,并主张公民具有参与公共事务、承担公共服务的责任和义务等。这种公民身份重视社群的团结福祉、凝聚公民意识的爱国心等方面。正如本尼迪克特·安德森(Benedict Richard O'Gorman Anderson)所分析的,"现代个体的公民身份认同是国家

---

① 许纪霖主编:《共和、社群与公民》,江苏人民出版社 2004 年版,第 10—11 页。

权力运用民族文化的仪式形态(如民族主义、爱国主义)塑造出来的,国家不断灌输、强化有利于民族国家这种人类史上最大规模之政治共同体的论述,使之合理化与结构化,从而形成了'想象的共同体'"①。共和主义公民观念对群体认同和公共善的强调容易导致自私、狭隘的特殊主义,因此,追求高于个人或群体目的的抽象公共善也无法真正容纳差异的民主诉求。此外,现代共和主义传统将公民性视为一种人类生活的普遍性描述。在合理自由普遍的公共领域中,这种公共性与特殊群体的利益、情感、经验等的私人性相对立。因而,共和主义公民身份同样将普遍性(公意)与差异性、特殊性对立起来,容易造成社会的同质化和排斥性。

和自由主义、共和主义的"普遍公民身份"(universal citizenship)不同,艾利斯·扬试图发展一种包容多元群体(尤其受排斥群体)差异的"差异公民身份"(differentiated citizenship)概念。和自由主义强调个体权利不同,差异公民身份还要求赋予被压迫群体以积极权利,从而肯定社会的异质性和多元境况。在艾利斯·扬看来,作为挑战普遍公民身份的起点,"差异公民身份的概念成为一个最好的途径,来实现每个人被纳入完全的公民身份,并作为完全的公民进行社会参与"②。差异公民身份要求多元差异都能被包容在社会和政治体中,并建立异质的公共空间。在这种公共空间中,差异需要得到公开承认。从社会视角的角度,这种不可化约的差异成为处于不同结构化位置者的社会经验、历史情境以及社会知识的表达。为了避免普遍性公民身份以及形式民主所导致的压迫性结果,需要为受压迫群体差异的尊重和承认提供建制化手段。因而,差异公民身份考

---

① 郭台辉:《公民身份认同:一个新研究领域的形成理路》,载《社会》2013 年 5 月,第 33 卷。

② [美]艾利斯·扬:《政治体与群体差异:对普适性公民观的批判》,载李丽红编:《多元文化主义》,浙江大学出版社 2011 年版,第 131 页。参见 Iris MarionYoung,"Polity and Group Difference:A Critique of the Ideal of Universal Citizenship",in Ronald Beiner ed.,*Theorizing Citizenship*,Albany:State University of New York Press,1995,pp.179−207.

虑群体差异的特殊权利,也即"边缘群体代表权"①(representation of mar-ginalized groups),以此瓦解导致受压迫和弱势情境的根基。为了纠正结构性的社会不平等,除了需要社会经济的平等外,还需要促进更加深层的社会包容和政治平等。艾利斯·扬认为:"一个民主化的公共领域应该给身处其中的受压迫或处境不利的群体提供有效的代表权以及承认这些群体特殊声音和观点的机制。"②换言之,对于那些没有被充分代表的社会群体成员,需要具体的制度化设计以增加边缘群体的代表资格。例如,一些移民群体要求容纳宗教实践的特殊权利,女性、穷人、老人、残疾人等边缘弱势群体需要被予以尊严和特殊对待等。通过不同社会群体视角和经验的表达,可以增加协商中的社会知识并促进实践智慧。

通过以上论述,我们可以看到,公民共和主义和自由主义两种传统的公民身份理论都存在着问题,都陷入了理论和实践困境。普遍公民身份由于一致性的理想预设,在实践中容易导致各种社会排斥,忽视群体联系、地位以及利益的特殊性,以及群体之间能力、文化、价值和行为的差异性。通过包容性的交往民主,可以更好地实现差异的建制化。现代社会是群体差异化的多元社会,而且这种状态还会一直持续。在这一社会中,处境优越者一方面因其所处的社会位置可能无法理解受压迫者的处境,另一方面其地位优势也依赖他者被压迫的处境,受压迫者因而提出了一种差异的正义诉求。在这里,差异不是一种本质主义和绝对主义属性,而是与权力、资源、文化等结构性因素相关的互动交往关系,且不同差异之间具有不确定性和渗透性。按照"正常"的能力、需求和认知方式的理解,有些差异经常被认为是反常、耻辱和有缺陷的。根据这种理解,传统的协商民主范式无论在协商范围、沟通方式还是沟通资格等方面都容易

---

① Iris Marion Young, *Inclusion and Democracy*, Oxford:Oxford University Press,2000,p.141.

② [美]艾利斯·扬:《政治体与群体差异:对普适性公民观的批判》,载李丽红编:《多元文化主义》,浙江大学出版社 2011 年版,第 141 页。

导致强制和排斥。差异的承认并非要求对这种不利地位进行简单补偿,就像许多福利国家政策所做的那样,它主张通过包容性的交往实践肯定和保障不同群体、文化和生活方式的特殊性。因而,受压迫群体的经验和视角需要在公共讨论和协商中得到有效倾听和表达,并被考虑在民主化决策的制定过程之中,进而通过一种合理有效的协商模式化解多元群体之间的矛盾和冲突。通过制定正义的社会决策,从而改变受压迫状态以及减轻社会的不平等。差异性公民身份由于专注边缘少数群体的解放诉求,要求赋予受压迫群体以特殊代表权,承认差异性的协商主体,成为多元时代处理差异问题、尊重少数族群权利的有益启发。但是,这种多元身份依然与共和主义和自由主义有着某种程度的内在关联:在对个体的群体关系属性的重视方面,它与社群主义亲近;同时对差异性群体的权利以及隐私权的保障方面,也以自由主义的个体权利为基础。

综上所述,艾利斯·扬认为,现代民主政治的核心特征是去中心化的,它内在包含着各种相互影响、彼此重叠的社会群体。由于人们所处的结构化位置不同,受压迫群体的利益、观念很难引起其他群体的共鸣和关注,不同结构性群体之间也容易产生分歧和冲突。因而,通过沟通协商的民主实践促进社会正义成为一种必要,同时也给现实的制度性策略提出了多元正义的诉求。包容民主的规范意义在于,通过多元的沟通协商模式和差异的沟通资格,多元社会群体的声音可以在包容、平等、合理、公共等的规范条件下被有效表达,从而改变结构性的社会非正义。艾利斯·扬的包容性民主理论既是对协商民主的继承,也是对它的超越和重构。它整合了协商的规范性和事实性,一方面通过揭露其中的排斥和强制,更高程度上观照现代社会中的多元和差异,因而提供了更具包容性和批判性的民主理论;另一方面也为推动社会正义、构建包容性社会提供了有益借鉴。要消除结构性不正义,还需立足不同的社会历史现实,在具体的制度性实践中真正包容社会差异。

倘若真正维持正义与民主的良性循环,包容性民主还需回答这样的问题:如何在协商进程中区分差异性群体与自私自利群体? 或者更确切地说,如何确保差异性社会视角是一种正义的而不仅仅是一种自利的表达? 在实际的民主生活中,多元群体有可能各执一端,忽视团结的要义以及对社会整体的责任。为了避免将差异的承认视为私人利益间无休止的讨价还价,思考个体或群体对结构性非正义的责任成为艾利斯·扬完善批判的正义和民主理论,寻求改变不正义制度实践的又一尝试。而且,包容的政治沟通还涉及一个民主范围的问题,它直接对应艾利斯·扬的政治责任和全球正义思想。

第四章　政治责任与全球正义构想

　　"人应该为自己的行为负责"是天经地义的,但是责任的来源与主体的认定并非在任何情况下都是自明的。在一般意义上,责任意味着"可归责性"(liability),即把一个结果归责于某个个体的可识别的行为,也就是指认某个个体的行为与它所产生的结果之间存在着明确的联系,传统的道德和法律就是以这样的责任概念来对错误行为进行谴责或惩罚的。但是,在复杂的现代生活中,传统责任观念所依赖的可归责性这一前提已经日益显露出它的局限性。譬如,我们很难说清楚,生态环境的破坏和社会贫困状态是由哪一个人或哪些人的当下行为造成的。以社会贫困为例,我们不能仅仅将贫困状态归因于穷人本身的特质和行为,贫困的产生还涉及复杂的制度化因素。

　　艾利斯·扬认为,政治责任是一种正义的责任(responsibility for justice)。就一种完备的正义理论而言,需要考察与人的自我发展和自我实现紧密相关的制度化背景条件。所以,需要以多元视角探索当代社会的正义问题。同罗尔斯的观点相似,艾利斯·扬将社会结构和实践类型而非具体的个人行为视为正义理论的核心。然而,与罗尔斯只关注基本社会制度不同,艾利斯·扬认为,社会结构并非社会的一个组成部分,而是包含和呈现着看待整个社会的特定方式,它审视人们与其所处的关联他者的位置之间的关系样式。由于个体行为能够再生产出不正义的社会结构化进程,个体应该具有一种正义的责任。所以,在考虑到正义的补救时,人们应该思考的是如何去界定他们对结构化非正义所承担的集体责任,而非传统意义上个人的道德责任或法律责任。①

政治责任也是艾利斯·扬对哈贝马斯交往行为理论和话语伦理学应用的进一步扩展。哈贝马斯主张通过主体间无强制的对话交往,使法律和政治决策涉及的问题能够满足理性的要求。艾利斯·扬则主张一种更加情境化和包容性的民主交往理论。她认为,话语伦理可以在具体的社会主体、历史和文化基础上,就公共议题进行论辩和协商,从而为民主制度奠定基础。因而,艾利斯·扬进一步深化了包容的民主政治沟通,即将哈贝马斯的交往行为概念扩展为一种更加朝向他者的责任理论。其实,哈贝马斯"批判理论的交往转向"本身预示着承担一种"在世"(being-in-the-world)的集体责任,只是与哈贝马斯程序性规范中隐含的排斥性不同,包容的政治沟通要求交往主体积极参与、寻求真理的协作以及承担责任的意愿等。基于关系的话语行为假定了自我与他者的主体间交往,用列维纳斯和阿佩尔的话来说,这种话语交往行为同时也意味着一种责任关系的敞开。②

艾利斯·扬认为,传统的法律责任和道德责任无法解释这种关联民主正义的责任关系。其实,为了应对传统责任概念的理智困境,汉娜·阿伦特已经作了先驱性探索。为分析德国人在法西斯主义统治下实施的大屠杀中所负有的责任,她在《耶路撒冷的艾希曼:一份关于平庸的恶的报道》、《集体责任》等文本中明确提出了"政治责任"这一概念,并对其作了系统的阐述。通过对社会结构非正义的诊断和批判,艾利斯·扬意

---

① Neus Torbisco Casals and Idil Boran, "Interview with Iris Marion Young", *Hypatia*, Vol.23, No.3, 2008, p.180.

② 德国批判理论代表阿佩尔(Karl-Otto Apel, 1922—2017)在交往伦理学的框架下认为,通过对话相互寻求认清和解决问题,即体现了一种共同责任。共同责任是一种集体责任,也是对话者自己规定自己的责任。列维纳斯则主张一种形而上学的为他伦理学,他认为自我通过言说与他者的回应产生责任关系,我们要尊重和关心他者,为他者承担无限责任。参见[德]卡尔-奥托·阿佩尔:《对话与责任:过渡到后习俗道德之问题》,钟汉川、安靖译,浙江大学出版社2018年版。

识到,社会对差异的包容并不意味着每个个体或群体仅考虑私利。作为共同生活在一起的人,人们应该彼此共享集体责任。包容的民主规范使得属于不同结构性群体的人可以自由地表达自己的声音,但是在现实实践中,多元群体的解放诉求可能会导致这样一个问题,即人们为了彼此的利益陷入"任性"的个人主义和特殊主义。他们既无视个体或群体对他者的责任,也不关注自己在制度化的结构非正义中扮演何种角色以及如何改进非正义境况。顺着这个问题意识,在学术生涯的后期,艾利斯·扬格外关注责任问题和全球正义问题,她致力于对"政治责任"概念的阐发。

按照艾利斯·扬一贯的观点,许多重要的全球非正义类型都是结构性的。受阿伦特的启发,她致力于考察一种与结构性非正义相关的责任理论。与诸如愧疚、责备或者法律责任等传统的责任归责概念相区别,艾利斯·扬提倡一种"社会联带责任"模式。这种政治责任可以解释,为什么人们有责任回应与他们有关联的社会结构非正义,即便这些非正义的存在并不直接是他们的错。这一努力的首要成果出现在艾利斯·扬最后的论文集《全球挑战:战争、自决和正义的责任》①(2007)中。后来,在遗稿《正义的责任》②(2014)中,艾利斯·扬系统地阐述了全球正义与责任的关联问题。艾利斯·扬的政治责任思想在西方学术界产生了广泛影响,在文集《聚焦政治责任:跟随艾利斯·扬思考正义》中,理论家们致力于理解和扩展艾利斯·扬的责任正义思想。在导言中,编者指出:"正如艾利斯·扬在其生命历程中所强调的,我们生活在这样一个时代,其中我们已经敏锐地意识到我们的互联性、机会的脆弱性以及行为影响的无限性。这激发了人们在全球背景下对政治、文化、经济以及环境等问

---

①　Iris Marion Young, *Global Challenges: War, Self-Determination, and Responsibility for Justice*, Cambridge: Polity Press, 2007.

②　Iris Marion Young, *Responsibility for Justice*, Princeton: Oxford University Press, 2014.

题的理解。"①艾利斯·扬的政治责任思想能够有效解释在全球化和多元文化的今天,我们应该如何重新思考责任的问题。本章将基于艾利斯·扬对阿伦特集体责任的批判性继承,分析政治责任的积极内涵以及与之相关的全球正义构想。同时本章也会指出,艾利斯·扬过于忽视个体责任的规范作用。政治责任和道德责任、法律责任在应对全球结构性非正义方面可以相互补充,共同促进正义的解放实践。

第一节 艾利斯·扬对阿伦特责任
思想的继承与批判

在《有组织的罪责和普遍责任》(1945)、《耶路撒冷的艾希曼:一份关于平庸的恶的报道》(1963)以及《集体责任》(1968)等文章中,阿伦特对罪责(guilt)和责任(responsibility)问题进行了区分。在阿伦特看来,极权社会广泛存在着对作出判断的恐惧。没有人是自由的行动者,他们被抛进一种毫无独立思想和判断的平庸之中,并将作恶看作顺理成章。阿伦特认为,独裁统治的灾难不能简单地追责到具体个人身上。虽然无论是掌握犹太人运输的盖世太保还是某个具体的大屠杀凶手都应该为其行为罪过负责,但是这种追责太过狭隘,而且这种判断也过于粗浅。吊诡之处在于,很多人并不把如此这般的恶行看作是恶。他们为一种"崇高"的信念所支撑,并不认真思索自己的行为是否符合正义。在极权和非民主的社会,人们失去了一种独立判断和思考的能力。阿伦特看到这种"平庸之恶"(the banality of evil),在她看来,责任"不是个人性的,只是在一种隐喻的意义上我们能说,对于我们的父辈、我们的民族或人类的罪过,简单地说,即对于我们不曾干过的事情,我们感到有罪。从道德上说,没有

---

① Geneviceve Fuji Johnson and Loralea Michaelis eds., *Political Responsibility Refocused: Thinking Justice after Iris Marion Young*, Toronto, Buffalo, London: University of Toronto Press, 2013, p.3.

做过什么特别的事情而感到有罪与实际上犯下某种罪行而不感到有罪，是同样错误的。"①因而，阿伦特强调个体罪责与集体责任的区分。尽管法律责任要求将惩罚诉诸具体个人，道德评判也倾向于追究犯下罪行之人，但是从政治的视角看，极权主义体制下人变为体制的可以替代的零件，他全面参与"恶"的生活而不去判断和思考。这个时候责任的承担就不仅是个体意义上的罪过问题。而且，倘若将罪过指派给所有人，就会混淆罪过与责任。这样不仅为那些理应承担罪过的人开脱，也会掩盖更深层的制度问题。本节将主要分析阿伦特对罪责和集体责任的区分，以及艾利斯·扬对这种区分的批判性考察。

一、阿伦特的责任观

早在《耶路撒冷的艾希曼：一份关于平庸的恶的报道》一文中，汉娜·阿伦特就对传统责任概念的局限性进行了讨论。在阿伦特看来，对法西斯主义出现原因的分析以及后来法西斯主义所面临的道德和法律困境的审判都表明，传统的法律和道德责任概念具有明显的局限性。代表法律和道德责任功能的"罪责"（guilt）指向的是特殊个体的错误行为，无法对这些困境作出合理解释。对法西斯主义的批判以及非法西斯化的政治启蒙来说，除了个人责任概念，还需要政治责任（responsibility）概念。阿伦特具体分析了德国人与犹太人大屠杀之间的四种类型的责任关系。②

第一种是对大屠杀罪行负有罪过的人，艾希曼就是其中一个典型例子。虽然他自称是整架社会机器的一个齿轮，只是履行行政职务赋予他

---

① [美]汉娜·阿伦特：《责任与判断》，陈联营译，上海人民出版社 2011 年版，第 27 页。

② Iris Marion Young, *Responsibility for Justice*, Princeton：Oxford University Press, 2014, pp.81—93.

的职责,因而并没有犯罪,但实际上并非如此。艾希曼不仅出席了纳粹决定对犹太人实施"最后解决办法"的万湖会议,被任命负责实施屠杀犹太人的最终方案,而且将犹太人移送集中营的运输与屠杀大部分都是由艾希曼负责。虽然阿伦特强调,艾希曼的犯罪不能归罪于他的邪恶品行,而是因为他缺少独立的反省和判断能力,但是这并不妨碍他应该受到法律的制裁。阿伦特在《集体责任》一文中指出,道德的罪责与法律的责任都与个人行为有关,但涉及的是不同的方面。法律审查的是个人行为的结果而非动机,道德对人的行为的关注则主要涉及人的行为动机。只要艾希曼负责制定和参与了大屠杀计划,他就应该对其负法律责任。

第二种是那些无需对罪行感到内疚,但需要承担政治责任的人,即德国的年轻一代以及在纳粹体制下没有直接参与屠杀罪行的人。在阿伦特看来,他们不需要对他人犯下的法西斯罪行抱有内疚和悔恨,但仍然需要对它承担政治责任。在纳粹统治之下,人们由于恐惧往往会陷入一种将罪行合理化的自我欺骗之中。他们对纳粹的罪行保持了缄默,正是这种消极的行为助长了极权统治之恶。由于这种消极行为态度的泛滥,公共政治空间消失了,人们完全从私人态度出发对待社会现实。这样不仅无法对事件作出合理判断,更难以形成改变社会非正义的集体组织行动。同时,因为他们是德国人,作为一个共同体的成员应该为自己所属的共同体所犯下的罪行负责。但这种责任不是法律责任或道德责任,而是政治责任。

第三种是不参与极权体制运作的人,也即那些避免罪责、试图远离伤害的人。他们虽然免除了道德责任,但应该为纳粹罪行负政治责任。这些人践行的是苏格拉底"与其行不义不如承担不义"的说法,他们试图维持道德的整全性。阿伦特认为,那些在纳粹时期洁身自好的人是保持与自己和睦相处的人,就其坚守自己的道德自主性而言,他们是值得称赞的,但仍然应该对纳粹罪行负政治责任。"这种对那些我们不曾做过的事情负有的替代性责任,这种对那些我们于其全然无辜的事情的后果的毅然承受,是我们为这个事实付出的代价:即我们不是独自生活,而是和我们的伙伴们一起生活。"①对阿伦特来说,不像法律责任,道德责任无法对真实世界产生效力。阿伦特看到在纳粹德国道德原则的脆弱性,人们的沉默和无思助长了制度之恶。良心的惩罚和救赎既无法成为政治责任的有效基础,也无法成为促进其他个体积极参与政治行为的道德动机。

第四种是那些公开反对或拒绝错误行为、也勇于承担自己责任的人。这些人不仅在道德上保持了洁身自好,而且因积极地参与抵抗运动承担了政治公民应该承担的政治责任。责任的承担是政治性的,用阿伦特的话来说,它不单是指政府官员愿望和利益的表达,还意味着公民的积极参与。在阿伦特看来,在道德世界与政治世界,人们的关切是不同的:"居于有关人类行为的道德关切中心的是自我;而居于有关人类行为的政治关切中心的是世界。"②也就是说,政治责任关切的是行为是否对世界有益,而不在于一个人是否是善的。所以,政治责任既不同于依赖个体动机的道德责任,也不是仅根据行为的具体结果而决定是否予以惩罚的法律责任。在政治责任中,由于人的行为卷入自我与世界的关系之中,每个人都有义务通过自己的行动使世界变得更好,但这种改变又无法通过自己的单个行为来实现。因此,它更多地表现为一种集体的政治责任。

总而言之,在阿伦特那里,罪责直接归因于那些犯错者或罪犯,而责任则被指派给那些或积极或消极地支持容忍这些罪犯犯错的政府、机构或实践个体。阿伦特将罪责与责任区别开来,是为了防止那些具有实际罪责的人利用集体责任脱罪,也为了明晰一些人虽然没有直接参加恶行但仍须承担的责任。但是,阿伦特的分析是有局限性的。阿伦特在讨论上述第二种情形时主张,那些与非正义的结果没有任何行为关联的人,只

---

① 〔美〕汉娜·阿伦特:《责任与判断》,陈联营译,上海人民出版社 2011 年版,第129 页。

② 〔美〕汉娜·阿伦特:《责任与判断》,陈联营译,上海人民出版社 2011 年版,第125 页。

要是德国人就应该为自己所属的共同体犯下的罪行负责,这在艾利斯·扬看来是把政治责任的范围过于扩大了。同时,阿伦特也误解了政治责任概念的性质。在分析上述第三种情况时,她对纳粹时期消极服从者的责任的看法是,由于人类生活的社会性和相互依赖性,因而有义务通过自己的行为使世界变得更好,在这里,她也淡化了政治责任概念的行为基础。实际上,政治责任与个人道德、法律责任一样也必须基于行为与结果之间的联系,区别只在于两者依据的是不同类型的行为。前者把责任追溯到某个人或确定的某些人的行为,后者把责任追溯到众多的不确定的个人行为。固然,战后一代的德国青年人有必要对德国传统进行反思,但无须为自己与之没有任何行为关联的前辈人的行为负责。在阿伦特那里,真正属于政治责任范畴的是第三、第四种类型的关系。纳粹时期德国人之所以需要为自己的国家所犯下的罪行负责,是因为他们的消极顺从是纳粹主义出现的条件之一。在这里,对政治责任概念的分析应该着眼于集体行为,而不是"德国人"的集合性。

艾利斯·扬认为,罪责与责任的区分虽然对理解极权制度下责任的归责具有重要意义,但是这种区分过于狭窄,政治责任的概念也具有模糊性。一方面,在阿伦特那里,无论是诉诸个体还是集体,政治责任跟罪责一样成为一种"回顾性"(backward-looking)的归责模式。对于已经发生的事件来说,政治责任只是我们去思考和鉴定责任承担者的方式。阿伦特仅以纳粹大屠杀为例,并没有详细谈及政治责任的承担问题。对于如何通过积极有效的政治行动阻止极权之恶或者社会非正义,阿伦特也没有过多阐明。艾利斯·扬认为,政治责任还具有"前瞻性"(forward-looking)内涵:"这种责任被指派给这样的社会成员,他们意识到作为道德主体,不能对他者的命运以及国家或组织对一些人构成的威胁保持冷漠。"①政治责任的承担意味着需要考虑当下事件及其

---

① Iris Marion Young, *Responsibility for Justice*, Princeton: Oxford University Press, 2014, p.92.

结构性影响。即使对那些尚未发生的错误,我们也具有责任义务。另一方面,阿伦特将责任的归责局限在共同体之内,忽视了更广范围的责任问题。

阿伦特对于罪责与责任的区分直接涉及道德、法律和政治之间的具体联系。在阿伦特看来,这种区分具有重要的实践意义。如果认为所有的德国公民都对纳粹罪行负道德责任,那么就会掩盖真正的罪行。阿伦特虽然正确地指出了在责任判断时区分道德、法律和政治命题的重要性,但是她作了过于简单化的解释。例如,阿伦特将道德视为不去关心外在世界的自我指涉的行为,虽然在政治领域我们会看到面对一些边缘境遇时道德命题的无力性,但是道德也关系自我行为对他者的影响。在实践哲学中,法律、道德与政治各自扮演着不同且重要的角色。本书将在下文指出,艾利斯·扬在讨论政治责任时对道德和政治关系同样作了简单化处理。

二、民族责任与共享责任

艾利斯·扬承认阿伦特理论的贡献,认为她实际上已经给出了政治责任成立的两个条件:我为之负责的是我没有做过的事情;我作为某个组织或集体的成员没有做我应该做的事情。① 这与传统的道德和法律责任成立的条件不同:我为之负责的是我做过的事情;我不能为我没有做的事情负责。所以,阿伦特所理解的政治责任是政治共同体或民族国家中的集体责任,即我必须具有某个组织或集体的成员身份才能承担集体责任。艾利斯·扬将这种立场视为一种"新柏拉图主义":只有我所参与的是国家的整体,我才承担责任。按照这种理解,阿伦特的责任观就跟其所批判

---

① [美]汉娜·阿伦特:《责任与判断》,陈联营译,上海人民出版社 2011 年版,第123 页。

的"形而上学的罪责"①概念一样陷入一种民族主义或共同体主义。

如果考察阿伦特的政治行动观念,我们可以更好地理解这种民族责任观。阿伦特认为,人具有复数性,这是人言说和行动的基本境况,也是人之所以承担责任的(人学)基础。在《人的境况》中,阿伦特区分了三种基本的人类活动:劳动(labor)、工作(work)以及行动(action)。简而言之,劳动是与人身体的生物过程相适应的活动,制约着人的整个生命历程。为了满足基本的生理需要,人们不得不从事体力劳动,从而维持生命的延续。工作是"与人存在的非自然性相适应的活动"②,体现了人之境况的世界性。不同于劳动和工作,行动是"唯一不需要以物或事为中介的,直接在人们之间进行的活动,与之对应的是复数性的人的境况,即不是单个的人,而是人们,生活在地球上和居住于世界"③。其中,行动与人类诞生的条件最为紧密,是人之成为人和介入世界的重要途径。在行动中,人类积极参与政治实践,追求政治的卓越以及自由的实现。阿伦特认为,人自身就是一个开创者。个体是独特的,但这种独特性并不意味着个体囿于自身,而是和诸多复数个体一起,通过积极的公共参与开创和实现作为人的真正自由。当人以言行切入人类世界,这种切入犹如人的第二次诞生,在这种新生中人不断地创造着属于自己的独一无二性。只有诸多特殊个体参与到公共的领域中,此种开创才得以可能。也只有通过他

① 德国哲学家雅斯贝尔斯(Karl Jaspers)以救赎为核心阐发了罪责概念,在《德国的罪过问题》中,他区分了四种罪责:刑法罪责、政治罪责、道德罪责和形而上的罪责。所谓的"形而上的罪责"源于上帝面前人类自我意识的转变,指的是人们因没有以基督之爱团结共同体成员而承担罪责。参见 Karl Jaspers, *The Question of German Guilt*, E. B. Ashton trans., New York: Fordham Universtity Press, 2000, p.30. 阿伦特曾反对雅斯贝尔斯关于民族道德本质或者民族团结情谊的主张,批评雅斯贝尔斯忽视了政治责任的意义。

② Hannah Arendt, *The Human Condition*, London: The University of Chicago Press, 1998, p.7.

③ Hannah Arendt, *The Human Condition*, London: The University of Chicago Press, 1998, p.7.

者,个体才能表明他们是谁。在阿伦特看来,这是一个充满不确定性的、创造的过程。个体必须超越必然性的领域,并在公共领域中通过言语和行动实现他的卓越、自由和独一无二性。在阿伦特那里,个体的卓越性体现为公民对政治共同体生活的积极行动和参与。

按照阿伦特的观点,责任的承担是政治的(political),这意味着人们需要通过公开的行动实现集体行动的目标,致力于政治共同体的创造和维护。这是因为,人总是生活在一定的共同体之中,并通过行动展现卓越的政治能力。人们不仅对某个具体的他者行为负责,而且对整个社会共同体成员的行为也要负责。原因在于,人不是单个地生存在世界上的,而是与他者共同生活在地球上和栖息于世界中。拒绝承担政治责任也就意味着离开政治共同体,不再通过政治行动参与公共领域和实现个体自由。正如有学者所指出的,"在自由民主国家中,阿伦特所说的'集体性责任',表现在公民对公共事务的关切,以及政治参与……政治责任所关切的,是'一个民族的命运,以及它在这个世界中对其他民族的作为'"①。也就是说,阿伦特的政治责任观念奠基在共同的民族身份经验基础上。例如,在《集体责任》中,阿伦特强调对纳粹罪行负有政治责任的是德国人。持同样观点的还有英国著名政治哲学家、社群主义者戴维·米勒,米勒强调民族责任,他认为:"民族责任是一种集体责任:个体分担民族责任仅仅是因为他们在那些被称作民族的巨大共同体中所具有的成员资格。"②按照米勒的理解,民族的集体行为是具有共同信念和价值观的民族文化之体现,需要在保持民族自决(self-determination)的前提下为集体行为的后果负责。

艾利斯·扬不认同这种民族责任的理解,在她看来,"责任的承担仅

---

① [美]汉娜·阿伦特:《反抗"平庸之恶"》(《责任与判断》中文修订版),陈联营译,上海人民出版社2014年版,第6页。

② [英]戴维·米勒:《民族责任与全球正义》,杨通进、李广博译,重庆出版社2014年版,第83页。

仅因为他们是政治共同体成员,而不是因为他们做过的或没有做的事,这种说法是一种故弄玄虚"①。在全球化的今天,局限于民族国家的责任理解不仅无法有效诊断涉及全球非正义的责任议题,也无法对社会正义作出规范解释。

首先,在一个相互依赖的世界中,专注于民族共同体的责任观念不足以解释更广范围的责任承担问题。以"反血汗工厂"(anti-sweatshop)为例,工人居于生产和分配系统的底端。在全球大量的不平等体系中,他们遭受着统治、强制以及剥夺需要等非正义形式。对于这种剥削形式,除了当地的雇主和名牌公司应为受压迫工人的恶劣工作环境负责之外,还应包含发达资本主义国家的销售商和消费者。这是因为,作为社会结构的参与者,这些消费者在销售和购买这些工厂的劳动产品时,已然参与到这一非正义结构的维持和固化中。与阿伦特不同,艾利斯·扬强调的是责任的共享性,它指派的是对某种非正义的状态负有责任的所有人,而不单指共同体成员身份。人们不仅作为政治共同体一员具有政治责任,还对那些超越我们国界的人也怀有正义义务。对于当下的全球非正义而言,国家、国际组织、非政府组织、志愿组织等都需要形成一个讨论正义改革策略和协调行为的公共空间。本章将在第三节展开对全球正义问题的分析。

其次,政治责任是一种正义的责任,包含了正义的道德要求。政治责任与结构化非正义相关。按照阿伦特和米勒的理解,责任指派的前提是共同的成员资格和文化。但是,考虑到现代社会的多元正义问题,我们很难界定共同体成员的责任。在艾利斯·扬看来,政治责任需要将焦点转向更为复杂的、合作产生的社会结构。这些交往结构产生的结果不能与目的性的个体行为建立直接的因果性关联,也无法诉诸同质性的共同体文化成员身份。在实际生活中,结构化非正义的产生通常是个体行为的

① Iris Marion Young, *Responsibility for Justice*, Princeton: Oxford University Press, 2014, p.75.

一种累积效应。即使共同体成员以一种正常的、可接受的方式做事情,这种符合正常规则或公共承认的实践行为也有可能会产生不公平的社会境况。作为结构化非正义的产生者,行动者常常对这些制约和影响人们日常生活和政治沟通的隐性规范毫无所知。政治责任需要质疑我们"合法"的日常实践以及日常生活的恰当性,并通过积极的集体活动参与改变不正义的社会结构。因而,局限于民族共同体的责任观念无法对这种结构性非正义进行规范阐释。

在艾利斯·扬的责任正义思想中,阿伦特的政治哲学也是一个重要的思想来源。她不仅延续了阿伦特—哈贝马斯传统对政治和交往的理解,也继承了阿伦特对集体责任的具体思考。总体上说,艾利斯·扬肯定阿伦特对政治责任的分析,它暗示着一种有别于个人道德和法律责任的新的责任模式。这种责任模式的核心不是基于人与人之间个体的可分离性,以及具体的单个人行为与结果之间的可归责性,相反,它强调的是人类的共存性以及由此带来的责任的共享性。但是,艾利斯·扬并没有简单地重复阿伦特的理论,她在新的历史背景下进一步发展了这一理论。

第二节　社会联带的责任模式

艾利斯·扬深受阿伦特责任观的影响,但认为阿伦特对政治责任的理解不充分。阿伦特意识到,西方实践哲学的道德责任和法律责任概念基本上都是以个体行为为基础的,无法澄清和解释集体参与的错误行为所带来的罪责。艾利斯·扬之所以要发展阿伦特的政治责任理论,主要出于两方面的考虑:第一,她所处的时代与阿伦特不同,阿伦特所处时代面临的最大威胁是集权主义造成的非正义,而艾利斯·扬关注的是民主社会中的非正义。相对来说,后者比前者要更加复杂和隐蔽;第二,阿伦特虽然在西方政治哲学中开创了不同于个体责任的集体政治责任理论,但没有对这一概念作出充分合理的解释。

受阿伦特对罪责与责任之间区分的启发,艾利斯·扬提出了一种社会联带（social connection）的责任模式。这个概念最初出现在《责任、社会联结以及全球劳动正义》①一文中。与法律责任或道德责任局限于个体行为不同，作为一种前瞻性的共享责任，政治责任针对的是社会成员广泛参与的，并与社会、经济和政治过程相联系的结构性非正义现象。这一概念包括对正义的背景性条件的判断、人们集体行为的承担，以及对日常生活中隐性的结构化问题的敏感。社会正义是复杂和艰难的人类事业，我们需要用不同的责任概念来面对不同的非正义。本节将具体考察艾利斯·扬对两种责任模式（个体的可归责模式和社会联结模式）的理解。

一、传统的责任模式

艾利斯·扬对两种责任模式进行了区分，并试图为结构化非正义的分析和诊断提供一种规范的和经验的分析工具。与政治责任相对，可归责于个体行为的责任，艾利斯·扬称之为"责任的可归责模式"②（liability model），这种责任模式常常用罪罚、愧疚、指责等法律语言或道德语言来表达。由于这种责任模式历史悠久，与人们的日常经验和思维方式相一致，因而成了有关责任概念的流行理论。

然而，这种责任的归责模式是有缺陷的。它不仅忽略了那些无法归责于个人行为的非正义现象，而且容易成为各种意识形态用以推卸社会责任的借口。以当今人们热议的全球贫困问题为例，保守主义者们认为，每个人都应该为自己和家庭负责，贫富差距或者是由个体禀赋的差异造成的，或者是由个人努力程度不同造成的。因而，解决贫困问题应该更关

---

① Iris Marion Young, *Global Challenges: War, Self-Determination, and Responsibility for Justice*, Cambridge: Polity Press, 2007, pp.159－186. 后来，此文所涉及的相关问题在《正义的责任》一书中进一步展开。此书虽然在艾利斯·扬去世之后出版，但凝聚了她关于责任理念的思想核心。

② Iris Marion Young, *Responsibility for Justice*, Princeton: Oxford University Press, 2014, p.97.

注穷人的能力和行为,鼓励他们更多地为自己负责。即便像罗纳德·德沃金这样的政治自由主义者也强调,一个合理的社会意味着"一个人应该为她积极选择的或作为选择结果的境况负个体责任,而不是为那些由于越出其掌控的状况而导致的境况负责"[1]。所以,在补救策略上,德沃金倾向于一种资源平等的福利政策。在政治话语中,艾利斯·扬指出,这种归责模式倾向于一种"指责语言"(blame language)。它局限于一种线性因果关系,并将很多集体性行为的结果安置在个体身上,然后对其进行道德评判或者法律制裁。把社会贫困归责于个人的懒惰或不够努力经常是错误的,所谓的环境与个人选择之间的责任区分也不具有分析和诊断的价值。社会贫穷现象的产生有着各种类型的结构性因素,比如穷人所处的社会位置、所享有的有限机会、受教育程度低下等因素。因此,在社会正义领域,集体的政治责任概念比传统的个人责任更重要。

具体来讲,在政治沟通和讨论中,这种个体归责模式的指责语言在现实政治中常常体现为一种"愤懑的情绪"[2](a spirit of resentment),它容易妨碍集体行动的讨论。艾利斯·扬和威廉·康诺利(William Connolly)、温迪·布朗(Wendy Brown)以及博尼·霍尼希(Bonnie Honig)等政治理论家同样注意到,社会问题和政治事件的公共反应常受到这种情绪的推动。[3] 当一些人经历计划的失败或者不应得的伤害时,他们通常将不幸转向外面。为了寻求补偿,他们试图去寻找可以直接责备的主体。对于导致他人不得不忍受的糟糕情境,另外一些自认幸运的人也会表达愤怒以及寻找某些应该责备的主体,通过对这些人的惩罚和归责或许会帮助他们发泄愤怒。尼采曾对这种情感作了非常形象地描述:"每个受难者

---

① Iris Marion Young, *Responsibility for Justice*, Princeton: Oxford University Press, 2014, p.5.

② Iris Marion Young, *Responsibility for Justice*, Princeton: Oxford University Press, 2014, p.114.

③ Iris Marion Young, *Responsibility for Justice*, Princeton: Oxford University Press, 2014, p.141.

都本能地寻找他的受难原因,确切些说,就是寻找一个责任人。更肯定些说,就是寻找一个造成了痛苦的'有罪的'责任人——简言之,就是随便找一个活人,使他能以任何借口直接对这个活人,或以这个人为模拟靶子,发泄他的情感,因为情感发泄是受难者的最大的自我安慰,也即自我麻醉的尝试,是他为了抵抗任何一种折磨而不由自主地渴求的麻醉剂。"①

在《道德谱系学》中,尼采通过批判以基督教为首的西方道德对这种情绪进行了具体分析。尼采认为,愤懑的情绪代表的是奴隶道德。奴隶道德试图去发现导致恶的外在强大主体,这种道德的创造者则通过愧疚、惩罚以及良心的准则对那些犯错者行使权力。在许多场合中,"高贵者丝毫不会感到怨恨,而所有的软弱者和无能者却会毫无例外地感到怨恨"②。惩罚的价值在于在犯错者心中唤起一种负罪感,它是对人的一种驯服而不是改进。当人们诉诸一种良心谴责或良心忏悔(坏的良心)时,就会陷入一种自我沉溺的愤懑情绪,无法对事情的改变有所裨益。在艾利斯·扬看来,这种愤懑情绪通常是压迫性社会结构对人产生的情绪性反应,内在渗透着各种权力关系,暗含着社会规训对人的强制。在《战争框架:生命何时是可悲的?》一书中,朱迪斯·巴特勒在讨论暴力时也敏锐地指出,当人们诉诸良心,追求"纯粹无瑕"的灵魂时,实际上是一种"道德自虐"(moral sadism)③。它将一种道德化的责任观强加给一些脆弱无力的生命,而不去追问这种"道德"是否恰当。艾利斯·扬认为,在结构化非正义的语境下,"责备语言是不恰当的而且也不会有效果。这是因为,无论作为受害者还是旁观者,这种语言倾向于区分强大的犯错者和无辜的人。这经常会过于简化非正义的原因,容易导致绝大多数人对

---

① [法]尼采:《论道德的谱系》,周红译,三联书店1992年版,第103页。

② [法]尼采:《论道德的谱系》,周红译,三联书店1992年版,第35页。

③ Judith Butler, *Frames of War: When Is Life Grievable?*, London & New York: Verso, 2009, p.173.

社会非正义采取消极态度而不能对问题进行补救"①。在政治沟通中,责备修辞常试图去确认导致问题出现的特殊个体或群体。人们专注于对过去问题的争论以及个体的罪责,忽视可以改变不正义的社会行为,也容易赦免真正的责任承担者。就像朱迪丝·施克莱在《非正义的面相》中所讲的,"人们总是容易看到不幸,而不是在他人所遭受的苦难中看到不正义"②。所以,虽然指责语言可能会适应道德或法律的语境,但是当个体遭遇结构性非正义的时候,仅凭良心谴责或法律惩罚并不能有效诊断和解决结构性问题。

从根本上说,个体责任的归责模式假定了一种错误的理念,即将每个人视为独立于他者而存在的原子式个体。个体责任通过内化个体行为的代价和结果,忽略了个体与他者之间相互交织的深层结构化关系。个体责任的这种理解符合人们对日常生活责任关系直接性的认知。对于绝大部分人而言,管好自己的事情看起来似乎天经地义。按照艾利斯·扬的理解,这种"直接性"(immediacy)使得人们局限于日常伦理角色,并对一些不公正之事采取漠视或旁观的态度。也即在变革结构性非正义的进程中,人们失去了参与社会协作的意愿。通常情况下,人们试图逃避承担政治责任的策略会涉及四个方面。

第一,视社会结构本身是"异化"(reification)的和不可改变的。例如社会进程参与者常常拒绝承担与自身相关的责任,认为这是由于自己面临不得不进行行为选择的压力。在艾利斯·扬看来,"异化"是指行动者把人类行为的产物,特别是社会关系,当作是事物或自然力量。③ 在马克思那里,异化被用来描述资本主义商品关系的一个特殊方面。资本主义

---

① Iris Marion Young, *Responsibility for Justice*, Princeton: Oxford University Press, 2014, p.116.

② Judith N. Shklar, *The Faces of Injustice*, New Haven: Yale University Press, 1990, p.15.

③ Iris Marion Young, *Responsibility for Justice*, Princeton: Oxford University Press, 2014, p.154.

把商品在市场上销售的时刻和购买的时刻之间的关系分割开来。这两个时刻之间的中介是商品流通的一般过程,当交换过程在发售的东西之间建立一般等价物时,马克思称之为交换价值。虽然每一次交换都应该是在等价物之间进行的,但在一般市场中,这种买卖的分离引入了不等价物的可能性,以及一些商品的交换价值永远不会实现的可能性。商品是作为指挥行动的有生命力的东西出现的,而进入市场的人则是这一过程的工具,人与人之间的社会的关系体现为"物与物之间的关系"。因此,工人的生产经验和行动在资本主义生产关系中处于一种异化关系。卢卡奇借用马克思的商品拜物教批判和韦伯的工具理性批判,将异化概念系统化为对资本主义社会和思维的一般论述。① 在艾利斯·扬看来,尽管卢卡奇关于资本主义工业社会特有的计算思维的理论很有魅力,但是对于我们思考行动与社会结构的关系而言,它过于批判现代哲学和科学。借鉴萨特的观点,艾利斯·扬指出,我们行动的物质环境大多是由行动的产物、实践构成的。人们在这些事物的中介下相互行动,但他们往往不是作为一个具有共同项目的集体行动。个人或群体有自己的目标,沿着自己的轨迹前进。然而,他们以事物为中介的行动却会产生比其意图更广泛的集体效应,有时这些效应会阻碍他们个人制定的项目的实施。萨特把这种现象称为"反终极"(conter-finality)。艾利斯·扬试图说明,异化是许多人行为的客观结果,也即社会结构是人类选择和实践行动不断累积的结果,这些产物在每个人看来都是一种事实或力量。人们把这些效应体验为异己力量,就像自然的制约一样,我们在努力实现自己目的同时必须与之打交道。只有当我们表现得好像这些社会过程及其效应并非源于人的行动,或者是无法改变的时候,异化才会成为逃避不公正责任的手段。虽然异化是一个不可避免的过程,但是人们试图通过相互讨论和辩论去伪存真地理解社会过程及其影响是可能的,而且在道德和政治上也是可取的。问题的关键在于,如何在这个过程中确认有助于改变不正义

---

① [匈]卢卡奇:《历史与阶级意识》,杜章智译,商务印书馆 1992 年版,第 150 页。

结构的主体和行为。

第二，否认与远距离他者的关联，认为我为之承担责任的必须是可见的、与我有着直接关联的对象，例如家庭、工作等方面的责任承担。很多人不会把一些人与他人的联系范围限制在与人直接交往的人身上。也许有些人我从来没有或很少与他们见面，但我不能否认与他们的联系。英国哲学家欧诺拉·奥尼尔①认为，否认这种联结性以及他者的脆弱性"在理智和伦理上是一种修正和处理伦理思考视域的不体面的方式。这些否认在自私、自我中心、自我防御甚或自我欺骗的策略中起着重要作用，而且还会掩盖活动真正的内容，并代替为一种对预设的扭曲解释"②。这种理解与个体责任理解模式有相似之处，即将一个人的责任范围限定在包括所有且仅包括那些与代理人有直接关系的人和潜在的伤害，但这并不能成为我们参与的集体行为和社会进程免于责任的理由。从关系性视角出发，艾利斯·扬指出，我与他者行为的结果本身会影响彼此交往的背景，因而我对他者的生活也负有责任。

第三，即使人们承认与他者的联结，但是他们常关注直接的沟通关系，也即关注一种具体的责任，而不是更加普遍的正义责任。采取这种立场的人可能会承认，虽然我们参与了影响我们所有人生活的结构性进程，基于这种原则上的和抽象的联系，我们有责任促进与这些其他人有关的正义。然而，困难之处在于我们没有足够的时间。我们的注意力和精力完全被直接互动的关系对我们的要求所吸收。艾利斯·扬认为，应当承认正义与直接互动二者之间的紧张关系及其不可避免性。关于正义的责

---

① 欧诺拉·奥尼尔(Onora O'Neill,1941—　)：现为剑桥大学荣休教授和英国上议院议员，曾获得被称为人文社科领域"诺贝尔奖"的赫尔拜奖，主要研究领域为政治哲学和伦理学，曾著有《正义的边界》、《迈向正义与美德》、《理性的建构：康德实践哲学探究》等书。

② Onora O'Neill, *Towards Justice and Virtue：A Constructive Account of Practical Reasoning*, Cambridge：Cambridge University Press, 1996, chapter 4,转引自 Iris Marion Young, *Responsibility for Justice*, Princeton：Oxford University Press, 2014, p.160.

任可以分为沟通互动层面和结构层面,这两个层面彼此相关不可或缺,每一个层次都是理解我们自己与他人关系的一种方式,每一个层次都是对道德行动很重要的观点,不能把一个层次简化为另一方。在日常生活中,与特定他人的即时互动很容易淹没我们的注意力和精力,几乎没有余地去考虑更广泛的社会观点,思考如何组织和协调我们的行动,使其集体后果可能对一些我们确实与之互动的人和许多我们没有遇到的其他人造成较小的伤害。但是,艾利斯·扬认为,如果那些在社会结构过程中处于相对特权地位的人优先考虑的是直接性的要求,那么,在沟通互动过程中很可能就会强化这些结构性特权。正是由于我们大多数人在持续互动的过程中占据着阶级、种族、能力、性别等相似的结构性地位,日常的个体交往实践也可以与正义的政治责任承担联系起来。

第四,当非正义是集体性行为后果的时候,人们通常认为政治责任与自己无关。对一些人遭受不公正待遇的判断包含了这样的判断,即对他们造成的伤害是社会造成的,有人而不是自己应该对此有所作为。但是,艾利斯·扬指出,我们无法确定产生结构性不公正的几个特定行为者,也无法孤立地确定应该对此采取行动的几个行为者。不公正的责任应该由所有通过行动促进产生不公正的社会进程的人来共同承担。艾利斯·扬认为,人们共享政治责任并不是凭借他们的特殊能力、制度角色或者所处的关系及承诺,而是因为这是作为社会进程参与者和作为公民的普遍责任。这并不一定意味着他们属于特定的民族国家或共同体,他们是改变不正义的社会结构、推动社会正义进程的积极参与者。

艾利斯·扬认为,人总是处于与他人联系在一起的结构性位置中。这种人与人之间的"共在"是一切政治生活的特有条件,也为与每个人生活攸关的政治行动奠定了前提。政治责任需要考虑到这种"社会联结",即人们不是生活在一个个体的世界,而是与他人共同生活在一起。我与他者共享社会资源的丰富性,并且共同参与多元的社会发展进程。这种人与人之间的相互依赖奠定了一种为他责任观的经验依据。和阿伦特一样,艾利斯·扬认定,基于个体责任的道德和法律观念存在着明显的局限性,它不能完全阐释个人对不公正社会制度理应承担的责任。对任何关注社会正义而不仅仅是个人行为的正义理论来说,需要从个人责任转向到集体的政治责任。一个负有政治正义感的人不能仅仅满足于在个体行为层面拒绝不义或罪责,而且还要积极地参与到政治行为之中,阻止不公正的发生或尽可能地消除非正义的影响,它表现为公民对公共事务的关切和政治参与。作为共同生活在世界的生命个体,人应该积极参与公共生活,承担集体责任。这是因为,集体责任或者政治责任关照的不仅仅是个体道德的完整性,而是其所生活的世界的正义性。在政治共同体中,即便是不合作运动也不能被理解为从公共世界退回到私人道德世界的洁身自好,而只能被理解为抵制社会非正义的策略,如此,它才具有政治意义。为了克服阿伦特政治责任理论的局限性,并建立一种符合当代人类生活的经验特征的社会诊断和政治实践理论,艾利斯·扬提出了自己关于政治责任的新理解。

二、社会联带责任

激发艾利斯·扬探究责任议题的是这样一个问题:在多元时代和全球化时代,看似微小的道德主体如何考虑我们与结构化非正义相关的责任? 基于对结构化非正义的早期诊断,她提出了"社会联带的责任模式"(social connection model)。该模式的核心观点是,如果社会非正义与人类生活的互动关系及其模式有关,生活在这种环境中的所有人就对其非正义的后果负有责任。与阿伦特诉诸古典城邦或共和主义政治共同体的概念不同,艾利斯·扬的责任社会联带模式立足的是哈贝马斯和罗尔斯等人阐述的自由民主的公正社会理念。相对于阿伦特的具有强烈共和主义色彩的政治责任概念,艾利斯·扬的社会联结模式更适用于分析当今社会现实。在艾利斯·扬的社会联结模式中,政治责任具有五个方面的特征。

首先,责任主体不是单个的人,而是社会共同体这一集体。传统的责任归责模式诉诸的是个体,即为了某个行为后果而去追究某个个体的责任。这种责任概念在一般的行为背景下是合理的。黑格尔就曾指出,主体不应对一个行为造成的所有后果负责,而只应该为其可预见到的后果负责,责任概念与个人的认知有关,"凡是出于我的故意的事情,都可归责于我,这一点对犯罪来说是特别重要的"①。传统的责任概念有两个要件:第一,它针对的是人的有意识行为;第二,在行为与后果之间存在着可以识别的、可归责的行为联系。但是,社会联结责任概念所要处理的问题恰恰不符合这两个条件:第一,它经常涉及的是一些"无意识"行为,在个体的行为与总体的结果之间不存在清晰的可追溯的行为链;第二,社会的非正义更多地产生于不合理的社会制度和规则,因而是个人无法改变的。这两个方面决定了政治责任的主体只能是集体,而不是个人。

其次,政治责任更多地关注人类互动关系的背景性条件,而不是单个人的行为。传统的责任归责模式是回溯性的,它从果溯因。在这里,对责任的推论通常假定一套规范"即使不是理想性的,但在道德上也是可接受(acceptable)的背景性条件"②。责任的联带模式面对的社会世界则是由各种社会制度和背景性规则构成的,责任追究的对象往往不是个人的行为,而是产生非正义后果的背景性条件。

再次,与回溯性归因的传统责任概念相比,社会联结模式包含着前瞻性预期。个体责任指派的首要目的是去确认具体罪责的主体,要求伤害者停止伤害或对已造成的伤害作出补偿。社会联结模式针对的是社会结构化条件或生活世界的背景,追究责任是为了改变背景性条件,以达到改善社会状态的未来前景的目的。前瞻性在这里不仅意味着行为者应该对行为结果进行预测,而且还要求通过集体行为改变社会的背景条件,以达

---

① [德]黑格尔:《法哲学原理》,范扬、张企泰译,商务印书馆 2012 年版,第 118 页。

② Iris Marion Young, *Responsibility for Justice*, Princeton:Oxford University Press, 2014, p.107.

到正义的目标。①

又次,在社会联结模式中,责任是共担的。在结构化的非正义中,由于责任主体不是具体的某个人,而是结构化的非正义进程中的所有参与者。为了减少和取消非正义结果,我与他人共担着改变这一进程的责任。与阿伦特不同,艾利斯·扬强调责任的共享性,而非责任的集体性。这里的共担意味着责任所指派的对象不是一个整体,如国家或人类,而是指直接或间接地介入某种后果的所有的个人。由于每个人在结构化的非正义过程中发挥的作用无法分离开,而且不公正的状态的改变也不能依靠个人。所以,这一责任联结模式只能是一种共担责任(shared responsibility),而非抽象的集体责任。

最后,社会联结模式所要求的政治行动必然是集体的,"前瞻性的责任只有通过与他人一起参与集体行为才能被清偿"②。社会联结模式强调政治责任的集体行动特征,因为社会的非正义往往是无数个人的个体行为造成的,而这些行为又依赖不平等的社会结构化条件。基于这样的理由,任何单独的行动都无法终止或改变社会的不公正,也无法承担应尽的责任。

在艾利斯·扬的社会联结责任模式中,"政治"在规范意义上意味着公正地协调我们的关系和组织社会结构以及我们的行为规则,以便为人们自由而合理的相互交往创造制度性或背景性条件。在此,承担政治责任只能意味着与他人一起行动,最大限度地改变非正义的社会结构。在艾利斯·扬看来,社会正义与民主内在地联系在一起。社会联结责任模式的实现有两个条件:一方面它依赖人们积极参与公共领域的讨论,通过

---

① 其实在这里,扬也在强调回顾过去的重要性。对过去行为的理解可以更好地理解结构化非正义产生和再生产的进程。但是,回顾过去不是目的,而是为了改变这种现状。参见 Iris Marion Young, *Responsibility for Justice*, Princeton:Oxford University Press, 2014, p.107.

② Iris Marion Young, *Responsibility for Justice*, Princeton:Oxford University Press, 2014, p.111.

社会反思唤醒责任感；另一方面，不公正的社会结构的改变或新的社会结构的形成都必须依赖人们民主的集体政治行动。因此，社会联结模式不仅为我们重新思考人们对社会的政治责任提供了理论框架，而且为社会批判理论与民主激进政治之间的沟通提供了思想桥梁。

在《友爱政治学》中，德里达提到，"他者"具有独特性和不可替代性，这种差异性使得责任的存在成为可能。德里达批判基于兄弟关系的传统政治友爱，这种友爱模式追求同质性和稳定性，具有敌友划分的政治的霸权含义。他主张一种作为民主联合方式的友爱，艾利斯·扬将这种政治友爱称为"团结"（solidarity）。在她看来，团结"指的是一种不同的行动者决定彼此联合的关系"①，它指向不断自我更新的未来。责任和团结有关，二者共同联结在作为未来可能性的"或许"（perhaps）之中。社会联带责任即一种通往未来的责任模式，它不把现存社会结构和社会关系当作是固定的，而是把这些结构和关系当作各种可以改进的可能性。人与人之间的相互依赖以及拥抱可能性的团结，呼吁人们共同承担这种责任。作为一种责任关系，这种团结是人与人之间共同的期待、许诺和参与。

艾利斯·扬对政治责任的思考也受法国哲学家列维纳斯的他者伦理思想启发。列维纳斯反思纳粹罪行，认为极权政治的存在及其暴行源于人们放弃了自己对他者责任的承担。这种现实状况促使列维纳斯对责任进行哲学思考，并将责任视为生活之第一要务。列维纳斯批判传统西方哲学对绝对同一性的追求，以及对他者的无视。在他看来，责任关涉自我与他者的关系。他者具有绝对性，是与我不同的、超越性的存在。责任伦理是一种对话伦理，在我与他者的对话交往中，就已然存在一种对他者责任的回应，并体现为我与他者不断回应与言说的过程。在列维纳斯那里，这种为他责任是一种原初责任，先于主体的能动选择。责任先于自由，只

---

① Iris Marion Young, *Responsibility for Justice*, Princeton: Oxford University Press, 2014, p.120.

有当我为他者负责的时候,我的自我才被唤起,才意识到自己是一个有道德的人。这一责任伦理形象地体现在列维纳斯关于"面孔"(face)的分析中,在列维纳斯看来,"面孔"代表他者,接近"面孔"是最为基本的责任模式。面孔并不言说,但它开启了所有的话语。就像巴特勒所分析的,列维纳斯的"他者面孔"向我提出了伦理要求:"'面孔'乃是苦难的声音,它尚未成为言语或者已经不再是言语;'面孔'使我们领悟到他者生命的脆弱不安……"①艾利斯·扬将列维纳斯的伦理责任对他者的关注带到对责任的理解中,强调政治责任的重要性:"当我与他者相遇的时候,我体验着最初的责任。当我凝视着他们的眼睛、感知着他们的脆弱以及理解他们的需要和欲望的时候,站在他者面前意味着我需要承担某种责任。"②但是,艾利斯·扬质疑列维纳斯对他者责任无限性的理解,以及因此可能出现的对关系中自我的强制。她认为,有必要在自我与他者无限关系的理解中引入一个第三者,也即正义,从而有助于考量不同的关系性需要和回应。只是在道德生活中,还需要去理解和保持正义与每个个体无限诉求之间的张力。列维纳斯对艾利斯·扬的启发在于,这种为他的责任视角对于多元时代理解责任问题也尤为必要。艾利斯·扬意识到,每一个他者都是拥有需要和欲望的具身化的存在(embodied beings),具有其独特性(差异性)、脆弱性和不可化约性,与我共处一个彼此联结的结构性交往网络中。

在艾利斯·扬看来,"现代社会,陌生人在一种更强的意义上共同生活在一起,他们的日常活动涉及一系列制度性的密集关系网络。在下述意义上,这些制度关系在因果性上将他们连在一起,即某些人在此处追求目标的行为会潜在地影响到其他人,而他们对这些人可能并不认识,也没

---

① [美]朱迪斯·巴特勒:《脆弱不安的生命:哀悼与暴力的力量》,何磊、赵英男译,河南大学出版社 2016 年版,第 220 页。

② Iris Marion Young, *Responsibility for Justice*, Princeton:Oxford University Press, 2014,p.162.

有过多了解"①。按照欧诺拉·奥尼尔的说法,如果一个人的行动构成了其他人行动的背景的话,他们就处于一种正义的关系之中。这种人与人之间交往的关联性决定了我对他者拥有正义的责任。因而,社会联带责任模式倡导一种不单出于"我"而是出于"我们"的实践哲学,即"我"不是孤立的存在,而是与他者共同居于各种流动的结构化关系中。通过对社会制度和实践的回应性行为,人们致力于改善导致结构化非正义的条件。这种对他者的回应,既不局限于一种形式上的听证会或者法庭,也不诉诸一种愤怒式的情感责备。那些真正理解与正义关联的共享责任的人,呼吁人们倾听苦难和脆弱,并对一些不公正的社会问题进行公开回应。政治过程即包括这样一个公共领域的建立,参与其中的社会成员可以通过提出问题,并要求彼此采取行动去解决问题。基于这种对他者进行回应的团结协作,人们开拓了自由的政治空间,并共享改变不正义结构的责任。所以,政治责任不同于道德或者伦理责任,也不同于法律责任,它是一种关系性责任,暗含在结构性视域下责任的判断和践行。

三、个体判断与责任践行

我们生活在一个"责任落寞"的时代,不仅许多人对责任采取犬儒主义的态度,知善而不为善,知恶而不恶恶,更重要的是,今天的社会生活已经变得如此复杂,以至于责任的来源和主体都变得模糊了。在这种情况下,无论对责任采取传统的个人主义立场,还是采取结构主义的无主体的立场,都会严重妨碍对责任的思考。在这种情况下,艾利斯·扬重新提出政治责任问题,并力图构建一个恰当的政治责任模式,这显然是及时的,而且是非常重要的。

从前面对两种责任模式的讨论可以看出,责任问题既涉及规范性问

---

① Iris Marion Young, *Inclusion and Democracy*, Oxford: Oxford University Press, 2000, p.223.

题,也涉及事实性问题。正如阿伦特所指出的,道德责任的前提是把个人当作责任主体。它的规范性前提是,每个人都应该是自己行为的主宰者,不能把自己的错误行为归责于环境或社会习俗。政治责任的规范性前提与个人责任的规范性前提不同,它是把自我视为与他者相互依赖的共同体的成员。个体行为本身会嵌入复杂的关系性结构之中,受个体认知、德性、自主及行为情境和所处社会关系的多重影响。作为一个负责任的行为主体意味着,即使自己没有主动实施非正义的行为,但如果没有采取积极的行动去改变这一状态,那么就应该对不公正的状态负有责任。因此,虽然我们不能否定传统责任概念在一定范畴内还是适用的,但相对于大量的由匿名的行为者所造成的社会不公正现象,如社会贫困、环境危机、社会不平等、文化歧视等来说,政治责任的重要性已经超过了传统意义上的个人责任。

艾利斯·扬的责任理论被提出后,还是受到了一些人的批评,其中玛莎·努斯鲍姆的批评具有代表性。① 努斯鲍姆认为,艾利斯·扬提出的社会责任的联结模式由于过分贬低了个体责任,因而不仅不能提高人们的责任意识,反而使已有的责任概念变得模糊了。首先,在现实中,个体责任与社会联结责任之间的区分并不是那么一清二楚。就此而言,社会联结责任概念的经验基础是成问题的。其次,回溯性的个体责任模式与前瞻性的政治责任理念之间也不应完全割裂,一个人对过去错误行为的愧疚会有助于他在未来的行为中承担责任。努斯鲍姆强调,人们是从自身明显的伤害性行为中学习和提升自己的道德的。即使对待集体行为的结果,要想产生出某种积极的责任意识和行动意愿,也需要诉诸每个个体的认知和反思。对于没有愧疚感的个体来说,承担集体行为的责任就成为了一种空洞的套话。不仅如此,努斯鲍姆还指出:"如果我们在对自己的内心世界进行真诚的批判之前,就不成熟地转向外在世界,那么我们致

---

① Ann Ferguson and Mechthild Nagel eds., *Dancing with Iris: The Philosophy of Iris Marion Young*, New York: Oxford University Press, 2009, pp.133-145.

力于改善的行为就会被证明是肤浅的和短暂的。"①在这个意义上,无论是对追究责任来说,还是对培养责任意识来说,个体德性的罪责(guilty)这一概念仍然具有理论上的优先性。

显然,努斯鲍姆的批评不是无意义的。这提醒我们,不能因为对集体的政治责任强调而抹杀个人责任概念及相关思考的意义。需要强调的是,艾利斯·扬的政治责任模式并不旨在替代归责模式。相反,她也强调责任归责模式的重要性:"作为指责或归责的责任概念对于法律体系和道德权利感而言不可缺少,它尊重作为个体的行为者,并期待他们同样以恭敬的方式对待他人。当运用责任这种概念时,必须有明确的证据规则,这样不仅是为了说明这个行为者与伤害的因果关联,也为了评估其行为的意图、动机和后果。通过提出责任的社会联结模式,我并不是为了替代或者摒弃责任的归责模式。"②今天来讨论个人责任与政治责任之间的关系,我们不应着眼于两者的形而上学地位和理论上的优先性,也不是要以一个概念去取代另一个概念,而应该着眼于在特定范围内什么样的责任概念是最恰当的。一般来说,在行为涉及的范围相对较小以及行为关系脉络相对清楚的情况下,一个人很容易识别自己行为的后果和影响,也容易对自己的行为产生出努斯鲍姆所说的愧疚和悔罪意识。但是,在行为超出了行为者熟悉的范围,或者行为者很难真实地体认到自己行为的后果的情况下③,艾利斯·扬的社会联结责任模式就具有了明显的优势。

笔者认为,艾利斯·扬的社会联结责任观念还欠缺两个维度。一个是个体判断的维度,另一个是责任践行的维度。前者涉及个体如何在结

① Ann Ferguson and Mechthild Nagel eds., *Dancing with Iris: The Philosophy of Iris Marion Young*, New York: Oxford University Press, 2009, p.145.; Iris Marion Young, *Responsibility for Justice*, New York: Oxford University Press, 2014, p.xxv.

② Iris Marion Young, *Global Challenges: War, Self-determination, and Responsibility for Justice*, Cambridge: Polity, 2007, p.174.

③ 例如有些压迫性行为经常是无意识的反应、习俗和偏见的结果,体现在人们习以为常的话语、非正式言论、日常互动、传统习俗、审美判断、举止反应等方面。

构性非正义的制度下具有对自己结构性位置以及可担责任的判断,也即责任意识的形成。后者则关联如何有效地承担集体责任,在责任诊断(规范)和改变行动之间建立联结。

　　首先,在批判列维纳斯责任观(为他责任的绝对性)的时候,艾利斯·扬指出,需要警惕在进行正义考量时导致对每一个单独个体不可比拟性的侵犯。因而,需要在道德生活中承认具体责任与普遍的正义责任之间的紧张关系。如果要缓解这种紧张关系,可以在日常的个体交往实践和正义的政治责任承担之间建立联结。但是,艾利斯·扬无法解释在一种压迫性社会结构已然成为人们交往背景的前提下,人们如何"跳出"(跨越)自己所处的结构化位置而去思考他者的生活和责任。在日常生活中我们会看到,富人难以理解穷人的生活体验,健康的人也很难理解残疾人的疾苦。恰如阿马蒂亚·森在《正义的理念》中所指出的:"我们所处的位置和困境会影响我们对于社会差别和不对称的总体态度和政治信仰。如果我们进行认真的自我审思,可能会足够坚定地使我们的总体判断更为一致(比如,我们对富人的评价就不会因为自己的贫富状况而产生太大的变化)。但是,我们无法保证总是会有如此严格的审思,因为我们往往会沉溺于我们对于与自己直接相关的事物的看法和观点之中。"① 而且,人们可能会因为所处位置和关注兴趣不同而陷入"信息茧房"(information cocoons)②之中,并固化自己对自身境遇或他者生活的认知或偏见,导致思想和行动的偏狭。所以,艾利斯·扬意识到,在社会生活中并非每一个参与导致结构化非正义互动的行为者都具有可以带来改变的相同的机会和能力。行动者需要根据权力、特权(privilege)、利益以及集体

---

　　①　[印]阿马蒂亚·森:《正义的理念》,王磊、李航译,中国人民大学出版社 2012年版,第 184—185 页。

　　②　信息茧房指的是人们关注的信息领域会习惯性地被自己的兴趣所引导,从而将自己的生活桎梏于像蚕茧一般的"茧房"中的现象。参见 https://baike.baidu.com/item/信息茧房。

能力等四个参数来分析自己的责任承担。所以,这里预设了对行动者本身思考力和判断力的要求,也即一种对结构性本身的认知和判断。在这个层面,艾利斯·扬隐含地提出了对责任承担者本身判断能力的要求,但是并没有过多阐明。

阿伦特对"共通感"的分析可以提供一种启发。阿伦特认为,如果积极参与公共生活,人们就需要一种主体间性的判断思考,并反思未经省察的观念与偏见。借鉴康德的概念,阿伦特将这种思考称为一种"扩展了的心灵"(enlarged thought),也即在判断时把他者考虑在内,并因此希望这种判断会带有某种一般的、尽管可能并不普遍的有效性。与康德的审美判断不同,这是一种政治判断。"共通感"不是私人感觉,它是人们可以进行普遍交流的基础。虽然判断由个人作出,但所生活世界的共同背景以及判断者对生活世界的关心使他可以摆脱个人的偏私。阿伦特对这种"共通感"作了形象的表述:"我试图在贫民的立场上思考。我要提出的判断绝不必然与那些贫民窟居民们的判断相同,岁月和绝望可能已使他们对自己的处境麻木不仁,但它会成为我对这些事情作进一步判断的一个突出例证。再说,尽管在判断时我把他人考虑在内,但这并不意味着我在我的判断中遵照了他们的判断。我仍然以自己的声音说话,而且我并不靠多数观点来决定何为正当。但我的判断也不再是主观的了,不再是那种我只通过考虑自己就达到结论的意义上的主观。"①如果我们把这种判断理解与责任践行联系起来,通过一种共情和判断,责任承担者就可以超越判断个体所处的结构化位置和偏狭的自利视角,通过一种"内在的交谈"(广义的反思行为)保持判断和行动的独立性。对个体判断的强调可体现政治责任本身的道德含义,它预设具有道德责任感的主体在面对结构化非正义的时候,通过一种扩展了的思维,可以在民主沟通中将更多与弱势群体有关的责任立场考虑在内,并有助于有效参与改变非正义结构的集体行动。在阿伦特那里,"判断的力量依赖于他人潜在的同意,

① [美]阿伦特:《责任与判断》,陈联营译,上海人民出版社 2011 年版,第 110 页。

在判断某事时思想的活动过程不是像在纯粹推理过程中的那样,只是我和我自身的对话,而且即使我在单独做决定的时候,也总是首先在设想中和其他人交流,我知道我最终能和他们达成一致。从这种潜在的一致中判断活动获得它特殊的有效性"①。如果我们不局限于阿伦特的共同体视角和"审美政治",将她对判断的思考与正义的责任联系起来可以为社会联带责任的践行提供一种有益启发。譬如,经由这样一种政治判断,对于每一个具有责任承担能力的人而言,可以去批判和挑战人们对弱势群体的固有认知和偏见。当弱势群体和边缘群体的利益诉求进入公众视野、生命的脆弱性为人们所知的时候,人们可以采取一些可以帮助改善他们脆弱情境的情感关怀和社会行动。但是,独立判断或者心智扩展本身与结果的善并不直接等同。就像阿伦特所担忧的,当我们就各种特殊情况作出判断的时候,并没有什么恒常的通行标准,也不存在什么确定无疑的规则。倘若将积极思考与政治责任关联起来,还需要个体的真诚、正直等道德禀赋,以及理性健康的公共领域,从而有助于人们在具体的处境中作出合理的判断。

其次,责任最终涉及一个行动践行(performance)的问题,但是艾利斯·扬尚未系统地处理这个问题。她没有说明不同的压迫层面与责任承担的内在关联,也没有具体说明如何通过一种政治互动真正践行责任。德国不来梅大学研究员塔尼亚·普利兹拉夫(Tanja Pritzlaff)对实践两种规范性的分析有效地补充了艾利斯·扬责任理论的实践缺口。跟艾利斯·扬对两种责任模式的分析相对应,塔尼亚区分了实践的两个维度:显性规范的维度和隐性规范的维度。② 尽管艾利斯·扬几次运用"实践"的

---

① Hannah Arendt, *Between Past and Future*, Ronald Beiner ed., Chicago: University of Chicago Press, 1982, p.220. 转引自王寅丽:《未写出的政治哲学:阿伦特对康德判断力概念的政治阐释》,载《社会科学》2006 年第 9 期。

② Geneviceve Fuji Johnson and Loralea Michaelis eds., *Political Responsibility Refocused: Thinking Justice after Iris Marion Young*, Toronto/ Buffalo/ London: University of Toronto Press, 2013, p.131.

概念,但这并不是她的核心概念之一。当提到改变产生不公正结果的结构化进程的集体活动的时候,艾利斯·扬并未提供一种关于这些集体活动的系统定义,也没有系统定义结构化的集体行动如何导致不公正结果的产生。塔尼亚认为,当提到政治责任的时候,实践的概念表达了关注集体行为复杂形式的需要。因而,实践概念的系统定义可以强化艾利斯·扬的政治责任概念。具体来讲,在一个非常基础的层面上,我们的日常互动是由隐性规范引导的,而且这些隐性规范也因此影响我们政治行动的方式。如果一个人将交往和表达的替代性形式包含进作为践行的政治责任的实践概念中,那么将这种概念奠基于对规范性的如下理解就显得很重要:它不仅包含显性规则意义上的规范,也包含引导我们日常活动的隐性规范意义上的规范。也就是说,政治责任的实践规范性不仅仅存在于规则的服从方面,也包含在我们与他者的社会互动所体现的隐形规范中。艾利斯·扬所提供的一个有益启示在于,我们可以更加仔细地去考察现实实践所体现的规范和价值,并指出特定的实践是如何塑造生活在不公正条件下人们的具化现实(embodied realities)的,进而通过遵守或反抗这些"日常规则"去更新和改变那些压迫性结构。当然,这并非取代法律和规则等显性规范为人们的行为和决定提供辩护的重要性。在涉及评判一种行为恰当(正义)与否方面,行为者通常参考的是那些可以直接依凭的规范性来源。如果行为者诉诸一个显性规范,那么他或她的行为就能在个体性层面追溯到一个特定的原因,进而为其行为提供辩护基础。

但是,实践作为一个结构性整体不仅仅是个体行为的单纯积累。引导每个参与者行为的规范并非完全符合显性维度,这些显性规范通常被视为是个体行为者应该服从的、独立于具体情境的普遍规范。实践是一种个体社会行为者联合产生的复杂的集体行为,其最终产物在质上与各部分的总和并不相同。所以,实践本身有其复杂的历史和交往特征,隐形维度的考量成为必要。从实际践行的角度讲,隐性规范性具有两个方面的重要意义:一方面,它强调规范性暂时的、情境化的以及回应性的特征,突出行为者在行为过程中的彼此互动和责任承担;另一方面,它同时也是对规范性显性来源的一个重要补充,并维持和更新着显性的规范效力。这就回到对规范性更为隐性的理解,按照约瑟夫·劳斯(Joseph Rouse)的说法,即按照"我们如何认为一个人对正在进行的实践问题和危险负责任的方式"①去理解广义的规范性。通过这种方式描述政治规范性,规范的规则主义所禁止的还原性概念通过立足于我们实际的、共同产生的日常实践的规范性基础而得到巩固。在这个意义上,甚至诸如购物这样的日常实践也会被视为政治实践的贡献性行为。按照艾利斯·扬的观点,政治实践应该包含行为的替代性形式和维度,创造性的抗议活动或其他表达的替代性方式(如在反血汗工厂运动中采取的抗议形式)能够有助于形成一种更加包容的交往参与形式。基于"通过社会改变社会"的深层民主构想,艾利斯·扬建议在政治领域中采用替代性规范和社会实践。因此,政治应采取一种开放的立场去审视社会的实践形式。在反抗的、践行的政治实践意义上,那些旨在改变压迫性的社会和政治结构的政治实践经常用这些替代方式表达自身。所以,政治责任的承担要求通过必要的政治实践得以实现,而不仅仅是一种行动口号。回到艾利斯·扬的政治责任立场,责任的归责模式导致了一种与显性规则和规范的紧密联结。如果规范性将自身局限于规则服从意义上的行为,那么这种关于行为规范性的理解就太过狭窄。很多人参与的、复杂集体活动意义上的实践包含了一种规范性的隐性维度,其约束行动者的行为并使实际行为的执行成为可能。在结构化非正义的复杂语境下,这些行为有助于促进改变不正义结构性关系的实践。

　　对于艾利斯·扬而言,社会的结构化进程是一个涵盖个体观点、习惯和准则以及制度性规则和实践在内的包容的过程。它既要求制度性的责任,也包括人们日常沟通交往的责任。总体来说,艾利斯·扬的社会联结

---

① Geneviceve Fuji Johnson and Loralea Michaelis eds., *Political Responsibility Refoucused:Thinking Justice after Iris Marion Young*, Toronto, Buffalo, London: University of Toronto Press, 2013, p.134.

责任模式为我们提供了一种关于政治责任的规范性论述,也为我们分析和诊断社会非正义提供了新的思考方向。它不仅推动了由阿伦特开启的政治责任问题的研究,而且也丰富和发展了社会批判理论的经验诊断和规范批判。当然,对社会非正义的批判、诊断和责任认定是一个非常复杂的问题,不同的国家由于社会背景不同,其非正义的表现形式及其产生的原因也不同。虽然艾利斯·扬的观点有着西方语境的限制,但她的理论揭示非个人的政治责任在当今社会具有普遍性和重要性,就此而言,这一理论对我们反思和批判中国的社会现实,认清公民的集体政治责任有着重要的启发意义。

第三节　全球正义与政治责任

经济全球化时代,由于科技、交通、通信等的发展,人与人之间的联系较之以往更加密切,许多社会、经济、文化等的互动已经扩展至全球层面,诸多正义议题超出民族国家范围。所以说,一个人能否过上好的生活的机会并不完全由国内政治来决定。而且,由于世界多极化、经济全球化、社会信息化、文化多元性等的凸显,现代社会的这些复杂联结也不可避免地伴随问题和冲突。全球正义问题肇始于这一全球化的发展,该问题的热议首先是伴随着贫困问题出现的。① 它最开始由西方学者提出,他们认为,全球不平等不仅仅是一个人道主义关怀的问题,还是一个正义的问题。他们试图为全球层面的非正义问题提供诊断分析和解决路径,目前比较著名的全球正义理论家有托马斯·博格(Thomas Pogge),彼特·辛格(Peter Singer)、布莱恩·巴里和罗伯特·古丁(Robert Goodin)等。全球正义的基本理念,就是用一种合理的正义原则来调节全球的制度性背景。而且,就像托马斯·博格所说,这一研究框架的独特性在于,其把全球制度规则放在有多种可供选择的大背景中来进行道德分析和正义考

---

① 　徐向东编:《全球正义》,浙江大学出版社 2011 年版,第 1 页。

察。虽然在全球正义方法的体系范围内,作为观念的全球正义可能由于人们对全球正义提出的具体标准不同而有所差异。但是,"这些标准有其一致之处,它们都关注这样一个问题:如果从道德的角度看人类最基本的利益,那么与其他的可行方案相比,目前我们所奉行的这套全球制度规则究竟有多好"①。例如,博格关注和反思全球经济正义。他认为,当前的经济秩序并不符合正义原则,发达国家常因地位、资源等的优势在国际秩序和全球制度规则中占据支配地位,且一些不正义的决策、制度也容易导致欠发达国家的苦难和贫困。按照这一正义视角,发达国家应该承担对落后国家陷入贫穷境地的责任。彼得·辛格也指出,要按照全球正义原则推行财富和资源从富人到穷人大规模再分配的建议。虽然学者对全球正义的具体理解不同,但是他们普遍依据全球化以及相伴随的全球不平等之事实,试图建立更为合理的全球规范和全球制度。

全球正义代表着一种世界主义的视野。正如戴维·米勒所指出的,"世界主义者"(cosmopolitan)成为现在大多数研究全球正义的政治哲学家较为青睐的自画像。② 艾利斯·扬也自称:"我坚持一种世界主义的立场,并反对如下广泛存在的信念:即诸种正义的义务只能扩展至各个相互合作的民族之间或者同一民族国家内部的成员。在全球相互依赖的境况下,诸种正义的义务应该扩展至全球范围。"③全球正义不仅涉及国家之间的关系,也包含人与人之间更为广泛的互动关联。由于全球非正义问题的出现,正义责任的承担超出了民族国家视域。因此,需要在扩展的意义上理解现代社会的责任承担问题。在后期著作中,艾利斯·扬重点分析了全球正义责任问题。艾利斯·扬将对社会联结的政治责任的分析与

---

① 　[美]托马斯·博格:《何谓全球正义》,李小科译,载《世界哲学》2004 年第 2 期。

② 　[英]戴维·米勒:《民族责任与全球正义》,杨通进、李广博译,重庆出版社 2014 年版,第 23 页。

③ 　Iris Marion Young, *Inclusion and Democracy*, Oxford: Oxford University Press, 2000, p.236.

全球正义联系起来,它涉及对以下问题的反思:为什么正义义务的考量可以而且需要超越民族国家的范围? 如果全球正义责任不只是一种道义责任而是一种正义责任的话,如何承担全球正义的责任? 本节将试图讨论这些问题。

一、正义的范围

在后期著作中,艾利斯·扬扩展了对全球正义的分析。正义范围或界限的问题慢慢成为政治哲学关注的重要问题。对于全球正义责任是否应该超越民族国家,西方学界也有诸多讨论。① 艾利斯·扬概括了两种理解全球正义义务的路径:民族主义视角和世界主义视角。

第一种观点认为,正义要求的提出应该基于一个政权或国家的成员身份,具有共同的文化历史或者共同的公民身份是思考正义的前提。按照这种理解,人们只对那些基于共同的宪法生活在一起的人,以及那些属于同一个民族的人具有正义义务。民族国家倾向于认为自己有权利将生活在其疆域之外的人排除在外,反对其他国家或国际机构的干涉,正义的议题和诉求范围是民族国家。

艾利斯·扬批判这种在理解全球正义方面持国家主义和民族主义的观点。一般而言,为民族主义观念的道德价值和正当性作辩护的理由大体可归纳为以下三点。首先是一种实证主义(positivist)的理由,即认为国家的义务就是将自身或公民的利益最大化,而不会考虑这种追求本身是否会影响别国人的利益。艾利斯·扬认为,这种根据疆域存在而划定的解释将正义的道德义务视为可变化的,这样就会剥离各种正义原则和实践所具有的道德效力。按照这种解释,正义的原则和实践就成为一种

---

① 关于全球正义及其边界的讨论,参见 Onora O'Neill, *Justice across boundaries: Whose obligations?*, Cambridge: Cambridge University Press, 2016 和 Cara Nine, *Global Justice and Territory*, Oxford: Oxford University, 2012.

任意和武断。政治行动者从而将政治管辖权界定为包容一些人而排斥一些人，"当他们拥有权力去实现愿望的时候，他们会宣称那些居于疆域之外的人对本国及其国民没有任何正义的诉求。由于管辖区的界定经常是胜利者征服的结果或者是权益性的冲突解决的方案。所以，它不可能为正义义务范围提供道德论证的基础"①。例如，南非存在的种族隔离制度就体现了这种排斥性。

其次是一种民族主义的理由。艾利斯·扬认为，这个理由"看起来最为合理，而且在最近的理论和实践中有明显复苏的迹象"②。这种理由通常将民族成员身份或者公民身份视为认同的纽带，比较具有代表性的是罗尔斯和戴维·米勒。在《正义论》中，罗尔斯假定，具有正义责任的范围是一个相对独立、封闭的社会。③ 这个正义范围不能为此社会之外的人所享有，他所考虑的是如何在这种封闭社会的基本结构中建构正义的基本原则。后来，在晚年著作《万民法》中，虽然罗尔斯试图将"作为公平的正义"原则扩展至全球范围，将"民众"（peoples）④作为正义的主体，但他对"民众"的界定并不具有明晰性，无法将其与民族（nation）、国家（state）等区分开来。在艾利斯·扬看来，罗尔斯对给定社会义务承担的正义原则的重述，并不适用于全球范围内不同社会之间人们的道德关系，因而忽视了更广意义上的人类互动。持类似观点的还有戴维·米勒，他认为，社会正义原则适用的范围主要是民族国家的共同体成员，并主张在社会正义和全球正义之间作出区分。在米勒看来，社会正义处理的是权

---

① Iris Marion Young, *Inclusion and Democracy*, Oxford：Oxford University Press，2000，p.239.

② Iris Marion Young, *Inclusion and Democracy*, Oxford：Oxford University Press，2000，p.238.

③ John Rawls, *A Theory of Justice*, Cambridge：Harvard University Press，1971，pp.7-8.

④ 在讨论全球正义与自决时，艾利斯·扬也提及"peoples"和"nation"的概念，本书分别译为"民众"和"民族"。前者是对民众的一种关系性理解，扬在讨论全球正义时倾向于使用这个概念；而后者在现代民族主义的意义上使用，具有排斥性内涵。

利、机会、资源等的分配问题。民族认同具有强大的整合力量,民族成为考虑资源分配是否公平的自然参照群体。而且,"民族政治文化包含着形成社会正义原则的根本背景所享有的理解范围"①。将正义原则局限于民族国家,可以帮助人们确信社会正义成为指导人们日常行为可操作的理想。全球正义则"是关于有差异之世界的正义,这不仅是因为,消除各民族之间的差异是不现实的或需要施以高强度的强制,而且因为,人们都很看重依据自己的规则和自己的文化信念来生活"②。因而,米勒认为,全球正义不应该对国家自主的理念构成挑战,正义的主体是民族。然而,米勒等人将正义原则仅适用于民族的论证经常是排他性的和本质主义的,这种论证奠基于一种心理境况和历史环境,而不是道德的原则。在艾利斯·扬看来,"关于正义义务的道德论证应该基于更加客观和规范的基础,而不是依赖亲密和熟悉的感觉,或者文化方面的密切联系"③。在面临多元文化社会的挑战下,单一的民族身份认同很容易使弱势群体或少数群体受到排斥。例如当今世界西方国家所面临的移民或难民问题,他们需要重新审视如何在多元文化社会承认和保障这些少数群体的权利和利益问题。

在哈贝马斯那里,民族具有两种内涵。具体而言,"由公民组成的民族是民族国家民主合法化的源泉,而由民众组成的天生的民族则致力于促使社会一体化"④。也即民族国家存在一种普遍主义和特殊主义之间的紧张关系,前者致力于同一政治共同体公民的自由与平等的建立,而后

---

① [英]戴维·米勒:《社会正义原则》,应奇译,江苏人民出版社 2001 年版,第20 页。

② [英]戴维·米勒:《民族责任与全球正义》,杨通进、李广博译,重庆出版社 2014 年版,第 20 页。

③ Iris Marion Young, *Inclusion and Democracy*, Oxford: Oxford University Press, 2000, p.242.

④ [德]尤尔根·哈贝马斯:《包容他者》,曹卫东译,上海人民出版社 1996 年版,第 135 页。

者则基于一种前政治的共同体,比如共同的历史、文化、语言等。对于这种紧张,哈贝马斯认为:"只要我们优先从世界主义的角度来理解由公民组成的民族,而不从人种中心论的角度来解释长期处于潜在战争状态的民族,那么上述矛盾就不存在风险。只有一种非自然主义的民族概念,才能与民主法治国家的普遍主义的自我理解完美地结合在一起。"①但是,艾利斯·扬认为,即使从公民的视角理解民族,倘若公民身份本身暗含着占据优势地位者对少数群体和弱势群体的排斥,那么它仍然具有排他性和支配性,无法为全球正义提供规范性解释。所以,她将民族观念视为确定具体有界政治社群的排斥性概念,并主张一种作为非支配(non-domi-nation)而不是非干涉(non-interference)的"民众"(peoples)自决观念。这个观念依据的是一种关系性的社会本体论,而不是民族主义式的实质性逻辑。作为一种关系性概念,"民众应该被理解为依据关系构建出来的,而且,对于民众差异的政治承认应该能够包容人们的如下理解,即他们是具有混合性的国家成员身份的人,或者他们是可以构建一种世界主义身份的人"②。相应的,在思考全球正义的时候,非支配的民族自决一方面可以让民族国家保持地方自主和文化自主,另一方面也会将一种更加包容的差异性团结的理念运用至全球范围。正义原则的适用不是按照空间明晰划分的既定政治体边界,而是依据一种人与人之间彼此互动的正义关系。在这个关系中,行为者彼此的行动在制度和因果性上构成他者行为的背景。所以,正义义务的适用范围是全球性的,通过一种全球性的民主互动和制度治理,可以有助于承担跨越边界的政治责任。

再次是一种关联主义(associationalist)的理由。根据这种解释,局限于单一主权国家范围的正义并不是建立在国家疆域或群体认同基础上。

---

① [德]尤尔根·哈贝马斯:《包容他者》,曹卫东译,上海人民出版社1996年版,第135页。

② Iris Marion Young, *Inclusion and Democracy*, Oxford: Oxford University Press, 2000, p.237.

国家提供了人们进行社会合作的制度性框架,这种共同生活的事实促进了社会经济等各方面的互动。通过维持这个联合框架,人们有义务彼此支持,并促进所有社会成员的福祉。例如塞缪尔·谢夫勒(Samuel Scheffler)指出,民族认同不应当成为正义原则的道德基础。由于国家和社会是通过其制度塑造的政治文化整合在一起,在这种政治文化中,社会成员为了彼此的长远利益互相承担风险。① 但在艾利斯·扬看来,国家机构并不是人们具有义务承担的唯一联合形式,某些义务不仅可以跨越民族国家范畴,而且构成正义义务基础的关系往往产生于一些集体性行为的无意识后果,这种跨越边界的结构依赖和彼此制约最明显地体现在环境关系以及经济关系中。

通过对国家主义和民族主义路径的批判,另外一些理论家则主张坚持一种世界主义——功利主义(cosmopolitan-utilitarian)的立场。这种视角寻求更为包容的正义标准,也即诉诸人格(人权)作为建立正义关系的道德标准。这种观点认为,民族主义的排斥不具有正当性,这是因为"我们每个人都是完全具有人权和相应义务的个人"②。道德主体对所有人类而言都应该具有相同的义务,这种义务甚至可以扩展至其他生物。当伤害发生的时候,每一个人都应该致力于遵守最小化伤害的道德律令。无论对行为者还是受害者而言,同一政治共同体身份在提供承担义务和分配任务的方式方面只具有工具性的关联。持这种观点的主要代表者有彼特·辛格和彼特·安格尔(Peter Unger)等。在艾利斯·扬看来,虽然回应了跨越边界的全球正义境况,但是这种视角仍存在两个问题。一方面,人权话语假定一系列固定表达人类尊严普遍原理的有限集合,认为人类具有符合一系列普遍价值的相同的需要、欲望以及脆弱性,从而忽视了

---

① Iris Marion Young, *Inclusion and Democracy*, Oxford: Oxford University Press, 2000, p.245.

② Iris Marion Young, *Inclusion and Democracy*, Oxford: Oxford University Press, 2000, p.251.

不同社会中的各种差异性。另一方面,这种视角无法有效回应现代民主国家对各种少数群体统治正当性的质疑。少数群体自决的愿望表达了抵制边缘化或剥削的需求,由于自决理由的复杂性和模糊性,它们容易导致各种冲突和矛盾。这种世界主义立场无法回应这些主张,在面对各种结构性困境时,无论在修辞上还是实践上它都具有无力性。所以,在艾利斯·扬看来,诉诸共同人性的人道主义话语是一种抽象。"尽管康德所称的和平的世界主义义务基于这样的主张,即每个人都应该得到基本的道德尊重,但正义义务不是基于共同的人性,它有着更多的要求。"①

通过以上论述,我们可以看到艾利斯·扬正义责任观的大致观点,即她主张正义义务的范围应该扩展至全球层面,不应该局限于民族国家。全球正义"道德责任的基础既不在于民族国家的政治结构,也不在于人们对他者关系的承认和意识,而在于客观的系统性的制度关系。在这种关系中,他们与他人有距离地居住在一起"②。艾利斯·扬置身于西方学界关于全球正义的民族——世界主义之争,探究了一条中间道路,为全球正义观念提供了一种启发性辩护。

二、全球责任正义构想

现代社会,多元文化矛盾日益突出,世界社会成为一个风险共同体。如何解决民族国家与全球进程的冲突,承担正义责任,成为艾利斯·扬后期正义思考的重要维度。鉴于民族国家体系有时候会导致的严重排斥,艾利斯·扬提出了考虑全球正义的第三种策略,即全球正义既不奠基于同质性的公民身份或共同的历史文化,也不依赖一种人道主义的抽象术

---

① Iris Marion Young, *Responsibility for Justice*, New York: Oxford University Press, 2014, p.xxv.

② Iris Marion Young, "Responsibility and Global Labor Justice", *Journal of Political Philosophy*, Vol.12, No.4, 2004, pp.372-373.

语,它基于上文所阐述的"社会联结",即认为每一个人、每一种群体都有可能在一种因果性的正义结构链条中。在结构性非正义的语境下,许多全球性非正义是集体行为的结果。通过一些集体性行为,我们有可能会参与导致非正义的制度性运作。某些结构性的社会进程是全球性的,它构成了多元民族国家管辖范围内人们生活的背景性条件。

社会联带的责任模式有助于分析全球正义的责任承担。艾利斯·扬以"反血汗工厂运动"(anti-sweatshop)为例进行讨论。在她看来,"对于思考承担跨国非正义责任的含义而言,这是一个很有用的例子。这是因为最近跨越国界的反血汗工厂运动包含了许多人的参与,它不仅成功地创造了一个讨论工作条件非正义的公共空间,而且导致了制度或实践的改变"①。按照艾利斯·扬对于压迫的分析,这属于全球剥削的压迫形式,它指的是一种不同社会群体之间的结构性关系。这种结构性非正义常出现在一种稳定的过程中,其中劳动过程在权力和不平等的社会关系中展开。经由一种维持和提高一些群体的权力、地位以及社会财富的系统性过程,这些关系得以进行生产和再生产。仅仅通过指派个体责任,或诉诸资源的重新分配无法实现减少剥削促进正义的目标,它不仅要求制度的重组、意见决策的实践以及劳动分工的改变,还需要制度化、结构化以及文化改变等方面的权衡。在全球大量的不平等体系中,血汗工厂工人居于生产和分配系统的底端,遭受着统治、强制以及需要剥夺等非正义形式。面对全球服饰工业不公正的工作条件,社会活动者(activists)不仅将责任指派给经营着拥有恶劣工作环境的服饰生产基地的当地雇主和名牌公司,还指派给高度工业化国家中的零售商和消费者,他们销售或购买恶劣工作环境下生产的产品。乍看起来,西方世界的零售商和消费者不能因为销售和购买这些产品而承担法律意义上的责任,这是因为他们并未做违反法律的事,甚至也没有以一种意图伤害其他人的方式行动。他

---

① Iris Marion Young, *Inclusion and Democracy*, Oxford: Oxford University Press, 2000, p.125.

们销售或购买衣服,仅仅是按照惯常的方式做自己的事情。但是,这些日常实践仍然有助于产生全球性的剥削和压迫。作为社会结构的参与者,这些消费者在销售和购买这些工厂的劳动产品时,已然参与到这一非正义结构的维持和固化中,他们理应承担一种结构性责任。

政治责任包含团结和协作的规范要求。哈贝马斯认为,正义意味着团结。在他看来,"如果我们把正义解释为对所有人都同等有效的善,那么,道德当中所蕴藏着的'善'就构成了正义与团结之间的桥梁。因为普遍主义的正义也要求,一个人要为其他人承担责任——一个人甚至要为陌生人承担责任,尽管陌生人是在一个完全不同的环境中养成自己的认同的,而且是在一个迥然有别的传统中形成自己的自我理解的"①。结构性的非正义和不平等在艾利斯·扬的责任理论中起着重要作用。责任的社会联结模式虽然不是基于普遍主义的正义观点,但是它有助于我们理解"对远方陌生人的伤害和非正义而言,社会成员所具有的任何有关责任的诉求"②。因而,在当今人们热议的全球正义问题的讨论中,恰当的理论范式是政治责任理论,而不是传统意义上的个人责任概念。在《民族责任与全球正义》中,戴维·米勒正确地指出,民族国家对全球贫困负有责任。在责任指派上,从全球化及其现有结构的成因中,我们很容易意识到经济发达国家负有更大的责任。③ 艾利斯·扬部分地同意米勒的观点,但是,从社会联结模式来说,把全球非正义归咎于国家并没有穷尽集体政治责任的意义。无论是对治理全球贫困来说,还是对保护全球环境来说,负有责任的不仅仅是民族国家,还包括无数从全球非正义或环境破坏中获得好处的全球公民。国家的责任归根结底是公民的责任,但这种

---

① ［德］尤尔根·哈贝马斯:《包容他者》,曹卫东译,上海人民出版社1996年版,第31页。

② Iris Marion Young, "Responsibility and Global Labor Justice", *Journal of Political Philosophy*, Vol.12, No.4, 2004, pp.372-373.

③ ［英］戴维·米勒:《民族责任与全球正义》,杨通进、李广博译,重庆出版社2014年版,第229页。

责任不是传统意义上的个人责任,而是集体的、共担的政治责任。在这个意义上,艾利斯·扬认为,尽管民族国家视角在时间上具有优先性,但"从本体论或道德的视角看,社会联结优先于政治制度"①。

艾利斯·扬认为,承担全球正义的责任,并不意味着"每一个人都具有特殊的、个体性的义务去关注与所有其他人相联的每位其他个体的境况;也不意味着对于个人而言,他有义务去矫正他所发现的任何一位遭受不正义的人的境况。相反,它意味着,生活在这种制度性的和因果性的关系中的每一个人,都有义务尽其所能地参与构建和支持各种集体行动的机构,即政治机构"②。可以从两个方面来理解这种责任承担:一方面,对于个体来讲,需要对各种显性的、隐性的规范保持敏感,即"我们应该这样判断我们和他人的行为,即审视自己直接对待别人的方式:例如,当我们拥有可行的手段并制止运用支配性的权力的时候,我们是否真诚和体贴?我们也应该追问,我们的行为是否以及如何有助于产生结构化进程。而这一进程使得某些人易于遭受剥夺和统治,与他人相比,这些人所处的位置具有有限的选择"③。只有当人们如此关切的时候,即从过于关注自身转向关注应该加以改变的社会关系,他们才能通过逐渐削弱非正义作出一些结构上的转变。另一方面,社会正义的义务不主要通过个体对个体承担义务的方式,人们需要通过参与集体活动,调整那些规制各种关系的条款。权利与责任紧密相关,社会改革的目的不只是不断扩展权利清单,还需要具体的制度性保障。正如欧诺拉·奥尼尔所讲的,"没有对责

---

① Iris Marion Young, *Responsibility for Justice*, Princeton: Oxford University Press, 2014, p.139.

② Iris Marion Young, *Inclusion and Democracy*, Oxford: Oxford University Press, 2000, p.250.

③ Iris Marion Young, *Responsibility for Justice*, Princeton: Oxford University Press, 2014, p.73.

任的重视,权利不过是一种姿态"①。面对全球非正义,国家、国际组织、非政府和非营利组织、志愿者活动组织等都需要联合起来,正义主体的多元不代表合理性本身,他们需要形成一个辩论提议和做出改变的有助于实现正义的公共空间。基于对结构化问题的责任认知,人们需要积极参与政治实践,质疑关联人们良善生活的各种制度条件。在包容的政治协商中敞开社会中所隐含着的各种非正义,并将这些质疑和协商转化为能够带来切实改变的政治行动。

面对现代社会日益严峻的结构化问题,与社会联结责任相关的议题也越来越成为现代政治关注的焦点。现代社会面临责任的落寞,个体在现实中不断地处于"沉沦"状态。正如有学者所指出的:"由市场经济培育出来的强烈'占有型个体主义'在现代社会越来越充分地显现了它的消极后果:在精神层面则带来心灵的孤独,个体作为价值选择的唯一支撑力量难以持续;其在道德问题上有自私自利的利己主义倾向;在价值取向上有虚无主义的面向;在文化观念上相对主义盛行;群体认同上则趋于消解。"②作为社会性的动物,人总是处于各种结构性的社会关系之中。在多元的现代社会,人们在各个层面更加地紧密联系在一起。无论对于压迫性结构的诊断性分析,还是对实现全球社会的差异性团结而言,一种基于他者的责任规范思考变得紧迫而且必要。虽然艾利斯·扬尚未在前期理论和后期责任理论之间建立很好的连接,没有展开对全球正义和全球民主的进一步研究,也没有深入探究对全球性的更加多元复杂的压迫性结构的分析(比如西方社会与非西方社会间的权力关系),但对于今天我们反思各种全球挑战和正义责任而言,艾利斯·扬的全球责任正义构想和社会联结责任模式仍然具有启发意义。正如艾米·埃伦所言,艾利

①　[英]欧诺拉·奥尼尔、陈晓旭:《一个努力与整个世界沟通的哲学家——访剑桥大学哲学界欧诺拉·奥尼尔》,载《世界哲学》2010 年第 5 期。

②　孙向晨:《个体主义与家庭主义——新文化运动百年再反思》,载《复旦学报》(社会科学版)2015 年第 4 期。

斯·扬的政治责任思想扩展了对全球正义的分析:"中央集权论或国家主义似乎过于宽容,它有效地保护某些国家的特权阶层和掌权者,而让他们不去在意这样一些观点,即他们正在对世界上的穷人和受压迫者做非正义的恶事;人本主义似乎过于苛刻,让地位平等与尊重世界上每个人的正义主张保持一致。扬有关全球正义的社会联结模式清晰地指明了这两个阵地的中间地带,坚持认为正义主张既不是建立在共同的公民身份之上,也不是建立在共同的人道主义之上,而是反过来建立在这样一个事实之上,即通过一系列偶然关系和社会结构,我们与世界上的其他人社会性地联系在一起。这些偶然关系与社会结构将我们带到与其他人互惠的正义责任之中。"①莱纳·弗斯特也肯定艾利斯·扬对正义问题的扩展性分析,他认为艾利斯·扬较罗尔斯进步的一个重要方面在于,她将结构化非正义的洞见应用到对全球正义复杂议题的讨论中。但是,弗斯特认为:"如果我们想要以正确的方式建立起结构性正义,那么社会集体行动不仅需要被制度化以便具有长期影响,它同时还意味着展开这些集体行动的形式和程序必须是民主地组织起来的和合法的。"②也就是说,艾利斯·扬的全球责任正义理论尚未细致地处理政治责任如何通过民主协商展开集体行动的问题。

大体上说,艾利斯·扬的政治责任观念在当代思想中的贡献主要是两个方面:一是对当代社会普遍存在的结构性非正义现象的批判,二是明确提出了一个超越个人主义立场的集体政治责任概念。它既不局限于民族主义的狭隘视角,也非限于人本主义的严苛视角,这一社会联带责任模式为全球正义下社会责任问题的思考提供了新的分析模式。但是,很难说她的理论模式穷尽了社会责任问题的复杂性和全面性。不仅个人责任

---

① [美]艾米·埃伦:《权力与差异政治:压迫、赋权和跨国正义》,王雪乔等译,载《国外理论动态》2013年第4期。

② Rainer Forst,"Radical Justice:On Iris Marion Young's Critique of the 'Distributive Paradigm'",*Constellations*,Vol.14,No.2,2007,p.264.

与社会责任的关系是一个难题,而且社会结构的非正义在不同领域中也有不同的表现。因而,在具体的情景中,责任的辨识和指派需要考虑很多复杂因素。应该肯定艾利斯·扬对两种责任模式的区分,为我们提供了一种关于政治责任的规范性论述,也给我们对社会非正义的分析提供了分析和诊断的方向。社会正义的实现是复杂的、漫长的过程,艾利斯·扬致力于结构非正义的诊断并面向未来的政治责任理论对我们具有重要的价值。

第五章　艾利斯·扬的多元正义理论:对话与批评

　　艾利斯·扬是一个聪慧的、具有开创性的以及多产的政治思想家、哲学家和社会活动者,一生致力于正义和民主的理论和实践。她以对社会结构的批判性视角为基础,以具体改善弱势群体和边缘群体的处境为核心关怀,建立起一套直接面对社会结构的正义思想。从上述分析我们可以看出,作为一名批判理论家,为了实现激进的自由民主理想,艾利斯·扬对当代民主正义理论和实践进行了全面的经验诊断和规范批判。从其整个思想路径来说,基于 20 世纪 60 年代各种新社会运动的发展,艾利斯·扬致力于一种更加完备的、批判的正义理论的分析。通过对普遍的正义和公平概念的批判,她着重考察与人的自我实现和自我发展息息相关的结构性背景。艾利斯·扬正义理论探讨的核心在于思考以下问题:在一个正义的社会里,社会制度应该为人(尤其是弱势群体)的自我发展和自我决定提供怎样的条件,才能保证每个人享有平等地过美好生活愿景的条件和可能? 在艾利斯·扬看来,为了保障这种愿景的实现,需要提倡一种深层民主,并通过民主的制度性实践包容被排斥在普遍话语之外的差异声音。但这种差异的包容,不是每个个体之间彼此孤立、专注私人利益,而是共同承担一种社会联带的政治责任。总之,艾利斯·扬关于差异政治、包容民主以及社会联带责任等的规范分析,不仅为现代社会的正义民主困境提供了阐释性诊断,也为实现现代社会的解放理想提供了具有启发意义的替代方案。在文化多元主义和新自由主义时代,艾利斯·扬通过结合来自批判理论、女性主义、后现代主义等的思想洞见,以及对复杂多元的正义理论、性别理论、民主理论等的分析，对当代政治哲学所涉及的诸多热点问题进行了原创性的反思。她的理论在西方当代政治哲学中有重大影响，玛莎·努斯鲍姆曾称艾利斯·扬为"我们时代最富创造性和影响力的政治理论家之一"①。

艾利斯·扬的正义民主思想为重新审视多元时代的差异、包容和责任问题提供了具有启发意义的理论路径。同霍耐特、弗雷泽一样，艾利斯·扬属于法兰克福学派批判理论第三代的代表。她延续了批判理论的思想传统，继承了批判理论追求人类解放的传统旨趣。在社会正义的诊断方面，她通过关注现代社会中的各种非正义形式，并旨在为减少压迫、提升自由的社会研究提供解释的和规范的基础。其基本的解放策略是将社会正义的结构性诊断与哈贝马斯的交往行为理论结合起来，并诉诸交往民主和政治责任思想将差异建制化，试图诊断和解决西方民主国家的正义困境。通过使激进的民主思想摆脱自由主义的形式主义以及共和主义的本质（整体）主义，重新回到群体的结构性（关系性）立场来理解社会正义的理性和规范内涵。可以说，艾利斯·扬基本上是一个社会民主主义者。她希望在个人基本权利自由的保障之外，加上族群权利，其中主要是弱势群体的权利。其理论目的在于希望每一个人在自由社会中，真正具有同等的生命愿景，并过一种有尊严的生活。例如残疾人应该比一般人具有额外的权利，由于他们的身体不方便，所以在最靠近大楼的地方要有残障专用的停车位，使他们的行动力尽量和平常人拉平。艾利斯·扬并非反对自由主义的全部，而是反对自由主义的形式平等。有些族群生来弱势，有些族群遭遇社会文化的隐形歧视，她希望用族群特权的方式来弥补。同时，艾利斯·扬也吸取了共和主义的某些理念。通过提倡基于交往关系的"差异性团结"和一种关怀他者的正义理论，艾利斯·扬希望，一种真正正义的社会是在尊重每个个体和群体的前提下实现社会的

----

① Martha C. Nussbaum，"Foreword"，in Iris Marion Young, *Responsibility for Justice*，Princeton：Oxford University Press，2014，p.ix.

团结和协作,而不是走向群体间的排斥和歧视以及原子式个体的冷漠与分裂。

本章将会针对艾利斯·扬正义思想涉及的一些普遍问题,将其正义思想放在当代西方政治哲学的发展脉络里进行评价。在肯定艾利斯·扬理论价值的同时,也指出其思想在理论和实践方面的缺陷。通过对一些重要且尚未展开的问题进行讨论,试图沿着艾利斯·扬的道路进一步探究正义理论的批判性和完备性。

第一节　艾利斯·扬与当代思想家的对话

美国哲学家安·弗格森(Ann Ferguson)认为:"艾利斯·扬或许是美国最著名的作为公共知识分子的女性哲学家之一,她总是引领人们去把握当今政治事件和运动的含义,并诉诸分析性的文字。"①借鉴批判理论、女性主义、现象学、后现代主义等的思想来源,艾利斯·扬介入当代思想界许多热点问题的讨论之中,比如认同政治、多元文化主义以及公民身份等。本节将根据艾利斯·扬与当代学者的论争展开对认同政治、多元文化主义等问题的深入理解,并将艾利斯·扬放在整个政治哲学视域下进行评价。

一、再分配与承认之争

当代政治哲学和批判理论在正义问题的讨论上,存在着"再分配与承认"之争。在《再分配还是承认?一场哲学论战》②一书中,弗雷泽与

---

① Ann Ferguson and Mechthild Nagel eds., *Dancing with Iris：The Philosophy of Iris Marion Young*，New York：Oxford University Press，2009，p.5.

② Nancy Fraser and Axel Honneth, *Redistribution or Recognition？ —A Political-Philosophical Exchange*，Joel Golb，James Ingram and Christiane Wilke trans.，London：Verso，2003.

霍耐特就正义的规范问题进行了辩论。霍耐特认为,当代的社会斗争可以理解为为承认而斗争的不同形式,承认问题是社会正义的核心问题,并由此建立了以一元承认为基础的正义规范体系。他重新理解黑格尔的承认理论,提出了三种形式的现代承认:爱、权利和团结。这三种形式分别对应三种原则:需要原则(爱欲关怀)、平等原则与贡献原则(个人成就)。具体来讲,在家庭或亲密关系中,我们期望获得的是一种爱和情感的承认,如果没有得到这种承认就有可能导致人格的不完善。法律方面的承认就是尊重人的法律人格,保障公民的平等权利。在社会中遵循的是一种成就的原则,人会获得尊重的承认,相反就会受到歧视。总之,对霍耐特来讲,重要的是寻求承认,这是衡量一个社会是否正义的重要标志,分配不过是为承认而斗争的派生物。

美国女性主义理论家、社会批判理论代表者弗雷泽则坚持多元正义论,批判霍耐特过度地强调承认的重要性。弗雷泽认为,不能把资本主义社会还原为它的承认秩序。局限于承认的讨论容易忽视更加深层的社会不平等问题,基于种族、性别、民族等的文化承认掩盖了经济再分配的诉求。弗雷泽认为当前左翼政治存在承认与再分配的分裂,在她看来,"我们应该认为自身肩负着知识和实践上的新任务:发展承认的批判理论,认同并捍卫各类文化上的差异政治,并与社会平等的政治严密结合起来,而不是简单地支持或完全拒绝所有的身份政治"[1]。弗雷泽主张回归马克思的政治经济学,强调再分配与承认二者的统一,并试图建立一种同时囊括再分配和承认诉求的"二元"正义框架。[2] 艾利斯·扬的社会正义思想处于这一论战的背景下,她与弗雷泽亦展开对再分配和承认问题的规范

---

[1]　[美]凯文·奥尔森编:《伤害与侮辱:争论中的再分配、承认和代表权》,高静宇译,上海人民出版社2009年版,第14页。

[2]　后期弗雷泽增加了政治代表权的维度,与再分配、承认一起构成了其正义理论的三个基本维度。参见贺羡:《"一元三维"正义论:南希·弗雷泽的正义理论研究》,人民出版社2015年版,第81—84页。

性讨论。①

同为法兰克福学派批判理论传统的继承者,弗雷泽和艾利斯·扬所共同思考的问题是:在新社会运动的背景下,批判理论如何重新诊断和理解社会的不正义情境? 社会批判理论应该提供何种满足各种解放诉求的理论和实践策略? 艾利斯·扬与弗雷泽都认为,正义概念不能仅仅还原为经济的正义,同压迫的"文化"形式作斗争也同样重要。但是,由于分析多元压迫形式的理论框架不同,两人对再分配和承认关系的理解上有差别。鉴于对上述问题的不同回答,艾利斯·扬与弗雷泽的争论可归结为两个彼此相关的问题:一是就社会诊断而言,提倡多元正义的社会批判应该立足于多元的批判概念,还是"二维"的批判视角,也即是否应该在再分配和承认之间划分明确界线;二是在理论和实践层面,如何理解并协调分配正义与承认正义之间的矛盾。

弗雷泽认为,现代社会差异承认的诉求促进了以民族、少数族裔、性别、种族等为旗帜的群体斗争。在这些"后社会主义"的斗争中,"群体身份代替阶级利益成为政治动员的主要媒介,文化统治替代剥削成为根本的不正义。文化承认取代社会经济再分配,成为矫正不正义的良方和政治斗争的目标"②。基于再分配和承认的规范二元论立场,弗雷泽批判艾利斯·扬对二者关系的模糊处理。弗雷泽肯定艾利斯·扬对差异的关注,在她看来,"扬的著作之所以不同寻常在于其试图详细解说一种'双焦的'(bifocal)正义理论,其同时包含再分配与承认、平等与差异以

---

① Nancy Fraser, "*Culture, Political Economy, and Difference: On Iris Young's Justice and the Politics of Difference*", in Nancy Fraser, *Justice Interruptus*, New York: Routledge, 1997, pp.189–205; Iris Marion Young, "Unruly Categories: A Critique of Nancy Fraser's Dual Systems Theory", *New Left Review*, Vol.222, 1997, pp.147–160; Nancy Fraser, "A Rejoinder to Iris Young", *New Left Review*, Vol.223, 1997, pp.126–129.

② Nancy Fraser, "Recognition or Redistribution? A Critical Reading of Iris Young's Justice and the Politics of Difference", *Journal of Political Philosophy*, Vol.3, No.2, 1995, p. 166.

及文化与政治经济学的诉求,这代表了政治理论前进的重要一步"①。但是,弗雷泽认为艾利斯·扬过多地强调文化正义问题而忽略了再分配问题,她从以下几个方面对艾利斯·扬的差异政治和正义思想进行了批判。

首先,在理论框架方面,弗雷泽将艾利斯·扬的差异政治思想归为承认政治范畴。弗雷泽认为,不能简单地将社会经济正义问题还原为文化正义问题。这是因为,承认的斗争有可能发生在一个物质不平等的社会,过于关注差异、认同、身份等概念容易忽视社会的物质不平等。她认为:"扬虽然对再分配政治有着持续的兴趣,但是其主要关注点在于承认政治。"②其次,在具体概念层面,弗雷泽揭示了隐含在艾利斯·扬正义概念中的"双焦特征"(bipartite character)。她指出,扬关于压迫、社会群体等概念的定义并没有将政治经济层面与文化承认层面充分地结合起来。艾利斯·扬试图为一种整体的、未经区分的差异政治版本做辩护,反而导致了其理论框架中文化维度和政治经济维度某些未解决的紧张。以社会群体的概念为例,在艾利斯·扬那里,社会群体指的是受到压迫的具有相似属性(生活或实践方式)的实体。用这样一个试图包含许多迥然不同集体模式的单一概念虽然很吸引人,但也容易造成概念的混乱,从而无法真正有助于实现社会正义。"如果我们将性别、'种族'、族群、性恋倾向、国家以及社会阶级等概念同化进一个群体属性相似的单纯概念中,就会导致重要的概念性区分消失。同时,也会出现这样的情况,即这些集体模式中的某个群体或许会潜在地成为占主导地位的群体,其独有特征会被认

---

① Nancy Fraser,"Recognition or Redistribution? A Critical Reading of Iris Young's Justice and the Politics of Difference", *Journal of Political Philosophy*, Vol.3, No.2, 1995, p. 167.

② Nancy Fraser,"Recognition or Redistribution? A Critical Reading of Iris Young's Justice and the Politics of Difference", *Journal of Political Philosophy*, Vol.3, No.2, 1995, p. 169.

为是所有社会群体的特征,那么其他集体模式就会遭遇曲解的情况。"①
另外,这种概念的模糊性还容易导致政治实践的混乱。基于文化压迫的
补救在于促进群体差异,但是,当文化差异与政治经济学的不同位置相互
关联的时候,正义就需要通过重构劳动分工来削弱群体差异。因此,弗雷
泽强调要整合社会主义范式的平等主义理想与承认范式的解放理想。她
提出了一种同时包含再分配与承认的可替代性方案,追求一种区分的差
异政治以及一种批判的承认理论。

弗雷泽认为,应该对差异本身进行明晰的界定。她区分了四种不同
的差异种类和对待差异的态度:首先是人文主义的态度,即被压迫群体成
员所显示的差异,是压迫在妨碍技能和能力发展过程中的后果,这种歧视
性差异应该被取消。其次是文化民族主义的立场,这种观点认为,有些具
有文化特殊性的差异则应该被普遍化给那些仍处弱势的群体成员中。第
三种差异是文化的变异,也即不同群体成员所展现出来的差异,不是优劣
之分,而只是变异。伴随人与人之间的交往以及文化与文化之间的交流
加深,固有文化观念可能会发生变化。这个时候,应该尊重和肯定这种差
异性和多样性的表达,而不是将其取消或者普遍化。最后一种立场认为,
现实生活中存在多种不同的差异,这些日常多元文化差异应该为人们所
共享。弗雷泽强调这一点,在她看来,"这一看法意味着我们能够作出关
于区分不同差异范畴的判断,也意味着我们对替代性规范、实践以及阐
释、判断的相对价值作出规范性判断,这些阐释和判断能够导致次级价
值、优越价值以及平等价值的结果。它反对任何大规模的、未经区分的差
异政治,其需要这样一种关于差异的但是区分的差异政治"②。这种对差

---

① Nancy Fraser,"Recognition or Redistribution? A Critical Reading of Iris Young's Justice and the Politics of Difference", *Journal of Political Philosophy*, Vol.3, No.2, 1995, p. 173.

② Nancy Fraser,"Recognition or Redistribution? A Critical Reading of Iris Young's Justice and the Politics of Difference", *Journal of Political Philosophy*, Vol.3, No.2, 1995, p. 180.

异进行区分的观点有利于重构批判的承认理论，从而有助于去确认和辩护跟再分配政治相互协调的不同的差异政治版本。

在《不守规矩的范畴：对弗雷泽二元体系理论的批判》一文中，艾利斯·扬对弗雷泽的批评进行了回应。她指出："弗雷泽把再分配与承认相互对立起来是新左派理论的后退，在新左派理论那里，政治经济的物质后果不可避免地与文化紧密相连。"①在艾利斯·扬看来，从再分配与承认二分的视角质疑其差异政治不过是一种范畴的任意。政治经济层面与文化层面同时有助于将范畴多元化，并且有助于将这些范畴与特定的社会群体和问题关联起来。② 首先，弗雷泽在理论阐述上采取了一种极化的策略，仅仅从两个对立范畴出发无法提出规范的社会批判理论。艾利斯·扬认为，阐述一种多元而非有限的压迫范畴的目的在于去容纳和安置个体、群体的压迫性结构的变化，以及去抵制按"优先性"将压迫还原为一个或两个结构的趋向。③ 其次，弗雷泽将压迫的五种形式还原为分配不当的政治经济非正义以及失去认同的文化非正义是一种简单化的理解。艾利斯·扬指出，从多元范畴出发去理解正义问题会更加清晰地看到组成公正制度及其导致矛盾的可变因素。弗雷泽存在的问题在于她将承认看作目的本身，在政治上将承认与再分配分离，这样就曲解了社会现实和政治的多元和复杂性。社会本身是一个复杂可变的整体，每一种压迫形式体现为一种结构化特征，这种结构性无法被准确地还原为经济或文化因素。总之，针对弗雷泽的分配范畴，艾利斯·扬认为，与其运用同一个范畴将"文化的"或"经济的"压迫形式混杂在一起，不如对不同的压迫形式运用不同的分析范畴更为有效。剥削、边缘化、无力、文化帝国主

---

① Iris Marion Young, "Unruly Categories: A Critique of Nancy Fraser's Dual Systems Theory", *New Left Review*, Vol.222, 1997, p.148.

② Iris Marion Young, "Unruly Categories: A Critique of Nancy Fraser's Dual Systems Theory", *New Left Review*, Vol.222, 1997, pp.148-149.

③ Iris Marion Young, "Unruly Categories: A Critique of Nancy Fraser's Dual Systems Theory", *New Left Review*, Vol.222, 1997, p.151.

义以及暴力等五个层面的社会压迫范畴可以揭示不同层面的结构性压迫,并提供相应的替代性策略。这种理解可以为社会正义的实现提供更为充分和批判的方案。就承认问题而言,艾利斯·扬认为,弗雷泽同其他一些多元文化主义批评家一样,夸大了承认政治从经济斗争中后撤的程度,承认的解放诉求内在包含着经济的物质的维度。但是,跟某些文化左派对认同(身份)政治的理解不同,在艾利斯·扬看来,承认仅是经济正义与社会平等的手段,而不是目的本身,不能将这二者对立起来。差异政治同时包含社会的平等解放诉求,也包含对社会正义更为复杂和系统的诊断。

实际上,"再分配政治"与"承认政治"之间的争论是社会批判理论内部的范式之争。① 对于弗雷泽和艾利斯·扬来说,她们都属于法兰克福学派批判理论传统的第三代传人,同为新左派思想的传承者。她们都看到了多元时代西方社会所发生的各种变化,认为社会正义的考察需要对社会的多元和差异保持敏感。她们都关注到新社会运动的各种解放诉求,强调民主的广泛参与。考虑到社会包含利益和群体认同的多元性,弗雷泽和艾利斯·扬的理论促进了哈贝马斯批判理论朝向更加多元文化的维度发展。其理论洞见不仅有助于描绘关于什么应该、什么不应该进行协商讨论以及社会政治调节的规范性界限,也为女性或少数群体如何参与政治讨论提供了经验洞见。② 弗雷泽和艾利斯·扬之间的主要差别在于对正义的本质以及具体实现方式方面的理解差异。弗雷泽坚持"一元三维"的正义论,认为社会正义不仅要考察文化承认的问题,还要关注分配的问题。她正确地看到了在平等分配目标尚未实现的情况下,一味追求文化承认理想的片面性。艾利斯·扬则将这两个问题交织在多元的压

---

① 关于该问题的讨论,参见汪行福:《从"再分配政治"到"承认政治"——社会批判理论的范式之争》,载《天津社会科学》2006 年第 6 期。

② Helene Pristed Nielsen, *Gender, Diversity and the European Public Sphere*, Denmark: Aalborg University, 2009, p.6.

迫概念里，只是在她看来，福利国家仅关注分配正义对考查社会正义而言并不完备，它掩盖了更深层的结构性问题。差异不是固化的，而是开放的、变化的。一方面要肯定差异的解放内涵，支持和鼓励群体间的平等差异和积极权利；另一方面也要消除具有压迫性的差异，对差异的考查本身内在地包含着经济、文化、政治等多元视角。就像艾米·埃伦在一篇文章中所指出的，现代社会，"性别统治与种族、阶级、性别以及帝国等问题交织在一起……权力与解放之间的悖论关系尤为突出和棘手"①。造成社会压迫的原因极其复杂，社会压迫本身不能被简单地还原为经济压迫或者文化统治。当社会生活确实被多元复杂的权力关系所侵蚀的时候，在进行社会批判和正义诊断时运用压迫的多元范畴而不是简单化的经济文化二元对立就显得更有意义。

二、多元文化主义与公民身份

在当代西方政治哲学视域，人们通常将艾利斯·扬同查尔斯·泰勒、威尔·金里卡、艾米·古特曼和安妮·菲利普斯等人一起划为多元文化主义者的阵营。首先，需要理解的是何为多元文化主义？实际上，多元文化主义是一个很新的词语。1924 年，在《美国的文化与民主》一书中，霍勒斯·卡伦（Horace Kallen）率先提出了"文化多元主义"（cultural pluralism）的说法，②要求主流文化能够平等尊重其他非主流文化。他指出，几乎每个美国人都可以连接到某个特定族群团体，成为其身份的认同。后来，由于新社会运动的发展，这种尊重多元个人族群文化认同的理想扩展

---

① ［美］艾米·埃伦：《非乌托邦的解放：臣服、现代性以及女性主义批判理论的规范性诉求》，孙秀丽译，载《马克思主义与现实》2016 年第 2 期。原文参见 Amy Allen, "Emancipation without Utopia: Subjection, Modernity and the Normative Claims of Feminisht Critical Theory", *Hypatia*, Vol.30, No.3, Summer 2015, p.513.

② Horace M.Kalen, *Culture and Democracy in the United States*, New York: Arno Press and The New York Times, 1970, p.11.

至女性、同性恋团体、老人等不同社会群体中，他们由此提出了不同的差异诉求。多元文化主义关注的对象逐渐由少数族群扩展至其他文化群体，如性别、宗教等，将狭隘的"族群文化"发展至"社会身份"或"主体位置"。例如在查尔斯·泰勒看来，多元文化主义即是一种承认的政治。虽然多元文化主义日益成为思想家们热议的话题，实际上，它并非一个全新的事物。文化共同体、宗教共同体以及种族共同体并存于一个政治社会的现象很早就出现在欧洲国家内。只是这一术语在大规模移民出现、新社会运动兴起的 20 世纪成为西方学界讨论的热点。除了一些多元文化的捍卫者之外，当然也有以保守主义姿态出现的反多元文化主义者。他们或是以主流自居的精英团体，捍卫其本身的霸权利益；或将女性或有色人种等群体的利益边缘化，甚至将其污名化为"特殊利益"。① 如今西方社会反全球化、反移民以及民粹主义思潮的出现在一定程度上体现了对多元差异的排斥，但这无法改变现代社会多元文化共存发展的历史事实和当代图景。

随着经济全球化的发展，多元现代性成为当代社会最重要的历史形态之一，与之相关的多元文化主义日益成为当代西方学界较有影响的政治思潮。虽然学界对多元文化主义的定义不尽相同，大体来说，"它的基本主张是，社会由各种不同的文化群体构成，每个文化群体都有自己独特的文化身份，但是不同的文化群体因其文化身份不同，在社会中的地位和遭遇也各不相同。少数群体的文化身份遭到主流社会的忽视或宰制，没有得到应有的平等承认和对待，从而处于一种不利地位。所以多元文化主义强调群体文化身份的重要意义，主张平等、承认各种文化差异，尊重少数族群的文化成员身份并赋予他们差异的公民身份，实施'差异政治'，从而实现真正的平等。多元文化主义的核心原则是所有文化都应

---

① 陈丽华：《走出多元文化主义的困境：评＜独石与巨伞：多元文化主义的过与不及＞》，载《教育研究集刊》第 53 辑第 2 期。

受到尊重,对于文化的多样性与差异性应该持宽容态度"①。在英国著名多元文化理论家、威斯敏斯特大学政治哲学教授海库·帕瑞克(Bhikhu Parekh)看来,"多元文化主义是关于不同的文化共同体之间关系的恰当术语。这一调节它们彼此诉求、包含正义原则的规范不能只来自唯一的文化,而应来自不同文化之间开放、平等的对话⋯⋯按照定义,多元文化社会包含不同的文化或文化群体,它们带有自己独特的意义系统以及对待人和世界的视角。多元文化主义在任何特殊的政治教义的理论框架中不能被充分地理论化。这种教义或嵌入一种特殊的文化视角中,或者对另外一种特殊的文化视角具有结构性的偏见,如此对他者而言是一种非正义"②。跟传统社会相比,现代社会由于生存空间的扩展以及沟通方式的改进,人们受到地域、环境、文化等因素的约束减少。而且,随着个体性的确证以及思想观念的日益解放,习俗性的文化秩序和社会结构并不必然构成人们生活的意义来源。由于现代社会的复杂性,多元文化的差异共存成为人们生活的实际现实,这就要求人们打开自身的确定性领域,去敞开地聆听和接受一种他者(文化),而不是去排斥和歧视异于自己的文化、历史和习俗。就像有学者指出的,"多元文化主义在包含形态各异的文化现象中,使主体性不再屈于自己理性的一隅,而能在多种价值资源中丰富主体性的内涵与形态"③。而且,没有哪一种文化是铁板一块的,每一种文化都包含着多元的声音。正是这种多元性赋予我们对不同的选择、价值立场,生活方式、传统理念等进行对话、讨论和辩论的空间。

关于多元文化主义的论辩在今天仍然持续,其中涉及多元文化主义与自由主义、公民身份、文化权利以及政治伦理等多方面的讨论。虽然艾

---

①　李丽红编:《多元文化主义》,浙江大学出版社 2011 年版,第 1 页。

②　Bhikhu Parekh, *Rethinking Multiculturalism：Cultural Diversity and Political Theory*, Harvard：Harvard University Press,2000,p.13.

③　姚新中、席玥桐:《多元文化主义视域下的当代伦理秩序重建》,载《探索与争鸣》2017 年第 2 期。

利斯·扬倾向于将多元文化主义与身份政治等同,并拒绝多元文化主义者的标签,但是,人们通常根据其差异政治对少数族群、弱势群体等的关注而将她列为多元文化主义者之列。针对如何理解多元文化主义与自由主义、差异公民身份与普遍公民身份之间的关系,艾利斯·扬与自由主义的代表者、加拿大政治哲学家威尔·金里卡展开了论争,厘清双方的观点与主张对我们深入理解多元文化主义之争具有重要意义。

在当代西方政治哲学中,艾利斯·扬以其差异公民身份和差异政治思想而闻名于学术界。巴黎大学研究员苏菲-杰拉德·德拉图尔指出:"玛丽翁·扬的文化多元主义理论和政策非常具有代表性。在她的理论中,就已经显露存在于她理论中的各种内在张力,反映了它得以产生的社会文化背景本身的复杂性以及她的理论所面临的难题。"①在艾利斯·扬看来,现代政治理想的一般假设就公民身份而言,它的普适性超越了特殊性和差异性。艾利斯·扬批判以罗尔斯为代表的自由主义普遍公民资格,认为自由主义普遍公民资格忽略了差异群体的权利要求,没有重视社会弱势群体与主流社会的差异。在一个某些群体拥有特权而其他群体被压迫的社会里,坚持公民应采取一般的抽象视角只会导致特权的加强。这是因为,特权者的观点和利益更容易支配公共领域,并使得其他群体边缘化或者无法表达自己的意见。例如,从女性视角来看,自由主义的公民身份倘若是依据男性身份制定的,它就有可能在社会政治各个层面导致对女性的排斥。所以,艾利斯·扬希望通过理解各群体之不同的社会身份与主体位置,探讨由此不同位置产生的权力运作关系,进而透过行动改变此权力运作产生的压迫结构,让各文化的各种主体性得以真正的共存。她的理论策略是以差异公民身份为切入点,揭示多元差异正义的解放诉求,"这不仅为差异性群体争取自身权利指明了方向,也试图以另外一种新的视角,即公民资格的理论视角冲击传统意义上普遍

---

① [法]苏菲-杰拉德·德拉图尔:《论玛丽翁·扬的多元文化理论的紧张》,载《探索与争鸣》2017年第2期。

主义的正义理解"①。

　　但是,在金里卡看来,"'差异公民身份'的要求给公民身份概念造成了严重的挑战"②。这是因为,很多人将差异公民身份看作是一个矛盾的术语。按照传统的观点,公民身份就其定义而言是关于如何对待在法律条件下具有平等权利个体的问题。这是将民主的公民身份与封建的前现代视角区分开来的重要内容,后者则是通过宗教、伦理或阶级身份决定人们的政治地位。金里卡认为:"差异公民身份的观念是公民身份理论的一种激进发展。"③他指出对差异公民身份两个层面的担忧:一方面,如果我们通过将公民身份的概念转向内在,关注各种种族、族群、宗教、性别等方面的差异,那么公民身份就不再成为促进共同体感和目的感的工具,从而容易造成不同群体之间的冲突和彼此的不信任。另一方面,差异公民身份容易导致一种"不满政治"(politics of grievance)。如果只有受压迫群体被赋予差异公民身份,这样会促使群体领导者为了获得群体权利的诉求致力于维持一种不利或弱势的感觉(a perception of disadvantage),而不是去努力克服这种不利感。金里卡区分了不同种类的群体和群体权利:第一是受压迫群体的特殊代表权。这些群体包括穷人、非洲裔美国人、同性恋者等。由于遭受着结构性的压迫,他们在社会民主政治进程中需要特殊群体代表。这是回应压迫条件的暂时策略,一个正义的社会需要从根本上消除这些压迫,进而取消这些群体权利的需要;第二是移民或宗教群体的多元文化权。这些群体要求在教育、卫生等公共服务或社会福利方面得到公共支持,例如在学校提供宗教活动的场所或者服务等。这种权利侧重的是这些群体在一个更大社会中的积极融入,而不是自治。

────────

　　①　宋建丽:《差异公民资格与正义:艾利斯·马瑞恩·扬政治哲学探微》,载《妇女研究论丛》2007 年第 5 期。

　　②　Will Kymlicka and Wayne Norman,"Return of the Citizen:A Survey of Recent Work on Citizenship Theory",*Ethics*,Vol.104,No.2,January 1994,p.370.

　　③　Will Kymlicka and Wayne Norman,"Return of the Citizen:A Survey of Recent Work on Citizenship Theory",*Ethics*,Vol.104,No.2,January 1994,p.370.

第三是民族少数的自治权利。金里卡认为,这是最符合差异公民身份的案例。① 这是因为自治权利将人们区分为带有自身历史权利、疆域以及自治权利的"民族"(peoples),他们甚至会拥有自己的政治共同体,例如加拿大魁北克民族以及苏格兰的独立诉求。跟受压迫群体代表权利的暂时策略不同,自治权利体现的是对一个文化民族维持自身特殊性的尊重和保护。金里卡认为,一些群体可以有着多种群体诉求,但在讨论公民身份的时候,需要对不同的群体权利区别对待。如果将差异公民身份定义为采用一种或者多种群体差异的权利,那么实际上每个现代民主政体都会采用其中一些形式。只是由于在确定何种群体具有代表权以及如何确保这些代表负责任等方面的困难,艾利斯·扬所设想的公民身份的差异程度在现实民主政治中尚未存在。

简而言之,金里卡与艾利斯·扬的共同点在于,两人都承认多元文化的现代事实和现代社会的异质性,强调包容不同群体文化、尊重认同的重要性。他们都认为,少数群体的公民身份不仅是简单的个体生活方式选择的问题,还具有重要的文化意义和政治意义。美国研究公民身份的学者基思·福克斯(Keith Faulks)对二人的共同点作了恰当的概括,在他看来,"两个人都正确地指出了自由主义公民身份的高度抽象性和否定个人的特质。以无血无肉的、原子化的定义来界定公民,只会忽视行使权利和履行责任时的困难。由于高度重视弱势群体的体验,或者像扬那样,注意到了一般的被压迫群体,两者都认识到内在于自由主义社会的不平等如何破坏了它对于平等的承诺。如果没有对公民身份的背景这一重要的问题投以足够的注意力,普遍性摧毁社会差异的危险就的确会存在,弱势群体的利益就的确有遭到忽视的危险,它们的声音也很可能得不到倾听"②。金里卡与艾利斯·扬肯定公民身份的内在解放潜能,都主张应该

---

① Will Kymlicka and Wayne Norman, "Return of the Citizen: A Survey of Recent Work on Citizenship Theory", *Ethics*, Vol.104, No.2, January 1994, p.375.

② [美]基思·福克斯:《公民身份》,郭中华译,吉林出版集团 2009 年版,第 75 页。

改变公民身份的内容来应对不平等所带来的挑战。福克斯认为,一种更具有建设性的后现代主义体现在,它以自由主义的长处作为基础,并且通过指出和克服实现自由主义承诺过程中的各种障碍,兑现自由主义的承诺。从这个层面讲,"扬和金里卡的理论都应当得到赞扬,它们都旨在克服现代性所带来的各种问题"①。

笔者认为,造成两者对待公民身份具体内容的不同主要源于他们对文化和社会群体的不同理解。首先,金里卡是自由主义文化论的辩护者。他主要是从自由主义的立场回应艾利斯·扬对普遍公民身份的批判。在金里卡看来,将自由主义谴责为忽略多元文化的群体关系的普遍个人主义和平等主义是一种不当的指控。他认为,自由主义可以与对族群特殊性的关切兼容,即在重视个体基本权利的基础上也关照多元群体的特殊权利。文化集体权利的获得是个人选择的结果,文化本身作为个人进行价值选择的必要元素应该被包括在罗尔斯的基本善中。它不仅给个体提供不同生活的选择项,也关系到有意义生活的内在价值。关注少数群体权利,既是对承认和尊重个体认同特征的深层需要的满足,也是对个体进行选择的文化背景的保护,从而有助于提高个体的自主性。金里卡认为:"文化成员身份为我们提供了可理解的选择语境和一种可靠的认同感和归属感,这是我们在面对有关个人价值和计划的问题时所需要的。"②所以,为少数族群提供文化保护和群体上有差别的权利不仅与自由主义价值相一致,反过来还会促进这些价值的实现。与艾利斯·扬对女性、残疾人、同性恋者等受压迫群体的关注不同,金里卡更加关注的是文化少数族裔,例如土著族群、毛利人等民族文化群体。在他看来,"族裔文化群体中并不是每个群体都是有变化无常的需要和预期的流变连续体,我们还要表明在各族裔文化群体之间有深刻的、相对稳定的差别。

---

① ［美］基思·福克斯:《公民身份》,郭中华译,吉林出版集团 2009 年版,第 75 页。

② ［加］威尔·金里卡:《多元文化公民权:一种有关少数族群权利的自由主义理论》,杨立峰译,上海世纪出版集团 2009 年版,第 135 页。

与扬的观点相反,我认为认识到这些群体不只在程度上,而且在质的方面有区别"①。因此,金里卡主要以共享的社会性文化为标准来衡量社会群体。

跟金里卡以及其他多元文化论者将文化视为固有本质的看法不同,在艾利斯·扬那里,文化是去中心化的,并不具有独立于人的本质价值,它是人们不断选择和协作参与的结构化进程。在扬看来,倘若我们将某些规范性价值置于同质化之上,就会容易导致不同群体之间的分裂和冲突,这些冲突的主要原因不是群体差异本身,而常常是由于受压迫者所处的支配性关系。而且,同质化或本质化的文化理解容易使支配群体成员有理由采取自以为是的顽固立场,从而加剧分歧和冲突。正是在这一视角下,艾利斯·扬揭露了当前的多元文化主义和同化主义困境。正如苏菲-杰拉德·德拉图尔所评价的,艾利斯·扬"对'文化'概念的重评,为我们提供一个机会去进一步探讨多元文化主义的更为详细的内容及其难题。实际上,在玛丽翁·扬那里以及在她之后围绕多元文化主义的争论,让我们注意到以下几个方面:差异政策从一开始是决定于对文化差异的承认的基础上;但接着,玛丽翁·扬就批评了'文化'概念的使用。在这里,玛丽翁·扬在实际上并不是彻底抛弃"文化"概念,而是对'文化'进行重构"②。艾利斯·扬认为,金里卡对群体范畴的划分"太绝对化",金里卡错误地划分了具有共享本质属性的伦理(文化)群体和民族群体,容易导致各种排斥性理解。群体本身是流动性的、关系性的,应该把文化群体想象为一个变动不居的"连续体"(continuum)。③ 艾利斯·扬意识到,群体的差异化是现代社会不可避免且必要的过程,文化群体间的差异是

---

① [加]威尔·金里卡:《少数的权利:民族主义、多元文化主义和公民》,邓红风译,上海世纪出版集团 2005 年版,第 53 页。

② [法]苏菲-杰拉德·德拉图尔:《论玛丽翁·扬的多元文化理论的紧张》,载《探索与争鸣》2017 年第 2 期。

③ Iris Marion Young,"A Multicultural Continuum:A Critique of Will Kymlicka's Eth-nic-Nation Dichotomy",*Constellation*,Vol.4,No.1,1997,p.50.

程度而非种类的问题。社会文化本身同时包含历史传统因素和现实关系因素，它是一个统一的日新的结构化进程。而且，正如努斯鲍姆所讲的，文化和传统价值本身并无任何规范性的权威，"传统给予我们的只是一种对话，一场辩论，我们没有选择，而只能去评估传统之内的不同立场"①。在不同传统、文化、群体交织的变化过程中，人类生活不断变换新的内容，打开新的境地。因而，不能以一时一地或者某个特定群体固化的观念来讨论多元文化和社会群体。跟金里卡相比，艾利斯·扬从更宽泛的视角理解社会群体，其中特指那些受到剥削、文化帝国主义、边缘化、暴力等结构性压迫的社会群体。

　　总体而言，多元文化主义试图打破主流文化的霸权，主张包括族群、宗教、性别、年龄等各种差异社会群体在民主社会的基本权利。归根结底，现代社会的这种多元性（特殊）要求始终伴随着与同一性（普遍）的矛盾，它暗含着追求差异的政治与普遍平等政治之间的紧张。同时，这种"多"与"一"的内在矛盾与张力也成为变革和解放现实实践的动力。但是，如何处理这种多元和同一的矛盾始终是一个正义民主实践的问题。对于艾利斯·扬的理论事业而言，她对多元和差异的关切有着潜在的道德动机：一个正义的社会应该关怀身处其中的受压迫群体和处境不利的群体。在解放运动的情境下，差异本身成为政治抗争的地盘，而不是用差异使排斥与附庸正当化。但是，需要指出的是，艾利斯·扬对理想的普遍公民身份进行挑战也是危险的，"这会使得理性规范的诉求陷入无根基的状态"②。加拿大多伦多大学政治学教授罗纳德·伯尼（Ronald Beiner）指出，对普遍道德和政治范畴的"解构"容易导致艾利斯·扬政治

---

①　[美]玛莎·努斯鲍姆：《寻求有尊严的生活：正义的能力理论》，田雷译，中国人民大学出版社 2016 年版，第 75 页。

②　[美]艾利斯·扬：《政治体与群体差异：对普适性公民观的批判》，载李丽红编：《多元文化主义》，浙江大学出版社 2011 年版，第 152 页。参见 Iris Marion Young, "Polity and Group Difference: A Critique of the Ideal of Universal Citizenship", in Ronald Beiner ed., *Theorizing Citizenship*, Albany: State University of New York Press, 1995, pp.179-207.

理论的釜底抽薪。对道德普遍主义的拒斥也意味着道德和哲学的"死亡",因为没有可依凭的道德普遍性,就无法真正追求平等和正义。而且,倘若失去了诉诸这些普遍性的可能性,多元文化主义本身也就失去意义。我们可以看到,从理论倾向来看,艾利斯·扬的公民观奠基于这样一种深层的哲学旨趣,即对人类所共享的内容以及对道德和政治判断的普遍范畴是否能够有助于人类事务而不会陷入自我困境这一点保持普遍怀疑。所以,艾利斯·扬批判卢梭式的政治普遍主义,她认为这种普遍性实际上体现的是一种狭隘的、具有压迫性的家长制理想。但是,如果一个社会缺乏一些基本的普遍规范或者追求合理的普遍性的意愿,就会容易充斥诸多分裂、冷漠和冲突。譬如,看似对少数族裔的"宽容"容易导致更加深层的隔阂和分裂,这是多元文化主义理论及其实践备受诟病之处。而且,强调多元差异还有可能导致这样一个问题,即将人们对少数族裔或者弱势群体的仇恨和歧视合法化,进而造成行动的无力和实践的困境。在一些批评者们看来,艾利斯·扬的理论在普遍与多元(特殊)之间设立了一种外在对立,还欠缺对两者之间关系更加精细的分析。应该明确,普遍与特殊不是简单的二元对立,而是彼此交织在一起的。一种解放的正义理论是普遍性和特殊性的有机结合,需要进一步阐释的是何种普遍性(特殊性)以及谁之特殊性(普遍性)。这就需要在立足人类共享的普遍价值(比如对尊严和平等的尊重)下进行更为具体的情境化阐释和论证,从而提供合理的解放策略。在多元思潮甚嚣尘上、普遍主义受到严重挑战的今天,我们仍然需要体现人类解放理想的普遍规范。应该在普遍与特殊(多元)之间的张力中敞开人类解放的空间,警惕形式性的、未经反思的"同质化"以及碎片性的、狭隘的"异质化"。实际上,艾利斯·扬并未放弃这种解放理想。

虽然存在一些理论上的质疑,但是,艾利斯·扬的差异公民身份观念对主流的自由主义普遍公民身份还是提出了有说服力的巨大挑战。罗纳德·伯尼认为:"尽管人们得出扬的政治处方并不十分具有说服力的结论,人们也必须承认,在为巨大的社会文化多样性所控制的现代社会,这些处方为如何理解公民身份提供了有趣的、启发性的替代方案。"①具体而言,一方面,艾利斯·扬替代方案的首要意义在于其正视现代社会的差异和多元处境。在艾利斯·扬那里,少数族群以及弱势群体的权益并未被掩盖、搁置或者拒绝,而是作为一种解放诉求被正义实践所考量。在多元的时代下,对差异的宽容成为一种美德。一种批判的正义理论需要关照那些遭受压迫和排斥的社会群体和成员身份,而不是简单地将他们视为导致社会分裂的因素而不予理睬。而且在现代社会,虽然人与人的差异并非绝对,但是不同群体或个体的文化、历史、需要、经验、关系样式等的差异不仅会影响人们对意义的阐释,也会影响政策推论的形式。另一方面,艾利斯·扬的多元差异思想并非是对所有普遍性理想的否定和批判。她所批判的是公意政治统一公民身份的机制,主张建立公民代表权机构,试图用群体特殊权利代替自由主义平等对待的"同化论"理想。这在某种程度上避免了自由主义平等公民理想对弱势群体的宰制,将弱势群体、少数族群的差异视为正常而不是给这些差异打上劣等、低级和异常的标签。自由主义的公民身份观念是一种幻象,它过于高估公共理性,认为经由这种理性,差异与统一问题可以得到适度均衡。但是,正如鲍曼所指出的,以少数群体文化为例,现代社会的许多争议不是基于利益的冲突,而是原则的冲突,这种深层冲突常常涉及道德假设的基本框架以及政治程序的冲突。自由主义由于将差异、多元等因素归入私人领域,或者在公共领域忽视这些差异性因素,因而无法真正解决当代群体和文化差异所导致的各种冲突。② 差异政治通过肯定群体差异的积极性,使他们不会因为自己的"特殊"而陷入自我压抑或者遭受他者歧视的境况。考虑到现实的多元正义实践,艾利斯·扬的替代方案为实现差异群体的解放

① Mitja Sardoc ed., *Citizenship, Inclusion and Democracy: A Symposium on Iris Marion Young*, Oxford: Blackwell Publishing, 2006, pp.29-30.

② James Bohman, "Public Reason and Cultural Pluralism: Political Liberalism and the Problem of Moral Conflict", *Political Theory*, 23, 1994, pp.253-279.

诉求、建立一个拥有较少宰制和更多包容的社会提供了有意启发。其批判路径本身所蕴含的普遍规范性基础在于,每个人应该拥有平等的生活前景和客观条件。从这个角度出发,艾利斯·扬对自由主义道德普遍性的解构同时也是对正义理论普遍性基础的重构。

第二节 艾利斯·扬正义理论的思想贡献及其局限

艾利斯·扬在 20 世纪 90 年代崭露头角,凭借自己在哲学、政治学、女性主义等领域的原创性思想在西方学界产生了深远影响。艾利斯·扬的正义理论在新社会运动的背景下产生,作为一位极富同情心和责任感的社会活动家,她毕生致力于与受压迫群体和弱势群体有关的理论和哲学探究。身为著名政治哲学家、新马克思主义理论家、女性主义者、多元文化论以及差异政治的倡导者,艾利斯·扬的思想影响是多方面的。她不仅在正义和民主等政治哲学的重大问题上提出了许多有重要意义的观点,而且她的思想也启发不同领域的学者对相关社会议题的思考,比如教育问题、环境问题、性别问题和全球贫困问题等。虽然艾利斯·扬自己并没有去提供一种完备的正义理论,但是,从她的思想内容来说,实际上已经包含着对正义理论和实践的全面的思考。透过这些思考,我们可以更清楚地看到当代西方国家社会的复杂结构以及其中的断裂、矛盾和裂缝。透过对这些具有压迫性的权力关系和统治形式的结构性批判,我们同时又看到社会之中隐含的解放潜力,以及具有启发意义的替代性方案。但是艾利斯·扬的正义理论也面临一些尚未澄清的理论和实践困境,例如如何去界定受压迫群体、如何避免差异政治的"千人一面"等。本节将针对艾利斯·扬多元正义理论所涉及的一些问题作些简要评价。

一、超越传统正义范式

艾利斯·扬的正义思想内在于西方正义理论发展的脉络。自罗尔斯之后，我们可以看到，对于社会正义的讨论可谓纷繁复杂。根据彼此的立场和解释框架的不同，正义理论家们或关注物质财产分配问题，或关注承认、人权甚至心理分析等问题。艾利斯·扬的理论旨趣在于探究批判的而非普遍的正义理论，也即探究一种历史性的、社会情境化的规范性反思。基于这种思考，她试图"去严密地和反思性地表达内含在美国20世纪60年代、70年代新社会运动及其当代继承者们关于正义和非正义的某些诉求"[①]。艾利斯·扬所思考的对象不是一个试图为之提供理想解决方案的理念世界，而是充斥着各种结构化不平等和文化排斥压制的真实世界。她确立了多元正义思想的规范基础，也即一个真正正义的社会是能够包容和关怀差异的社会，它能够为人的自我实现和自我发展提供制度性条件，通过这个标准可以衡量政治、经济、文化等不同层面的结构性非正义。这一多元正义视角不仅挑战了当代欧美语境中主流的正义理论，也超越了自由主义与社群主义的正义之争，扩充了正义讨论的视域。笔者试图从以下几个方面对艾利斯·扬正义理论的基本特点和思想贡献进行简要分析。

首先，艾利斯·扬不试图构建一种整全的正义理论，她批判抽象正义。具体来讲，她通过不正义来分析正义，颠覆了主流正义理论对正义的各种诠释，从而为当代民主理论奉献了新的思想资源。她运用支配和压迫这两个概念反思不正义，批评平等自由主义的分配理念不足以解释不正义和保证正义的实现。确实，正义总是相对于非正义而言的，任何正义都是出于对非正义的抗议和反抗。正义理论必须去审视生活中的各种结

---

① Iris Marion Young, *Justice and the Politics of Difference*, Princeton：Princeton University Press, 1999, p.7.

构化非正义,并旨在减少和消除这些压迫。可以说,艾利斯·扬对正义理论的"立"的方面是从她对传统正义理论的"破"的方面而来的。首先,她明确地确立了这样一种批判性的立场,即从非正义出发去探讨正义。有如此主张的并非只有艾利斯·扬,阿马蒂亚·森也曾指出:"对'社会正义'的判断并不真的要求精细的微调式的准确性……相反,所需要的是对于那些可以识别的、严重的非正义或不公正的基本事实,有一种运作上的一致意见。"①而且,坚持要求完整地评价每一个可能选择的正义性,并消除一切非正义,不仅会阻止人们对明显的非正义采取社会行动,还可能是对正义本身性质的某种误解。正如阿马蒂亚·森所强调的,在正义的纯理论层面,如果过早地对互相冲突的某些考虑因素确定特定的"加权"体系而不能改变,是一种错误。它会严重限制对"权数赋值"这个极端重要的问题进行民主决策的空间。虽然用基础性的正义思想可以鉴别出一些必然相关的基本问题,但是,"那些思想完全不可能最终产生出一个排他的、关于相对权数的高度清晰的公式,作为'正义社会'的唯一蓝图……正义思想的最重要的意义,在于用来识别明显的非正义——对此是可能理性地达成一致意见的——而不是用来推导出某种现成的共识,说明世界应该如何精确地管理"②。所以,正义理论所要关注的并不是去提供某种准确的何为好的生活的建议和判断,而是对社会非正义抱有某种敏感。虽然现代世界在各种层面已经取得很大进步,但是社会不平等和不公正的程度也有所加深,我们所生活的世界仍然存在不同形式的剥夺、贫困和压迫。值得关注的是,为了防止和补偿社会非正义,我们需要做些什么。正义理论不应该致力于去建构某种抽象的普遍知识,而是要研究社会各个层面的非正义形式,进而有助于真正实现人的平等和解放,

---

① [印]阿马蒂亚·森:《以自由看待发展》,任赜、于真译,中国人民大学出版社2002年版,第255页。

② [印]阿马蒂亚·森:《以自由看待发展》,任赜、于真译,中国人民大学出版社2002年版,第287页。

这也是扬正义理论的出发点和最终的理论旨趣。

其次，艾利斯·扬的正义理论有意识地把现实批判与理论批判结合起来。关于这一理论的贡献，莱纳·弗斯特作过较好的评论。他认为，就正义理论的"建构"而言，艾利斯·扬"对正义的'分配范式'的批判是其最具深度和最富成效的思想"①。弗斯特简要区分了正义的两种哲学思考路线：一种路线是艾利斯·扬所批判的分配正义，即在分配的框架下关注人们所获得的财富；另一种路线可称为政治正义，它关注在权力行使的框架下所包含的人与人之间的关系及其所处的相对位置（relative standing）。前者感兴趣的是分配的结果状态以及人们的物质福利，后者则对个体（或群体）在一个称为合法的秩序中的法律和政治地位感兴趣。艾利斯·扬的分析属于政治正义范畴，它建立在异质性事实的基础上，将关注的焦点从分配的结果状态转向人与人之间的交往关系。弗斯特认为，艾利斯·扬的批判最重要的特征是其"两面性"（double-sidedness）：即一方面指出正义的分配范式曲解了正义的重要方面，从而权利和权力的问题转变成了财富分配的问题，另一方面又指出分配正义没有切中分配问题本身的核心，例如物品的分配是如何可能的，以及由谁去决定分配计划的问题。鉴于新社会运动的各种解放诉求，在艾利斯·扬那里，正义的核心常常要求这样一种社会关系秩序，即某些人免于另一些人的统治和压迫。在这个意义上讲，正义不仅是一种行为、结构或者制度的关系美德，也是一种实践。对传统正义理论的批判源于现实的实践要求，同时也将现实生活中的人们视为社会和政治的主体，去改变各种实际的非正义。

此外，艾利斯·扬的正义理论是对传统正义范式的超越。在对传统正义的分析上，艾利斯·扬的正义思想主要立足于对罗尔斯正义理论的批判性继承。跟罗尔斯一样，艾利斯·扬整个的哲学方案是去提供能够阐释具体的非正义以及勾勒真实世界制度设计的规范性理想。

①　Rainer Forst,"Radical Justice:On Iris Marion Young's Critique of the 'Distributive Paradigm'",*Constellations*, Vol.14,No.2,2007,p.260.

但是,与罗尔斯不同,艾利斯·扬试图跳出对正义问题进行抽象分析的哲学框架。在她看来,如果一种理论是真正普遍的而且独立的,那么它在评估实际制度以及具体实践的时候就会显得太过抽象而没有帮助。理论是我们真实生活世界的重要组成部分,它需要批判性地切入现实生活中的各种复杂情境。虽然人们对正义观念的论述有着激烈的争论,但都倾向于寻求一种"好"的论述。而检验一种论述是否完备可以有不同标准,在美国著名的女性主义者艾莉森·雅各(Alison M.Jaggar)看来,除了理论的内在一致性,人们会在正义讨论的综合性(comprehensiveness)、相关性(relevance)以及实质可接受性(substantive acceptability)等"普遍"方面达成共识。① 下面我们可以从这几个方面去分析艾利斯·扬对罗尔斯的抽象正义理论的超越,以便更加深入地把握她的多元正义思想。

第一是综合性。在这里,综合性意味着理论在阐释现有数据时的相对有效性。当然,并非所有的理论都能够阐释所有数据,但是理论本身可以部分地决定何种数据需要被解释,以及何种被认为是好的阐释是值得质疑的,在伦理和政治领域可以更好地理解这一点。在这方面,艾利斯·扬对正义的分析较之罗尔斯更具综合性。原因在于,她挑战了罗尔斯正义分配范式的局限,并指出需要额外挑战意见决策权力和程序、劳动分工以及文化的问题。而且,艾利斯·扬关于五个方面的压迫涵盖了社会正义的许多复杂问题,超越了罗尔斯对分配议题的狭隘关注。

第二是相关性。相关性指的是一种理论在面对给定社会时解决最重要的正义问题的能力。许多批判家已经指出,罗尔斯的正义理论忽视了许多迫切的当代问题。例如查尔斯·米尔斯(Charles Mills)观察到,对罗尔斯及其追随者来说,对激进正义的直接考虑是"无限推迟"的。他们没有意识到,他们是"生活在世界上最具有种族意识的社会之一,并带有上

---

① Ann Ferguson and Mechthild Nagel eds., *Dancing with Iris: The Philosophy of Iris Marion Young*, New York: Oxford University Press, 2009, p.99.

百年的白人优越性的历史"①。除了忽略一些背景性问题,罗尔斯在理论中也故意剥夺了可以解决其他问题的必要概念资源。例如,通过将社会设想为封闭和独立的系统,罗尔斯建构了一种理想的正义模式。这种理论既没有阐明诸如移民正义的问题,在实际上也不可能做到这一点。与之相比,艾利斯·扬在制度性条件的意义上定义正义。这些制度性条件对个体发展、践行能力以及参与决定其行为和其行为的环境而言十分必要,由此艾利斯·扬的正义理论解决了许多重要的当代关切的压迫和统治问题,例如剥削、边缘化、弱势、文化帝国主义以及暴力等问题。所以,跟罗尔斯相比,艾利斯·扬的正义思想与迫近的社会非正义更加相关。

第三是可接受性。艾莉森认为,规范的哲学论述必须在实质上是可接受的。"就像好的民主概念不应该掩盖或者合理化重要的政治排斥一样,好的正义概念也不应该掩盖或者合理化重要的非正义。"②在这方面,女性主义政治哲学家苏珊·奥金(Susan Okin)对罗尔斯提出了质疑。她认为,罗尔斯的正义理论容易忽略并合理化一些非正义议题,譬如家庭中的性别非正义。在主流普遍正义的形式下,容易掩盖不平等的性别制度,从而导致正义理论的"性别盲区",③阻碍女性自由权利的实现。在《正义的理念》中,阿马蒂亚·森也对罗尔斯提出了批评,他认为:"尽管罗尔斯的方法建构得很有连贯性,也很有技巧性,但它的确过于模式化,并过度简化了许多甚为复杂的大问题,即如何把公正原则的运作与人们的实际行为结合起来,而这正是对社会公正进行实践理想思考的核心。"④罗

---

①　Ann Ferguson and Mechthild Nagel eds., *Dancing with Iris：The Philosophy of Iris Marion Young*，New York：Oxford University Press，2009，p.99.

②　Ann Ferguson and Mechthild Nagel eds., *Dancing with Iris：The Philosophy of Iris Marion Young*，New York：Oxford University Press，2009，p.100.

③　关于这方面的分析,参见郭夏娟:《为正义而辩:女性主义与罗尔斯》,人民出版社 2004 年版。

④　[印]阿马蒂亚·森:《正义的理念》,王磊、李航译,中国人民大学出版社 2012 年版,第 61 页。

尔斯的理论在这方面存在缺陷,它忽略了理论与实际复杂世界的内在关联,而"社会制度与实际而非理想的个人行为之间的关联,对任何致力于引导社会选择走上社会公正道路的理论而言,都是非常重要的"①。跟罗尔斯不同,艾利斯·扬不是通过设想在一个不可能的情境下,根据绝不可能存在世界所推荐的内容来发展其政治理想。相反,她反思的是,对于那些与特定现存非正义作斗争的现实中的人而言,什么是值得珍视的东西。艾利斯·扬没有抽象出个体视角和动机的差别,她关注这些实际存在的差异,并将人类差异视为认知的资源而非认知的无能。艾利斯·扬意识到,从理想性原则出发去审视现实的制度设计和人的行为模式势必会造成许多排除。从这个意义上讲,由于关注现实的特殊和差异,从非正义出发去探究正义原则的理论路径更具规范性和可接受性。

艾莉森·雅各认为,正是在上述几个层面上,艾利斯·扬的正义理论较之罗尔斯更有助于解释现代社会的复杂情境,这使得她的理论"有可能给以深层的结构性非正义为特征的现代世界提供更好的政治引导,这些结构性非正义包括种族主义、帝国主义以及男性统治等"②。美国威斯康星大学麦迪逊分校哲学教授克劳迪娅·卡德(Claudia Card)则指出,实际上,艾利斯·扬与罗尔斯的相似处可能超过了艾利斯·扬本人的认知:"在他们的社会正义路径中,跟斯图亚特·穆勒、杰里米·边沁以及其他福利经济学家相比,扬与罗尔斯较多地倾向于斯多葛学派而较少倾向伊壁鸠鲁学派。跟外在财富相比,两人都更加注重能动性(agency)。"③在卡德看来,能动性在罗尔斯的"无知之幕"假设背后扮演着重要的角色。它提供了移除人们行动障碍的原则,确保所有人的基本自由,并拒绝提前

---

① [印]阿马蒂亚·森:《正义的理念》,王磊、李航译,中国人民大学出版社 2012年版,第 61 页。

② Ann Ferguson and Mechthild Nagel eds., *Dancing with Iris: The Philosophy of Iris Marion Young*, New York: Oxford University Press, 2009, p.100.

③ Ann Ferguson and Mechthild Nagel eds., *Dancing with Iris: The Philosophy of Iris Marion Young*, New York: Oxford University Press, 2009, p.156.

将任何人排除在政治决策竞争之外。在罗尔斯的理论中,不存在基本自由与收入或财富间的交易,也即自由不能被降格为其他事物(如经济上的富裕)的补充。在艾利斯·扬的思考中,能动性也起着重要作用。艾利斯·扬认为,民主政治进程应包含广泛多元的社会群体,并主张取消阻碍人们行动能力发展的实践。跟罗尔斯类似的是,艾利斯·扬更为关心能动性和关系,而不是类似于收入或财富的外在善。只是两人的出发点不同,罗尔斯从理想假设出发按照正义原则去评估社会实践,扬则是从非正义的否定概念入手,考察真实世界沉重的责任案例,并试图去建构一种免于非正义的社会。

鉴于以上论述,我们可以看到,艾利斯·扬试图探究一种充分的、批判的正义理论。她对传统正义理论的分析和批判所关联的这些内容并非彼此独立,而是相辅相成,共同构成艾利斯·扬正义理论的规范内容和解放内涵。笔者认为,艾利斯·扬正义思想的意义或者合理性在于,作为一种多元的具体的正义理论,它克服了传统正义理论的缺陷。它不仅从更加全面的视角去审视社会分配和压迫形式,也包容现实生活各种关系性差异。批判的正义理论既不通过构建一种正义的普遍话语抹杀一切现实的合理的差异,也不会拘泥于情境化的讨论而忽略正义的规范内涵。面对现实生活中各种非正义形式,批判的正义理论通过考察各种与人的良善生活相关的制度性条件,更加深入地挖掘社会的解放潜能。在这一点上,艾利斯·扬的反思为人们审视现代生活多元的正义问题提供了有益启发。

二、差异政治的困境

艾利斯·扬以差异政治闻名学界,然而,自差异政治思想提出后,就受到多方面的质疑。艾利斯·扬认为,至少存在三种质疑声音,而且"这些批判有着相似的形式。它们每个都将群体特殊性的正义诉求解释为对群体身份认同的断言,并且认为这些诉求由于只是将政体分割成为各种自私自利的利益群体而会危及民主交往"①。其中,这些批判者的共同点在于将差异政治与认同政治等同起来。在他们看来,差异政治至少存在以下几个方面的问题。

第一是破坏共同善。社群主义者珍妮·厄尔斯坦(Jean Elshtain)认为,富有成效的民主需要在充满活力的公民社会中生活的积极公民,他们会根据一种追求共同善的公共精神而合作共事。对于坚持社会群体差异的社会运动者,厄尔斯坦认为他们都没有表现出这种公共精神,"在要求实现纠正的诉求中,他们忽视了自己对于促进关涉每个人的共同善的责任,这些有关差异的政治仅仅是一种使对话不可能的拙劣的利益群体政治"②。有效的民主沟通与决策制定需要公民们超越一己私利,而差异政治会破坏对于某种公共善的承诺。第二是削弱民族身份认同。自由主义的民族主义者戴维·米勒主要是将各种群体社会运动还原为少数族群在民族国家背景下的承认要求,他肯定少数族裔的文化应当得到公共承认和表达。但是,米勒认为,差异政治走得太远。具体而言,"它危及了民族身份认同,而这种身份认同应当成为政治讨论中首要关注的问题。在协商民主的背景下,如果群体彼此有正义的诉求,那么它们只有在共享一种民族身份的基础上才能有效地实现"③。也即,民族身份认同是不同群体之间的信任联结的基础,它必须是普遍且中立的。第三是破坏阶级团结。诸如大卫·哈维以及托德·吉特林等左翼学者认为,解放政治要求所有怀有正义旨趣的人应搁置其关于性别、性偏好、种族或者族群方面的特殊诉求,并团结在那种可以满足每个人基本需要的共同社会理想下。差异政治恰恰偏离了这种关切,并使各种不同的群体致力于处理彼此之

---

① Iris Marion Young, *Inclusion and Democracy*, Oxford: Oxford University Press, 2000, p.82.

② Iris Marion Young, *Inclusion and Democracy*, Oxford: Oxford University Press, 2000, p.84.

③ Iris Marion Young, *Inclusion and Democracy*, Oxford: Oxford University Press, 2000, p.85.

间的对立和冲突。

跟一些曲解艾利斯·扬思想的理论家一样,美国哲学家理查德·罗蒂也将艾利斯·扬的正义和差异政治思想归为认同政治。从社会左派的立场出发,罗蒂质疑文化认同政治,并怀疑美国左派对"文化"或"认同"的过高期待。他认为,左派政治对文化的关注不过满足一种哲学分析的旨趣,使得左派分裂成为各种身份至上的派别。这种观点已经在左派中造成混乱,并失去了共同的理想和目标。他跟弗雷泽一样主张回到社会民主主义,要求重新思考阶级和分配正义。但是,艾利斯·扬与同样关注社会群体及群体差异的身份认同政治或多元文化主义有所不同。二者最大的差别在于,艾利斯·扬的正义思想和差异政治致力于探究的是社会中潜藏的支配性规范,以及这些规范如何透过社会结构的运作使某些个人或群体遭受压迫和支配(结构性非正义)。通过提倡以正视群体差异为核心的差异政治、包容式民主以及面向正义的责任,艾利斯·扬提出矫正结构性不正义的实践策略,并以此建构理想的解放的新社会关系。

实际上,艾利斯·扬也批判左派认同政治,将差异政治与认同政治区分开来。她认为,局限于文化的认同会导致本质主义的强制以及各种排他主义。但跟罗蒂不同的是,艾利斯·扬支持后新左派时代进步斗争的总模式。所以,应该在一个更加扩展的而非排斥的意义上去理解艾利斯·扬的多元正义和差异政治思想,它并非如许多理论家所担忧的"为了差异本身而强调差异,而没有将差异的承认看作是减少不公平的资源机会分配的方式"①。也就是说,差异的"承认"并非文化共性或者说身份的承认问题。身份认同背后是一种实体性和本质性逻辑,在这种逻辑下,群体身份是由一系列本质属性界定的,如此便固化了社会关系丰富的流动性,否定了群体内部以及跨越不同群体的差异。差异政治则从关系的层面考虑社会差异,这种理解并非强制所有群体成员具有相同属性,他

---

① Mitja Sardoc ed., *Citizenship, Inclusion and Democracy: A Symposium on Iris Marion Young*, Oxford: Blackwell Publishing, 2006, p.13.

们在许多方面既有相互重叠和彼此依赖，也有不同，这取决于他们所处的结构化位置和互动关系。① 差异政治的基础是正义，其旨在要求各群体之间达成社会平等，并根据正义的原则进行不同群体差异的集体讨论与决策协商。

通过其整个思想脉络我们可以看出，艾利斯·扬对差异关切的背后有着强烈的追求社会平等和正义的旨趣。其正义理论隐含着她对受压迫者以及弱势群体的关切。以文化承认为例，通常获得承认的是那些占主流的价值选择还有文化倾向，而那些处于社会边缘、居于劣势位置的人就容易被排斥在外，这些排斥常隐含在语言、习俗、人与人之间的交往关系、生活环境、公共空间等沟通方式和交往语境之中。从规范层面来讲，将文化作为决定个体承认的问题在于，我们通常是在未经反思的视角下去接受和认同某种所谓的习俗和文化，这样就容易导致很多歧视和偏见。所以，艾利斯·扬指出，最重要的不是在这些文化承认中去找寻相同的东西，而是去关照和尊重差异，这样才是对人真正的平等与尊重。而且，不同的时代、不同的国家文化习俗传统都不一样，人们很难就一种"普遍同质性的"文化政治达成一致，这也是现代多元社会人们面临的实际境况。在这方面，可以说艾利斯·扬与巴特勒在对文化左派排斥性的批判上达成共识："派别分裂被理解为一种身份为了加强其自身的同一性和凝聚力而排斥另一种身份的过程。它误把差异问题视为一种身份与另一种身份之间出现的问题；然而，差异是身份存在的条件，或者说是其构成性的局限：使身份表达成为可能的差异，同时也是使任何最终的身份表达成为可能的条件。"②所以，一种解放的、真正尊重和关怀人的承认是在认同和差异之间寻找一种张力，其既能够尊重个体的特殊性，也能够在交往关系

---

① Iris Marion Young, *Inclusion and Democracy*, Oxford：Oxford University Press，2000，p.90.

② ［美］朱迪斯·巴特勒：《纯粹的文化维度》，载［美］凯文·奥尔森编：《伤害与侮辱：争论中的再分配、承认和代表权》，高静宇译，上海人民出版社 2009 年版，第 47 页。

中对他人和其他群体进行包容和尊重，这本身是一个结构性践行的问题。

艾利斯·扬的差异政治和正义民主思想也存在一些缺陷。首先，笔者在某种程度上认同弗雷泽对艾利斯·扬概念模糊性的批判，即艾利斯·扬不得不面临由此造成的一些理论和实践困境。以社会群体为例，艾利斯·扬认为，正义理论所关注的社会群体主要是一些在文化形式、习性、特定需要或者能力、权力或者特权的结构方面区别于他人的关系性集体，尤其是那些受到压迫和支配的群体。这种定义在实践层面很难接受检验，而且也容易陷入艾利斯·扬自身所批判的问题之中。例如福克斯指出，以群体为关注点容易造成一些现实困境。这是因为，我们无法确定哪些群体可以正当地提出自己合乎特殊群体的标准，从而应该享受政治体其他成员所不能享受的额外福利。当艾利斯·扬认为女性、老人等有着某些共享的压迫经验并把他们划为某类群体的时候，也犯了与她自己所批判的自由主义同质性身份一样的错误。就像哈贝马斯对女性主义理论所担忧的那样，"它有时候同这样一种倾向相联系，即把性别实体化，把它们当作单一的整体"①。即使个体具有多重身份，那么这些多重身份之间也会存在彼此冲突的情况，应该根据何种身份的"差异"去考量压迫形式和补救政策，有可能成为一种实践选择的难题。因此，在现实的政治实践中，"建立在团体（群体）权利基础上的公民身份理论存在着使社会差异凝固化的危险，从而导致一种无法交流的、碎片化的和高度静态的政治境况，如果这样的话，也就很难兑现扬旨在超越的压制性"②。虽然关注人的群体性是遏止暴力、减少压迫的一种方式，但同时需要警惕的是，对群体身份以及群体归属感的炫耀和强化也有可能会催生更多的排斥和冲突。在艾利斯·扬的理论中，群体权利具有把个体固化在各种碎片化群体中的危险，这种群体只代表个体的部分认同。

---

① ［德］尤尔根·哈贝马斯：《在事实与规范之间》，童世骏译，三联书店2011年版，第519页。

② ［美］基思·福克斯：《公民身份》，郭中华译，吉林出版集团2009年版，第75页。

其次,艾利斯·扬进行压迫诊断的"客观标准"也值得商榷。在艾利斯·扬看来,判断一种群体权利是否合理需要判断其是否遭受剥削、边缘化、无力、文化帝国主义以及暴力等五种压迫形式。虽然艾利斯·扬敏锐地意识到压迫的结构性问题,并将正义理论对物的关注转移到人的能动性上面,但是这个标准本身也存在一些模糊和矛盾。如果按照艾利斯·扬的观点去理解,那些受到雇佣的过着体面生活的白人似乎不会遭受诸如文化帝国主义、暴力等压迫形式,这样就倾向于武断地决定群体的成员资格,对压迫的根源作了过于简化的处理。

对于艾利斯·扬结构性的多元压迫诊断方式,克劳迪娅·卡德提出了三个方面的质疑。第一,以女性为例,按照艾利斯·扬的观点,当我们说"女性是受压迫的"的时候,也就意味着女性是一种结构性群体。但卡德指出,这种观点似乎暗含着"在压迫性社会结构之外就不存在女性一样"[①]。当我们如此声称的时候,女性就跟压迫本身直接关联起来,因而就容易导致过于简单的判断。按照这种观点,人们很容易认为,在我们的"身份"中自然地存在一个社会层面。无论我们接受与否,这些"身份"都不会出于我们选择的功能。这样就过于强调结构的力量,容易忽视人们选择的自由以及意志的能动。第二,卡德指出,非正义本身包含着许多不同形式的统治和压迫,并不局限于艾利斯·扬所讲的五个层面。毋宁说,艾利斯·扬的目的在于,通过揭露现实世界中最重要的多元压迫样式,以阐明消除压迫的各种岌岌可危的价值。第三,卡德还区分了非正义(injustice)、压迫(oppression)与恶行(evil)。在她看来,恶行是需要获得优先关注的错误。恶性主要是一个道德范畴,并不是所有的压迫或者非正义可以归为恶行的范畴。卡德的正义路径在于将对恶行的回应看作是伦理的一部分,并将个人的正义感视为个体道德感的一部分。这里暂且不论卡德的具体区分是否恰当,但是它的启发在于,艾利斯·扬对压迫的关

---

① Ann Ferguson and Mechthild Nagel eds., *Dancing with Iris: The Philosophy of Iris Marion Young*, New York: Oxford University Press, 2009, p.152.

注更多体现在政治层面，而极少涉及伦理的维度。在艾利斯·扬的正义理论中，她忽视了对人的精神归属的问题（良善生活）的讨论。虽然她质疑所谓的普遍"道德"，极力避免给出良善生活的具体形式，将重心放在对非正义的社会制度和结构的批判上，但是考量与差异、包容与责任相关的正义问题，不仅要追问如何在制度或者结构层面为人的自我实现和发展塑造和提供一个更加包容正义的社会环境，还需要进一步思考在工具理性泛滥的今天"人的意义丧失的问题"①。

　　另外，对压迫的定义本身不应该仅从受压迫者所遭受的非正义来理解，还要从他者（压迫者）行为的视角来考察。在这方面，福克斯恰当地指出，艾利斯·扬对受压迫社会群体持一种浪漫的想法。艾利斯·扬怀疑压迫者是否能够真正理解自身的性质，转而更加同情被压迫者。在艾利斯·扬那里，只有受压迫者才能真正体会压迫的含义。这就将受压迫者放在一个过高的位置，其暗含某些声音会比其他声音更具有权威性。在实际的民主进程中，有时对弱势的"非理性"同情可能会导致不合理的协商结果，影响人们作出审慎的道德判断和政治判断。本哈比也同样指出："在相信被压迫者的主体性，以及对通过公共视角揭示而非隐藏主体性的某些善的方面，艾利斯·扬的信念过于浪漫化。"②在交往伦理学思想中，我们看到，艾利斯·扬倾向于认为一个人（群体）很难站在他者的视角看待问题。这种认知在特定情境下是正确的，即避免弱势群体成为他者的虚假"镜像"，但是这种观点也阻碍了"压迫者"试图理解受压迫者境况的可能。在具体的民主政治实践中，过于强调差异、否认人具有理解彼此立场的能力，等于是间接地否定了实现平等的可能性。而且，否认群体间彼此理解的可能性也会对民主协商的质量造成危险。当我们假定协商参与者无法体会受压迫者情境的时候，也就抹杀了他们以批判的态度

---

① ［德］马克斯·韦伯：《学术与政治》，冯克利译，三联书店 2005 年版，第 48 页。

② Sara Benhabib, "In Memory of Iris: 1949—2006", *Constellations*, Vol. 13, No. 12, 2006, p.442.

看待自身行为的可能性,更不要说去同情和帮助那些遭受苦难的人。因而,在思考民主正义的时候,需要以一种更加审慎的态度对待受压迫群体以及差异问题,如安妮·菲利普斯所认为的,"受压迫者没有垄断善行的权利,沦为受害者并不能保证他就一定正确"①。如果以共同的压迫感作为群体权利的基础,这种权利不仅可能增加对少数群体的敌意,也有可能使得社会朝着日益碎片化的方向发展。当艾利斯·扬将群体经验的共同性作为普遍经验来讨论的时候,也陷入她所批判的本质主义。虽然她强调差异而非认同的政治,当我们把这些群体经验诉诸共同处境来协商的时候,也就固化地理解了他们所遭受的压迫本身,而忽视了其中更加复杂的排斥、不确定性、变化性以及权力运作的内在勾联。

如果扩展开来理解,考虑到黑格尔对主奴辩证法的著名分析,主奴关系不仅代表一种抽象的自我意识世界,也内在于包含权力关系的人类世界。那么在这个纷繁复杂的世界中,压迫者与受压迫者之间也会彼此限制。卢卡奇也指出,在物化的状态下,资产阶级和无产阶级同样都受到物化意识的支配。在资本主义社会的社会条件下,无论处于何种社会结构性位置,人们都会面临一种异化状态。因而,社会解放不仅是针对受压迫者,也包括压迫者。虽然艾利斯·扬敏感于新社会运动相关的各种压迫形式和解放理想,但是,她对压迫形式的规定本身不足以全面地概括多元社会复杂的压迫现象和物化现象。

此外,还需要反思与诊断标准直接相关的一个问题,即应该如何去理解压迫者和受压迫者?或者更确切地说,应该如何去界定弱势群体或者边缘群体?我们可以从以下几个角度去理解。第一,按照法学视角,"社会弱势群体是指由于社会条件和个人能力等方面存在障碍而无法实现其

---

① Anne Phillips, *Democray and Difference*, Cambridge: Polity Press, 1993, p.160. 转引自[美]基思·福克斯:《公民身份》,郭中华译,吉林出版集团 2009 年版,第 78 页。

基本权利，需要国家帮助和社会支持以实现其基本权利的群体"①。在基本权利方面，生存权被认为是最根本的权利。例如，通常我们认为，贫困者是弱势群体，他们需要社会和国家提供教育、医疗卫生等资源方面的帮助。这种理解倾向于将个人能力视为贫困的主要原因，在对弱势群体的帮助方面侧重资源的分配。第二，从"承认"的视角来看，跟分配层面的理解相比，这种弱势群体的内涵更加广泛，它还涉及个体或群体在一个具体的共同体中是否会过一种体面、尊严的生活。在一个正义的社会里，对弱势群体的关切不仅体现在对其基本权利的法律保障，还体现在整个社会对这部分人的尊重与包容。在这一层面，人们对于少数群体是否是弱势群体存在争论。有学者担忧，如果过于强调少数的权益，反过来势必会造成对多数的压制。但是问题在于，如何区分多数与少数，以及他们彼此所关切内容的合理性。如果从一个社会普遍包容的角度来讲，任何人，无论其性别、种族、年龄、肤色、民族等的差异，都应该获得生存的基本保障以及生活的尊严。当每个人以平等的公民身份进入公共领域的时候，他们可以自由地表达观点，而不用担忧被排斥或遭受歧视。第三，与上述是否缺乏资源或者是否受到歧视的理解标准不同，当代经济学家阿马蒂亚·森与女性哲学家玛莎·努斯鲍姆从"能力路径"的视角去思考弱势群体。这一点跟艾利斯·扬的立场类似，即都是从一个整体性视角去考察人类社会以及人所受到的压迫与排斥。在阿马蒂亚·森和玛莎·努斯鲍姆看来，"根据能力来评判社会中弱势群体的做法，是否是弱势群体不仅是掌握资源多少的问题，或者说偏好满足的问题，而是一个人能够做什么和不能做什么的问题"②。在对受压迫者的判断上，艾利斯·扬认为，如果一个人在这种结构化位置中处于劣势，那么他就属于弱势群体。在

---

①　钱大军、王哲：《法学意义上的社会弱势群体概念》，载《当代法学》2004 年第 3 期。

②　Jonathan Wolff and Avner De-shalit, *Disadvantage*, Oxford：Oxford Universtiy Press, 2007, p.36.

这方面,艾利斯·扬关注的重点在于,一个社会是否为保障这些(个体)群体的自我实现与自我发展提供正义的制度性条件。努斯鲍姆则更加关心一个人应该如何生活的问题,她区分了两种可行能力:内在的可行能力和外在的可行能力,前者跟身体健康、家庭关怀、教育等发展的个人能力有关,后者与一个社会是否提供个体自我发展的空间有关。努斯鲍姆认为,契约式的正义讨论假设人们在心理和生理能力方面是平等的,并致力于社会的互惠互利。这样就排除了那些能力不对称者,也即排除了那些具有身体或者心理能力缺陷的人。因而,需要关注人们的可行能力,并"将其当作一个构件去建立一个社会正义的最低值理论"[1]。努斯鲍姆强调人的内在可行能力,在她看来,倘若过一种良善生活的话,个体需要具备譬如思维、情绪表达、环境掌控等方面的能力。按照艾利斯·扬的立场,个体可行能力的内外层面不能被明确分割开来,否则,对是否能够过良善生活的能力的设定就容易将那些不具备此能力的人排斥在外。总而言之,这种理解人类社会和人的可行能力的视角从一个更加整全的视角去思考弱势群体。但是,对于弱势群体的定义,学界仍然存在论争。但这不妨碍人们从一个更加多元和丰富的层面去理解弱势处境,从而为现实制度设计和政治决策提供一些规范支撑。就像英国政治学者乔纳森·沃尔夫和以色列政治学者艾维纳·德夏里特在《弱势群体》[2]一书中所指出的,就现实和理论的复杂性而言,应该试图去理解一种"弱势的多元主义"[3]。在他们看来,存在弱势标准(indexing)以及实际弱势情境(realism)的紧张关系。对于弱势处境单一层面的考量容易导致对其他内涵的忽视,从这个意义上讲,艾利斯·扬多元压迫诊断的努力是值得肯

---

① 谭安奎:《古今之间的哲学与政治——Martha C.Nussbaum 访谈录》,载《开放时代》2010 年第 11 期。

② Jonathan Wolff and Avner De-shalit, *Disadvantage*, Oxford:Oxford Universtiy Press, 2007.

③ Jonathan Wolff and Avner De-shalit, *Disadvantage*, Oxford:Oxford Universtiy Press, 2007,p.21.

定的。

压迫本身是一个更为复杂的问题。为了实现批判理论的解放理想,还需要更加精细和全面的社会诊断,其中也包括对复杂的权力关系的诊断。权力理论是艾利斯·扬借鉴后现代主义尤其是福柯的思想进行结构性非正义批判的重要方面。在法兰克福学派社会批判理论传统中,权力批判与理性批判是现代性批判的核心概念。继承这一传统,艾利斯·扬将权力批判的分析与结构化非正义的揭示联系起来。与早期批判理论家所批判的与启蒙理性之间的悖论关系不同,权力批判在艾利斯·扬那里指向现代社会中各种压迫性的非正义结构关系,这些无所不在的权力关系直接或间接地影响社会正义和人的良善生活。艾利斯·扬敏锐地意识到,自由主义公民身份掩盖了各种不平等的权利关系,其中弱势群体会遭受结构性的不正义。但是,在法兰克福学派新晋代表艾米·埃伦看来,艾利斯·扬对权力的描述并不完整。这是因为,艾利斯·扬将"权力"一词与"支配"或"压迫"这些较为狭义的概念等同起来。这样就无法对更确定无疑或更有可能实现的权力模式进行分析,尤其是对个体赋权或集体赋权的分析。

埃伦认为,权力批判理论的总体目标应该是去努力理解支配、个体反抗或赋权、集体赋权或团结以及它们之间复杂的内部联系。艾利斯·扬的理论并没有完全达到这一目标。在对支配的权力关系的阐释和民主参与的理解之间,其理论尚存概念上的缺口。[①] 此外,艾利斯·扬还忽视了对更加复杂的压迫心理机制的分析。在埃伦看来,"扬没有完整地表达压迫的文化维度。事实上,她漏掉或者说至少没有充分强调或许是最重要的和具有破坏性的压迫的文化面孔:精神压迫或心灵压迫"[②]。在这方

---

①　Amy Allen, "Power and the Politics of Difference: Oppression, Empowerment, and Transnational Justice", *Hypatia*, Vol.23, No.3, 2008, p.163.

②　Amy Allen, "Power and the Politics of Difference: Oppression, Empowerment, and Transnational Justice", *Hypatia*, Vol.23, No.3, 2008, p.164.

面,朱迪斯·巴特勒的伦理政治学对臣服(Subjection)关系以及臣服动力学有着更加精细入微的分析。巴特勒继承了福柯式的权力分析观点,思考权力如何通过主体的建构起作用。在巴特勒看来,压迫性的规范和范畴不能依靠自身保持力量,它们通过主体践行性地引用而维持和再生产。同时,为了维持一种社会的身份,个体总是绝望地渴求承认,并陷入一种臣服性的认同形式以及权力的话语建构形式。虽然巴特勒提供了一种社会变革的激进版本,笔者认为,她对于社会压迫和臣服关系内在复杂性的分析在某种程度上可以补充艾利斯·扬对压迫的"揭露式"批判。

三、批判的女性主义视阈

艾利斯·扬的正义理论有其独特的方法论思考。纵观艾利斯·扬的思想路径,她的理论方法主要来自批判理论。这也是艾利斯·扬较之罗尔斯正义理论的独特之处。艾莉森·雅各认为,正是"由于艾利斯·扬运用批判理论的方法,她展示出在一个令人沮丧和仍然不正义的现存世界中,具有部分知识和有限能力的哲学家如何致力于对正义进行有用的哲学反思"[1]。就理论本身而言,艾利斯·扬将正义的规范原则整合进意见决策的协商民主过程,直接受哈贝马斯的交往伦理学和协商民主思想的影响。通过其整个思想路径我们可以看到,她的理论不仅与哈贝马斯存在着思想的直接关联,也充斥着对哈贝马斯思想的批判。艾利斯·扬致力于通过现实批判和诊断以实现人的解放和争取更好的生活,体现了对批判理论传统的继承与发展。

前面已经提到,我们通常将"批判理论"与法兰克福学派关联起来。众所周知,在西方马克思主义阵营中,法兰克福学派是最具代表性的学派

---

① Ann Ferguson and Mechthild Nagel eds., *Dancing with Iris: The Philosophy of Iris Marion Young*, New York: Oxford University Press, 2009, p.100.

之一,而且"是西方马克思主义中人数最多、影响最大、前后持续时间最长的一个学派"①。如果从狭义的视角来理解批判理论,同霍耐特、弗雷泽一样,艾利斯·扬属于法兰克福学派批判理论第三代的代表。② 批评理论第一代的代表者霍克海默曾经讲过,批判理论与传统理论的差别在于其实践目的在很大程度上是追求人类解放。之后批判理论者们继承了这一解放旨趣,并提供了不同的阐释策略和解放策略,例如哈贝马斯的交往行为理论、霍耐特的承认理论以及维尔默的后形而上学现代性、本哈比的世界主义理论等。虽然彼此的理论路径不同,但他们在不同的历史情境下给出自己的"社会病理学诊断"的同时,也致力于批判理论规范的重建以及解放旨趣的实现,成为批判理论进一步发展的动力。在多元压迫存在的今天,第三代批判理论家弗雷泽这样总结她对批判理论的广义看法:"对我来说,仅仅解释渗透到我们世界的社会臣服形式不够,这项任务也是必要的,但除此之外,我们还需要质疑政治文化,并询问政治诉求制定的现存规则是否提供挑战现存事态非正义的充分基础。"③这就要求批判理论家们在阐释社会臣服形式的同时,也要保持与其所同情的社会运动的独立性。弗雷泽指出,只有当我们无所畏惧地去同时批判进步的或压制的力量时,我们才能忠于青年马克思对批判理论的定义,也即"时代斗争和愿望的自我澄明"。但是,批判本身不是目的,解放才是批判的旨归。为了实现这一目标,批判理论应该首要关注制度性的不正义。这是因为,"一种理论,只有由揭露支配现象的实践旨趣和解放旨趣来引

---

① 俞吾金、陈学明:《国外马克思主义哲学流派·西方马克思主义卷》(上),复旦大学出版社 1990 年版,第 127 页。

② 其实法兰克福学派并非铁板一块,其中也蕴含着很多矛盾和差异。按照通常的区分,法兰克福学派第一代代表人物主要有霍克海默、阿多尔诺、马尔库塞、弗洛姆等人;第二代代表人物主要有哈贝马斯、施密特等人;第三代代表人物则包括霍耐特、本哈比、弗雷泽和扬等人。

③ Nancy Fraser, "Identity, Exclusion and Critique: A Response to Four Critics", *European Journal of Political Theory*, Vol.6, No.3, 2007, p.312.

导,才称得上是与'传统'相对应的'批判'理论"①。正如艾米·埃伦所总结的,"尽管对现实解放的希望以及批判理论在其实现中所起的作用一直经受着历史事件的考验,但是解放的理念仍然是批判理论的当代理解的核心"②。按照这一解放旨趣,批判理论家们应该致力于诊断那些令人压抑的支配现实,同时说明获得解放的各种可能性。当代批判理论家本哈比也指出,批判理论的目的不是危机管理,而是通过危机诊断来鼓励未来的改变。这是批判理论的"恰当规范"的维度,它追求一种解放的善的社会理念,并"凭借一种预期的未来来阐释实际的、持续的危机与反抗"③。也就是说,批判理论不仅需要对社会问题进行病理学诊断,还需要提供关于未来社会的思考,从而有助于提供替代性的理论策略和实践策略。现代社会压迫的多元形式及各种社会运动的兴起要求批判理论进一步解释和改变所有奴役人的境况。

作为法兰克福学派思想的传承者,艾利斯·扬继承了批判理论的方法路径和解放旨趣。跟罗尔斯不同,艾利斯·扬的目的不在于去发展一套既独立于给定的社会背景也能够衡量该社会正义与否的正义理论,她的旨趣在于批判性的正义概念。批判理论假定,用于批判某一社会的规范性理念根植于对该社会的经验和反思,而且这种规范不能从别处产生,它来自对现实非正义的批判性诊断。因而,批判理论拒绝去建构一种与特定社会相隔绝的普遍的规范性系统,它将这种建构视为幻象。相反,批判理论是历史和社会情景化的规范性反思。正是对批判理论传统的继承

---

① Nancy Fraser, "Identity, Exclusion and Critique: A Response to Four Critics", *European Journal of Political Theory*, Vol.6, No.3, 2007, p.322.

② [美]艾米·埃伦:《非乌托邦的解放:臣服、现代性以及女性主义批判理论的规范性诉求》,孙秀丽译,载《马克思主义与现实》2016 年第 2 期,原文参见 Amy Allen, "Emancipation without Utopia: Subjection, Modernity and the Normative Claims of Feminist Crtitical Theory", *Hypatia*, Vol.30, No.3, Summer 2015, p.513.

③ Sayer Benhabib, *Critique, Norm and Utopia: A Study of the Foundations of Critical Theory*, New York: Columbia University Press, 1986, p.226.

这一独特优势,艾利斯·扬能够在自己的正义理论中把人类解放的规范性思考与对现实的经验性诊断两方面的要求结合起来。她不仅对正义的规范内涵做了自己的理解,而且对当代社会的非正义做了深入的批判。就像艾利斯·扬自己所说的,政治哲学家的目标在于去阐释"规范性理想和道德论争,从而在阐释当代社会的道德缺陷的同时去设想社会转变的可能性"①。所以,在艾利斯·扬看来,哲学家们发展的普遍理想不应该被设想为是普遍适用的,应该考虑到具体的社会语境。正是由于哲学方法和研究路径的不同,这一点决定了正义的理想理论家和批判理论家看待哲学方案的不同方式。

需要指出的是艾利斯·扬正义思想中女性主义视角的特殊性。这不仅是因为女性所遭受的压迫和不平等是艾利斯·扬正义理论探究的出发点和重要方面,这一视角也贯穿在她对正义和民主思考的整个过程之中。正是在这个意义上,艾利斯·扬与本哈比、弗雷泽、艾米·埃伦等人一起被列为女性主义批判理论的著名代表者。

首先,我们需要厘清批判理论和女性主义之间的关系。从广义上理解批判理论,其伴随着对所处时代问题的自我反思。女性主义运动作为现代社会"新社会运动"的一种,在后现代主义之后的多元文化格局之下,其作为一种边缘话语力量在西方扮演的角色愈来愈重要。为了达到自身的解放旨趣,女性主义运动亦需要批判理论作为支撑。女性主义运动并非作为一个"特殊的存在",它不过是种种社会斗争的一个缩影。由女性主义的反思昭示的关于社会、政治的思考也在一定程度上充实着批判理论本身。按照这种理解,性别不平等和性别统治作为阻碍个人和集体获得其生活自主性的因素也属于批判理论家分析和批判的对象。批判理论与女性主义的关系包含着两个方面:第一,批判理论的规范和批判范式可以给当代女性压迫和统治以及遭受的各种意识形态的符号暴力提供

---

① Iris Marion Young, *Inclusion and Democracy*, Oxford:Oxford University Press, 2000, pp.8-9.

特殊的视角和理论指导;第二,女性问题的研究不仅可以帮助批判理论实现对现代社会的跨学科的整体性研究,而且女性压迫的经验以及她们的解放要求同样也可以推进和丰富批判理论的方法。在批判理论中并没有一个像文化工业理论这样的女性主义理论,但是在法兰克福学派和它的同路人中有一批女性哲学家,她们具有两栖类的特征,既是批判理论传统的一员,也是西方有影响的女性主义者。由于思考女性问题的特殊思想(属于批判理论的思想传统)和政治背景(属于自由民主主义的政治传统),她们对女性压迫和女性解放有自己的特殊看法,在女性问题的研究上做出了特殊的贡献。从批判理论传统出发思考女性问题,同时又从女性主义的视角来反思和发展批判理论是弗雷泽、本哈比、扬等人思想的共同特征,她们在某种意义上已经构成了一个特殊的女性主义研究的群体。

其次,从艾利斯·扬本人的经历和思想来讲,她生活在美国女性主义研究非常热的 20 世纪 70 年代。与同时代的许多女性理论家一样,她的学术观点和理论主张均缘起于这一阶段,形成于西方 1968 年运动落潮之后。她们把后现代主义和法兰克福学派社会批判理论相结合,创造和发展了过去 30 年中最有影响力的批判的女性主义理论。因而,20 世纪 70 年代对艾利斯·扬的理论形成有根本的影响。正如扬自己所讲的:"与我这一代的许多女性一样,20 世纪 70 年代的妇女运动成了自我反省的重要方式,也对我开始研究哲学和政治理论产生了根本的影响。"①在其学术生涯的最初阶段,艾利斯·扬专注于建构批判的女性主义理论。从她后来的一些女性主义著作和文章中,可以看出其最初思想旨趣以及女性主义视角对其正义思想的影响。无论在《正义与差异政治》,还是《像女孩一样丢球:论女性身体经验》中,艾利斯·扬都提到,作为新社会运动之一的女性主义运动构成其反思差异政治和民主实践的特殊经验,她承认:"我个人的政治激情开始于女性主义,它来自参与当代女性运动的

---

① [西]N.T.卡萨尔斯、[加]I.博兰:《女性主义政治哲学探析:对话艾利斯·马瑞恩·扬》,孙晓岚、宋美盈译,载《国外理论动态》2013 年第 12 期。

经验。正是在这些运动中，我第一次学着确认压迫，并对其进行社会规范层面的理论反思……在女性主义运动中，讨论了在女性当中承认阶级、种族、性别、年龄、能力、文化等方面的差异的重要性和困难，这些讨论激发了我对差异政治的思考。"①在第三次女性主义思潮的冲击下，艾利斯·扬特别关注女性主义运动中的权力和视角的差异，关注各种潜在的权力和压迫形式。在她看来，女性主义运动虽然取得了重要的成就，但现代社会中一些最基本的性别歧视和压迫依然存在。任何致力于人的解放实践的社会批判都应该反思和关注这些压迫和歧视，并提供规范性的反思。

艾利斯·扬将女性主义与批判理论相互结合，提供了具有启发意义的性别诊断路径和解放路径。可以从以下三个方面来理解艾利斯·扬批判的女性主义视角。

第一，性别不正义的结构化诊断是其女性主义批判的理论基础。在艾利斯·扬看来，与压迫的其他方面一样，性别压迫呈现出一种结构化的方式。在日常生活中，这些结构性因素常常体现为一系列制度、决策和观念等背景性条件。譬如，在性别不平等的社会中，女性经常遭受"文化帝国主义"这种压迫形式。按前文所述，文化帝国主义一般将主流群体（或强势群体）的经验和文化普遍化，并把这些文化经验作为"正常"和标准的规范而为他者所接受。例如在性别不平等的社会里，社会中的日常"普遍"观念经常以特权性别为标准。在这种社会中，占优势地位的性别群体倾向于表达自身的经验、文化、言说方式和目标等，并把这些内容当作一种代表性经验和普遍法则，从而潜移默化地影响着从属性别个体的自我认同方式和行为方式。对整个社会成员而言，这些经验和规范常被塑造成为一种不具立场的、中立的普遍性观点。而且，许多教育观念也强化了这种压迫，成为对性别个体身体、心灵的双重规训，就像之前提到的女孩丢球的例子。除了文化观念上的歧视，在生活中女性也会遭受经济

---

① Iris Marion Young, *Justice and the Politics of Difference*, Princeton：Princeton University Press, 1999, p.13.

剥削、无力、边缘化和暴力的威胁。有些压迫被视为是"私人化"或"正常化"的,因而被人们理所当然地接受。这些看似中立的、充满支配性的结构性关系需要女性主义理论的批判和关注。

实际上,现代社会,女性、穷人、残疾人等边缘弱势群体经常遭受这种结构性压迫。当他们遭受不公正的性别待遇时,这种沉默一方面由于日常文化经验的固有偏见,无法去有效地表达真正的自我;另一方面也由于他们并不具有可以表达自身受压迫经验的途径和渠道,从而只能在沉默、自我怀疑和厌恶中遭受更深层的伤害。当社会中性别受压迫经验无法被有效地表达和解决的时候,导致性别排斥和支配的社会结构就有可能继续维持并固化,从而无法实现真正的性别平等。所以,性别压迫这一结构性论断不仅作为一种理论层面的评价性、诊断性的基础原则起作用,而且在实践上也要求对不正义的社会性别结构和关系进行变革。

第二,对性别具身化生命的独特理解是艾利斯·扬女性主义批判的核心内容。尽管存在诸多争议,女性主义理论无法回避的一个核心议题即如何理解性别,或者说去思考"女性"究竟意味着什么。这是因为,对性别(差异)本身的不同阐释也彰显了不同的解放诉求和实践路径。例如,早期女性主义代表波伏娃在《第二性》中就指出,女性不是天生的而是被塑造成的,因而强调可改变的社会性别(gender),主张女性追求政治、就业、教育等方面的平等权利。第二波女性主义浪潮将这种解放诉求进一步深化,提出"个人的即政治的"。其挑战传统的性别角色分工,认为个人与政治没有明晰界限,专注女性在文化、社会和经济等方面的全面平等。

艾利斯·扬认为,以往对性别平等的关注存在两个方面的极端表现。一是取消性别差异。由于性别是被社会文化所建构的,女性可以追求与男性同样的行为方式,也即认为女性和男性应该受到可以对换的对待。当然,在要求平等权利方面可以理解这种诉求,但是,这也容易陷入另一性别化的极端。在性别结构不平等的情境下,这实际上仍然是对强势或特权性别的一种确证。二是承认性别差异,即确证不同性别行为的特殊性。例如,露西·伊利格瑞(Luce Irigaray)就主张,应该承认女性特殊的性别特质,不应该将性别差异的标准建立在男性身上。以吉利根为代表的关怀伦理学家们也认为,应该强调女性在情感、责任、关怀等方面的特殊性,并要求正义理论将这些女性特质考虑在内。但需要反思的是,在结构性不正义的社会,性别差异的标准本身是值得质疑的,甚至在如何承认责任、施加关怀等方面,已然存在某种不平等的性别角色预设。对那些性别受压迫者而言,他们有可能会根据不公正的社会期待来调整自己的偏好和行为。就像金里卡所讲的,"压迫者对任何特权的丧失都将感到悲切。反过来讲,被压迫者却常常因为自己的社会化状态而不会感到有什么主观伤害:他们为了不去欲求自己不可能得到的东西而调整自己的偏好"①。因而,伴随女性主义的发展,上述二元的性别理解模式遭到之后女性主义者和酷儿理论家们的猛烈批判和质疑。在艾利斯·扬看来,这两种对待性别差异的方式都陷入了一种本质主义的框架,它们假定了男女之间的根本性差异。这种预设要么仍然局限于性别的自然属性,要么固化性别的某种社会特质。在具体的解放实践中,这种本质化的性别阐释框架不仅容易导致源于单一性别规范的"普遍性暴力",也会遮蔽更为深层的性别结构问题,因而无法真正理解和包容性别差异。

对性别本质主义的激烈批判包括一些后现代女性主义者们。例如,在朱迪斯·巴特勒看来,性别是一种"操演",并主张消解性别。她反对将女性视为单一群体,以避免在理论上将不符合性别"规范"的人排除在解放诉求之外,从而在政治实践中让那些被排除的人得以存活。在某种程度上,艾利斯·扬认同巴特勒的批判,即认为女性主义理论和政治的首要任务是批判的。批判的女性主义要去明确表达这样一种谱系,其能呈现给定的实践范畴是如何被社会所构建的。并且,女性主义话语和实践应该成为开放的或者应该要保持开放,并永远推迟其总体性,接受和确证

---

① [加]威尔·金里卡:《当代政治哲学》,刘莘译,上海三联书店2004年版,第427—428页。

社会实践制度中偶然关系的流动和变化。不同于巴特勒等后现代女性主义者们的是,艾利斯·扬认为,在性别不平等依然明显存在的社会,"性别"话语或者女性群体对解放政治而言依然是需要的,女性主义理论需要的是去挖掘性别差异本身的伦理政治内涵,并为实现切实的性别平等奠定规范基础。

借鉴法国存在主义和后现代女性主义等思想,艾利斯·扬从结构性视角出发重塑性别概念,提出性别具身性(embodiment)的阐释。扬认为:"性别最好被理解为具身生命在社会位置中的一种特殊方式,这些具身生命在具体的社会历史制度和进程中彼此相联,并对他们进行行动和再生产权力关系的环境产生重要影响。"①其中,所谓"具身生命"(lived/embodied life)指的是一种物质身体在特定的社会结构下行动和体验的统一概念,也即有性别的身体是实际生活中展开着的活生生的个体。它与社会结构有着紧密的关联。在扬的著作中,经常出现的一个说法即"情境化的自我"(situated self),也即每一个特殊个体都处于一定的社会结构之中。作为情境化和具身化的存在,性别本身也是一种社会结构。具身生命还关注身体尤其是社会结构对身体的型塑作用。针对以往女性主义性别理论存在的对身体的忽视,美国当代著名女性主义学者托莉·莫伊(Toril Moi)修正波伏娃对女性身体的偏见,主张要关注身体的情境化。受其影响,扬认为,"身体具身性"将性别身体视为活生生的、积极的创造物。性别主体通过身体与世界的交往互动来实现,而且这一过程已然包含社会、历史、文化等对身体的影响。在不公正的性别对待中,身体经验常被加诸身体之上的心理、政治、文化的重构所遮蔽。因而,为了为性别压迫提供规范性诊断,女性主义需要深入反思这一性别身体经验的建构过程。

具身生命所处社会位置(social positioning)的不同也意味着一种认知

---

① Iris Marion Young, *On Female Body Experience*: "*Throwing Like a Girl" and Other Essays*, Oxford: Oxford University Press, 2005, p.162.

的"差异",也即处于特定社会结构的性别个体具备不同的情景化知识(situated knowledge)和差异视角。透过具身生命的这种理解,艾利斯·扬想要表达的是性别本身所具有的不稳定性,从而保持性别身份的开放性。在这方面,扬与巴特勒类似,即同样认为应该将性别差异"看作是一个边界概念,它具有精神、肉体以及社会等层面。这些层面不会完全互相容和,但也并不因此可以彻底区分"①。只是艾利斯·扬将社会性别视为一种不与人的身体性相分离的社会结构和交往关系。因而,性别差异在扬看来,不是一种本质的差异,而是一种关系性的差异,它是一系列关系与交往行为构建起来的结果。这些关系和交往行为共同发挥作用,从而产生各种特定的可能性,同时也排除了其他的可能性。为了真正实现性别平等,应该将性别差异视为一种政治差异包容进政治沟通中。在这个解放的维度上,艾利斯·扬回到了哈贝马斯批判理论话语民主的传统。总而言之,具身生命的性别理解拒绝将生理性别和社会性别进行简单区分,是对传统本质主义性别理解模式的批判。确实,"女性主义"以及"女性"本身有着复杂的指称,我们无法将性别的利益、需要和感受等普遍化。为了避免不正义的规范化暴力以及社会排斥,应该将性别视为没有特定边界和共同身份的松散集合体。其既有身体性,也具有社会构成性的特征。性别差异不是简单的事实性特征,它体现了可变的、交往的结构性差异。

最后,对性别差异的政治包容是艾利斯·扬女性主义批判的实践路径,其中涉及更为广泛的正义理论和民主理论的探讨。从政治上,艾利斯·扬进一步论证,在社会交往方式和制度形式等方面,如何让女性在社会政治生活中免于歧视和压迫。因而,艾利斯·扬女性主义批判的第三个特征在于,她将性别分析与政治哲学联合起来,试图以政治的方式包容性别差异。秉承批判理论的解放旨趣,艾利斯·扬探究实现性别正义的

①　[美]朱迪斯·巴特勒:《消解性别》,郭劼译,上海三联书店 2009 年版,第192 页。

政治路径。通过批判性地继承哈贝马斯的协商民主思想,她诉诸可以真正包容差异的民主模式,也即包容性民主。它包括前文所提到的公共领域的民主化和隐私权的民主化,即一方面建立包容性别差异的异质化公共空间,主张能够考虑性别差异特殊权利的差异公民身份。每个群体的特殊性都需要符合其自身特征的特殊权利,要改变不公正的性别结构,实现性别平等,需要在实际的生活中承认性别差异,并提供可以表达被压迫性别群体(个体)经验的机制和路径。通过赋予被压迫性别群体以积极权利,从而保障这些群体实现正义诉求,促进社会平等。另一方面也要尊重和保护性别的私人性权益,从而保障具身化的性别个体具有健全的自我感和尊严感,并建立亲密关系之间基于平等和相互尊重的交往关系。

性别压迫是透视和探究社会压迫的重要视角。对于艾利斯·扬而言,性别问题其实最终被划归为这样的问题,即什么是好(正义)的生活,以及如何改善妨碍这一生活构想实现的社会结构和制度背景?因而,性别视角成为审视社会公平正义的重要窥镜。这是因为,性别议题并非独立存在,性别压迫交织着文化、阶级、种族、帝国等因素。无论从发生原因还是从体现形式来讲,性别统治本身有其复杂性。它包含现代性和臣服在复杂权力统治关系与解放维度之间的论争,因而也成为现代政治哲学研究的一个重要面向。正是对正义理论和民主政治的这种扩展性理解,暗含着艾利斯·扬解放政治和激进民主的旨趣。

在国内学者周穗明看来,美国批判的女性主义的基本理论可概括为三个基本论题,即多元民主、权力理论和社会性别。在她看来,"多元民主是批判的女性主义的理论基础;权力理论是批判的女性主义中的后现代主义合理因素;社会性别范畴构成了批判的女性主义的崭新理论视角和主要演进线索"[①]。按照上文所述,可以看到,作为一名女性主义批判理论家,艾利斯·扬的正义理论兼具这些内容。以社会性别为例,艾利

[①]　周穗明:《美国批判的女性主义及其当代演进》,载《中华女子学院学报》2013年第2期。

斯·扬对社会性别所蕴含的不平等的批判是其正义理论压迫形式分析的一个特殊视角。基于对第二波女性主义理论和实践困境的批判和反思,艾利斯·扬对现代社会的审视直接受这种视角启发。只是这一特殊视角并不构成艾利斯·扬正义思想的全貌。艾利斯·扬认为,女性主义仅仅是一种"命名"。关键并不在于为"女性主义"这个用语辩护,而是为女性争取更多的自由和平等。① 对任何社会正义议题而言,重要的是如何诊断和消除其中所蕴含着的社会不平等以及生活各个层面的结构性非正义,使不同群体成员可以拥有尊严和更好的生活。

在后期著作中,哈贝马斯肯定艾利斯·扬的女性主义视角对于社会正义讨论的重要性。在他看来,"福利国家法律范式和自由主义法律范式之间的互补的盲点,根源在于两者共有的这个错误:把对自由的法律构成误解为'分配',把它等同于所获得的或所指派的物品的平等分配模式。艾利斯·扬对这个错误进行了令人信服的批判:'分配一种权利是什么意思? 人们谈论的可能是拥有对物质的东西、资源或收入的一个分配份额。但在这样的情况下,所分配的是物品,而不是权利。……把权利设想成占有,效果并不好。权利是关系,而不是东西;它们是在建制上确定的规则,明确规定什么人可以相对于彼此做什么。权利所指的是做而不是有,是使行动成为可能或给行动施加限制的社会关系。'非正义首先指的是对自由的限制和对人类尊严的伤害。当然它也表现为歧视,表现为阻止'受压迫者'和'受压制者'获得使其能行使私人自主和公共自主的东西:'正义应该不仅仅涉及分配,而也涉及为个人能力和集体交往和合作之发展和行使所必需的建制条件。在这种正义观之下,不正义首先指两种形式的能力剥夺限制:压迫和统治。这些限制当然包括一些分配模式,但它们也包括一些不容易被归结为分配逻辑的事情:决策程序、分工和文化。'"在这方面,哈贝马斯指出,与强调分配方面的法律理论相

---

① [西]N.T.卡萨尔斯、[加]I.博兰:《女性主义政治哲学探析:对话艾利斯·马瑞恩·扬》,孙晓岚、宋美盈译,载《国外理论动态》2013 年第 12 期。

比,强调权力方面的女性主义法律理论具有这样的优势,即"在强调平等权利的解放意义的同时,(女性主义批判理论)强调个人以及结成一体的公民们的自主性,把它当作权利体系的规范性核心"①。虽然哈贝马斯质疑性别问题上的"实体化"理解,但是他肯定艾利斯·扬在讨论社会正义时考量权力关系和压迫向度的重要意义。从另外一个角度而言,女性主义批判理论者们对哈贝马斯交往行为理论以及协商民主理论等的批判性继承,譬如她们对公共领域与私人领域、情感与理性、普遍与特殊、权力与解放等议题的讨论,不仅有助于建构一种更为包容和有效的政治理论,推进批判理论的发展,也有助于促进解放的正义实践。

在周穗明看来,作为著名的多元民主理论家,艾利斯·扬从交叉的多元文化权力视角重构女性主义的同时,也力图展现一种更为开放、包容的正义民主理论。将像她所讲的,扬"奠立了批判的女性主义的理论和方法论基础,是该理论的创立中具有里程碑意义的人物"②。作为法兰克福学派批判理论的传承者,艾利斯·扬继承了批判理论的方法路径和解放旨趣。同时,作为第三波女性主义的代表者,艾利斯·扬"试图打破感性与理性、身与心、主体与客体过于二分的知识传统,重新搅拌与规训、观看、权力、欲望等相关的因素,以还原'女体'存有于世界中的血肉面目与脉络。"③总而言之,艾利斯·扬的女性主义理论的贡献在于,她从社会结构视角出发审视具身生命,并在政治交往中实现性别平等,为现代社会实现性别正义提供了具有启发意义的诊断路径和解放路径。

可以说,批判理论的女性主义视角成为艾利斯·扬的正义理论展开的一个特殊方面。对于扬而言,"女性主义"与其说是一种称谓,不若说

---

① [德]尤尔根·哈贝马斯:《在事实与规范之间》,童世骏译,三联书店2011年版,第519页。

② 周穗明:《美国批判的女性主义及其当代演进》,载《中华女子学院学报》2013年第2期。

③ [美]艾利斯·扬:《像女孩一样丢球:论女性身体经验》,何定照译,商周出版公司2007年版,第xxiii页。

是一种质疑模式,一个目标或者一系列承诺。透过这一窥镜,可以有助于审视社会不平等以及各种结构性非正义。"批判的女性主义"则意味着,在批判理论的传统下,一方面,去关注社会制度、政策和观念对性别个体幸福和机会的影响,尤其关注这些制度、政策和观念是否错误地强制、伤害性别个体,或使他(她)们处于不利位置的情况,并承诺减轻这些伤害和不利,从而为当代性别压迫和支配,及其所遭受的各种符号暴力提供特殊视角和理论指导。另一方面,通过反思和借鉴性别压迫经验或性别视角,使得这些经验视角为批判理论进行充分的社会分析和诊断提供规范资源。

在多元和复杂的现代社会,性别压迫包含现代性和臣服在复杂权力统治关系与解放乌托邦维度中的论争。批判的女性主义理论(女性主义批判理论)要真正实现解放的旨趣,还需要进一步探索"解释诊断的因素"和"前瞻的乌托邦的因素"。① 也即,女性主义批判理论既要对现实生活复杂的权力关系和压迫关系进行深度和复杂的分析,也需要在生活蕴含的脆弱和裂缝中指出解放的可能性,并提出替代性的改进策略。按照这种视角,批判的性别理论如果真正富有成效,它既要从观察者视角去深入分析和诊断内在于现存社会的各种复杂矛盾和危机,也要在对未来的规范期待中提出可行的解放策略。对这两个维度及其内在张力的深入探究,同时也是艾利斯·扬批判的正义理论需要继续完善和改进的方向。

---

① 对此问题的具体分析可参见 Amy Allen, "Emancipation without Utopia: Subjection, Modernity, and the Normative Claims of Feminist Crtitical Theory", *Hypatia*, Vol. 30, No.3, Summer 2015, pp.513-529. 在这篇论文中,艾米·埃伦详细阐述了女性主义批判理论的这两种因素及其内在关联。

结　语

维特根斯坦曾经说过:"有时关于某个特定主题的哲学思考看起来似乎会被一种错误的或者至少是片面的印象所'俘获'。为了将我们从这种印象解放出来需要一种真正激进的精神,这种哲学思考能深入探究问题并将理论化的语言带入其本质。"[1]在法兰克福学派第四代代表莱纳·弗斯特看来,涉及正义主题,艾利斯·扬就是这样的思考者。

正义是政治哲学讨论的永恒主题,也是人类孜孜以求的目标。在正义问题的讨论中,艾利斯·扬所质疑和批判的就是人们惯常的正义理解。她独特的理论贡献在于揭示出分配正义的弊端,挑战了传统正义理论的理解范式。确实,分配正义虽然对于实现社会公平正义而言不可或缺,但是它忽略了构成分配模式的结构性背景,也很难顾及一些非物质内容,例如权力、自尊以及人与人之间相互交往的社会关系等,进而无法恰当地识别不正义。艾利斯·扬提供了多元压迫的正义诊断视角,引入对差异政治和包容性民主的讨论,敞开了更为广阔的正义讨论视域。其中,正义不是静态的分析,而是动态的过程。她寄希望于人们在不合理的社会结构中能够有所行动,进而改变社会的不正义。在这样的思考中,个体与社会结构不是二分的关系,制度性条件的正义与否与个体能力的发展和运用息息相关,并为后者提供各种前提性条件。同时,居于社会结构中的个体

---

[1]　Ludwig Wittgenstein, *Philosophical Investigations*, G. E. M. Anscombe trans., Oxford: Blackwell, 1958, p.115. 参见 Rainer Forst, "Radical Justice: on Iris Marion Young's Critique of the 'Distributive Paradigm'", *Constellations*, Vol.14, No.2, 2007, p.260.

或群体也需承担改变结构性不正义的政治责任。与很多理论家直接进行正义理论的正面阐释不同，艾利斯·扬从不正义入手，认为正义即对于不正义的矫正，从而避免从一个完美的、抽象的形态出发来讨论社会正义，为重新理解西方的正义理论传统提供了新的视角。

　　作为成长于 20 世纪 60 年代的学者，艾利斯·扬致力于社会批判和人类的自由解放事业。她不仅在思想层面聚焦社会正义的批判和分析，也积极投身各种新社会运动，尤其关注诸如女性、老人、同性恋者等弱势群体的权益，并活跃于妇女人权、非洲国家外债减免、劳工权利等领域，这造就了她思想本身的批判性和革命性。就理论特征而言，她并不是体系型的理论家，与那种对人类行为和历史有着整全理论感的"刺猬型"思想家相比，她的思想进路更加是"狐狸型"①的，也即她倾向于从现实实践的正义问题出发，相信不同的正义问题需要不同的视角和差异分析，拒绝将人性或批判思想诉诸某种普遍的理论设定。针对正义思想，艾利斯·扬并不热衷构建普遍的理论体系。相反，通过借鉴批判理论的方法和思想资源，她将普遍的规范理论纳入具体的情境化分析之中。艾利斯·扬的思想有着强烈的问题意识，通过对当代民主政治的"病理学诊断"，她试图通过阐释一种批判的多元正义理论来挖掘社会的解放潜能，真正促进人的自我实现和自我发展，以及社会差异的包容，尤其是关怀那些边缘、无力以及受到剥削和歧视的人们。但是，正义最终还是一个实践问题。它的充分性不仅需要理论的持续批判和关注，如何将这种理论探究真正变成对现实压迫和不平等的改革？还需要正义实践的进一步探索。

　　特殊的理论方法以及身为女性的特殊经验，影响了艾利斯·扬选择和解决哲学问题的方式。以往理论家们倾向于占据一个阿基米德支点，

---

　　①　以赛亚·柏林（Isaiah Berlin，1909—1997 年）曾用"刺猬与狐狸"区分两种类型的知识分子及其对待世界的态度。前者的代表有卢梭、黑格尔、谢林、马克思等，后者的代表有维科、赫尔德、赫尔岑等理论家。参见 Isaish Berlin, *The Hedgehog and the Fox：An Essay on Today's View of History*, Weidenfeld and Nicolson：New York，1953.

并采用理想的观察者或天使的视角看待这个世界。艾利斯·扬拒绝这种自命不凡。她认为,社会的批判家参与或致力于他或她所批判的社会的时候,尽管要远离各种统治性的力量,但不应该采取一种与社会制度和社会情境相分离的普遍视角。对于艾利斯·扬而言,她自己的生活经验影响了其选择所解决的问题以及对待这些问题的方式。然而,在艾莉森·雅各看来,尽管通过运用恰当的方法和占据特定的社会位置促进了哲学洞见的产生,但是,这两个方面在根本的意义上既非必要也非充分。艾利斯·扬是一名女性,同时也是一名白人、异性恋者和美国人,但她仍然对种族主义、异性恋制度和文化帝国主义提供了具有洞见性的批判。只有通过那些没有亲身经历过苦难的个体的同情和责任,非正义才有可能被认识到,从而进行非正义的补救。

艾利斯·扬的政治哲学思想具有持续的影响力,这源于其思想本身的丰富性以及实践性。她的思想处理了现代社会中复杂多样的压迫与支配的结构化非正义关系,超越了当今的自由主义与社群主义的正义之争,并为促进社会正义,深化民主实践提供了非常重要的理论资源。艾利斯·扬批判的正义理论不仅成为诊断当代西方的民主困境、反思法兰克福学派批判理论传统的重要思想资源,也为新时代实现人的解放、建构正义的社会秩序提供实践启发。现代社会的复杂和多元也急需一种可以规范阐释这些多元压迫和支配形式的实践性理论。在艾利斯·扬整个思想框架里,我们可以看到她理论本身的敞开和多元,她敏感于各种结构性非正义,并试图为差异证明。而且,她一直在打破和扩展着自己的思想界限,并试图跳出民族国家、身份政治、女性视角、承认—分配的二元模式、传统主义以及本质主义的限定等。她关注实际的现实与生活,而不是停留于抽象的制度与规则;关注如何减少社会的不正义,而不是局限于寻求绝对公正。艾利斯·扬从现实切入,通过结构性的视角挖掘社会正义的规范内涵。通过整合来自现象学、精神分析以及批判理论的洞见,艾利斯·扬致力于对社会现实的批判性分析。她以人的自由和解放为旨趣,尤其关注各种弱势群体的权利和利益。她不仅在理念上试图澄清这些问题,而且她也积极参与各种社会实践运动,为少数群体争取权益。艾利斯·扬的学术生涯如同一副未完成的画,很多人惋惜于其物理生命的戛然而止。但是,其深刻的思想资源和问题意识留给后人丰富的思想遗产。其广博的思想所体现出来的博爱、包容与平等,始终打动和启迪着人们继续反思和践行社会正义。

当被问及在多元文化的今天是否坚信人类相互沟通与理解的可能性时,艾利斯·扬声称,自己更加认同狄更斯的观点,即"每一个时代都是最好的时代,同时又是最坏的时代"①。艾利斯·扬认为,在每个时代,个人尤其是人类集体所能表现出来的以及我们时常所展现出来的自私、残忍、冷漠、无能等的程度是令人难以置信的。但同时,她又坚信那些充满希望和勇气的行为以及改良世界的运动。在扬看来,所有文化都是"混合型"的,这是由于不同文化之间会经常交流和借鉴,所以会作出相应的调整和改变,而不是铁板一块。与之相似,政治联盟与性别关系也会因为不同阶层和性别的交流而改变对社会生活的观念,从而实现自身的变革和完善。正是怀着对人以及人类社会深沉的爱、同情与包容,艾利斯·扬对社会正义孜孜以求,敏感于人类所遭受的苦难、强制和压迫,力图为那些身居困境者、社会边缘者发声。虽然艾利斯·扬不幸英年早逝,她"与众不同的、折中主义的以及原创性声音的缺失,对于女性主义理论、批判理论以及社会政治理论而言,都是巨大的损失"②,但是,她对社会正义与解放政治的原创性反思,以及她对公民精神的践行将永远铭刻在旨在促进社会进步和平等者的心底。我们需要继承她的精神,继续探索批判的正义理论和实践。要实现真正的社会正义和人类解放,我们仍任重而道远。

---

①　[西]N.T.卡萨尔斯、[加]I.博兰:《女性主义政治哲学探析:对话艾利斯·马瑞恩·扬》,孙晓岚、宋美盈译,载《国外理论动态》2013年第12期。

②　Amy Allen:"Power and the Politics of Difference:Oppression,Empowerment and Transnational Justice",*Hypatia*,Vol.23,No.3,2008,p.172.

参考文献

一、艾利斯·扬的文献

（一）著作

英文

1. Iris Marion Young, *Responsibility for Justice*, Princeton：Oxford University Press，2014.

2. Iris Marion Young and Jacob Levy eds.，*Colonialism and its legacies*，Lanham，Maryland：Lexington Books，2011.

3. Iris Marion Young and Mary Lyndon Shanley，Daniel O'Neill eds.，*Illusion of consent engaging with Carole Pateman*，University Park，Pennsylvania：Pennsylvania State University Press，2008.

4. Iris Marion Young，*Global Challenges：War，Self-determination，and Responsibility for Justice*，Cambridge，UK：Polity Press，2007.

5. Iris Marion Young，*On Female Body Experience："Throwing Like a Girl" and Other Essays*，Oxford：Oxford University Press，2005.

6. Iris Marion Young and Stephe Macedo eds.，*Child，Family，and State*，New York：New York University Press，2003.

7. Iris Marion Young，*Inclusion and Democracy*，Oxford New York：Oxford Universtiy Prss，2000.

8. Iris Marion Young and Jaggar Alison eds.，*A Companion to Feminist Philosophy*，Malden，Massachusetts：Blackwell，2000.

9. Iris Marion Young, *Intersecting voices : Dilemmas of gender, political philosophy, and policy*, Princeton, NJ : Princeton University Press, 1997.

10. Iris Marion Young and Patrice DiQuinzio eds., *Feminist Ethics and Social Policy*, Bloomington : Indiana University Press, 1997.

11. Iris Marion Young, *"Throwing Like a Girl" and Other Essays in Feminist Philosophy and Social Theory*, Bloomington, IN : Indiana University Press, 1990.

12. Iris Marion Young, *Justice and the Politics of Difference*, Princeton, NJ : Princeton University Press, 1990.

13. Iris Marion Young and Jeffner Allen eds., *The Thinking Muse : Feminism and Modern French Philosophy*, Bloomington : Indiana University Press, 1989.

中文

1. ［美］艾利斯·扬:《正义与差异政治》,李诚予、刘靖子译,中国政法大学出版社 2017 年版。

2. ［美］艾利斯·扬:《包容与民主》,彭斌、刘明译,江苏人民出版社 2013 年版。

3. ［美］艾利斯·扬:《像女孩一样丢球:论女性身体经验》,何定照译,商周出版公司 2007 年版。

4. ［美］艾利斯·扬:《正义与差异政治》,陈雅馨译,商周出版公司 2017 年版。

（二）期刊

英文

1. Neus Torbisco Casals and Idil Boran, "Interview with Iris Marion Young", *Hypatia*, Vol.23, No.3, July-Septemher 2008.

2. Iris Marion Young, "Recognition of Love's Labor : Considering Axel Honneth's Feminism", In Bert Van Den Brink ed., *Recognition and Power : Axel Honneth and the Tradition of Critical Social Theory*, NY : Cambridge Uni-

versity Press, 2007.

3. Iris Marion Young, "Katrina: Too much blame, not enough responsibility", *Dissent*, Vol.53, No.1, Winter 2006.

4. Iris Marion Young, "The Complexities of Coalition", In Lynda Burns ed., *Feminist Alliances*, Amsterdam, New York: Rodopi, 2006.

5. Iris Marion Young, "Responsibility and global justice: A social connection model", *Social Philosophy & Policy*, Vol.23, No.1, Winter 2006.

6. Iris Marion Young, "Education in the context of structural injustice: A symposium response", *Educational Philosophy and Theory*, Vol. 38, No. 1, 2006.

7. Iris Marion Young, "Taking the basic structure seriously", *Perspectives on politics*, Vol.4, No.1, March 2006.

8. Iris Marion Young, "De-centering the project of global democracy", in D.Levy, M.Pensky, and J.Torepy eds., *Old Europe, New Europe, Core Europe*, London: Verso, 2005.

9. Iris Marion Young, "Responsibility and global labor justice", *Journal of Political Philosophy*, Vol.12, No.4, 2004.

10. Iris Marion Young, "Modest Reflections on Hegemony and Global Democracy", *Social & Political Theory*, No.103, April 2004.

11. Iris Marion Young, "Political Responsibility and Structural Justice", *The Lindley Lecture*, University of Kansa, 2003.

12. Iris Marion Young, "The Logic of Masculinist Protection: Reflections on the Current Security State", *Signs*, Vol.29, No.1, 2003.

13. Iris Marion Young, "From Guilt to Solidarity: Sweatshops and Political Responsibility", *Dissent*, Vol.50, No.2, Spring 2003.

14. Iris Marion Young, "Feminist Reactions to the Contemporary Security Regime", *Hyaptia*, Vol.18, No.1, Winter 2003.

15. Iris Marion Young, "Activist Challenges to Deliberative Democracy",

in James S. Fishki and Peter Laslett eds. , *Debating Deliberative Democracy*, Malden, M : Blackwell, 2003.

16. Iris Marion Young and D. Archibugi, "Toward a Global Rule of Law", *Dissent*, Vol.49, No.2, Spring 2002.

17. Iris Marion Young, "Lived Body vs. Gender: Reflections on Social Structure and Subjectivity", *Ratio*, Vol.15, No.4, 2002.

18. Iris Marion Young, "Power, Violence, and Legitimacy: A reading of Hannah Arendt in an age of Police Brutality and Humanitarian Intervention", In D. Ingram ed. , *The Political*, Malden, MA: Blackwell, 2002.

19. Iris Marion Young, "Automony, Welfare Reform, and Meaningful Work", in Eva Feder Kittay and Ellen K. Feder eds. , *The Subject of Care: Feminist Perspectives on Dependency*, Lanham, Md. : Rowman & Littlefield, 2002.

20. Iris Marion Young, "Between Liberalism and Social Democracy: A Comment on Tushnet", *Chicago Journal of International Law*, Vol.3, No.2, Fall 2002.

21. Iris Marion Young, "Equality of Whom? Social Groups and Judgments of Injustice", *Journal of Political Philosophy*, Vol.9, No.1, March 2001.

22. Iris Marion Young, "Pushing for Inclusion: Justice and the Politics of difference", in Terchek, Ronald J. ; Conte, Thomas C. , *Theories of Democracy: a reader*, Lanham, Maryland: Rowman & Littlefield Publishers, 2001.

23. Iris Marion Young, "Activist Challenges to Deliberative Democracy", *Political Theory*, Vol.29, No.5, Oct.2001.

24. Iris Marion Young, "Justice, Inclusion and Deliberative Democracy", in Stephen Mocedo ed. , *Deliberative Plitics: Essays on Democracy and Disagreement*, Oxford Universtiy Press, 1999.

25. Iris Marion Young, "State, Civil Society and Social justice", in Ian Ahapiro and Casiano Hacker Cordon eds. , *Democracy's Value*, Cmbridge Uni-

versity Press, 1999.

26. Iris Marion Young, "City life as a Normative Ideal", in Plurimundi, *An International Forum for Research and Debate on Human Settlements*, No. 1, 1999.

27. Iris Marion Young, "Residential Segregation and Differentiated Citizenship", *Citizenship Studies*, Vol.3, No.2, July 1999.

28. Iris Marion Young, "Feminism and The Public Sphere", *Constellations*, Vol.3, No.3, January 1997.

29. Iris Marion Young, "On the Politization of the Social in recent Western Political Theory", *Filozofski Vestnik*, Vol.18, No.2, 1997.

30. Iris Marion Young, "Feminism and the Public Sphere", *Constellations*, Vol.3, No.3, January 1997.

31. Iris Marion Young, "Asymmetrical Reciprocity: On Moral Respect, Wonder, and Enlarged Thought", *Constellations*, Vol.3, No.3, 1997.

32. Iris Marion Young, "Unruly Categories: A Critique of Nancy Fraser's Dual Systems Theory", *New Left Review*, Vol.222, 1997.

33. Iris Marion Young, "A Multicultural Continuum: A Critique of Will Kymlicka's Ethnic-Nation Dichotomy", *Constellations*, Vol.4, No.1, 1997.

34. Iris Marion Young, "Polity *and* Group Difference: A Critique of the Ideal of Universal Citizenship", in R.Beiner(Ed.), *Theorizing citizenship*. Albany, NY: Suny Press, 1995.

35. Iris Marion Young, "The Complexity of Coalition", *Dissent*, Winter 1997.

36. Iris Marion Young, "Rawls's Political Liberalism", *Journal of Political Philosophy*, Vol.3, No.2, 1995.

37. Iris Marion Young, "Punishment, Ttreatment, Empowerment", *Feminist Studies*, Vol.20, No.1, Spring 1994.

38. Iris Marion Young, "Gender as Seriality: Thinking about Women as a

Social Collective", *Signs*, Vol.19, No.3, Spring 1994.

39. Iris Marion Young, "Justice and Communicative Democracy", in R.S. Gottlieb ed., *Philosophy: Tradition, Counter-tradition, Politics*, Philadelphia, PA: Temple University Press, 1993.

40. Iris Marion Young, "Abjection and oppression: Dynamics of unconscious racism, sexism, and homophobia", in A. Dallery and C. Scott eds., *The Crisis in Continental Philosophy: Selected Studies in Phenomenology and Existential Philosophy*, Albany, NY: Suny Press, 1990.

41. Iris Marion Young, "How to Think about Making Institutions Just", *Journal of Social Philosophy*, Vol.22, No.3, Winter 1991.

42. Iris Marion Young, "Polity and Group Difference: A Critique of the Ideal of Universal Citizenship", *Ethics*, Vol.99, No.2, 1989.

43. Iris Marion Young, "The five Faces of Oppression", *Philosophical Forum*, Vol.19, No.4, Summer 1988.

44. Iris Marion Young, "Impartiality and the Civic Public: Some Implications of Feminist Critiques of Moral and Political Theory", *Praxis International*, Vol.5, No.4, January, 1986.

45. Iris Marion Young, "Community and the Politics of Difference", *Social Theory and Practice*, Vol.12, 1986.

46. Iris Marion Young, "Humanism, Gynocentrism and Feminist Politics", *Women's Studies International Forum*, Vol.8, No.3, 1985.

47. Iris Marion Young, "Rights to Intimacy in a Complex Society", *Journal of Social Philosophy*, Vol.14, No.2, May 1983.

48. Iris Marion Young, "Toward a Critical Theory of Justice", *Social Theory and Practice*, Vol.7, No.3, Fall 1981.

49. Iris Marion Young, "Throwing like a girl: A Phenomenology of Feminine Body Comportment, Motility, and Spatiality", *Human Studies*, Vol.3, No.1, 1980.

50. Iris Marion Young, "Beyond the Unhappy Marriage: A critique of Dual Systems Theory", In L.Sargent ed., *Women and Revolution*, Boston, MA: South End Press, 1981.

中文

1. [西]N.T.卡萨尔斯、[加]I.博兰:《女性主义政治哲学探析:对话艾利斯·马瑞恩·扬》,孙晓岚、宋美盈译,载《国外理论动态》2013 年第 12 期。

2. [美]艾利斯·扬:《交往与他者:超越协商民主》,载[美]塞拉·本哈比主编:《民主与差异:挑战政治的边界》,黄相怀、严海兵等译,中央编译出版社 2009 年版。

3. [美]艾利斯·扬:《沟通及其他:超越审议民主》,载谈火生编:《审议民主》,江苏人民出版社 2007 年版。

4. [美]艾利斯·扬:《作为民主交往资源的差异》,载[美]詹姆斯·博曼、威廉·雷吉主编:《协商民主:论理性与政治》,陈家刚等译,中央编译出版社 2006 年版。

5. [美]艾利斯·扬:《激进分子对协商民主的挑战》,载[美]詹姆斯·菲什金、[英]彼得·拉斯莱特主编:《协商民主论争》,张晓敏译,中央编译出版社 2009 年版。

6. [美]艾利斯·扬:《政治与群体差异:对普适性公民观的批评》,成庆译,刘擎校,载许纪霖主编:《共和,社群与公民》,江苏人民出版社 2004 年版。

7. [美]艾里斯·扬:《超越不幸的婚姻——对二元制理论的批判》,载李银河主编:《妇女:最漫长的革命》,三联书店 1997 年版。

二、其他相关文献

(一)著作

英文

1. Ann Ferguson and Mechthild Nagel eds., *Dancing with Iris: The Philosophy of Iris Marion Young*, New York: Oxford University Press, 2009.

2. Anne Phillips, *Democracy and Difference*, Cambridge: Polity

Press,1993.

3. Amy Gutmann and Dennis Thompson, Why Deliberative Democracy?, Princeton and Oxford: Princeton University Press, 2004.

4. Brian M. Barry, *Political Argument: A Reissue with a New Introduction*, London: Routledge, 1990.

5. Bert van den Brink and David Owen eds., *Recognition and Power: Axel Honneth and the Tradition of Critical Social Theory*, Cambridge: Cambridge University Press, 2007.

6. Bhikhu Parekh, *Rethinking Multiculturalism: Cultural Diversity and Political Theory*, Harvard: Harvard University Press, 2000.

7. Cara Nine, *Global Justice and Territory*, Oxford: Oxford University, 2012.

8. Carol Gilligan, *In a Different Voice: Psychological Theory and Women's Development*, Cambridge, Massachusetts, and London, England: Harvard University Press, 1982.

9. Ernesto Laclau and Chantal Mouffe, *Hegemony and Socialist Strategy: Towards a Radical Democratic Politics*, London: Verso, 2001.

10. Genevieve Fuji Johnson and Loralea Michaelis eds., *Political responsibility Refocused: Thinking Justice after Iris Marion Young*, Toronto, Buffalo, London: Universtiy of Toronto Press, 2013.

11. Gabriel Rockhill and Alfredo Gomez-mulller eds., *Politics of Culture and the Spirit of critique: Dialogues*, New York: Columbia University Press, 2011.

12. Hannah Arendt, *The Human Condition*, London: The University of Chicago Press, 1998.

13. Hannah Arendt, *Between Past and Future*, Ronald Beiner ed., Chicago: University of Chicago Press, 1982.

14. Horace M. Kalen, *Culture and Democracy in the United States*, New

York: Arno Press and The New York Times, 1970.

15. Henry S.Richardson and Paul J.Weithman, *The Philosophy of Rawls: A Collection of Essays*, London and New York: Routledge, 2002.

16. H.S.Richardson and P.J.Weithman eds., *The Philosophy of Rawls: A Collection of Essays*, New York and London: Garland Publishing, 2002.

17. Judith Butler, *Frames of War: When Is Life Grievable?*, London&New York: Verso, 2009.

18. John Rawls, *A Theory of Justice*, Cambridge: Harvard University Press, 1971.

19. Johanna Meehan ed., *Feminists Read Habermas: Gendering the Subject of Discourse*, New York: Routledge, 1995.

20. John S.Dryzek, *Deliberative Democracy and Beyond: Liberals, Critics, Contestations*, Oxford/New Your: Oxford Universtiy Press, 2000.

21. Joseph M.Bessette, *The Mild Voice of Reason: Deliberative Democracy and American National Government*, Chicago: University of Chicago Press, 1994.

22. Judith Shklar, *The Faces of Injustice*, New Haven: Yale University Press, 1990.

23. Jane Adamson, Richard Freadman and David Parker eds., *Renegotiating Ethics in Literature, Philosophy, and Theory*, Cambridge: Cambridge University Press, 1998.

24. Jürgen Habermas, *Moral Consciousness and Communicative Action*, Cambridge, Massachusetts: The MIT Press, 2001.

25. Jonathan Wolff and Avner De-shalit, *Disadvantage*, New York: Oxford Universtiy Press, 2007.

26. Keith Dowding, Robert E.Goodin, and Carole Pateman eds., *Justice and Democracy Essays for Brian Barry*, New York: Cambridge Universitiy Press, 2004.

27. Luce Irigaray, *Ethics of sexual difference*, Ithaca, N.Y.: Cornell University Press, 1992.

28. Lisa Tessman ed., *Feminist Ethics and Social and Political Philosophy: Theorizing the Non-Ideal*, New York: Springer, 2009.

29. Marx Horkheimer and Theodor W. Adorno, *Dialectic of Enlightenment: Philosophical Fragments*, Gunzelin Schmid Noerr ed., Edmund Jephcott. Stanford trans., California: Stanford University Press, 2002.

30. Mitja Sardoc ed., *Citizenship, Inclusion and Democracy: A Symposium on Iris Marion Young*, Malden: Blackwell, 2006.

31. Martha C. Nussbaum, *Anger and Forgiveness: Resentment, Generosity, Justice*. NY: Oxford University Press, 2016.

32. Michael Walzer, *On Toleration*, New Haven and London: Yale University Press, 1997.

33. Nancy Fraser, "Rethinking the Public Sphere", in C. Calhoun ed.: *Habermas and the Public Sphere*, Cambridge, MA: the MIT Press, 1992.

34. Nancy Fraser and Axel Honneth, *Redistribution or Recognition? —A Political-Philosophical Exchange*, Joel Golb, James Ingram and Christiane Wilke trans., London: Verso, 2003.

35. Onora O'Neill, *Towards Justice and Virtue: A Constructive Account of Practical Reasoning*, Cambridge: Cambridge University Press, 1996.

36. Onora O'Neill, *Justice across boundaries: whose obligations?*, Cambridge: Cambridge University Press, 2016.

37. Samuel Fleischacker, *A Short History of Distributive Justice*. Cambridge, MA; London: Harvard University Press, 2004.

38. Seyla Benhabib, Judith Butler, Drucilla Cornell and Nancy Fraser eds., *Feminist Contentions: A Philosophical Exchange*, New York: Routledge, 1995.

39. Seyla Benhabib and Drucilla Cornell eds., *Feminism as Critique: On*

the Politics of Gender, Cambridge: Polity Press, 1987.

40. Seyla Benhabib, *Critique, Norm and Utopia*: *A Study of the Foundations of Critical Social Theory*, New York: Columbia University Press, 1986.

41. Seyla Benhabib, *Situating the Self*: *Gender, Community and Postmodernism in Contemporary Ethics*, Oxford: Blackwell, 1992.

42. Seyla Benhabib ed., *Democracy and Difference*: *Contesting the Boundaries of The Political*, Princeton, NJ: Princeton University Press, 1996.

43. Stephen K. White, *The Recent Work of Jürgen Habermas*: *Reason, Justice and Modernity*. Cambridge: Cambridge University Press, 1988.

44. Ulrike M. Vieten ed., *Revisiting Iris Marion Young on normalisation, inclusion and democracy*, New Yok: Palgrave Macmillan, 2014.

45. Virginia, Held, *The Ethics of Care*: *Personal, Political, and the Global*, New York: Oxford University Press, 2006.

中文

1.［印］阿马蒂亚·森：《以自由看待发展》，任赜、于真译，中国人民大学出版社 2002 年版。

2.［印］阿马蒂亚·森：《正义的理念》，王磊、李航译，中国人民大学出版社 2012 年版。

3.［印］阿马蒂亚·森：《再论不平等》，王利文、于占杰译，中国人民大学出版社 2016 版。

4.［德］阿克塞尔·霍耐特：《为承认而斗争》，胡继华译，上海人民出版社 2005 年。

5.［匈］阿格妮丝·赫勒：《超越正义》，文长春译，黑龙江大学出版社 2011 年版。

6.［美］安德森·本尼迪克特：《想象的共同体——现代民族主义的起源与传播》，吴叡人译，上海人民出版社 2011 年版。

7.［古希腊］柏拉图：《理想国》，郭斌、张竹明译，商务印书馆 2012

年版。

8.［加拿大］查尔斯·琼斯:《全球正义:捍卫世界主义》,李丽丽译,重庆出版社 2014 年版。

9.［英］恩斯特·拉克劳、查特尔·墨菲:《领导权与社会主义的策略——走向激进民主政治》,尹树广、鉴传今译,黑龙江人民出版社 2003 年版。

10.［英］戴维·米勒:《社会正义原则》,应奇译,江苏人民出版社 2001 年版。

11.［英］戴维·米勒:《民族责任与全球正义》,杨通进、李广博译,重庆出版社 2014 年版。

12.［法］弗里德里希·尼采:《论道德的谱系》,周红译,三联书店 1992 年版。

13.［德］格奥尔格·罗曼:《论人权》,李宏昀、周爱民译,上海人民出版社 2018 年版。

14.［德］黑格尔:《精神现象学》(上卷),贺麟、王玖兴译,商务出版社 2011 年版。

15.［德］黑格尔:《法哲学原理》,范扬、张企泰译,商务印书馆 2012 年版。

16.［英］洛克:《论宗教宽容》,吴云贵译,商务印书馆 1982 年版。

17.［美］汉娜·阿伦特:《人的条件》,竺乾威等译,上海人民出版社 1999 年版。

18.［美］汉娜·阿伦特:《过去与未来之间》,王寅丽译,译林出版社 2011 年版。

19.［美］汉娜·阿伦特:《责任与判断》,陈联营译,上海人民出版社 2011 年版。

20.［美］汉娜·阿伦特:《反抗“平庸之恶”》(《责任与判断》中文修订版),陈联营译,上海人民出版社 2014 年版。

21.［美］基思·福克斯:《公民身份》,郭中华译,吉林出版集团 2009

年版。

22.［英］卡尔·波普尔：《开放社会及其敌人》第 1 卷，陆衡等译，中国社会科学出版社 1999 年版。

23.［美］卡罗尔·吉利根：《不同的声音》，肖巍译，中央编译出版社 1999 年版。

24.［德］卡尔-奥托·阿佩尔：《对话与责任：过渡到后习俗道德之问题》，钟汉川、安靖译，浙江大学出版社 2018 年版。

25.［美］凯文·奥尔森编：《伤害与侮辱：争论中的再分配、承认和代表权》，高静宇译，上海人民出版社 2009 年版。

26.［美］理查德·罗蒂：《后哲学文化》，黄勇译，上海译文出版社 2004 年版。

27.［美］理查德·罗蒂：《哲学、文学和政治》，黄宗英等译，上海译文出版社 2009 年版。

28.［匈］卢卡奇：《历史与阶级意识》，杜章智译，商务印书馆 1992 年版。

29.［美］罗伯特·诺齐克：《无政府、国家与乌托邦》，何怀宏等译，中国社会科学出版社 1991 年版。

30.［美］罗纳德·德沃金：《至上的美德：平等的理论与实践》，冯克利译，江苏人民出版社 2003 年版。

31.［美］路易斯·D.布兰迪斯等：《隐私权》，宦盛奎译，北京大学出版社 2014 年版。

32. 曹卫东选编：《霍克海默集：文明批判》，上海远东出版社 2004 年版。

33.［德］马克斯·韦伯：《新教伦理与资本主义精神》，于晓、陈维纲等译，三联书店 1987 年版。

34.［德］马克斯·韦伯：《学术与政治》，冯克利译，三联书店 2005 年版。

35.［南非］毛里西奥·帕瑟林·登特里维斯主编：《作为公共协商的

民主:新的视角》,王英津等译,中央编译出版社 2006 年版。

36.［法］米歇尔·福柯:《规训与惩罚:监狱的诞生》,刘北成、杨远婴译,三联书店 2010 年版。

37.［美］玛莎·努斯鲍姆:《寻求有尊严的生活:正义的能力理论》,田磊译,中国人民大学出版社 2009 年版。

38.［美］玛莎·努斯鲍姆:《诗性正义:文学想象与公共生活》,丁晓东译,北京大学出版社 2016 年版。

39.［美］迈克尔·沃尔泽:《正义诸领域:为多元主义与平等一辩》,储松燕译,译林出版社 2002 年版。

40.［英］迈克尔·莱斯诺夫:《二十世纪的政治哲学家》,冯克利译,商务印书馆 2001 年版。

41.［美］南希·弗雷泽:《正义的尺度》,欧阳英译,上海人民出版社 2009 年版。

42.［美］南希·弗雷泽:《正义的中断》,于海青译,上海人民出版社 2009 年版。

43.［美］南希·弗雷泽、［德］阿克塞尔·霍耐特:《再分配,还是承认? 一个政治哲学对话》,周穗明译,上海人民出版社 2009 年版。

44.［英］尼克·史蒂文森:《文化与公民身份》,陈志杰译,吉林出版集团 2007 年版。

45.［英］齐格蒙特·鲍曼:《流动的现代性》,欧阳景根译,上海三联书店 2002 年版。

46.［美］塞拉·本哈比:《民主与差异:挑战政治的边界》,黄相怀、严海兵等译,中央编译出版社 2009 年版。

47.［英］特里·伊格尔顿:《后现代主义的幻象》,华明译,商务印书馆 1996 年版。

48.［加］威尔·金里卡:《当代政治哲学》,刘莘译,上海三联书店 2004 年版。

49.［加］威尔·金里卡:《少数的权利:民族主义、多元文化主义和公民》,邓红风译,上海世纪出版集团 2005 年版。

50.［加］威尔·金里卡:《自由主义、社群与文化》,应奇等译,上海世纪出版集团 2005 年版。

51.［加］威尔·金里卡:《多元文化公民权:一种有关少数族群权利的自由主义理论》,杨立峰译,上海世纪出版集团 2009 年版。

52.［法］西蒙娜·德·波伏娃:《第二性》,陶铁柱译,中国书籍出版社 1998 年版。

53.［法］雅克·德里达:《书写与差异》,张宁译,三联书店 2001 年版。

54.［美］约·埃尔斯特主编:《协商民主:挑战与反思》,周艳辉译,中央编译出版社 2009 年版。

55.［美］约翰·罗尔斯:《正义论》,何怀宏等译,中国社会科学出版社 1988 年版。

56.［美］约翰·罗尔斯:《政治自由主义》,万俊人译,译林出版社 2000 年版。

57.［德］尤尔根·哈贝马斯:《公共领域的结构转型》,曹卫东等译,学林出版社 1999 年版。

58.［德］尤尔根·哈贝马斯:《包容他者》,曹卫东译,上海人民出版社 2002 年版。

59.［德］尤尔根·哈贝马斯:《交往行为理论》第 1 卷,曹卫东译,上海人民出版社 2004 年版。

60.［德］尤尔根·哈贝马斯:《现代性的哲学话语》,曹卫东译,南京译林出版社 2004 年版。

61.［德］尤尔根·哈贝马斯:《在事实与规范之间》,童世骏译,三联书店 2011 年版。

62.［古希腊］亚里士多德:《尼各马可伦理学》,廖申白译,商务印书馆 2003 年版。

63.［古希腊］亚里士多德:《政治学》,颜一、秦典华译,中国人民大学出版社 2003 年版。

64. 〔美〕詹姆斯·博曼、威廉·雷吉主编:《协商民主:论理性与政治》,陈家刚等译,中央编译出版社 2006 年版。

65. 〔美〕詹姆斯·博曼:《公共协商:多元主义、复杂性与民主》,黄相怀译,中央编译出版社 2006 年版

66. 〔美〕詹姆斯·菲什金、〔英〕彼得·拉斯莱特主编:《协商民主论争》,张晓敏译,中央编译出版社 2009 年版。

67. 〔美〕朱迪斯·巴特勒:《消解性别》,郭劼译,上海三联书店 2009 年版。

68. 〔美〕朱迪斯·巴特勒:《战争的框架》,何磊译,河南大学出版社 2016 年版。

69. 〔美〕朱迪斯·巴特勒:《脆弱不安的生命:哀悼与暴力的力量》,何磊、赵英男译,河南大学出版社 2016 年版。

70. 陈学明、王凤才:《西方马克思主义前沿问题二十讲》,复旦大学出版社 2008 年版。

71. 郭夏娟:《为正义而辩:女性主义与罗尔斯》,人民出版社 2004 年版。

72. 贺羡:《“一元三维”正义论:南希·弗雷泽的正义理论研究》,人民出版社 2015 年版。

73. 贺羡:《批判理论视域中的协商民主》,重庆出版社 2017 年版。

74. 李银河:《妇女:最漫长的革命》,中国妇女出版社 2007 年版。

75. 林火旺:《正义与公民》,吉林出版集团有限责任公司 2008 年版。

76. 马晓燕:《多元时代的正义寻求——艾利斯·扬的政治哲学研究》,光明日报出版社 2013 年版。

77. 宋建丽:《公民资格与正义》,人民出版社 2010 年版。

78. 汪晖、陈燕谷编:《文化与公共性》,三联书店 1998 年版。

79. 汪行福:《分配正义与社会保障》,上海财经大学出版社 2003 年版。

80. 汪行福:《通向话语民主之路:与哈贝马斯对话》,四川人民出版社 2002 年版。

81. 汪行福:《走出时代的困境:哈贝马斯对现代性的反思》,上海社会科学出版社 2000 年版。

82. 王凤才:《蔑视与反抗——霍耐特承认理论与法兰克福学派批判理论的"政治伦理转向"》,重庆出版社 2008 年版。

83. 王凤才:《从公共自由到民主伦理——批判理论语境中的维尔默政治伦理学》,人民出版社 2011 年版。

84. 徐向东主编:《全球正义》,浙江大学出版社 2011 年版。

85. 许纪霖主编:《共和、社群与公民》,江苏人民出版社 2004 年版。

86. 许纪霖主编:《全球正义与文明对话》,江苏人民出版社 2004 年版。

87. 俞吾金、陈学明:《国外马克思主义哲学流派·西方马克思主义卷》(上),复旦大学出版社 1990 年版。

(二)期刊

英文

1. Amy Allen, "Power Trouble: Performativity as Critical Theory", *Constellations*, Vol.5, No.4, 1998.

2. Amy Allen, "Foucault and Enlightenment: A Critical Reappraisal", *Constellations*, Vol.10, No.2, June 2003.

3. Amy Allen, "Power, Justice and Cosmopolitanism: An Overview of Recent Work in Feminist Critical Theory", *Hypatia*, Vol.23, No.3, 2008.

4. Amy Allen, "Power and the Politics of Difference: Oppression, Empowerment, and Transnational Justice", *Hypatia*, Vol.23, No.3, Summer 2008.

5. Amy Allen, "Emancipation without Utopia: Subjection, Modernity, and the Normative Claims of Feminist Critical Theory", *Hypatia*, Vol.30, No.3, Summer 2015.

6. Allison Weir, "Home and Identity: In Memory of Iris Marion Young",

Hypatia, Vol.23, No.3, 2008.

7. Adam James Tebble, "What is the Politics of Difference?", *Political Theory*, Vol.30, No.2, April 2002.

8. Arehon Fung, "Deliberation's darker side: Six questions for Iris Marion Young and Jane Mansbride", *National Civic Review*, Vol.93, No.4, Winter 2004.

9. Adam James Tebble, "*Does Inclusion Require Democracy?*", *Political Studies*, Vol.51, No.1, March 2003.

10. Bhikhu Parekh, "Dilemmas of a Multicultural Theory of Citizenship", *Constellations*, Vol.4, No.1, 1997.

11. Ben Eggleston, "Procedural Justice in Young's Inclusive Deliberative Democracy", *Journal of Social Philosophy*, Vol.35, No.4, Winter 2004.

12. Caroline Lundquist, "Being Torm: Toward a Phenomenology of Unwanted Pregnancy", *Hypatia*, Vol.23, No.3, 2008.

13. Derek Clifford, "Ethics, Politics and the Social Professions: Reading Iris Marion Young", *Ethics&Social Welfare*, Vol.7, No.1, 2013.

14. Elaine Stavro, "Working towards reciprocity: Critical reflections on Seyla Benhabib and Iris Young", *Angelaki*, Vol.6, No.2, 2001.

15. Elizabeth Frazer, "Iris Marion Young and Political Education", *Educational Philosophy&Theory*, Volume 38, No.1, 2006.

16. Eric S.Godoy, "Reconceiving Responsibility: A Review of Iris Marion Young's Responsibility for Justice", *Philosophy and social Criticism*, Vol.39, No.6, 2013.

17. Frank Furedi, "On Tolerance", *Policy*, Vol.28, No.2, Winter 2012.

18. Greg Johnson, "The Situated Self and Utopian Thinking", *Hypatia*, Vol.17, No.3, August 2002.

19. Homi K.Bhabha, "Postcolonial Authority and Postmodern Guilt", in Lawrence Grossberg et al. eds., *Cultural Studies: A Reader*, New York: Rout-

ledge,1992.

20. Herta Nagl-Docekal, "The Feminist Critique of Reason Revisited", *Hypatia*, Vol.14, No.1, February 1999.

21. Harry Van der Lindern, "Iris Young, Radical responbility and War", *Radical Philosophy Review*, Vol.17, No.1, 2014.

22. James Bohman, "Survery Article: The Coming of Age of Deliberative Democracy", *The Journal of Political Philosophy*, Vol.6, No.4, 1998.

23. Jane Monica Drexler, "Politics Improper: Iris Marion Young, Hannah Arendt, and the Power of Performativity", *Hypatia*, Vol.22, No.4, Fall 2007.

24. Jacob T. Levy, "Self-determination, Non-domination, and Federalism", *Hypatia*, Vol.23, No.3, 2008.

25. Jacob Schiff, "Confronting Political Responsibility: The Problem of Acknowledgment", *Hypatia*, Vol.23, No.3, 2008.

26. Jessica Payson, "Individuals, Institutions, and Structures: Agents of Political Responsibilities in Cohen, Pogge, and Young", *Social Theory and Practice*, Vol.38, No.4, October 2012.

27. Jeffrey Reiman, "The Structure of Structral Injustice: Thoughts on Iris Marion Young's Responsibility", *Social Theory & Practice*, Vol.38, No.4, October 2012.

28. Kevin Olsen, "Distributive Justice and the Politics of Difference", *Critical Horizon*, Vol.2, No.1, 2001.

29. Karin van Marle, "'The Capabilities Approach', 'The Imaginary Domain', and 'Asymmetrical Reciprocity': Feminist Perspectives on Equality and Justice", *Feminist Legal Studies*, Vol.11, No.3, 2003.

30. Lorenzo C.Simpson, "Communication and the Politics of Difference: Reading Iris Young", *Constellation*, Vol.7, No.3, 2000.

31. Lois McNay, "Having it both ways: The Incompatibility of Narrative Identity and Communicative Ethics in Feminist Thought", *Theory, Culture &*

Society, Vol.20, No.6, December 2003.

32. Linda Martin Alcoff, "Deaming of Iris", *Philosophy Today*, Vol.52, Septemenber Supplement 2008.

33. Lois McNay, "Feminism and Post-Identity Politics: The Problem of Agency", *Constellations*, Vol.17, No.4, December 2010.

34. Max Horkheimer, "Postscript", in *Critical theory: Selected essays*, trans.Matthew O'Connell etal., New York: Continuum, 1972.

35. Michel Foucault, "Of Other Spaces: Utopias and Heterotopia", *Disacritics*, Vol.16, No.1, 1986.

36. Marguerite La Caze, "Seeing Oneself through the Eyes of the Other: Asymmetrical Reciprocity and Self-respect", *Hypatia*, Vol. 23, No. 3, August 2008.

37. Maria Martinez Gonzalez, "Feminist Praxis Challenges the Identity Question: Toward New Collective Identity Metaphors", *Hypatia*, Vol.23, No.3, August 2008.

38. Marieke Borren, "Feminism as Revolutionary Practice: From Justice and the Politics of Recognition to Freedom", *Hypatia*, Vol. 28, No. 1, February 2013.

39. Nancy Fraser, "Recognition or Redistribution? A Critical Reading of Iris Young's Justice and the Politics of Difference", *Journal of Political Philosophy*, Vol.3, No.2, 1995.

40. Nancy Fraser, "Culture, Political Economy, and Difference: On Iris Young's Justice and the Politics of Difference", in Nancy Fraser, *Justice Interruptus: Critical Reflections on the "Postsocialist" condition*, New York: Routledge, 1997.

41. Nancy Fraser, "A Rejoinder to Iris Young", *New Left Review*, 223, 1997.

42. Nancy Fraser, "Identity, Exclusion and Critique: A Response to Four

Critics", *European Journal of Political Theory*, Vol.6, No.3, 2007.

43. Nancy Fraser, "Identity, Exclusion and Critique: A Response to Four Critics", *European Journal of Political Theory*, Vol.6, No.3, 2007.

44. Nancy Fraser, "Injustice at Intersecting Scales: On 'Social Exclusion' and the 'Global Poor'", *European Journal of Political Theory*, Vol. 13, No.3, 2010.

45. Pauline Johnson, "Distorted Communications: Feminism's Dispute with Habermas", *Philosophy & Social Criticism*, Vol.27, No.1, January 2001.

46. Pauline Johnson, "Distorted communications: Feminism's dispute with Habermas", *Philosophy & Social Criticism*, Vol.27, No.1, January 2001.

47. Paul Healy, "Rethinking deliberative democracy: From deliberative discourse to transformative dialogue", *Philosohy&Social Criticism*, Vol.37, No. 3, 2011.

48. Robert E. Goodin, "Apportioning Responsibility", *Law and Philosophy*, Vol.6, No.2, 1987.

49. Rainer Forst, "Radical Justice: On Iris Marion Young's Critique of the 'Distributive Paradigm'", *Constellation*, Vol.14, No.2, 2007.

50. Ranjoo Seodu Herr, "Politics of Difference and Nationalism: On Iris Young's Global Vision", *Hypatia*, Vol.23, No.3, 2008.

51. Scott Lash and Mike Featherstone, "Recognition and Difference: Politics, Identity, Multiculture", *Theory, Culture and Society*, Vol. 18, No. 2 – 3, 2001.

52. Susan S Fainstein, "Iris Marion Young (1949—2006): A tribute", *Antipode*, *Wiley*, Vol.39, No.2, 2007.

53. Solen Sanli, "*Public Sphere and Symbolic Power: 'Woman's Voice' as a Case of Cultural Citizenship*", *Cultural Sociology*, Vol.5, No.2, 2011.

54. Sarah Sorial, "Habermas, Feminism, and law: Beyond Equality and Difference?", *Ratio Juris*, Vol.24, No.1, March 2011.

55. Seyla Benhabib, "Feminist Theory and Hannah Arendt's Concept of Public Space", *History of the Human Science*, Vol.6, 1993.

56. Seyla Benhabib, *Democracy and Difference: Reflections on the Metapolitics of Lyotard and Derrida*, Journal of Political Philosophy, Vol.2, No.1, March 1994.

57. Seyla Benhabib, "In Memoriam Iris Young 1949—2006", *Constellations*, Vol.13, No.4, 2006.

58. Seyla Benhabib, "Ethics without Normativity and Politics without Historicity: on Judith Butler's Parting Ways, Jewishness and the Critique of Zionism", *Constellations*, Vol.20, No.1, March 2013.

59. Susan Dieleman, "*Epistemic Justice and Democratic Legitimacy*", *Hypatia*, Vol.30, No.4, Fall 2015.

60. Todd Gitlin, "The Rise of Identity Politics: An Examination and a Critique", *Dissent*, Vol.40, No.2, Spring 1993.

61. Thoma W.Pogge, "Real World Justice", *Ethics*, Vol.9, No.1-2, 2005.

62. Will Kymlicka and Wayne Norman, "Return of the Citizen: A Survey of Recent Work on Citizenship Theory", *Ethics*, Vol.104, No.2, January 1994, p.370.

63. William E. Scheuerman, "Iris Marion Young (1949—2006)", *Political Theory*, Vol.34, No.6, December 2006.

中文

1. [美]艾米·埃伦:《性别、权力和理性:女权主义和批判理论》,周穗明译,载《国外社会科学》2012年第3期。

2. [美]艾米·埃伦:《权力与差异政治:压迫、赋权和跨国正义》,王雪乔,欧阳英译,载《国外理论动态》2013年第4期。

3. [美]艾米·埃伦:《权力、正义与世界主义:女权主义批判理论概览》,李剑译,载《国外社会科学》2015年第4期。

4. [美]A.埃伦:《非乌托邦的解放——臣服、现代性以及女性主义批判理论的规范性诉求》,孙秀丽译,载《马克思主义与现实》2016年第2期。

5.[澳]艾莉森·威尔:《家庭与身份:纪念艾利斯·马瑞恩·扬》,李剑译,载《国外理论动态》2013年12期。

6.[美]查尔斯·拉莫尔:《政治自由主义的道德基础》,应奇译,载《马克思主义与现实》2010年第1期。

7.[美]H.哈士曼:《全球正义:日益扩展的行动范围》,霍桂桓译,载《世界哲学》2004年第2期。

8.[英]欧诺拉·奥尼尔、陈晓旭:《一个努力与整个世界沟通的哲学家——访剑桥大学哲学界欧诺拉·奥尼尔》,载《世界哲学》2010年第5期。

9.[德]瑞尼尔·福斯特:《激进的正义:论艾利斯·马瑞恩·扬对"分配范式"的批判》,周穗明译,载《国外理论动态》2014年第2期。

10.[美]S.劳雷尔·韦尔登:《差异与社会结构:艾利斯·扬的社会性别批判理论》,王宏维、胡玲译,载《国外理论动态》2013年第4期。

11.[法]苏菲-杰拉德·德拉图尔:《论玛丽翁·扬的多元文化理论的紧张》,载《探索与争鸣》2017年第2期。

12.[美]T.波吉:《何谓全球正义》,李小科译,载《世界哲学》2004年第2期。

13.[德]尤尔根·哈贝马斯:《我们何时应该宽容——关于世界观、价值和理论的竞争》,章国锋译,载《马克思主义与现实》2003年第1期。

14.[捷克]祖扎娜·尤赫德:《论结构非正义的根源:对艾利斯·扬理论的女性主义解读》,王喆译,载《国外理论动态》2013年第4期。

15.郭台辉:《公民身份认同:一个新研究领域的形成理路》,载《社会》2013年第5期。

16.郭秋永:《社会正义、差异政治以及沟通民主》,载《人文及社会科学集刊》2012年第24卷第4期。

17.龚群:《当代西方伦理学的发展趋势》,载《教学与研究》2003年第 9 期。

18. 贺翠香:《社会批判理论的女性主义视角》,载《学习与探索》2012 年第 10 期。

19. 贺羡:《差异与隐私的民主化——评艾里斯·扬的深层民主构想》,载《理论月刊》2014 年第 8 期。

20. 贺羡:《再分配、承认与代表全——南希·弗雷泽正义理论的三个维度》,载《云南大学学报》(社会科学版)2012 年第 11 期。

21. 何晓芳:《艾丽斯·扬的多元文化主义公民自个观与公民教育观研究》,载《比较教育研究》2005 年第 2 期。

22. 刘擎:《宽容:政治的还是哲学的?》,载《二十一世纪》2001 年 2 月,总第 63 期。

23. 林远泽:《意义理解与行动的规范性:试论对话伦理学的基本理念、形成与限度》,载《人文及社会科学集刊》2003 年第 15 卷第 3 期。

24. 林远泽:《责任伦理学的责任问题—科技时代的应用伦理学基础儿研究》,载《台湾哲学研究》2005 年第 5 期。

25. 李影:《浅析艾里斯·扬女性受压迫问题的理论》,载《齐齐哈尔大学学报(哲学社会科学版)》2012 年第 3 期。

26. 马晓燕:《群体差异的公民资格与政治正义的实现——I.M.扬的社会正义研究》,载《哲学动态》2008 年第 7 期。

27. 马晓燕:《社会正义研究的新视角:交往民主对审议民主的反思与批判》,载《学术月刊》2009 年第 1 期。

28. 马晓燕:《差异政治:超越自由主义与社群主义正义之争——I.M.扬的政治哲学研究》,载《伦理学研究》2010 年第 1 期。

29. 马晓燕:《当代美国新马克思主义的正义之争——N.弗雷泽与I.M.扬的政治哲学对话》,载《伦理学研究》2011 年第 5 期。

30. 马晓燕:《我们所需要的是何种正义?——I.M.扬的政治哲学探究》,载《北京科技大学学报》(社会科学版)2013 年第 2 期。

31. 宋建丽:《差异公民资格与正义:艾利斯·马瑞恩·扬政治哲学

探微》，载《妇女研究论丛》2007年第5期。

32. 宋建丽：《文化差异群体的身份认同与社会正义——多元文化主义对自由主义的挑战》，载《哲学动态》2009年第8期。

33. 宋建丽：《承认政治与后权利时代的正义：查尔斯·泰勒承认政治述评》，载《厦门大学学报》（哲学社会科学版）2013年第2期。

34. 孙秀丽、汪行福：《超越个体责任的政治责任》，载《国外理论动态》2016年第5期。

35. 孙秀丽：《社会结构与具身生命：论艾利斯·扬的女性主义批判》，载《当代国外马克思主义评论》2019年第1期。

36. 孙向晨：《个体主义与家庭主义——新文化运动百年再反思》，载《复旦学报》（社会科学版）2015年第4期。

37. 彭斌：《迈向更具包容性的沟通型民主——评艾利斯·扬的<包容与民主>》，载《国外理论动态》2015年第1期。

38. 钱大军、王哲：《法学意义上的社会弱势群体概念》，载《当代法学》2004年第3期。

39. 汪行福：《从"再分配政治"到"承认政治"——社会批判理论的范式之争》，载《天津社会科学》2006年第6期。

40. 汪行福：《复杂现代性与现代社会秩序重构》，载《探索与争鸣》2014年第6期。

41. 汪行福：《复杂现代性与社会包容》，载《教学与研究》2014年第8期。

42. 王凤才：《从霍耐特承认理论到泰勒承认政治构想》，载《哲学动态》2007年第9期。

43. 王凤才：《论霍耐特的承认关系结构说》，载《哲学研究》2008年第3期。

44. 王宏维：《为了"真正的批判"：女性主义与批判理论研究——兼论马克思主义女权主义的一个新走向》，载俞吾金主编：《国外马克思主义研究报告（2013）》，人民出版社2014年版。

45. 肖爱平:《艾利斯·马瑞恩·扬的性别正义观研究》,载《太原理工大学学报》(社会科学版)2013 年第 4 期。

46. 杨嵘均、张廷干:《自由主义权利政治观的颠覆与重构——从查尔斯·泰勒到艾利斯·扬》,载《学海》2011 年第 4 期。

47. 虞晖:《性别分工和女性受压迫问题——艾利斯·扬的女权主义思想解读》,载《探索与争鸣》2008 第 9 期。

48. 战洋:《女性公共领域是否可能:以弗雷泽对哈贝马斯公共领域批判为例》,载《天津社会科学》2006 年第 6 期。

49. 周穗明:《美国批判的女性主义及其当代演进》,载《中华女子学院学报》2013 年第 2 期。

三、相关学位论文

1. Maeve Catherine McKeown, *Responsibility Without Guilt: A Youngian Approach to Responsibility for Global Injustice*, University College London, 2014.

2. 周俊:《全球公民社会与国家》,浙江大学 2007 年。

3. 虞晖:《当代英美马克思主义/社会主义女权主义对女性受压迫问题的新探讨》,中国人民大学 2008 年。

4. 陈焕民:《当代自由主义谈容忍》,台湾大学 2010 年。

5. 陈静仪:《艾里斯·扬论差异政治、民主与社会正义》,台湾大学 2013 年。

6. 孙文娟:《艾里斯·扬女性主义思想探析》,曲阜师范大学 2014 年。

7. 孙斯文:《女性主义视野中的社会正义——以艾利斯·扬的女性主义正义思想为中心》,华东政法大学 2015 年。

8. 张玉石:《基于关系视角对分配正义的批判与补充:艾利斯·扬的正义理论研究》,吉林大学 2016 年。

9. 范少辰:《作为民主协商方式的叙事研究》,吉林大学 2016 年。

责任编辑：崔继新

封面设计：王春峥

版式设计：东昌文化

图书在版编目（CIP）数据

差异、包容与责任：艾利斯·扬的正义理论研究/孙秀丽 著. —北京：
　人民出版社,2021.12
（批判理论研究丛书）
ISBN 978－7－01－023850－0

Ⅰ.①差…　Ⅱ.①孙…　Ⅲ.①艾利斯·扬-正义-理论研究　Ⅳ.①D081

中国版本图书馆 CIP 数据核字（2021）第 205676 号

差异、包容与责任

CHAYI BAORONG YU ZEREN

——艾利斯·扬的正义理论研究

孙秀丽　著

人民出版社 出版发行

（100706　北京市东城区隆福寺街 99 号）

北京汇林印务有限公司印刷　新华书店经销

2021 年 12 月第 1 版　2021 年 12 月北京第 1 次印刷
开本：710 毫米×1000 毫米 1/16　印张：22
字数：305 千字

ISBN 978－7－01－023850－0　定价：98.00 元

邮购地址 100706　北京市东城区隆福寺街 99 号
人民东方图书销售中心　电话 （010）65250042　65289539